古典文獻研究輯刊

四 編

潘美月・杜潔祥 主編

第 30 冊

何良俊《四友齋叢說》之研究

呂迺基 著

晚明世說體著作研究

官廷森 著

國家圖書館出版品預行編目資料

何良俊《四友齋叢說》之研究 呂迺基著／晚明世說體著作研究
官廷森著 — 初版 — 台北縣永和市：花木蘭文化出版社，2007
〔民 96〕
目 1+148 面 + 目 2+130 面；19×26 公分
（古典文獻研究輯刊 四編：第 30 冊）
ISBN：978-986-6831-23-2（全套精裝）
ISBN：978-986-6831-21-8（精裝）
1.（明）何良俊－傳記 2. 論叢與雜著－中國－明（1368-1644）
－研究與考訂 3. 筆記小說－研究與考訂
072.6   96004480

ISBN - 9866831218

9 789866 831218

古典文獻研究輯刊
四 編 第三十冊   ISBN：978-986-6831-21-8

何良俊《四友齋叢說》之研究
晚明世說體著作研究

作　　者 呂迺基 官廷森
主　　編 潘美月 杜潔祥
企劃出版 北京大學文化資源研究中心
出　　版 花木蘭文化出版社
發 行 所 花木蘭文化出版社
發 行 人 高小娟
聯絡地址 台北縣永和市中正路五九五號七樓之三
　　　　 電話：02-2923-1455／傳真：02-2923-1452
電子信箱 sut81518@ms59.hinet.net
初　　版 2007 年 3 月
定　　價 四編 30 冊（精裝）新台幣 46,500 元

何良俊《四友齋叢說》之研究

呂迺基　著

作者簡介

呂迺基，民國七十七年自國立政治大學中國文學研究所碩士班畢業，現任教於崇右技術學院。

論文指導：黃志民教授

提　　要

　　魯迅《華蓋集》〈忽然想起〉一文中說：「歷史上都寫著中國的靈魂，指示著將來的命運，只因塗飾太厚，廢話太多，所以很不容易察出底細來。正如通過密葉投射在莓苔上面的月光，只看見點點的碎影。但如看野史和雜記，可更容易了然了，因為他們究竟不必太擺史官的架子。」

　　明代嘉靖、隆慶年間松江府何良俊的《四友齋叢說》，正是符合以上條件的筆記小說。該書初刻本三十卷，成於隆慶三年（西元一五六九）；續撰八卷，合為三十八卷，重刻於萬曆七年（西元一五七九）。全書共分十七門，計有經、史、雜記、子、釋道、文、詩、書、畫、求志、崇訓、尊生、娛老、正俗、考文、記曲、續史。除《紀錄彙編》的摘抄本外，其中書、畫、詞曲三部分曾被單獨輯出，稱為《四友齋書論》、《四友齋畫論》、《四友齋曲說》（或作《曲論》）；詩的部份，也曾被明周子文的《藝藪談宗》所摘抄。此外，何良俊尚有《何翰林集》、《書畫銘心錄》、《何氏語林》等著作可與《叢說》相互印證補充。

　　由於學術風氣的轉變，自明以來，《叢說》在各時代的價值與地位每不相同。如果將它比喻作獨立的生命體，藉著前人的引用情形及評價高低，可以看到一部筆記小說的歷史，正如一個生命的起伏升降。而在被徵引、討論及影響的部份，在戲曲主張方面，主要是「崇《拜月亭》而抑《西廂記》、《琵琶記》」、「寧聲叶而辭不工，無寧辭工而聲不叶」、「企圖振興北曲以與南曲抗衡」。在書畫方面，由於何良俊長期與文徵明相與評論書畫，學者往往將他的畫論視為吳派早期畫論的代表作。而在顯現歷史實況上，更可補正史的不足，如記王陽明歿後數十年內，講學者引發的種種後遺症；記倭亂前後，留都南京在政治、軍事、經濟上的窘態；記松江府風俗的侈靡；記嚴嵩的憐才下士；這些鮮活的實例，都是輔助《明史》的最佳材料。

目

錄

前　言

魯迅《華蓋集》〈忽然想起〉一文說：

> 歷史上都寫著中國的靈魂，指示著將來的命運，只因爲塗飾太厚，廢
> 話太多，所以很不容易察出底細來。正如通過密葉投射在莓苔上面的月
> 亮，只看見點點的碎影。但如看野史和雜記，可更容易了然了，因爲他們
> 究竟不必太擺史官的架子。〔註1〕

何良俊的《四友齋叢說》，正是這類筆記小說中的一部，它提供許多清晰的明代史料。
其中書論、畫論、曲論三部分，早經單獨輯出，肯定它在這方面的價值；近年來，
由多種期刊論文的徵引，及《明人傳記資料索引》中約有一百四十餘人曾參考它的
記載，更證明《叢說》實具有廣泛的參考價值。

　　雖然有豐富的內容，但「弱水三千，取一瓢飲」，是一般人使用筆記小說時所抱
持的態度，當他們在其中尋找合適的「一瓢」時，多半無暇留心「弱水」的整體風
貌；在學術分科越分越細的今日，學者也往往難以照顧到本科之外的知識，因此何
良俊一人，在各學科研究者各取所需的情況下，分成作曲論的何元朗，寫畫論的何
良俊，擅掌故的何翰目……等等；雖由此可見《叢說》的多方面貢獻，但將何氏其
人其書分割成數個獨立個體的結果，卻令吾人無法獲得整體的了解。

　　當筆者進一步翻檢相關資料時，發現其中記載失實之處不少，或對何氏的生卒
年及事蹟不詳〔註2〕，或對《叢說》的成書年代不詳〔註3〕，或對《叢說》的徵引失

〔註1〕轉引自謝國楨〈明清野史筆記概述〉一文，頁97。
〔註2〕《明史》卷二八七，頁7364，何良俊傳中記其「少篤學，二十年不下樓」，過於誇大，
　　　　與事實相去甚遠。又，記何氏「年七十始返故里」，殊不知何氏享年僅六十八歲。
〔註3〕俞崑《中國畫論類編》頁108，推斷《四友齋畫論》成書的年代「約公元1530年前
　　　　後」，將成書時間提前約四十年。時代定位的錯誤，實足以影響畫論史的正確性。

實〔註4〕、評論不當〔註5〕；因此，在何氏的四部著作——《四友齋叢說》、《何翰林集》、《書畫銘心錄》、《何氏語林》——俱存的情況下，本論文希望以何氏本人及其《叢說》爲研究對象，作一全面性的探討。

明代嘉、隆年間，畫壇方面，吳派文人畫家及畫論，在與浙派競爭的過程中逐漸取得優勢；曲壇方面，南曲取代北曲成爲戲曲界的主流，而沈寂已久的曲論也出現轉機；詩文方面，則正處七子派、唐宋派、江南傳統清麗詩文三派相互較勁之際。《叢說》中書畫、戲曲、詩文三部分，不但透露何氏個人的見解，也深刻反映出當時的實況。嚴格說來，這些隨筆式的記載，雖不足以構成完整的理論體系，但將零星的記載稍加整理歸納，並輔以《何翰林集》及《書畫銘心錄》諸資料，倒也能爲何氏的理論與實際勾勒出大致的輪廓，因此本論文特闢四、五、六三章，分別專章探討。

何良俊並非明代最著名的學者，《四友齋叢說》也不是最重要的筆記小說，但無疑的，其人其書都有助於學者更進一步了解明代。本論文願意誠懇的將何良俊其人其書的眞實面貌呈現出來，並期待學者的批評。

〔註4〕劉熙載《曲概》頁435，其引用的「北字多而調促，促處見筋；……」爲王世貞《曲藻》語，劉氏誤作何良俊《叢說》語。

〔註5〕《四庫全書總目提要》卷一百二十七，子部，雜家類存目四，頁3～749，僅以朱國楨《湧幢小品》及朱彝尊《靜志居詩話》的數條批駁，即評斷《叢說》「可以徵信者良亦寡矣」，顯然是犯了以偏概全的毛病。

第一章 何良俊的時代背景、潮流及家鄉

　　明代自朱元璋驅逐蒙元，重建漢人政權，開啓歷史上的新紀元，其間歷經十六帝，享國近三百年。雖然政治、武功均不足以與前代相比，卻是中國文化變遷中的重要轉捩點。何良俊生於此一時期的正德、嘉靖、隆慶年間，活躍於江南的蘇松、南京，所見、所感都留下珍貴的記載。我們在檢閱其著作之前，對他所處的整個大環境作一概括了解，相信有助於以下各章節的研究。

第一節　時代背景

　　時代的大環境，足以影響個人的思想言行，而敏銳的筆記小說家，也對時代跳動的脈搏留下深刻的記錄。以下分就政治、國防、經濟三方面，對何良俊所處的大環境作一簡介，同時，也以《叢說》中的各項記載，與此節作一對照印證。

壹、政治方面

　　由武宗到世宗、穆宗，是明代由盛轉衰的關鍵時刻，生於正德元年，卒於萬曆元年的何良俊，恰好縱貫這個時代，茲對此一時期的政治發展略述如下。

　　孝宗是明代中期政績稍佳的皇帝，武宗繼位，一反父道，信用宦官劉瑾，排斥忠良，導致朝政大壞。宗室安化王寘鐇以討劉瑾為名反於慶陽，幸朝臣楊一清及太監張永同心討平，才未釀成大禍。此後劉瑾伏誅，武宗又信用江彬，不改荒嬉淫樂的本性。覬覦帝位的寧王宸濠，於正德十四年趁機舉兵於南昌，雖旋為王守仁所討平，武宗卻假「鎮國公朱壽」之名，御駕親征南下，車駕所至，苛索供奉，沿途地方官吏及百姓備受騷擾。正德十六年，終於結束他荒淫無道的統治，而明代政治也逐步步入衰途。

　　武宗無子，以外藩興獻王世子入承大統，是爲世宗。即位之初，便下詔議興獻王的祀典及專稱，引起朝臣間朋黨的衝突，即所謂的「大議禮」。主張尊興獻王爲皇考者，多加官晉祿，而反對者，非下獄即廷杖；此事越演越烈，滿朝文武幾乎皆捲入風潮，卒至朝中士氣遭受摧折，政府元氣因而大傷。

　　嘉靖中期以後，大議禮之爭暫平息，而世宗又將興趣轉向神仙方術，斤斤於祀典的改定，日日以醮禱爲能事，數十年不上朝問政。嘉靖二十一年，嚴嵩以善撰醮祀青詞而得帝眷，授內閣大學士，把持朝政達二十年之久。其子世蕃也爲世宗信任，父子相助爲惡。朝臣中有膽敢與他們意見相左者，多遭貶戍或斃於杖下。四十一年，嚴嵩以罪狀暴露而罷，世蕃伏誅。此時，北方的俺答、南方的倭寇雖氣焰稍息，但政府長期的府庫枯竭〔註1〕、政風敗壞〔註2〕、人才摧殘、軍事不振〔註3〕，使得國本早已動搖。

　　四十五年，世宗死，穆宗繼立，在位僅六年。他本人可稱中材之主，閣臣徐階、高拱、張居正等，也均有政事才，吏治稍見澄清，然而互相傾軋、黨同伐異的結果，開啓了明末意氣用事的門戶之見。

　　所謂上行下效，皇帝的不理政事，劉瑾、嚴嵩等的招權納賄，殘害忠良，自然導致政府各級行政機關的因循苟且、瞞上欺下。所幸百餘年來的士氣尚未完全摧折，各方志中少數的名宦仍在地方補苴罅漏，使得明王室在內憂外患的風雨飄搖中，仍能搖而不墜。

　　此後除張居正變法的短時期外，明代政治已呈每況愈下的局勢，以下的庸主庸臣皆不足以扭轉頹勢，只有留待新興的清王朝來收拾殘局。

貳、國防方面

　　將才重在長期培養、充分授權，士卒重在嚴格訓練、撫循恤給。由明代中、晚期多次戰役中所顯現的軍政敗壞、戰力薄弱、調度失當，可知朝廷內外雖仍有可用的直臣與將帥，但皇帝與執政者多未能用心於此。因此，國防上破綻百出，戰事屢次失利。國祚能綿延兩百餘年，已是萬幸。

　　明代重要的外患有三，一爲北方蒙古的後代韃靼、瓦剌；二爲來自海上的倭寇；三爲東北的滿州。滿州是明末最後興起的勢力，取明王朝而代之。以下僅就明代嘉靖前後的兩大外患作一概述。

〔註1〕參《何翰林集》卷十九〈與王槐野先生書〉；卷十一〈送大司徒孫東穀考滿序〉。
〔註2〕參《叢說》卷十二·史八。
〔註3〕參《叢說》卷十一·史七。

一、俺　答

元王朝退回北方之後，蒙古分裂爲韃靼、瓦剌兩部，兩部互爲興衰。英宗時，瓦剌部也先繼其父脫歡而起，於正統時大舉入侵，遂有土木堡之變。孝宗時，韃靼部達延汗統一大漠南北，復居河套，於是寇患轉烈；直到世宗初年，北方幾無寧歲。此後，達延汗年老厭兵，別部酋長俺答代興，入據河套，連年寇邊，成爲嘉靖年間北邊最大的外患。嘉靖二十五年，俺答犯延安府，殺掠人畜無算。邊臣曾銑建議恢復河套，當國的首輔夏言力贊其說，無奈朝中諸臣心懷怯懦，嚴嵩又久已覬覦首輔之位，復套之議既被阻撓，曾銑、夏言也爲嚴嵩誣陷而相繼論死。

嘉靖二十九年，俺答大舉入寇，四方震動，京師戒嚴。所幸各地勤王之師陸續集中，俺答又無意攻城，在城外恣意殺掠之後得意而去。此後二十餘年間，俺答又數度大舉入寇，軍政敗壞的明室終無可如何。直至穆宗隆慶五年，愛孫心切的老俺答才受封爲順義王，結束北邊二十餘年的長期騷擾。

二、倭　寇

江南是明室經濟的命脈，倭寇的大肆騷擾，無異予明室致命一擊。其實，遠自元代，日本的海盜即已出沒中國沿海。明初，張士誠、方國珍的餘黨，也不少亡命海上，爲倭寇作嚮導侵略中國。此後，中國本地的奸民與倭寇時相勾結，殺戮居民，劫奪貨物。李定一《中華史綱》說：

> 倭寇是介乎內亂與外患之間的變亂。因爲眞正的倭人，不過十之二三，大多數爲中國人，包括流氓地痞、土豪劣紳、富商大賈、官僚地主等各色人等，他們各爲自身利害而與倭人勾串，騷擾劫掠沿海各省。〔註4〕

嘉靖初，明廢市舶司，禁止對外貿易，倭人流落不能回國的，多變成海盜。而沿海的奸商又因積欠倭商貨價過鉅而拒不償還，倭寇又大恣劫掠。在治倭有功的朱紈被誣下獄自殺後，倭寇之勢更大。嘉靖三十二年，大舉入寇，沿海城鎮衛所相繼淪失。而朝廷所派的總督巡撫雖屢更其人，然而或無權、或無能，均無治倭的辦法；其中尤以嚴嵩黨羽趙文華最爲跋扈，文華貪暴兇橫，侵餉冒功，實爲江南倭寇坐大的禍首。由於沿海防務的長期廢弛，及將帥的處置不當，倭寇縱橫千里，如入無人之境；竟能以數十人的小群直逼南京城外〔註5〕。

倭寇肆虐，沿海的松江府首當其衝，由《雲間雜誌》的兩條記載，可見當年的實況：

〔註4〕《中華史綱》頁445。
〔註5〕參《叢說》卷十一·史七，頁4320。

　　嘉靖癸丑（三十二年）倭奴內犯，吾郡久未聞鼓樂聲矣，忽南城內一
　　小戶成婚，偶用鼓吹，按院命即擒解，時吳都憲悟齋公（吳時來）爲郡司
　　理，稟曰：「留此一些，還像太平光景。」得免捕。〔註6〕

　　倭亂後，夜聞鬼泣，雖眾喧鬧，泣自若也，第云：「倭子來矣！」便
寂然。〔註7〕

其後文華免職，詔以胡宗憲總督軍務。宗憲先平倭寇耳目徐海、汪直，倭寇在蘇浙
無法立足，便轉掠閩粵沿海。嘉靖末年，終爲俞大猷、戚繼光所討平。

　　綿延十餘年，禍及東南各省的倭亂雖平定，然而江南財賦重地的嚴重創傷，及
種種後遺症，卻爲江南民生加上了更沈重的負擔。

參、經濟方面

　　自隋唐以來，中國經濟發展的重心，即逐漸由北方轉向東南沿海地區，歷經宋
元，明代江南經濟已取得絕對的優勢；而江南賦稅徭役的合理與否，也恰與政治的
清明、政權的穩固成正比。

　　明初的賦役制度，規畫頗爲精密。太祖曾下令詳查全國戶口田地，編制「黃冊」
和「魚鱗圖冊」，賦役均依二冊爲準。因此，在洪、永、熙、宣之際，「百姓充實，
府藏衍溢」，「劭農務墾闢，土無萊蕪，人敦本業，又開屯田、中鹽以給邊軍，餫餉
不仰給於縣官，故上下交足，軍民胥裕。」〔註8〕百姓的負擔並不太重。其後黃冊
及魚鱗圖冊因年久失修，經辦的糧長、里長及官紳相互勾結舞弊，徵課不能得實，
賦役之法漸壞。其實，早在宣宗宣德年間，周忱巡撫江南之時，富室兼併農地的情
形已頗嚴重，「詭寄挪移」成爲規避賦役的通行法術。農民困於賦役，或相率逃亡，
或投靠豪門，爾後此風有增無減。嘉靖年間，由於應付俺答、倭寇的軍費增加；又
有世宗本人崇信道教，祠典營建的龐大支出，國用更見不足，屢有「加派」的額外
徵課；後來倭亂雖平，而額外徵課仍未見減少。此後除張居正的「一條鞭法」稍稍
紓解小民的負擔外，賦役日重，國勢日衰，終至國家滅亡。

　　經濟問題較其他問題更爲複雜，且牽涉更廣，除了賦稅之外，還包括貨幣、工
商業、土地政策、農田水利、國際貿易……等。歷來學者往往由於觀察的角度不同，
因而產生出入頗大的看法。例如吳永猛在《中國經濟發展史導論》中說：

　　總之，因明代土地制度不善，貨幣制度亦惡，工商政策亦不善，人民

〔註6〕參《雲間雜誌》卷七，頁113。
〔註7〕參《雲間雜誌》卷二十四，頁122。
〔註8〕參《明史》卷七十七·志第五十三·食貨一，頁1877。

　　既不能普遍改善生活，反而擔負重稅，又飽受通貨膨脹之苦。以致「內憂」，
　　再加上「外患」，軍費吃緊，入不敷出而加耗再三，迫民揭竿而起，官兵
　　缺餉亦掠奪爲禍，加速大明江山易色。〔註9〕

從另一個角度看，明代仁宗洪熙、宣宗宣德之間，在東南某些地區的經濟發展，已
經有著演變爲較大規模企業經營的跡象。大商業城市星羅棋布，交通發達，商賈絡
繹，加上海外市場的開拓，中國的絲織品、瓷器等，已成爲亞洲國際市場的主要產
品。而大規模的國內外貿易，又刺激了貨幣需要量的增加，在原有的紙鈔、銅錢外，
錢幣也逐漸成爲主要的貨幣〔註10〕。

　　此外，黃河、淮河、運河，及江南的大小河川，雖時常氾濫，但整治河川的工
作並未停止。而農田水利雖荒廢，然不致敗壞，正是廣大農村在困境中仍能勉強生
活的原因之一。

　　總之，與前代相較，明代的經濟優劣互見。優點是工商業日漸發達、大型城市
的興起、物質文明更見推展、資本經濟已逐漸萌芽；缺點是土地、貨幣、工商諸政
策的規畫不當，導致貧富差距日漸加大、農業人口逐漸流失、苛捐雜稅無理盤剝，
而明末軍事的敗壞，更加重經濟情況的惡化，終於在軍事、經濟雙重失利下，明政
權土崩瓦解。

第二節　時代潮流

　　人生在世，很難不受時代潮流的影響。面對各類潮流，每個人的反應不同，或
是順應潮流，或是不隨潮流，或是力圖留住上一波的潮流，或是批評潮流下的流弊，
或是開啓潮流。而何良俊的各項主張，恰巧兼具了以上各類型，倒也是有趣的現象。
以下分別就明代（尤其是何氏前後）詩文、理學、書畫、戲曲各方面的潮流作一簡
介，並可與以後各章節的內容相互比較，以見何氏在詩文及理學上的不隨潮流，並
批評潮流；在書畫上的順應潮流，並開啓潮流；在戲曲上的力圖留住上一波潮流。

壹、明代的詩文

　　明代詩文，大抵有擬古與創新兩種不同的觀念在相互激盪，而以擬古爲主要潮
流。就時代而言，從洪武（西元 1368～1398）以至成化（西元 1465～1487），百餘

〔註 9〕《中國經濟發展史導論》頁 232。
〔註10〕參黃師志民〈明清詩文的發展〉一文，頁 216。

年間,是擬古思潮逐漸具體的時期;從弘治(西元 1488～1505)以迄萬曆(西元 1573～1620)前半,亦百餘年,是擬古觀念進而為有力之文學運動的階段;雖然其間有些摹擬標的不同而形成派別,但擬古的取向是一致的;從萬曆後半以迄明末,乃擬古運動的反響,以公安、竟陵為中心的創新的文學觀念是其主流,而擬古一派的後起也對原本的主張有所修正轉變〔註11〕。

明初的文壇,以高啟、宋濂為詩文的主要代表人物。同時期福建的林鴻、高棅出,漸漸形成獨重盛唐的詩觀,而高棅的《唐詩品彙》,就是他們主張的具體化。這種擬古思想,成為七子派崇盛唐的先驅。此後,文壇上的主流是三楊的「台閣體」,及李東陽的「茶陵詩派」,雖都能風靡一時,但對以後的影響畢竟有限。

弘治、正德間,以李夢陽、何景明為首的前七子出,企圖以北人的豪邁性格與文風,矯治平庸衰弱的台閣文學,揭舉了「文必秦漢,詩必盛唐」的文學主張,一時天下風從,造成極大的聲勢。後七子繼興,嘉靖年間,唐宋派的王慎中、唐順之、茅坤、歸有光,雖曾提出「變秦漢為歐(歐陽修)曾(曾鞏)」的口號以資對抗,但始終未能取七子派而代之。及至萬曆中期以後,公安派、竟陵派的相繼出現,才給予七子派嚴重的打擊。

當前七子李、何一派詩文風靡文壇的時候,南京文壇的領袖顧璘、朱應登、黃省曾等,都曾表示支持與學習的態度;然而「這種鄉下佬的文學,單軌式復古的土氣,本是難以侵入以蘇州為中心的江南知識層的」〔註12〕,蘇州文壇領袖沈周以下的文徵明、唐寅、祝允明等,雖然聲勢並不足以與七子派相抗衡,也並未標榜何種文學主張,卻一仍江南詩文清麗的傳統,以清新的情趣,來表達真實的感情。主要活動於嘉靖年間的何良俊,年代已晚於他們數十年,但從《何翰林集》及《四友齋叢說》中,仍可看出七子派的擬古主義,並未能完全籠罩江南文壇;無怪乎連秀華等的《中國文學史》要說:

> 但由於這種堅持秦漢、盛唐的方式不能滿足江南的文學家,……(王世貞)而積極地以南北文學的折衷為目標。〔註13〕

貳、明代的理學

自從南宋朱熹集理學大成之後,程朱一派就逐漸取得學術思想上的正統地位。明代中葉以前的大儒,如方孝孺、曹端、吳與弼、胡居仁、薛瑄,大體上,仍是沿

〔註11〕參黃師志民〈明清詩文的發展〉一文,頁 231。
〔註12〕參連秀華、何寄澎合譯《中國文學史》頁 221。
〔註13〕連秀華、何寄澎合譯《中國文學史》頁 222。

襲程朱的學說，而無新的創闢。他們共同的長處，乃在躬行實踐，一毫不肯苟且；短處則在於謹守程朱而無法創新，使得思想界的空氣稍嫌沈悶。直到英宗時，吳與弼的學生陳獻章出，明代理學中反程朱的學派才算正式成立。蔣伯潛在《理學纂要》中稱他是「上繼陸象山，下啟王陽明，爲理學史上一大轉捩。」〔註14〕

繼陳獻章而起的是王守仁，他以學問而兼事功，成爲明代思想界影響最大的人。「致良知」與「知行合一」的學說，也在數十年間，幾乎席捲全國整個思想界；一般學者都認爲終明之世，幾成「王學」世界。王學雖能充分發揮個性，其弊則易使人流於放浪自恣；而末流往往空談心性，束書不觀，思想也難免流於空疏貧乏。無怪乎清初大儒王夫之、黃宗羲、顧炎武等都大表不滿，或作有限度的修正，或作猛烈的抨擊。

其實，早在王學傳播的初期，何良俊活動的正、嘉、隆年間，它的流弊即已產生，《明儒學案》中的許多學者，如羅欽順、何瑭、黃佐等，都曾批評它理論上的許多缺陷與不足。至王學末流，流弊更顯，一般假藉王學而附庸風雅者的實際醜態，及講學者的引禪入儒，都在筆記小說中有所反映，以下摘錄數條以見一斑。

明徐樹丕《識小錄》的〈講學〉條記載

> 靈濟宮講學莫盛於嘉靖癸丑（三十二年）甲寅（三十三年）間，蓋徐階、歐陽德、聶豹等主之，縉紳附之，輒得美官。有臣貴弟某欲藉此以爲名高，一日當赴會，與大閹飲醉忘之矣，從者掖上之馬，目昏昏不開明矣，至講所，不能成揖，擁而即席，鼻如雷，眾不敢言，比晚畢事，從者仍掖之上馬去，竟不知往來何所事也，人傳以爲笑端。〔註15〕

何良俊的同鄉好友陸樹聲在《清暑筆談》中說：

> 近來一種講學者，高談玄論，究其歸宿，茫無據依；大都臆度之路熟，實地之理疏；只于知崇上尋求，而不知從禮卑處體究。徒令人凌躐高遠，長浮虛之習。〔註16〕

明陳于陛在《意見》〈講學〉條中說：

> 學問只當平居講明，朋友切磋，至于招延黨與，朝廷之上公然設會；徼名亂政，罪之尤者。今之講學，舍正學不談，而以禪理相高，浸成晉代之風，司國論者其懲之。〔註17〕

〔註14〕《理學纂要》頁130。
〔註15〕《識小錄》頁194。
〔註16〕《清暑筆談》頁3011。
〔註17〕《意見》頁3045。

明伍袁萃在《林居漫錄》中也說：

> 或問：「子嘗云講學非眞學，然則學之不講，孔子何以憂之？」曰：「子以四教，文行忠信；子所雅言，詩書執禮；子不語，怪力亂神；由是觀之，孔子之講學也，其諸（疑爲衍字）異乎人之講學歟？！」予見近時學者多舍孝悌忠信而談玄妙，舍詩書禮樂而談禪寂，皆好語怪者，故云然。〔註18〕

參、明代的戲曲

　　明代戲曲的演出，遍及全國各階層，上至宮廷藩邸、士大夫宅第，下至酒樓茶館、農村市集。雖然戲曲如此普遍而深入的受到各階層的喜愛，但明代中葉以前，實際的興衰消長及搬演情形，由於嘉靖以前相關的記載不夠充分，所以目前仍是無法確切的掌握。概略的說，明代的戲曲包括北雜劇和南傳奇。明初以北雜劇爲主；中期以後，重心逐漸轉向南傳奇；而自嘉、隆間崑山魏良輔改良崑腔之後，崑曲便在數十年間取得優勢地位，成爲明末戲曲中的主流。此後沈璟的吳江派及湯顯祖的臨川派中分戲曲界，或以音律取勝，或以才情擅場，是爲明代戲曲最發達的時期。

　　除了實際的戲曲搬演外，戲曲理論在明代也有頗爲傑出的表現，以下略述明代的劇論。

　　明初的劇論，起自寧獻王朱權的《太和正音譜》，陳芳英在《明代劇學研究》中說：

> 我國的戲劇批評，是以《太和正音譜》爲標志，正式成爲獨立的部門。
> 〔註19〕

此後由正統到正德的八十餘年，是明代劇學最消沈的年代，這段時期的劇作家不過數人，作品無甚可觀。其中以邱濬的《五倫全備記》及邵璨的《香囊記》爲代表。葉長海的《中國戲劇學史稿》，曾批評《五倫全備記》是道學風，《香囊記》是時文風。總之，他們的戲曲理論及實際創作，都停留在道學家道德說教、文詞家賣弄辭藻的階段，始終無法突破。

　　直到嘉、隆年間，伴隨著民間戲曲演出的日益興盛，明代的戲曲理論才出現轉機。魏良輔的《曲律》、李開先的《詞謔》、何良俊的《四友齋曲說》、王世貞的《曲藻》、徐渭的《南詞敘錄》等，一時將戲曲理論界點綴得有聲有色。其中徐渭的《南

〔註18〕《林居漫錄》卷二，頁 229。
〔註19〕《明代劇學研究》頁 214。

詞敘錄》首先肯定南傳奇的戲曲地位；魏良輔革新崑腔，以《曲律》開啓了崑曲時代；王世貞以詩文領袖關心詞曲，提高他《曲藻》的價值；藏書有「詞山曲海」之稱的李開先〔註20〕，以豐富的藏書作後盾，有《詞謔》之作；何良俊以自幼精研音律、喜好戲曲的深厚素養，在《四友齋曲說》中，力圖挽回北雜劇的頹勢。

　　嘉、隆以後，更是百家爭鳴的局面。萬曆時，湯顯祖臨川派的重才惰，與沈璟吳江派的重格律兩派相持不下；此後的劇論家，或擁湯，或推沈，或調和，或創新，將當時的戲曲理論帶上明代的最高峯。

肆、明代的書畫

　　明代的書畫，在整個中國書畫史上，地位並不太高，原因在於他們多主張復古，臨摹既久，往往難以擺脫古法的束縛，即便有心突破創新，也時存有古人的影子。其實，如果我們不用太嚴苛的標準去看他們的作品，其中仍有許多佳作；在前人的影響外，仍可找到一些特有的風格。同理，這也正是我們批評近古各種文學、藝術，所應持有的態度。畢竟生於古人之後，在體裁與題材、筆法與畫法，都極難創新的情況下，除非有大天才，否則要想獨具風格，而又不流於標新立異，的確是不容易的。以下分就書法、繪畫、書論、畫論作一簡介。

　　一般說來，明代皇帝頗喜愛書法，能書之士每有機會被延攬入政府；明初的中書舍人、中葉的翰林待詔中即有不少此類人才。此時朝野都重帖學，碑學早就無人講求，因此多致力於行草，知名者不少，但皆難以突破晉唐藩籬。明初書家以三宋二沈最爲知名；中葉時祝允明、文徵明、王寵號稱中興；晚明書家則有邢侗、張瑞圖、董其昌、米萬鍾等。綜觀明代，以文徵明、董其昌最爲知名，然而評價都未能度越前人。

　　明代的繪畫也以模擬爲主，由於模擬的對象不同，所以產生不同的風格；後人或據此劃分宗派，然而大部分畫家模擬的對象每不止一個，所顯現的派別風格也未必統一，再加上品評者的審美觀不盡相同，因此，對於畫家們宗派的歸屬問題每有爭議。爲便於敘述，本文仍以習見的吳派、浙派、院體區分畫家；其中院體及浙派，多是沿襲南宋馬遠、夏珪的畫風，最著名者有邊文進、戴進、吳偉、藍瑛等；吳派則主要繼承蘇軾以下文人畫的傳統，主要模擬荊浩、關同、董源、巨然、趙孟頫、黃公望、倪瓚、王蒙、吳鎮諸大家，最著名者有沈周、文徵明、董其昌等，至於唐寅、仇英，畫風近院體，而交遊多吳派，則不予歸類。此外，明末吳派支流，除董其昌的松江派外，趙左的蘇松派、顧正誼的華亭派、沈士充的雲間派，都在當時佔

〔註20〕參《中國戲劇學史稿》頁120。

有一席之地，但皆未出現大家。

明人在書畫創作、欣賞之餘，書畫家、收藏家、鑒賞家往往會將他們經眼的書畫、創作的方法、品評的標準等相關問題，形諸筆墨寫成札記，對於書畫流傳的情形，及當時畫風的趨向，都留下了珍貴的記錄。

書論方面，內容大略有總論、書史、書寫方法、書錄題跋、書法工具、賞鑑諸方面，其中較著名者，如項元汴的《蕉窗九錄》、屠隆的《考槃餘事》、張丑的《清河書畫舫》、項穆的《書法雅言》、朱存理的《鐵網珊瑚》、汪砢玉的《珊瑚網》、趙宦光的《寒山帚談》、何良俊的《四友齋書論》等。

畫論方面，較書論的成就大。其中有許多是零星存在於題畫的詩跋及文跋中，後人多結集成冊。至於較成體系的畫論，較著名者有何良俊的《四友齋畫論》，王世貞《藝苑卮言》的繪畫見解，李開先的《中麓畫品》，莫是龍的《畫說》，董其昌的《畫旨》、《畫眼》、《畫禪室隨筆》，陳繼儒《妮古錄》中的繪畫見解，沈顥的《畫塵》；其中除李開先的《中麓畫品》擁護浙派外，其餘都是吳派畫風的支持者。

第三節　家　鄉

何良俊一生，主要活動的地區有三：松江府、蘇州府、南京。松江是家鄉，南京是任官的地方，蘇州是鄰近家鄉的詩文書畫中心；而南京、蘇州兩地同時也是他躲避松江頹敗風俗的避難所。

留都南京是江南政治、經濟、軍事、文化的重心，人文薈萃，可廣交遊，是何良俊致仕之後留連不去的重要原因之一；而蘇州，則是南京之外，江南的另一文化重鎮，自沈周以下，唐寅、祝允明、文徵明等，各自以詩文書畫名於當時；文徵明身旁許多蘇州文人，都與何良俊保持密切的接觸，這或許是促使他在致仕東歸之後，長時期居住於此的原因之一。由於篇幅所限，本節僅以松江府為介紹範圍，南京、蘇州兩地只有從略。

松江府，在明代與蘇州府向為全國最富庶的地方之一，文風鼎盛，人才輩出，何良俊曾在此度過五十餘年的歲月；以下就地理環境、經濟風俗、人才諸方面，作一概略介紹。

壹、地理環境

松江府古稱雲間，唐時置華亭縣，元時改稱松江府，明清因之；領有華亭、青浦

（青浦縣於嘉靖二十一年置，三十二年廢，萬曆元年復。）與上海三縣，華亭縣居於中央，爲松江府治所在，上海縣與青浦縣分居府的西北與東北。松江府的東面與南面，皆臨東海靠近杭州灣，西北與蘇州府隔吳淞江爲界，西面與嘉興府爲鄰。吳淞江爲太湖支流，沿著松江府的北境，在上海附近與黃浦江會合注入東海，松江府即因吳淞江而得名。由於地臨海濱，境內幾乎皆爲平原，大小河流縱橫密布，氣候溫和，土地肥沃，物產豐富，交通便利，爲江南魚米之鄉。加上山川秀麗，其中尤以三泖（圓泖、大泖、長泖）、華亭境內的九峯（鳳凰山、陸寶山、佘山、細林山、薛山、機山、橫雲山、干山、崑山）最爲著名；蓋峯泖之間，有令人留連忘返的山水清幽；峯泖之思，則是每個松江遊子的共同心聲。故元明以來，騷人墨客每多徘徊於此，聲名更爲遠播。在《何翰林集》的〈初夏泛泖記〉中，何良俊對峯泖曾有以下的描述：

> 登浮圖上方，見九峯環列，帶以長林，與波光相映發，帆檣陵亂，交橫空碧中。隔岸蒲葦點綴如染，迴塘曲浦以百數；澄淨若練，明滅樹梢，遠望姑蘇諸山，其一二最高者隱隱在天外。既而倚層欄，則四面通徹，都無障礙；清風時來拂人，披襟當之，神理融暢。〔註21〕

除了自然景觀外，寺觀古蹟、第宅園林，也都是吸引遊人、蘊育文化的人文景觀，如因陸機而得名的平原村、黃耳家；趙孟頫族兄趙孟僩出家的本一禪院；顧正心的熙園等。

貳、經濟風俗

蘇、松、常、嘉、湖、杭等府，是明代江南經濟的重鎮，也是全國稅收的主要來源。明代資本經濟的萌芽、大型工業的興起，都與這些地方有密切的關係。松江府由於地理環境的適宜，早在宋代，華亭縣、青浦鎮、上海等地，即設有市舶司或市舶務；元代設司之地凡七，上海也是其中之一〔註22〕。由此可知，明代以前，松江府即已成爲海商貿易聚集的重要市場。明代松江府的市舶司雖被裁撤，但繁榮依舊。農業方面，明初曾有「蘇松熟，天下足」的諺語；工業方面，松江府也成爲全國綿織業中心，松江之布號稱衣被天下，也有「買不盡松江布」的諺語，都反映出松江繁庶的一面〔註23〕。雖然這些諺語極易予人以家給人足的印象，但繁庶的背後，卻仍存在著許多弊端及不公平。

錢穆《國史大綱》中說：

〔註21〕《何翰林集》卷十五，頁488。
〔註22〕參李劍農《宋元明經濟史稿》頁128。
〔註23〕參傅衣凌《明代江南市民經濟試探》頁98。

天下的租賦，江南居其十九，浙東西又居江南十九，而蘇松常嘉湖五
府，又居兩浙十九邱濬《大學衍義補》，而蘇州尤甚，……稍次於蘇州者爲
松江。〔註24〕

陸深的《儼山纂錄》則說：

本朝國初總計天下稅糧共二千九百四十三萬餘，浙江一布政司二百七
十五萬二千餘，蘇州一府二百八十萬九千餘，松江一百二十九萬九千餘。
浙當天下九分之一，蘇贏於浙，以一府視一省，天下之最重也。松半於蘇，
蘇一州七縣，松才兩縣，較蘇之田，四分處一，則天下之尤重者，惟吾松
也。〔註25〕

姑不論松江府稅賦是居天下第一或第二，總之，蘇松重賦問題，的確爲松江小民帶來
極大的困擾。張天復的《皇輿考》，刊於萬曆十六年，書中的〈南直隸圖敘〉曾記載：

〔蘇〕〔松〕則田賦不均，供億日困。〔註26〕

〈南京郡縣〉條也說：

曰松江：雲間饒煩。〔註27〕

吳智和在〈明代江南五府北差白糧〉一文中曾說：

賦繁之地，民風自然多趨向詐僞。〔註28〕

松江府繁重的田賦，本足以使民風趨向詐僞；而隨著工商業發達，新興資本家與官
紳的競相奢華，更助長了此一風氣；同時，因賦稅繁重、官紳欺壓而離開本業的農
民，在成爲鄉官家人、官府衙役、工商業者、無業遊民〔註29〕之後，也逐漸失去農
民原有的純樸本性。虛矯、奸僞、庸俗，終成爲賦稅繁重、社會變遷的代價。

何良俊在《叢說》中雖一再陳說，力圖矯治此一頹風，更闢有〈正俗〉二卷專
論此事；而范濂《雲間據目鈔》等有關松江文獻的書籍，也多針對此一病態情形有
所糾正；然大廈將傾，數木難支，此風越演越烈，卒至明亡仍不稍息。

參、濟濟多士

早在置府之前，雲間地區即已代不乏人，如吳的陸績，晉的陸機、陸雲，陳的

〔註24〕《國史大綱》頁 592。
〔註25〕《儼山纂錄》頁 7。
〔註26〕《皇輿考》頁 94。
〔註27〕《皇輿考》頁 101。
〔註28〕參〈明代江南五府北差白糧〉一文，頁 70。
〔註29〕參《叢說》卷十三‧史九，頁 4342。

顧野王，唐的陸贄等；元明置府以後，更是人才輩出。濟濟多士個個頭角崢嶸，為松江府在明代史上博取到光輝的一頁。在如此環境下，豪傑之士自然聞風而起，何良俊雖非其中最著名者，但確可不愧前賢，不畏後生了。以下分門別類對明代松江人物作一簡介。

一、政治方面：科舉是從政的正途，考《松江府志》〈選舉表〉中，歷年眾多的進士、舉人，即可知松人步入仕途的概況。其中仕至內閣大學士、尚書、侍郎者頗不乏其人，其聲名最著者，如孫承恩，仕至禮部尚書；徐階，協助世宗罷黜嚴嵩，並代之而為內閣首輔；徐光啓，以禮部尚書兼文淵閣大學士。

二、著述方面：自從元末明初寓居於此的陶宗儀開啓著述風氣，松江能文之士多能留心於著述，考《松江府志》〈藝文志〉即可知。其中尤為今日學者所津津樂道者，如陶宗儀的《輟耕錄》、《說郛》、《書史會要》，王圻的《續文獻通考》，徐光啓的《農政全書》，陳子龍的《皇明經世文編》，陳繼儒的《眉公雜著》諸卷，李紹文的《皇明世說新語》，何良俊的《四友齋叢說》，徐獻忠的《吳興掌故集》，范濂的《雲間據目鈔》等。

三、詩文方面：元末松江富豪呂璜溪曾開辦「應奎文會」，重金禮聘四方能詩之士，並敦請當時文壇巨擘楊維楨主考評分，一時文士畢至，傾動江南〔註30〕。應奎文會後，楊維楨自杭州移居松江，文人雅士皆聞風而至，時相唱和，開啓明代松江的文風。明初，袁凱以〈詠白燕詩〉成名，而為「國初詩人之冠」〔註31〕，此後詩風綿延不斷，至嘉、隆時，已有多人「以詩文著」〔註32〕。今考《松江府志》〈藝文志〉中，明代詩文別集不下數百種，文風鼎盛可見一斑。

四、書畫方面：趙孟頫、柯九思、黃公望、高克恭、倪瓚等一般公認的元代書畫大家，都隸屬於《松江府志》的〈寓賢傳〉；在諸大家的書畫薰陶下，松人在明代書畫界取得了崇高的地位。以下分就書法、繪畫兩部分說明之。書法部分，明初書壇以「三宋二沈」最為知名，其中二沈即是松江的沈度、沈粲兄弟；其餘如朱芾、朱孔暘、顧祿、張電、浦澤、張弼，及莫如忠、莫是龍父子，都是明代書法史上的重要人物。至於繪畫方面的成就，也頗有可觀，元末明初曹知白、張觀、張遠、沈月溪、章瑾、夏衡、顧應文，及金鉉、金鈍父子，都是有名於當時的畫家。而明末松江畫壇更是大放異彩，董其昌的松江派、趙左的蘇松派、顧正誼的華亭派、沈士充的雲間派，雖都屬吳派的支流，但畫壇盟主的地位，已明顯自蘇州轉移至松江。

〔註30〕參《叢說》卷十六・史十二，頁4366。
〔註31〕《叢說》卷二十六・詩三，頁4463。
〔註32〕《叢說》卷十七・史十三，頁4381。

除了實際繪畫以外,何良俊的《四友齋畫論》,莫是龍的《畫說》,董其昌的《畫旨》、《畫眼》、《畫禪室隨筆》,陳繼儒的《妮古錄》、《書畫史》,沈顥的《畫麈》等,都是明代著名的畫論著作,並對有清一代產生極為深遠的影響。

五、忠義方面:崇禎殉國之後,南明諸王尚延續國脈數十年。雖眼見大勢已去,然而松江的忠義之士,在時勢造英雄的情勢下,也都毅然投入抗清行列,陳子龍、張肯堂,及夏允彝、夏完淳父子,都是其中的佼佼者,事雖不成,但浩然正氣卻長留青史。

第二章　何良俊的家世、生平及交遊

　　何良俊是嘉靖中期活躍於蘇松、南京一帶的文士，博學能文，風流豪爽，為時人所歡羨。由於他的四種著作——《何翰林集》、《四友齋叢說》、《何氏語林》、《書畫銘心錄》——都保存至今，且對今日學術界如書畫、戲曲、詩文、理學、……等，都可提供寶貴的資料；因此，我們有必要對他的家世、生平及交遊稍作了解，以便知人論事，並可糾正一般對何氏記載失實之處。

第一節　家　世

　　何氏世居華亭，耕讀傳家。自祖父以來，任糧長近五十年；於良俊幼時，見時事漸不佳，故卸去糧長職務〔註1〕。良俊之家庭背景頗為單純，父親何嗣及叔父何孝兄弟二人極為友愛，同居數十年，姒娌相處亦頗融洽，是以何氏三兄弟得成長於和樂之環境中。由於家境尚稱富裕，自需有人管理家務、督促農事，長兄良佐以伯父、父親年事漸長，為免二老憂勞，國學卒業後，返家操持家務；而良俊與弟良傅則以年紀較幼，專心學業，期望振興家聲。

　　良佐、良俊、良傅三兄弟皆為何孝所生；何嗣無子，故以良俊為子。以下分就良俊之家人及其岳家作一簡介。

壹、家　人

一、父何嗣

　　何嗣，字宗胤，自號訥軒老人。英宗天順元年（西元 1457）生，世宗嘉靖十四

〔註1〕參《叢說》卷十三・史九，頁 4399。

年（西元 1535）卒，年七十九。少與弟何孝相友愛，戮力農事以振興家業。顧璘《息園存稿》卷五〈華亭何隱君墓誌銘〉載：

> ……於是殖豐美田產，多買奴僕，芟闢灌莽，廣其水利，無風雨寒暑，身自臨視，其下人人效功能，生息遂十倍于昔；乃構堂宇，立廟寢，參準古禮，修喪葬、嫁娶、燕聚、問遺之儀，自是華亭人稱柘林為仁里。

年三十，郡大夫舉督里中賦，使弟掌公務，而自管解運；慎約奉法，每有羨餘。又喜振人之急，舉貸度不能償，輒毀其券。年踰五十，解去公職，謝遣人徒，人遂稱為「訥軒先生」。晚年家事皆付與子姪，惟種樹養魚而已。事蹟具《何翰林集》卷二十四〈先府君訥軒先生行狀〉；顧璘《息園存稿》卷五〈華亭何隱君墓誌銘〉。

何嗣無子，以弟何孝之次子良俊為子，正德十六年，率良俊另闢居室以居，臨終時，猶諄諄教誨，盼望良俊能友愛親族、善待僮僕、賓事長老。

二、叔父何孝

何孝，字宗本，別號靜軒先生。英宗天順三年（西元 1459）生，嘉靖十七年（西元 1538）卒，年八十。其學務通曉大義，不守章句。成化初，以祖母年老而棄舉業。既壯，州里推擇為糧長。成化十四、十五年間，受知於松江知府王衡及同知于準。弘治初，彭韶以侍郎理兩浙鹽政，引王衡為佐；孝痛陳鹽政諸弊於衡，後皆蒙彭韶採行，衡由是賓禮益甚。好讀書，尤精六書、字學、《說文》、《爾雅》之書；能鑒別古器物、書畫，以博洽聞於郡中。嘗因能識僻典為王衡所稱，衡曰：「人言科目不能盡天下之材，乃何生所蓄，吾不得而測矣。」〔註 2〕孝不喜攀附，所交遊者皆山澤隱逸；知與時不合，作〈靜志篇〉以明志，人因稱「靜軒先生」。五十以後，謝遣人徒，屏迹自晦，種樹蒔花以頤天年。性伉直仗義，有口好面刺人過；至於急人之困，排難解紛，未嘗以他辭解。事蹟具《何禮部集》卷九〈先府君靜軒先生行狀〉；《陸文定公集》卷四〈封南京禮部祠祭司郎中靜軒先生墓碑銘〉。

良俊幼時即與良傅隨侍於何孝身旁，親承教誨，《詩》、《書》二經皆何孝口授教導〔註 3〕；稍長後，並為之重金延聘名師，凡可以教二人者，無不竭力為之，而良俊博學之基礎亦由是建立。

三、兄　弟

（一）兄良佐

何良佐，字參之，一字伯康，號五山。孝宗弘治九年（西元 1496）生，嘉靖四

〔註 2〕《何禮部集》卷九，頁 5，〈先府君靜軒先生行狀〉。
〔註 3〕《叢說》卷十七・史十三，頁 4381。

十二年（西元 1563）卒，年六十八。長良俊十歲，年十八補博士弟子員，後以貲補國子生，三年卒業而歸。性恬退，不樂仕進，年近六十始授南京光祿寺署丞，即投劾去。平生好觀內典，晚年尤加篤信，嘗刻《心經文句》、《金剛經解義》以行；今徐獻忠《長谷集》中，尚留有〈何居士翻經偈有序〉一篇〔註4〕。心本樂閒，曠泰於娛生，嘗於所居徧鑿爲陂塘。性復詳審，處家精核，烹飪親爲齊量，甘淡皆適宜；李樂《見聞雜記》曾記：

> 何五山云：「脾胃也要歇息他，磨子常用也須壞了。」〔註5〕

> 何五山云：「要節飲食，須於舉筯時便著急。」〔註6〕

倭寇橫行東南，以何氏三兄弟之柘林宅爲巢穴，良佐以長居鄉曲，得禍尤偏；羇寓於府城數年，以望洋名其閣，志桑梓長懸之意。事蹟具《何翰林集》卷二十五〈兄光祿寺署丞五山何君行狀〉；《長谷集》卷四〈望洋樓爲五山何長公〉，卷九〈何居士翻經偈有序〉，卷十四〈祭何五山參之〉。

良佐二弟皆喜讀書，東南藝苑之士來與二弟遊者，皆延款至再。嘉靖三十一年之後，良俊長年旅寓於外，良佐雖屢勸其重返故里，然良俊皆以不耐華亭頹敗風俗爲由，不願還鄉。及至良傅歿後始還，然未及一年，良佐即告謝世。

(二)、弟良傅

何良傅，字叔皮，號大壑。正德四年（西元 1509）生，嘉靖四十一年（西元 1562）卒，年五十四。小良俊三歲，少與良俊日侍於父親左右。十四補學官諸生，得縣令永豐聶豹賞識。體素羸弱，不任勞苦，凡入試於南京，輒以病不克終試。嘉靖二十年，一舉成辛丑進士。嚴嵩時在禮部知舉，拆卷時，語同事曰：「此子與其兄良俊皆吳中名士，今喜拔得其一矣。」〔註7〕初授行人，三年遷刑部主事，力請改南，得南京禮部儀制司主事，轉祠祭司郎中。南京寺觀多賜田，久爲勢家侵奪，齊庶人久縱恣，會廢寺觀，材值數十金者，欲抑其直強市之；又諸司濫用教坊工役，良傅以法守所在，不能曲承，遂不樂居職；嘉靖三十四年致仕，時年四十七。以柘林多故，寓居南京又數年，與兄良俊同居於青溪之上，兄弟聯袂，南京名勝吟詠殆遍。倭亂稍息，始歸華亭重理舊業；四十一年，卒於家。事蹟具《何翰林集》卷二十五〈弟南京禮部祠祭郎中大壑何君行狀〉；《陸文定公集》卷五〈南京禮部祀祭司郎中大壑

〔註4〕《長谷集》卷九，頁 26。
〔註5〕《見聞雜記》卷一，頁 41。
〔註6〕同註5。
〔註7〕《何翰林集》卷二十五，頁 797，〈弟南京禮部祠祭郎中大壑何君行狀〉。

何君墓誌銘〉;《崇蘭館集》卷十一〈南禮部郎中大塈君壽文敘〉,卷十九〈故南京禮部祀祭司郎中大塈先生碑銘〉;《長谷集》卷五〈《何禮部集》序〉。

良俊、良傅兄弟年齡相仿,自幼讀書、嬉戲即形影不離。良傅入仕之後,良俊仍時以道義相勉;而良傅亦屢屢詢及兄長出仕之意,手足之情於此可見。

貳、岳 家

一、岳父楊鶴

楊鶴,字鳴皋,號誠菴,華亭人。憲宗成化十三年(西元 1477)生,世宗嘉靖二十一年(西元 1542)卒,年六十六。博學多聞,在太學時以義烈聞,與四川楊慎相友善。仕宦二十年,僅得紹興府知事。持法嚴正,故越人有獄就決者,無不當意歸。居官清廉,自常俸外鹽醯皆取之家。歸養母,備極孺慕。座客常滿,有孔北海之風;偶無客至,則使家僮候於水次。友人張一桂貧死,方嚴寒,鳴皋聞之自百里外往哭,含襚之具悉備,下至醯鹽無不過目,客曰:「張兄家豈遂乏此?」鳴皋曰:「兄坐不貧耳,何緣知人缺乏事。」既葬始歸。尤究心東南財賦,著〈救時論〉、〈田賦議〉等篇。事蹟具《何翰林集》卷二十六〈紹興府知事誠菴楊公行狀〉;《長谷集》卷七〈壽楊誠菴先生序〉;《南吳舊話錄》卷二‧忠義,頁 132。

何氏方五歲,即締婚於楊氏,故楊鶴夫婦視其如子,撫視愛憐,無異所生。今《何翰林集》內僅有之一篇壽賦,即為岳母高太夫人所作〔註8〕。

二、內兄楊子亨

楊子亨,字履卿,號南溟,華亭人。弘治十三年(西元 1500)生,嘉靖四十四年(西元 1565)卒,年六十六。嘉靖四年舉人,五年從遊陽明之門,陽明生徒滿天下,在講席者恒數百人;每子亨至,即冠坐,蓋其于身心性命大有發明。謁選得順天府推官,小大之獄皆察以情。累官至南京工部都水司郎中。家居有義氣,梁材、唐順之等名臣皆與之為莫逆交。事蹟具《何翰林集》卷二十七〈祭楊南溟文〉;《雲間志略》卷十二〈楊水部南溟公傳〉。

子亨年長六歲,故何氏以兄事之。性嚴重,而何氏則以志業不遂,又好面刺人過,縱情歌酒,時而抵掌、諧謔於其座上,子亨皆不以為意,何氏於〈祭楊南溟文〉內言:「古人云:『生我者父母,知我者鮑子。』正今日之謂也。」〔註9〕

〔註8〕《何翰林集》卷一,〈壽賦有序〉。
〔註9〕《何翰林集》卷二十七,頁 864,〈祭楊南溟文〉。

三、岳父宋愷

宋愷，字舜臣，號樗菴，華亭人。弘治六年進士，屢遷至福建參政，後改廣西。時劉瑾擅權，未曾以一縑私往來。致仕家居二十餘年，衣著不異常人，人不知其爲顯者。著有《樗菴集》，年八十卒。事蹟具《何翰林集》卷二十七〈祭岳父樗菴公文〉；《松江府志》卷五十二·〈古今人傳〉四。

宋愷以致仕參政之尊，許配仲女與何氏爲妻，故何氏頗爲感念〔註10〕。

第二節　生平及其他

何良俊，字元朗，一字登之〔註11〕，號柘（或作拓）湖居士、清溪漫叟（或作士）、紫谿眞逸〔註12〕。松江府華亭縣柘林里人。大約於武宗正德元年（西元1506）生，神宗萬曆元年（西元1573）卒，年六十八〔註13〕。

他的一生約可分爲三個階段，即出仕之前、南京時期、晚年生活。第一階段，起自正德元年，終於嘉靖三十二年；第二階段，起自嘉靖三十二年，終於嘉靖四十年；第三階段起自嘉靖四十年，終於萬曆元年。

除了以上三個階段外，本節並就資料所及，對他的博學能文、主要思想、風流豪爽、居住環境等相關問題，作一概略介紹。

壹、出仕之前

在何良俊四十八歲任職南京翰林院孔目之前，他的大部分時間都在故鄉華亭度過，以下將他出仕之前的生活概況作一簡介。

由於家境尚稱富裕，家中氣氛融洽，因此，他的童年生活頗爲安定祥和。據何良傅《何禮部集》卷九〈先慈母鄒夫人行狀〉中所記：

〔註10〕參《何翰林集》卷二十七，頁842，〈祭岳父樗菴公文〉。
〔註11〕參《叢說》卷三·經三，頁4258。
〔註12〕參《中國歷代書畫篆刻家字號索引》下冊，頁172；及《何翰林集》卷二十八，頁888，〈題《書畫銘心錄》後〉
〔註13〕今日尚未見到何良俊的墓誌銘，而《國朝獻徵錄》卷二十三，撰人不詳的〈南京翰林院孔目何公良俊傳〉中，亦無生卒年的記載；唯一可以考訂何氏生卒年的兩條資料是：《四友齋叢說》卷八·史四，頁4302，「嘗記得小時，余年十六爲正德辛卯（十六年），武宗升遐。」
張仲頤的《《四友齋叢說》重刊本序》，頁4228，「內翰何先生撰《叢說》三十卷，以活字行有年矣，歲癸酉（萬曆元年）續撰八卷，……不意是歲先生遘疾不起。」

良傳常記憶爲童子時，先府君與先伯考友愛周至，伯母張、次衛，及余二母凡四人者，每飯必同案，衣亦傳服，和氣蒸蒸，薰浹膚理。良傳與諸兄姊嬉戲於其傍，時諸兒視四母皆母，而四母撫諸兒皆子。〔註14〕

良俊雖出繼爲何嗣後，但何孝仍「總而教之」〔註15〕，《何禮部集》卷九〈先府君靜軒先生行狀〉中說：

諸孤迨能言，即旦暮提攜，語以名物之數，及古今有志節諸人。遞長，乃延師授以經術，其教先於敦本篤行，後及文藝。諸孤或苶劣不率教，府君故痛扑而折辱之曰：「奈何貽不孝以辱先人乎？」其尊禮師傳，凡聘幣供饌，必竭力爲之，極其豐溢處。〔註16〕

在何孝的嚴格督促下，良俊年十七即補博士弟子員，時聶豹爲華亭知縣；《雙江聶先生文集》卷四〈贈翰林孔目何元朗之南都序〉中，曾稱許何氏兄弟道：

予嘗令華亭，簿書稍暇，輒與諸士相劘切。類教之外，復擇俊穎者，得十有八人，群而教之。譚道課業，無間寒暑。……如吾元朗及其弟儀部郎何叔皮，則皆十八人中人也。〔註17〕

良俊青年時，曾與弟良傳及徐獻忠、張之象等，同讀書於「文甍館」，六經、七略、內典無不究討〔註18〕。由此可見在良俊早年，與徐、張二人的深厚友誼即已建立，而學問的根基也日益紮實。

關於他的好學精神及志向所在，〈《四友齋叢說》初刻本自序〉中曾說：

何子少好讀書，遇有異書，必厚貲購之，撤衣食爲費，雖饑凍不顧也。每巡行田陌，必挾冊以隨；或如廁，亦必手一編。所藏書四萬卷，涉獵殆遍，蓋欲以攬求王霸之餘略，以揣摩當世之故。〔註19〕

《何翰林集》卷十九〈與王槐野先生書〉中也記載自己的讀書歷程：

爰自髫年，即游心藝文之末，嘗取李空同、康對山文讀之，以爲當代文章盡在是矣，思一見其人不可得。後稍有知，則又以爲儒者之事，蓋不止弄筆札，抽黃對白，爲瑣肖之辭，佞悅人而已。則喜觀《戰國策》，韓非〈說難〉、〈儲說〉，及《孫武子》諸篇。又喜論當世之事，……間取十一代史讀之，必欲得前代興衰得失之故，且遍覽諸子九流，旁及釋

〔註14〕《何禮部集》卷九，頁13。
〔註15〕《何禮部集》卷九，頁7。
〔註16〕同註15。
〔註17〕《雙江聶先生文集》卷四，頁24。
〔註18〕參國圖「善本書室」微卷第一二四四八號，前有王文祿序的《何翰林集》。
〔註19〕《叢說》頁4223。

氏。……然於王霸之餘略，倚伏之要害，亦已略得其綮矣。蓋下帷發憤
者二十餘年。〔註20〕

由於屢試不售，二十餘年的家居讀書，奠定了何氏廣博的學問根基。這段期間，他
「每晨起誦讀，必至丙夜；遊行持卷冊，有時顛墜阬岸。」〔註21〕專勤如此，導致
身體受損；四十歲前後曾發病，調理數年才得康復。他說：

至丙午（嘉靖二十五年）春而病作，皆緣久坐忘食，專精過苦；志
業不遂，困抑無聊，脾胃受傷，中氣逆理。……遍訪名醫療之，卒無尺
寸之效。遂棄去墳籍，日徜徉於泉石之間。……如此者又二年，始得稍
進飲食。〔註22〕

除了身體的不適，家人也接連喪故，在嘉謂三十一年，至京謁選時所作的〈上存翁
相公書〉中說：

因躓場屋幾三十年，中間自乙巳（嘉靖二十四年）以來，八年之中，
連遭七喪，皆骨肉肺附之親；由是積苦成病，積病成衰，積衰成老。〔註23〕

嘉靖三十一年，良傅以祠部郎考滿回南都後，歸語良俊曰：「三宰相皆念兄不忘，兄
能一出否？」〔註24〕在長期蟄居之後，他又萌出仕的念頭，於本年秋赴北京謁選，
上距嘉靖十一年應歲貢出學已二十年。此時在內閣的「三宰相」，是嚴嵩（介溪）、
徐階（存齋）、呂（李）本（南渠），何氏與三人皆是舊識，《叢說》卷八・史四中曾
記與三人的關係：

介溪前爲南宗伯時，余蒙其賞識；存齋是郡中先達名德；南渠，某是
其爲南京國子司業時舊門生也，且附其家嗣葵陽官船到京。〔註25〕

而此時的代理兵部尚書聶豹，又是昔年的華亭知縣，對他頗爲照顧。三十二年春，
良俊「始以常調謁選於天官」〔註26〕，吏部侍郎孫陞也賞識他「能爲史漢文，至誦
其句於公卿間」〔註27〕。由於這些有利的因素，本年冬，終於得授南京翰林院孔目，
赴官留都。時在蘇州的文徵明曾以「鶯」字韻詩爲贈，日後何氏致仕時，詩文友所
賦贈諸詩皆是次此韻而成。

〔註20〕《何翰林集》頁607。
〔註21〕參《何翰林集》頁324，〈《薛方山隨寓錄》序〉。
〔註22〕同註20。
〔註23〕《何翰林集》頁578，〈上存翁相公書〉。
〔註24〕同註20。
〔註25〕《叢說》頁4301。
〔註26〕參《何翰林集》頁853，〈祭南京禮部尚書孫季泉先生文〉。
〔註27〕同註26。

北京謁選的時間將近一年，這期間，何氏曾爲聶豹及嚴嵩代筆，其中較重要者，如〈代聶雙江兵部尙書謝上表〉、〈《直廬稿》序〉_{代聶雙江大司馬作（《直廬稿》爲嚴嵩的作品）}、〈都督介菴陸公（陸炳之父陸松）祠堂碑〉_{代嚴介翁作}。由此可見何氏的能文之名，早已獲得北京當政諸公的肯定。

貳、南京時期

何良俊的南京時期，起自嘉靖三十二年十月，赴官南京翰林院孔目，僦居南京青溪之傍，終於嘉靖四十年八月徙居蘇州〔註28〕，前後約八、九年時間。這一時期以嘉靖三十七年乞休得請爲界限，包括南京翰林院孔目時期，及寓居南京時期，但兩者之間的生活、交遊等方面，並沒有明顯的差異。

明代政治中心在北京，南京留都的地位，正如《何翰林集》卷六〈用韻貽華亭諸親友_{並序}〉所說：

> 夫建康舊都，其留守大臣暨諸僚皆與內庭埒，但事簡乏權，頗稱閒局。
> 〔註29〕

明代中期以後，南京翰林院的正常編制，只有掌翰林院事及孔目各一人；正德以後，多命北京翰林院或春坊官署掌院事，而處理一般庶務的首領官孔目，則屬九品以下的「未入流」。據《舊京詞林志》卷五，〈紀官上〉所載，由洪武至萬曆，孔目多是由曾任訓導或教諭的舉人陞任，何氏是繼蔡羽、馬驥之後唯一的貢生〔註30〕，也可見他確實以「文名」而得任此職，不同於一般循資歷的舉人。

何良俊的南翰目生涯，據《何翰林集》卷二十〈與徐長谷書〉中記：

> 弟年及五十，始受一官，職業全無，坐消白日，昔東方生言：「侏儒飽欲死，臣饑欲死。」今僕謂：「侏儒忙欲死，臣閒欲死也。」奈何！奈何！且南北驅馳已及三年，覓一解事人即不可得，⋯⋯推尋許久，獨覺麴生最爲無忤。〔註31〕

南翰目是個「閒欲死」的閒差事，但既入仕途，則難免爲繁文縟節的官場禮儀所拘束，偶爾還會受一些新進小生的閒氣〔註32〕。思歸的念頭，遂油然而生。何氏在《何翰林集》卷二十一〈與張西谷書〉中，對於西谷的辭官去職，曾勸慰道：

〔註28〕參《何翰林集》頁498，〈四友齋記〉。
〔註29〕《何翰林集》頁213。
〔註30〕《舊京詞林志》中，將何氏的致仕之年誤作「二十六年」。
〔註31〕《何翰林集》頁663。
〔註32〕參《叢說》頁4332。

夫道貴龍蛇，得時則駕，不得時則蓬藟而行。丈夫處世，不能經緯天
地，康濟民物，則當歌酒放曠，以舒胸中悲憤，豈能動爲目前檢，屑屑若
蟲處褌中哉？……兄今歸矣，泖上有田可耕，間發篋中故書讀之，亦是人
生大快事，不得公家半囊粟，遂不能生活耶？〔註33〕

雖是勸慰之語，也是何氏自己的心聲。

　　思歸與不欲歸，是何氏南京時期內心最大的衝突；他雖然不滿毫無成就感的閒
散，但更痛恨家鄉華亭吏治腐化、風俗諂諛、百姓競相奢華的種種弊端；兩害相權
取其輕，所以選擇了南京。南京是人文薈萃的留都，南翰目的官職雖有「閒欲死」
之歎，但從另一角度來看，也具有「地既清華，職復閒散」的優點。況且在此可以
有選擇性的交朋友，官場中仍有許多人可以接納何氏的不拘小節；而本地或寓居的
文人中也不乏佳士，談文論藝、喝酒談諧，頗不寂寞。因此，在辭官得請後，仍然
寓居南京。由於華亭親友的屢次促歸，何氏也曾數度表明自己不願還鄉的苦衷。如
《何翰林集》卷二十一〈與莊小山書〉中言：

僕戀戀桑梓，正如瘻者思起，盲者思視，何嘗頃刻忘之。但所惡有甚
於所欲者，此亦難言其故矣。〔註34〕

「所惡有甚於所欲者」，是他致仕後不欲南歸的理由。在《何翰林集》卷二十二〈與
五山兄長書〉中，更進一步透露他「所惡者」爲何事：

此心無日不南飛，奈某根地淺鮮，不能驅逐於鄉士大夫之後，伺候於
有司之庭；言議不及，旅進旅退，若几上之肉，爲人稱量？此則雖死猶不
能堪。……然故鄉斷不敢歸，某平生無謬妄語也。〔註35〕

此外，《何翰林集》卷六〈用韻貽華亭諸親友 并序〉，及卷二十一〈與五山兄長書〉
諸篇，也一再強調無法忍受華亭日趨敗壞的風俗；而這種疾惡如仇的個性，或許即
是他長期漂泊在外的主因。

　　由於詩文友大多尚在南京，文酒過從，絲竹競奮，因此何氏致仕初期的生活並
不寂寞；然而嘉靖三十八年，郭第又將畢五嶽之願，朱日藩擢九江知府去；三十九
年四月，黃姬水移家返吳中去，七月，顧履祥擢大名府通判去；諸友人的相繼遠離，
使得何氏的南都生活漸趨無聊，「日惟鐍其門，鐍至鏽蝕不能啓，別開一竇出市鹽菜，
故雖處都城，若在空谷蓬藋中。」〔註36〕既然友人散去，南京已無可留戀，何氏乃

〔註33〕《何翰林集》頁690。
〔註34〕《何翰林集》頁691。
〔註35〕《何翰林集》頁714。
〔註36〕以上均見《何翰林集》卷十二，頁436，〈《獨往生吟稿》序〉。

於四十年八月徙居蘇州，結束一生中最活躍的南京時期。

參、晚年生活及歿後家境

何氏自南京徙居蘇州，寓居約一年，歸省弟良傅病；良傅歿後，在眾親友的殷殷勸歸下，終於在嘉靖四十一年冬重回故里。還鄉近兩年，於嘉靖四十三年，他又移居蘇州，寓居五年餘，直至隆慶三年移家還松〔註37〕方不再遷徙，此時已是六十四歲的老翁。

離開南京後，何氏連遭數喪；嘉靖四十一年，弟良傅卒；四十二年，兄良佐卒；四十四年，妻兄楊子亨卒；在親人逐漸凋零後，何氏晚年的詩文創作也已減少，這正是詩文該結集成書的時候，《何翰林集》即在四十四年雕梓於何氏香嚴精舍。而《四友齋叢說》應是陸續完成於此後的七、八年；隆慶三年，三十卷本的《四友齋叢說》初刻本完成；萬曆元年，他原擬將續撰的八卷與初刻本合刻，但心願未及完成即與世長辭。

值得一提的是，在他去世的前兩年——隆慶五年，松江府知府李向陽（葵菴）行鄉飲酒禮，何氏曾應命二次，可見他雖以「狂生」自許，但學行仍是受到地方官吏的肯定〔註38〕。

何氏的獨子何玄之，字又玄，號橫涇，國子生〔註39〕，亦有文名，於隆慶年間先何氏而卒〔註40〕。由於家中乏人支撐門戶，因此在何氏兄弟三人相繼去世之後，家道中落。莫如忠在《崇蘭館集》卷十六〈與陸伯生秀才書〉中，以「遺孤何雍之（良傅子）贏然病軀，家事凋落」，煩請陸伯生秀才在知縣前進言，盼能免除何雍之的糧役事〔註41〕。在同書卷十九〈故浙江按察司知事王屋張公墓誌銘〉中也記載：

> 何翰林遺孤反噬於黠奴，（張之象）出身力援，卒置奴於理。〔註42〕

張仲頤在〈《四友齋叢說》重刊本序〉中也說：

> （良俊）甫蓋棺，門祚隕落，幼孫湛迫於公私，（刻書之事）不遑及也。〔註43〕

此後時事漸不佳，風俗漸壞，《松江府志》及《華亭縣志》中均不見何氏子孫，恐門

〔註37〕參《叢說》卷十四·史四，頁4346，「己巳年（隆慶三年）余移家還松。」
〔註38〕參《叢說》卷十六·史十二，頁4373。
〔註39〕見徐獻忠《長谷集》前的助刻者。
〔註40〕參《叢說》卷十七·史十三，頁4379。
〔註41〕參《崇蘭館集》卷十六，頁27。
〔註42〕《崇蘭館集》卷十九，頁50。
〔註43〕《叢說》頁4228。

祚衰落後，終未能振興家風。

肆、博學能文

何良俊在當時以博學能文知名，雖然志業不遂，但見識卻不同流俗，他曾頗爲自負的說：

> 張思光言：「不恨我不見古時人，唯恨古時人不我見。」此語殊當人意。
> 余小時爲天台王石梁、長沙熊軫峯……所知，直以古人期之，今余志業不
> 遂，然其意識頗謂英博，或庶幾不愧古人。……恨不得使一見之耳。〔註44〕

藏書豐富已足以自豪，而將所藏諸書「涉獵殆遍」〔註45〕，更是他博學多識的基礎。《何翰林集》卷二〈春日思歸〉詩中曾說：

> 清森閣在東海上，中有藏書四萬卷。〔註46〕

《叢說》卷三‧經三：

> 余家舊藏書幾四萬卷，後皆燬於倭夷。〔註47〕

論藏書豐富，何氏可稱得上是明代的佼佼者；姜紹書《韻石齋筆談》〈名賢著述〉條中，所列名賢數十家，何氏即其中之一，他說：

> 昭代藏書之家，亦時聚時散，不能悉考，就其著述之富者可以類
> 推，……何元朗良俊……，以上諸公皆當世名儒，……亦可見其插架之多
> 矣。〔註48〕

年輩稍晚於何氏的松江同鄉陳繼儒，在《偃曝談餘》卷下記載道：

> 吾鄉自陶南村撰《輟耕錄》及《說郛》，有此一種氣習，……徐長谷、
> 何柘湖、張王屋、朱察卿、董紫岡繼之，又與吳門文徵仲、王履吉交，故
> 皆能泛濫究討。而莫廷韓、……朱太史文石，……〔註49〕

松江府數十年來的著述之家，皆爲何氏的密友，而由於與益友的時相切磋，更拓展了他的見識。

博學多識也爲他帶來更多朋友，《何翰林集》卷六〈用韻貽華亭諸親友　并序〉中說：

〔註44〕《叢說》頁 4510。
〔註45〕〈《叢說》初刻本自序〉，頁 4223。
〔註46〕《何翰林集》頁 105。
〔註47〕《叢說》頁 4259。
〔註48〕《韻石齋筆談》卷下，頁 2716。
〔註49〕《眉公雜著》（二），《偃曝談餘》卷下，頁 988。

（南京諸士大夫）見良俊頗工筆札，兼善名理，說劍談兵，考文辨制，

下至詞曲，亦能知其音調，故常下榻待之。〔註50〕

何氏與弟良傅在當時文名頗盛，由他在北京時曾爲聶豹、嚴嵩代筆重要文字，可見
其一端。《松江府志》、《華亭縣志》、《雲間志略》諸書皆稱「時以二陸方之」、「世稱
兩何」。王維楨爲李夢陽的忠實追隨者，詩文主張完全與夢陽同調；雖然他與何氏的
詩文風格並不一致，二人卻頗爲投契，他在《王允寧先生存笥稿》卷二十六〈與何
柘湖內翰書〉中的感歎，或可代表何氏一般友人的看法：

足下以詞賦雄吳中，僕每讀其文，以爲機雲之亞，近睹未嘗有也。第
造物忌完，既右其才，遂左其官，不得蹈屬霄漢，極萬里之志，則又乃名
累之也。歎息！歎息！〔註51〕

伍、主要思想

儒、釋、道三教等觀，是何良俊的主要思想，《何翰林集》卷十五〈四友齋記〉中記：

何子自童子時，即誦法仲尼，其平日奉親居家與出而應事，皆仲尼法
也。何子間亦通二家之說，……獨釋迦文、老子之別出者，有維摩詰與莊
生，……白傅雖仲尼之徒，其學不專爲儒，然能處世而不住於世，仕官而
無官官之心，……蓋深有得於二氏而亦不詭於聖人之道者。〔註52〕

以莊子、維摩詰、白傅爲四友齋中的三個朋友，可見何氏對三教不偏廢的態度，這
也是明代三教逐漸混同合一趨勢下的習見現象。將這種不偏廢的態度反映在《叢說》
中，就是卷一至卷四的〈經〉，及卷二十一至二十二的〈釋道〉。以下即針對此二部
分，及與二者相關的「脫洒」一詞略加探討。

一、儒家思想

經是儒家的寶典，何氏將經列爲卷首，可見對儒家思想的重視。其中較突出的
部分，是他崇陽明而斥理學的態度。他說：

陽明先生拈出良知以示人，眞可謂擴前聖所未發。〔註53〕

唯陽明先生從游者最眾，然陽明之學自足聳動人；況陽明不但無妨於
職業，……蓋用兵則因講學而用計，行政則講學兼施於政務。若陽明眞所
謂天人，三代以後豈能多見。而後世中才，動輒欲效之，嗚呼！幾何其不

〔註50〕《何翰林集》頁213。
〔註51〕《王允寧先生存笥稿》卷二十六，頁3。
〔註52〕《何翰林集》頁501。
〔註53〕《叢說》卷四・經四，頁4260。

貽譏於當世哉。〔註54〕

由此可知，何氏之所以如此推崇陽明，主要在於他有學問又有事功；而他的事功，正是何氏對他最仰慕的原因。這種觀點也與《叢說》中的讀經態度相通。

> 今世談理性者，恥言文辭；工文辭者，厭談理性，斯二者皆非也。……
> 故學者莫若留心於經術。夫經術所以經世務，而況乎成性存存之說，精一
> 執中之傳，使後世最善談理性者，亦豈能有加於此哉。〔註55〕

於理性、文辭之外，重尋古人的經術，可算是不同流俗了。對於讀經的態度，既著重於可通經致用的經術，故發爲文詞者是「著述」〔註56〕，見諸行事者爲「事功」。何氏一生志業無成，不能施展抱負，只有將心力投入「著述」，期待後世之知。

二、釋道思想

白傅是四友齋中儒家的代表，但「其學不專爲儒」、「蓋深有得於二氏」，對於二氏不只能寬大的包容，而且有深切的體認，由此可見何氏對釋道的基本態度。對道家的看法，主要載於《叢說》卷十九·子一。何氏既以莊子爲友，對於他的學說並非泛泛略過，而是確有所得；其所得不在字句之間，而在得其哲理；至於道家的經典，除少數幾部外，「其他皆蕪穢冗雜不足觀矣」〔註57〕；因此，在釋道二卷中所記載者，主要以「唐宋人文章妙麗而深明內典」的白太傅、蘇端明、黃太史爲主〔註58〕。

由二卷中雖不能測出何氏在佛學上的造詣，但可知他曾涉獵不少佛典；此外，《何翰林集》卷十五、十六中，保留有他與僧尼接觸的記載，及對佛理的領悟程度，如〈方廣寺護持佛刹疏〉〔註59〕、〈莊嚴觀世音菩薩聖像發願文〉〔註60〕諸篇；而〈挽留一菴和尚住持方廣疏文〉〔註61〕中，對和尚說佛理，入情入理，終能打消和尚去意，使其長住方廣寺，也可見何氏對佛理確有融會貫通處。

雖然三教混同是當時的趨勢，但部分以正統儒者自居的學者，對佛教仍是採排斥的態度，何氏曾引用黃山谷的話以澄清佛教的社會功能：

> 黃山谷言：「……王者之刑賞以治其外，佛者之禍福以治其內，則於

〔註54〕《叢說》卷四·經四，頁 4262。
〔註55〕同註53。
〔註56〕參《何翰林集》卷八，頁 300，〈儼山外集〉序）。
〔註57〕參《叢說》卷二十二，釋道二，頁 4430。
〔註58〕參《叢說》卷二十一，釋道一，頁 4417。
〔註59〕《何翰林集》卷十六，頁 517
〔註60〕《何翰林集》卷十六，頁 519。
〔註61〕《何翰林集》卷十六，頁 533。

世教豈小補哉？而儒者嘗欲合而軋之，是眞何理哉。」〔註62〕

而天下至理本無不同，則更無須互相傾軋，斤斤於細微末節：

嘗疑莊子與佛氏，其理說到至處有相合者；晁文元之論內典，亦常與
莊子相出入；蓋因晉時諸賢最深於莊子，又喜談佛，而諸道人皆與之研覈
論難，尋究終極。夫理到至處，本無不同。〔註63〕

三、脫　洒

在探討何氏三教等觀的思想時，筆者發現他對「脫洒」一詞的重視不同尋常，
略加說明如下。

《叢說》卷四・經四中記：

陽明先生之學，今遍行宇內。其門人弟子甚眾，都好講學，然皆粘滯
纏繞不能脫洒，故於人意見無所發明；獨王龍溪之言，玲瓏透徹，令人有
極感動處。〔註64〕

考王龍溪的學說，蔣伯潛《理學纂要》中說：

……這也是說龍溪把陽明之學引入禪學去。此在龍溪亦並不諱
言。……故在龍溪眼中，儒佛老之學，根本是沒有差異的。……這種見
解，和宋明理學家截然不同。〔註65〕

此外，馮友蘭《中國哲學史》〔註66〕及勞思光《中國哲學史》〔註67〕中，也都有類
似的評語。

由於王龍溪學說既「混同三教」，而又能「脫洒」，故最爲何氏所喜。這種思想
傾向也同樣見於《叢說》卷二十一・釋道一：

唐宋諸公，如李文正、黃山谷於教中極有精詣處。白太傅、蘇端明只
是個脫洒，然脫洒卻是教中第一妙用。〔註68〕

對於儒門講學的理學家王龍溪，及佛教中人白、蘇等，都以「脫洒」來評定高下，
雖或許是文字使用上的巧合，並無特殊的意義，但也有可能「脫洒」與否，即是何
氏對學術思想或人物品鑒的一個重要評定標準。而由黃山谷與晦堂和尚的一段公
案，也可看出何氏要求「脫洒」的實例：

〔註62〕《叢說》卷二十一・釋道一，頁 4423。
〔註63〕《叢說》卷二十一・釋道一，頁 4421。
〔註64〕《叢說》頁 4269。
〔註65〕《理學纂要》頁 158。
〔註66〕馮友蘭《中國哲學史》頁 971。
〔註67〕勞思光《中國哲學史》第三卷上冊，頁 492。
〔註68〕《叢說》卷二十一，釋道一，頁 4422。

晦堂和尚嘗問山谷以「吾無隱乎爾」之義，山谷詮釋再三，晦堂終不然其說。時暑退涼生，秋香滿院，晦堂問曰：「太史聞木犀香乎？」山谷曰：「聞。」晦堂曰：「吾無隱乎爾。」山谷乃服佛氏之教。只是將機鋒觸人，最易開悟；若吾儒便費許多辭說。〔註69〕

陸、風流豪爽

何良俊有經世的抱負及英博的見識，然終其身僅仕至南翰目。事功既已無望，他更得以率性任眞，免除世俗的羈絆；因此，他在當時頗以「風流豪爽」見稱。錢謙益《列期詩集小傳》丁集上曾記：

元朗風神朗徹，……人謂江左風流，復見於今日矣。吳中以明經起家官詞林者，文徵仲、蔡九逵之後二十餘年，而元朗繼之。元朗清詞麗句，未逮二公，然文以修謹自勵，蔡以谿刻見譏，而元朗風流豪爽，爲時人所歎羨，二公殆弗如也。〔註70〕

《叢說》中關於他「風流豪爽」的記載不少，如卷二十六・詩三中曾記他以妓鞋行酒事：

余嘗至閶門，偶遇王鳳洲在河下，……余袖中適帶王賽玉鞋一隻，醉中出以行酒。〔註71〕

卷三十四・正俗一中也記載他賣古玉杯事：

余語（陸）五湖曰：「小時不知事，嘗買古玉杯數件；後遊南都，客囊漸罄，盡賣與朱文石家。夫老年飲酒必須暢適，若留心照管酒杯，是增一大不樂也，奈何欲快人之日而自取不樂哉？」五湖聞之，撫掌稱快。〔註72〕

以上二事也分別見於《南吳舊話錄》卷十八・諧謔〔註73〕，及卷十九・曠達〔註74〕，可見何氏的「風流豪爽」在百年之後，仍爲談藝文者所津津樂道。

柒、居住環境

據國家圖書館（以下簡稱「國圖」）「漢學中心」舊版的《松江府志》卷四十六・

〔註69〕同註62。
〔註70〕《列朝詩集小傳》頁450。
〔註71〕《叢說》頁4471。
〔註72〕《叢說》頁4545。
〔註73〕《南吳舊話錄》頁813。
〔註74〕《南吳舊話錄》頁857。

第宅，何氏在松江府有第宅四處，即傲園、四友齋、清森閣、望洋樓；又《《四友齋叢說》重刊本序〉中，張仲頤稱其「議捐長水園居重繕雕梓」，則知又有長水園。其中傲園爲其別業；清森閣是其宴息處，中有藏書四萬卷，名畫百籤，古今名人墨帖數十本，三代鼎彝二十餘種〔註75〕；四友齋爲其五易居所而不易的宴息處名，原因是「此四友不易也」〔註76〕；望洋樓則是何氏柘林舊宅毀於倭亂後，何良佐構於松江郡城者〔註77〕。

何氏頗講究居住環境及生活情趣，國圖「善本書室」《何翰林集》前的王文祿序，曾對何氏柘林舊居有如下的描述：

> 嘗憶訪先生時，及門，廈屋林如，後枕阜岡，前縈玲岫，花木森蔚，
> 水泉悠洋，綠野勻勻，市塵櫛比。登樓，古書四庫，畫翰百箱，珍玩充積
> 山如。投轄流連，彌旬忘返。〔註78〕

不論在經濟拮据的南京，或是在倭亂初定的蘇松，何氏對環境及情趣的要求都未曾稍減，例如〈四友齋記〉中說：

> 故在南京與蘇州，甫入宅，即鑿池種蔬，……買城南地一區，得五
> 畝，……以一畝鑿方池，畜魚數百頭，爲循行地；以二畝稍劣，列蒔諸蔬；
> 池上植枸杞數十本，每晨起，乘露氣手摘枸杞苗與園蔬作供。〔註79〕

第三節　交　遊

何良俊的交遊並不算複雜，見於《何翰林集》、《四友齋叢說》、《書畫銘心錄》三書者，約有兩百餘人。翻閱方志及其他相關詩文集，就能力所及，其中可考者已近一百五十人，如此比例不可謂不高。此一百五十人，主要的分佈地點，亦即何氏一生的主要活動地區：松江、南京、蘇州。由於篇幅所限，本節僅擇其中較具代表性，及曾爲何氏諸書作序的友人作一簡介；其餘較重要者，則列名於各小節之後以備考查。以下分就師長前輩、同鄉、詩文友、其他四部分分類介紹。

壹、師長前輩（不含松江籍前輩）

〔註75〕參《何翰林集》卷二，頁105。
〔註76〕參《何翰林集》卷十五，頁498，〈四友齋記〉。
〔註77〕參《長谷集》卷四，頁20，〈望洋樓爲五山何長公〉。
〔註78〕同註18。
〔註79〕同註76。

何良俊曾說：

> 余小時爲天台王石梁、長沙熊軼峯、南都顧東橋、關中馬西玄所知，
> 直以古人期之。〔註80〕

又說：

> 唐人有言：「吾不幸生於末世，所不恨者，識元紫芝。」余運命寒薄，
> 不得躋屬霄漢；然幸而當代諸名公每一相見即傾囊底裏，許以入室，如顧
> 東橋、文衡山、馬西玄、聶雙江、趙大周、王槐野諸公皆是。……吾幸有
> 數公之知，亦庶幾可無恨矣。〔註81〕

除趙大周、王槐野以年輩相同列入「其他」外，其餘皆屬本小節。略述如下。

一、文徵明

　　文徵明，本名璧，字徵仲，長洲人。成化六年（西元1470）生，嘉靖三十八年
（西元1551）卒，年九十。正德末以歲貢生詣吏部，授翰林院待詔；世宗立，預修
武宗實錄，侍經筵，致仕歸。徵明詩文書畫皆工，而畫尤勝，世稱其畫兼有趙孟頫、
倪瓚、黃公望之長；著有《甫田集》。事蹟具《明史》卷二百八十七，《列朝詩集小
傳》丙集等。

　　徵明主江南風雅數十年，何氏時常登門請益，相與評論書畫，何氏繪畫理論頗
受其影響；故《四友齋畫論》可視爲吳派畫論早期之代表作；此外，《叢說》中有關
徵明之資料約二十餘條，亦爲研究徵明之重要材料；而《何氏語林》之前序，即是
徵明所作。

二、顧　璘

　　顧璘，字華玉，號東橋居士，蘇州人，寓居上元。成化十二年（西元1476）生，
嘉靖二十四年（西元1545）卒，年七十。弘治九年進士，仕至南京刑部尚書。璘少
負才名，詩以風調勝，與同里陳沂、王韋號金陵三俊，後寶應朱應登繼起，稱四大
家。晚罷歸，構息園，大治客舍數十間，客常滿；詩酒風流，允爲南都詞壇盟主。
著有《息園存稿》等。事蹟具《金陵通傳》卷十五，《列朝詩集小傳》丙集。

　　何氏早年即嗜聲律，爲顧璘所知〔註82〕，乃其座上常客〔註83〕；何氏父何嗣之
墓誌銘，即爲顧璘所撰，見《息園存稿》卷五〈華亭何隱君墓誌銘〉。

〔註80〕《叢說》卷十五·史十一，頁4361。
〔註81〕《叢說》卷三十·求志，頁4510。
〔註82〕參《何翰林集》卷二十八，頁883，〈題顧彭山索書近作冊後〉。
〔註83〕參《叢說》卷十五·史十一，頁4354。

三、聶 豹

聶豹，字文蔚，號雙江，吉安永豐人。成化二十三年（西元 1487）生，嘉靖四十二年（西元 1563）卒，年七十七。正德十二年進士，十五年知華亭縣，政績卓著。嘉靖二十九年，俺答犯京師，以徐階薦，任爲兵部右侍郎，遷至兵部尚書；然實無應變之才，竟以中旨罷歸，謚貞襄。豹初好王守仁之說，聞守仁歿，爲位哭，以弟子自處，終爲理學名臣。事蹟具《明史》卷二百二；《明儒學案》三·〈江右學案〉二。

聶豹任華亭知縣時，何氏爲其十八得意門生之一〔註84〕。北京謁選時頗蒙豹照顧，並曾爲豹代撰謝上表及重要應酬文字。何氏雖於其重理學而輕文史之偏見偶有微詞，但仍以得豹知遇可庶幾無恨。

四、王 度

王度，字律生，號石梁，臨海人。嘉靖二年進士，授職方主事，補松江教授，躬行孝敬，敦本復古，諸生化焉。出知建昌，誠心愛物，有利於民必爲之，有《石梁集》。事蹟具《台州府志》卷一百九。

何氏少時爲王度所知，並以古人相期；而王度好奇節人之性格，亦予何氏頗大影響〔註85〕。

五、馬汝驥

馬汝驥，字仲房，號西玄，綏德人。曾任南京國子監司業、祭酒，何氏受其知遇之恩，終身感念。事蹟具《王允寧先生存笥稿》卷十二〈贈禮部尚書謚文簡西玄先生行狀〉。

六、熊 宇

熊宇，字元性，號軫峯，長沙人。嘉靖八年至十二、十三年間任松江知府，嘗自作絕句二首手書贈何氏〔註86〕。以事罷去後，何氏有〈與郡守熊軫峯先生書〉〔註87〕，希圖效聶政、豫讓、荊軻以報知己。事蹟具《雲間志略》卷二〈郡侯軫峯熊公傳〉。

此外，如何良俊之受業師沈人傑；謁選時之吏部侍郎孫陞（號季泉）；蘇松巡按呂光洵（號沃洲）；及松江府之知府、同知，如知府何鼇（號雁峯）、袁汝是（號澤

〔註84〕 參《雙江聶先生文集》卷四〈贈翰林孔目何元朗之南都序〉。
〔註85〕 參《何翰林集》卷十一，頁 392，〈送曹一坡赴任辰州通判序〉。
〔註86〕 參《叢說》卷二十六·詩三，頁 4468。
〔註87〕 《何翰林集》卷十八，頁 563。

門），同知章袞（號介菴）、畢竟容（號梓石）、馮惟訥（號少洲）、鄭元韶（號九石）等，彼此之交往情形皆散見於《何翰林集》及《叢說》，茲不贅述。

貳、同　鄉

松江府人才輩出，嘉、隆年間，何良俊曾與徐獻忠、張之象、董宜陽合稱四賢；除此之外，何氏於同鄉中密友尚多，擇要略述如下。

一、徐獻忠

徐獻忠，字伯臣，號長谷，一號九靈山長，華亭人。弘治六年（西元 1493）生，隆慶三年（西元 1569）卒，年七十七。嘉靖四年舉人，官奉化令，有政績；尋棄官，寓居吳興。獻忠學博才高，日讀書盈寸，撰述外無他嗜。所著書凡數百卷，詩名《長谷集》。事蹟具《崇蘭館集》卷十一〈賀徐長谷六十敘〉；《雲間志略》卷十四〈徐奉化長谷公傳〉；《明書》卷一百四十八；《弇州山人四部稿》卷八十九〈文林郎知奉化縣事貞憲徐先生墓誌銘〉。

獻忠與何氏三兄弟皆友善，《長谷集》中致三人之詩文書簡不下數十首。嘗讚良俊「肚內曾結過丹，凡有語言便與人不同」〔註88〕。

二、張之象

張之象，字玄超，一字月鹿，號王屋山人，華亭人。正德二年（西元 1507）生，萬曆十五年（西元 1587）卒，年八十二。之象由國學謁選，徐階知其才，諷以青詞進，拒不應，就浙江按察司知事，以不願折腰歸。嘗憤時俗趨炎，著〈叩頭蟲賦〉以見志。晚居細林山，著述頗富。事蹟具《雲間據目鈔》卷一；《崇蘭館集》卷十九〈故浙江按察司知事王屋張公墓誌銘〉；《五茸志逸》卷八〈張王屋〉；《雲間志略》卷十九〈張憲幕王屋公傳〉。

何、張二人為生死交，何氏曾為其《唐雅》及《剪綵集》作序〔註89〕；何氏遺孤遭奸僕陷害，之象亦曾挺身相助，終將奸僕繩之以法〔註90〕。

三、董宜陽

董宜陽，字子元，號紫岡先生、七休先生，上海人。正德五年（西元 1510）生，隆慶六年（西元 1572）卒，年六十三。宜陽師事徐獻忠，日讀書萬言，博觀先秦兩漢、諸子稗官百家，旁及國家掌故、郡縣文獻，叩之能縷數以對。嘗游國學，祭酒

〔註88〕《叢說》卷二十六・詩三，頁 4472。
〔註89〕見《何翰林集》卷八、卷九。
〔註90〕參《崇蘭館集》卷十九〈故浙江按察司知事王屋張公墓誌銘〉。

鄒守益、黃佐引為入室弟子。事蹟具《朱邦憲集》卷十〈董子元先生行狀〉;《雲間志略》卷十九〈董太學紫岡先生傳〉;《南吳舊話錄》卷十九·曠達·〈董紫岡〉。

何氏與宜陽為莫逆交,曾為宜陽亡妻撰〈董生妻楊氏傳〉〔註91〕;二人交誼於《何翰林集》中可見。

四、莫如忠

莫如忠,字子良,號中江,華亭人。正德三年(西元 1508)生,萬曆十六年(西元 1588)卒,年八十一。嘉靖十七年進士,累遷浙江布政使,乞歸。夏言死西市,門生義故首鼠避如恐不及,如忠獨經紀其喪;包節逮繫詔獄瀕死,治槖饘保護之。工古文詞,書法二王,一時詞翰遠近購之,與子是龍並知名於時。著有《崇蘭館集》。事蹟具《重修華亭縣志》卷十四·人物;《松江府志》卷五十三·〈古今人物傳〉五。

如忠與良俊、良傅交誼頗篤,且與良傅結為姻親;《何翰林集》之序即如忠所作。

五、張世美

張世美,字濟之,號西谷,華亭人。謁選得幕職,僅十月自免歸,與詩人王良佐輩結社倡和為樂。事蹟具《雲間志略》卷十四〈張太學西谷先生傳〉。

何氏與世美志同道合,《何翰林集》中有〈與張西谷書〉二首、〈《入閩稿》序〉、〈祭張西谷母文〉等。

六、朱大韶

朱大韶,字象玄,號文石,華亭人。正德十二年(西元 1517)生,萬曆五年(西元 1577)卒,年六十一。嘉靖二十六年進士;倭寇起東南,以親老乞南,得南京國子監司業;三十六年,以考察閑住。歸則吟詠燕樂,展玩書畫,騷人墨客無不履次於戶。大韶留心經濟,凡禮樂刑政、錢穀兵戎之數,俱縷縷口畫心計。事蹟具《雲間志略》卷十五〈朱司成文石公傳〉;《國朝獻徵錄》卷七十四〈南司業朱文石公大韶行狀〉。

大韶家頗富饒,何氏寓居南京時多得其資助;而何氏之書畫亦往往質於彼處。《四友齋叢說》三十卷初刻本之序即大韶所作。

七、張仲頤

張仲頤,字士正,號雨懷,華亭人。嘉靖七年(西元 1528)生,萬曆十四年(西元 1586)卒,年五十九。絕意進取,托酒德以隱;所居掃地焚香,圖史左右,窗扉

〔註91〕《何翰林集》卷二十三,頁 721。

閒敞，人以擬韋左司、王右丞之間。歿時，莫是龍爲作墓誌銘，陳繼儒爲之贊。事蹟具《莫廷韓遺集》卷十一〈張雨懷墓誌銘〉；陳繼儒《眉公雜著》‧《筆記》卷一，《雲間志略》卷十九〈張太學雨懷公傳〉。

仲頤爲何氏姪女婿，何氏稱其「在諸昆季中尤蘊藉有雅致」〔註92〕；《四友齋叢說》三十八卷重刻本，即仲頤廢產所梓行〔註93〕。何玄之死，一日與莫是龍飲於竹林下，思之爲慟哭罷去〔註94〕。由此可見與何氏兩世之交誼。

此外，鄉賢如王一鵬（號西園野夫）、王山（號海槎）、孫承恩（號毅齋）、徐階（號少湖、存齋）；友人如曹瑚（字玉舉，號一坡）、莊天恩（字玄育，號小山）、吳次仲（號吳江）、陸樹聲（號平泉）、范惟一（號中方）、楊銓（號崑南）、朱大章（字岱輿）、袁福徵（號太沖）、莫是龍（字雲卿，更字廷韓，號後朋〔或作後明〕）、朱察卿（字邦憲，號象岡，一號醉石）、喬承華（字啓仁，號水心）、顧從敬（字汝所，號武陵逸史）、張鶚翼（號須野）、高士（號南洲）、董傳策（號幼海）等，皆爲同鄉中較重要者。

參、詩文友

何良俊之詩文友，分佈於南京、蘇州兩地；其中南京部分，有任官於此者，有遊寓來此者，有南京本地人；至於蘇州部分，則主要爲文徵明身旁之文人。

一、黃姬水

黃姬水，字淳父，號質山、志淳、定靈子，吳縣人。正德四年（西元1509）生，萬曆二年（西元1574）卒，年六十六。父省曾，字勉之，號五嶽，傾心北學，弘、正間知名。省曾拙於書，命姬水學書於祝允明，遂傳其書法。倭寇難作，嘉靖三十四年從何氏之議而寓居南京，踰六年而後歸。家貧，而所蓄敦彝、法書、名畫甚富；著有《白下集》等。王世貞於《《白下集》序》中稱其「晚節益喜爲工語」、「嘉、隆之際，即東南諸詩人不能先淳父而指屈也。」事蹟具《國朝獻徵錄》卷一百十五〈黃淳甫姬水傳〉；《列傳詩集小傳》丁集上。

姬水爲何氏詩文密友，《白下集》中與何氏唱和之作諸體具備，卷十收有〈四友齋記〉一篇，有助於我們對何氏及「四友齋」的了解。

二、朱曰藩

〔註92〕見《叢說》卷十七‧史十三，4379。
〔註93〕參《莫廷韓遺集》卷十一〈張雨懷墓誌銘〉。
〔註94〕同註93。

　　朱日藩，字子价，號射陂，寶應人。弘治十四年（西元 1501）生，嘉靖四十年（西元 1561）卒，年六十一。父應登，與南京顧璘、陳沂、王韋合稱四大家。日藩嘉靖二十三年進士，授烏程知縣，擢南京刑部主事，轉禮部主客郎中，出知九江府，卒於官。其終生仰慕者，楊慎一人而已；嘗懸楊慎像於草堂壁間，集南京諸詩友禮拜之，一時傳爲美談；著有《山帶閣集》。事蹟具《寶應縣志》卷十一；《列朝詩集小傳》丁集上；《明詩紀事》頁一六四九。

　　南都事簡，日藩日與何良俊、金鑾等選勝徵歌，詞翰傾海內；《何翰林集》中，頗多何氏與其唱和之作。

三、皇甫汸

　　皇甫汸，字子循，號百泉，長洲人。弘治十年（西元 1497）生，萬曆十年（西元 1582）卒，年八十六。兄弟並好學工詩，時稱「皇甫四傑」。嘉靖八年進士，官工部主事，名動公卿，沾沾自喜，用是貶宮。屢遷南京稽勳郎中，仕至雲南僉事，以計典論黜。汸和易，近聲色，好狎遊，於兄弟中最爲老壽。馮時可《雨航雜錄》中曾評其詩曰：「子循如齊魯，變可至道；元美若秦楚，強遂稱王。」〔註 95〕著有《皇甫司勳集》、《百泉子緒論》、《解頤新語》等。事蹟具《明史》卷二百八十七，《列朝詩集小傳》丁集上。

　　何氏在《叢說》中對其推崇備至，既稱《解頤新語》可爲詩家指南〔註96〕；又以徐禎卿之後，論詩當共推皇甫汸、黃省曾二人〔註 97〕。《何翰林集》中有多首與其唱和之作；而《何翰林集》之序即皇甫汸所作。

四、許　穀

　　許穀，字仲貽，號石城，上元人。弘治十七年（西元 1504）生，萬曆十四年（西元 1586）卒，年八十三。嘉靖十四年會試第一，官至南京尚寶司卿。繼其師顧璘主南京詞壇，歸田三十年，未嘗通書政府，縉紳至南京造門求見，不報謝。事蹟具《金陵通傳》卷十四；《國朝獻徵錄》卷七十七〈南京尚寶司卿許公穀傳〉。

　　許穀宅爲南京文士聚集之所，何氏時與盛會。嘉靖三十七年，何氏致仕，南部詩文友押文徵明鸞字韻爲贈，何氏獨推許穀「買得曲池堪鬬鴨，種成芳樹好藏鸞」一聯殊有雅思〔註98〕。

〔註95〕參《雨航雜錄》卷下，頁 433。

〔註96〕參《叢說》卷二十四‧詩一，頁 4454。

〔註97〕參《叢說》卷二十六‧詩三，頁 4470。

〔註98〕同註 97。

五、陸師道

　　陸師道，字子傳，號元洲‧更號五湖，長洲人。正德六年（西元 1511）生，萬曆二年（西元 1574）卒，年六十四。嘉靖十七年進士，累官至尚寶司少卿。嘗游文徵明門，稱弟子；善詩文，工小楷、古篆、繪事，人言徵明四絕不滅趙孟頫，而師道並傳之。事蹟具《明史》卷二百八十七，文徵明傳之附傳；《國朝獻徵錄》卷七十七〈尚寶司少卿陸先生師道行狀〉；《列朝詩集小傳》丁集中。

　　《何氏語林》後序爲師道所作；而《何翰林集》中，何氏亦有〈題畫竹石寄陸五湖〉〔註99〕。

　　除上述南京詩文友外，其餘屬南京籍者，有顧璘之孫顧履祥（字孝常，號彭山）、姚淛（字元白，號秋澗）、盛時泰（字仲交，號雲浦）、金鑾（字在衡）。至於仕宦或游寓於南京者，如薛應旂（號方山）、錢邦彥（號景山）、盧寧忠（號冠巖）、楊文卿〈號鷗海〉、梁孜（字思伯，號浮山）、毛起（號青城）、郭第（號次甫）、吳擴（字子充，號之山）、吳旦（字而待，號蘭皐）、金大興（字子坤）、王寅（號十嶽山人）等。

　　何氏蘇州詩文友，多爲圍繞於文徵明身旁之文人、畫家、鑒賞家，如徵明之子姪文彭（字壽承，號三橋）、文嘉（字休承，號文水）、文伯仁（字德承，號五峯）；華雲（字從龍，號補菴）、陸治（字叔平，號包山子）、周天球（字公瑕，號幼海）、袁褧（號謝湖）、袁尊尼（字魯望，號吳門）、金用（字元賓）等，何氏與其皆有密切之詩文、書畫往來；而諸人於《四友齋畫論》之完成，亦必具有影響力。

肆、其　他

　　凡不屬於前三類者歸於此類。

一、趙貞吉

　　趙貞吉，字孟靜，號大洲（或作大周），四川內江人。正德三年（西元 1508）生，萬曆四年（西元 1576）卒，年六十九。嘉靖十四年進士，隆慶三年入內閣，以高拱傾軋而還家。貞吉學博才高，然好剛使氣，動與物忤。九列大臣或名呼之，人亦以是多怨。高拱、張居正名輩皆出貞吉後，而進用居先，咸負才好勝不相下，竟齟齬而去。事蹟具《明史》卷一百九十三，《明書》卷一百一五。

　　何氏對貞吉之知遇之恩頗爲感念，《叢說》中曾記：

　　　　大周先生嘗語某曰：「我在南都下榻以待者，唯公一人而已。」……

〔註99〕《何翰林集》卷七‧頁 267。

舊規，凡小九卿之屬見小九卿堂上官皆側坐，余欲執此禮，先生曰：「人
生處世，豈無朋友，我與公，朋友也，幸勿以此處我。」〔註100〕

二、王維楨

王維楨，字允寧，號槐野，陝西華州人。正德二年（西元1507）生，嘉靖三十
四年（西元1555）卒，年四十九。嘉靖十四年進士，累官南京國子司業。家居，地
大震，壓死。維楨頎而晳，自負經世才，職文墨，不得稍效於世，使酒謾罵，人多
畏而遠之。於文好司馬遷，於詩好杜甫，而其意以李夢陽兼此二人；終身所服膺者，
夢陽也。著有《王允寧先生存笥稿》。事蹟具《明史》卷二百八十六，李夢陽傳之附
傳；《列朝詩集小傳》丁集上；《明詩紀事》頁一六七四。

何氏謁選得南京翰林院孔目，時維楨掌南京翰林院事，二人相得甚歡；何氏曾
言：「蓋良俊不喜得孔目，喜得為先生屬吏，且得侍教於先生也。」〔註101〕維楨去
職時亦云：「自得與公游，堇堇半歲耳；而道術相投，神氣相結，顧甚于訂夙昔之盟
者。繇是觀之，人之相知，果不在新故，蓋脈脈在形骸之外矣。」〔註102〕

三、王文祿

王文祿，字世廉，海鹽人。嘉靖七年舉人；居身廉峻，不以私干人，遇不平事，
叱罵不避權貴。性嗜書，聞人有異書，輒傾囊購之，得之必手校，縹緗萬軸，置之
一樓，俄失火，大呼曰：「但力救書者賞，他不必也。」所著有《邱陵學山》等。事
蹟具《海鹽縣志》卷十七・文苑；《本朝分省人物考》卷四十四。

《叢說》及《何翰林集》中皆不見文祿之名，然國家圖書館「善本書室」所藏
之《何翰林集》，卷首有王文祿之序，自言二人乃「有道之交」；由何氏《何翰林集》
遠自華亭寄至海鹽，以求文祿之序，二人交誼可見一斑。

此外，如王世貞（字元美，號鳳洲）、吳孺子（字少君，號破瓢道人）皆屬此類。

〔註100〕《叢說》卷十二・史八，頁4333。
〔註101〕《何翰林集》卷十九，頁611，〈與王槐野先生書〉。
〔註102〕《王允寧先生存笥稿》卷二十六〈與何柘湖內翰書〉。

第三章　《四友齋叢說》概述

　　《叢說》是一部包羅頗廣的筆記小說，環繞著它的問題，也絕非三言兩語可以交代清楚，因此本章擬分三節加以探討。第一節先對版本及成書的問題作一簡要的介紹。第二節藉著前人對它的引用情形，來看它以往的實際貢獻；並對前人的評價，提出個人的意見。第三節則打破《叢說》各卷的界限，將它較具參考價值的內容，歸納為十個綱目，逐一舉例說明。

第一節　版本及成書

　　《四友齋叢說》，初刻本三十卷，成於隆慶三年（西元 1569）；續撰八卷，合為三十八卷，重刻於萬曆七年（西元 1579）。以前常見的版本，是明沈節甫《紀錄彙編》卷一百七十四至一百七十九的《四友齋叢說摘抄》六卷本；近年來，有《百部叢書集成》的原刻三十八卷本，《筆記小說大觀》本，及香港中華書局的排印足本。本論文所採用的版求，以《筆記小說大觀》本為主，而以《百部叢書集成》的原刻本為輔。

　　《筆記小說大觀》本正文之前，有何氏的〈初刻本自序〉、朱大韶的〈初刻本序〉、張仲頤的〈重刻本序〉、龔元成的〈重刻本題辭〉四文；前二文成於隆慶三年，後二文成於萬曆七年。其中朱大韶為何氏的同鄉好友，二人交誼頗篤；張仲頤為何氏的姪女婿，曾廢產助《叢說》梓行；本論文第二章的交遊考中，對他們的生平事蹟有概略的介紹。而龔元成，則是何氏的死後知音，首先「捐俸倡義」〔註1〕，促成此事。據〈重刻本題辭〉，龔氏自署「廣陵龔元成」，翻檢《揚州府志》〔註2〕、《高郵

<hr />

〔註1〕《叢說》〈重刻本序〉，頁4228。
〔註2〕《揚州府志》卷四十，頁2806。

州志》〔註3〕，知龔氏字上父，揚州府高郵州人，嘉靖二十二年舉人，初任河南鄧州知州，捐俸修學宮，爲諸生講學宗良知之旨，恤民剔弊，治水備武，善政最多。值歲旱，祈雨凡三應。歷刑部員外郎，轉雲南楚雄府知府，致仕。

今《百部叢書集成》本，與國家圖書館「善本書室」所藏的《四友齋叢說》三十八卷本，爲同一版本；由於書前僅有何、朱二人的序，因此皆標作隆慶年間原刻本，其實是不正確的，因爲直到萬曆七年方有三十八卷本。以上誤解，無疑是由於編者未見張、龔二人之序所致。

《叢說》全書三十八卷，共分十七門，計有經、史、雜記、子、釋道、文、詩、書、畫、求志、崇訓、尊生、娛老、正俗、考文、詞曲、續史。除《紀錄彙編》的摘抄本外，其中書、畫、詞曲三部分曾被單獨輯出，稱爲《四友齋書論》、《四友齋畫論》、《四家齋曲說》》〔註4〕（或作《曲論》）；詩的部分，也曾被明周子文的《藝藪談宗》所摘抄。這些被摘抄或輯出的部分，都具有《叢說》的一體，故附識於此。

第二節　前人的引用及評價

由於學術風氣的轉變，自明末以來，《叢說》在各時代的價值與地位每不相同。如果將它比喻作獨立的生命體，藉著前人實際的引用情形，及評價的高低，可以看到一部筆記小說的歷史，正猶如一個生命的起伏升降。因此，由前人對它的引用及評價，來探討它的生命歷程，相信不是完全沒有意義的。

壹、前人的引用情形

一部筆記小說的實際參考價值，與它被引用次數的多寡未必成正比，但經由《叢說》歷來被徵引的情形，可以大致了解它在各時代受重視的程度，及較受重視的部分何在。透過今昔相較，我們發現它的參考價值在各時代皆不同，而此一演變過程，與大時代的學術環境有著相當程度的關聯〔註5〕。

就各時代的引用情形而言，《叢說》在明末較常爲學者所徵引，部分記載在清代前期也時見徵引；此後，爲恐抵觸清朝的忌諱，學者對於前朝遺事不敢暢所欲言，學術界及筆記小說家的寫作重心都有所轉變。在新的筆記小說日漸增加的情況下，

〔註3〕《高郵州志》卷十，頁1351。
〔註4〕見《新曲苑》（一）。
〔註5〕見〈明清野史筆記概述〉一文，頁101。

《叢說》雖不至於完全爲時代所淹沒，但被引用的情形已大不如昔。直到民國，尤其是近年來，由於學術界對明代的日趨重視，不論在政治、經濟、軍事、水利、詩文、戲曲、書畫、掌故各方面，都可在其中發親不少相關資料，因此在各論文的參考書目中，《叢說》也常列名其間。

　　就《叢說》較受重視的部分而言，明清兩代以松江、南京文獻，書畫、戲曲部分，及明代掌故爲主；這些資料分別爲方志、地方性文獻、筆記小說、類書等書籍所引用。以下就筆者所見，將明清曾徵引《叢說》的書籍，大略分類如下。

一、地方文獻類

1. 松江部分：明何三畏《雲間志略》〔註 6〕、范濂《雲間據目鈔》〔註 7〕、吳履震《五茸志逸》〔註 8〕、張鼐《寶日堂初集》〔註 9〕、李延昰《南吳舊話錄》〔註 10〕、清宋如林《松江府志》〔註 11〕。

2. 南京部分：明范景文《南樞志》〔註 12〕、顧起元《客座贅語》〔註 13〕、周暉《金陵瑣事》〔註 14〕。

二、書畫、戲曲部分

1. 書畫部分：清聖祖敕撰《佩文齋書畫譜》〔註 15〕、陳夢雷《古今圖書集成》〔註 16〕、吳潁炎《國學備纂》〔註 17〕。

2. 戲曲部分：明王世貞《曲藻》〔註 18〕、顧起元《客座曲語》〔註 19〕、周暉《周氏曲品》〔註 20〕、沈德符《顧曲雜言》〔註 21〕、蔣一葵《堯山堂曲紀》〔註 22〕、

〔註 6〕《雲間志略》頁 130、685、717、760。

〔註 7〕《雲間據目鈔》頁 2638。

〔註 8〕《五茸志逸》頁 24、83、131、275、709。

〔註 9〕《寶日堂初集》卷二十三〈先進舊聞〉，頁 26～32。

〔註 10〕《南吳舊話錄》頁 268、405、532。

〔註 11〕《松江府志》頁 1137、1863。

〔註 12〕《南樞志》頁 1165、1174、1176。

〔註 13〕《客座贅語》頁 464、478、484、488。

〔註 14〕《金陵瑣事》頁 76、159、435、1141～1198。

〔註 15〕《佩文齋書畫譜》頁 235、271、339

〔註 16〕《古今圖書集成》第 486 冊，頁 3、7、11。

〔註 17〕《國學備纂》頁 10688、10700。

〔註 18〕《曲藻》頁 34。

〔註 19〕《客座曲語》頁 160、165。

〔註 20〕《周氏曲品》頁 152。

〔註 21〕《顧曲雜言》頁 204。

〔註 22〕《堯山堂曲紀》頁 124、126、150。

沈寵綏《度曲須知》〔註23〕、張元長《梅花草堂曲談》〔註24〕、清焦循《劇說》
〔註25〕。

三、明代掌故及其他

1. 明代掌故：明焦竑《玉堂叢語》〔註26〕、李紹文《皇明世說新語》〔註27〕、徐復
   祚《花當閣叢談》〔註28〕、王圻《稗史彙編》〔註29〕、清姚之駰《元明事類鈔》
   〔註30〕、方起英《古今詩塵》〔註31〕。

2. 其他：明遺民《謏聞續筆》〔註32〕、清王應奎《柳南續筆》〔註33〕、趙翼《廿二
   史箚記》〔註34〕。

雖然由於篇幅所限，無法將《叢說》為以上諸書所引用的部分羅列出來，但由
這些標題，即可反映出《叢說》在明清的主要參考價值何在。

隨著明代史的日趨重要，《叢說》被引用的情形早已不限於以上三大類，它的應
用範圍往往不亞於正統的經史與詩文集，以下僅將較具代表性的博、碩士論文題目
稍加歸納，即可看出近年來《叢說》被引用的大致情形。

一、書畫類

徐澄琪《明代解釋文人畫的趨勢》〔註35〕、盧蓮系《倪雲林之詩畫研究》〔註
36〕、葛婉華《謝時臣研究》〔註37〕、陳芳妹《戴進研究》〔註38〕。

二、戲曲類

曹愉生《鄭光祖考述》〔註39〕、葉永芳《鳴鳳記研究》〔註40〕、陳芳英《明代

〔註23〕《度曲須知》頁198、239、242。
〔註24〕《梅花草堂曲談》頁156。
〔註25〕《劇說》頁89、134、136。
〔註26〕《玉堂叢話》頁11、190、219、241。
〔註27〕《皇明世說新語》頁57、277、410、454。
〔註28〕《花當閣叢談》頁1045～1047。
〔註29〕《稗史彙編》頁475、506、909、1294。
〔註30〕《元明事類鈔》卷八，頁3，卷十五，頁24；卷三十八，頁18。
〔註31〕《古今詩塵》頁597、631～634。
〔註32〕《謏聞續筆》頁5208。
〔註33〕《柳南續筆》頁216、226。
〔註34〕《廿二史箚記》頁843。
〔註35〕《明代解釋文人畫的趨勢》頁52～54。
〔註36〕《倪雲林之詩畫研究》頁173、229。
〔註37〕《謝時臣研究》頁2、8、14、77。
〔註38〕《戴進研究》頁12、93、95。
〔註39〕《鄭光祖研究》頁59、143。
〔註40〕《鳴鳳記研究》頁14、15、104、142、144。

劇學研究》〔註41〕。

三、詩文類

呂正惠《元白比較研究》〔註42〕、簡錦松《李何詩論研究》〔註43〕。

四、政治類

杜乃濟《明代內閣制度研究》〔註44〕、巨煥武《明代宦官禍國之研究》〔註45〕、
駱芬美《三楊與明初之政治》〔註46〕。

五、經濟類

賴惠敏《明代南直隸賦役制度的研究》〔註47〕、金鍾博《明代里甲制與賦役制
度之關係及其演變》〔註48〕。

六、水利類

郁維明《明代周忱對江南地區經濟社會的改革》〔註49〕。

七、經學類

林慶彰《豐坊與姚士粦》〔註50〕。

八、其　他

吳振漢《明代奴僕之研究》〔註51〕、張璉《明代中央政府刻書研究》〔註52〕。

　　至於其他單篇論文及書籍，包羅的範圍更廣，茲不贅述。以下僅舉《叢說》被
引用的一個實例，即可見其參考價值之一斑。

　　唐寅是明代中期著名的江南才子，詩文書畫皆能獨樹一格。江兆申先生在《關
於唐寅的研究》中，將署名唐寅的〈高士圖〉卷及〈秋墅聯吟〉卷作一比對，發現
後者可能是摹本；而由卷後的文徵明題跋，可知這摹本完成的時間甚早。但以文、
唐二人的交誼，文徵明竟不能分辨唐畫的眞僞，卻令江氏疑惑不已；幸而《叢說》
中的記載，解決了這棘手的問題。他說：

〔註41〕《明代劇學研究》頁237～245。
〔註42〕《元白比較研究》頁97。
〔註43〕《李何詩論研究》頁63、68、75。
〔註44〕《明代內閣制度研究》頁40、275。
〔註45〕《明代宦官禍國之研究》頁11、160、670。
〔註46〕《三楊與明初之政治》頁27、79、123。
〔註47〕《明代南直隸賦役制度的研究》頁70。
〔註48〕《明代里甲制與賦役制度之關係及其演變》頁214。
〔註49〕《明代周忱對江南地區經濟社會的改革》頁152。
〔註50〕《豐坊與姚士粦》頁190。
〔註51〕《明代奴僕之研究》頁90。
〔註52〕《明代中央政府刻書研究》頁60、126。

這兩幅畫的本身，祇須對看，立見優劣。但因文徵明的題跋，卻使我異常困惑。因為文徵明對唐寅的畫會看走眼，這一點對我來說，是很難無條件接受的。同時文徵明之為人平正不苟，又不同於他人，按理當不致舞弄狡猾。因此百思莫解。後來讀到何良俊四友齋叢說第十二卷（按，應為「第十五卷」）：「衡山精於書畫，尤長於鑒別，凡吳中收藏書畫之家，有以書畫求先生鑒定者，雖贗物，先生必曰：『此眞蹟也。』人問其故，先生曰：『凡買書畫者必有餘之家；此人貧而賣物，或待此而舉火，若因我一言而不成，必舉家受困矣。我欲取一時之名，而使人舉家受困，我何忍焉？』」敢情衡山先生還有這種寓救濟於鑒賞的一說。〔註53〕

經由以上的介紹，可知《叢說》的參考價值已普通受到肯定。在明史園地日漸開闢的今日，相信它的豐富內容將一一為學者所發掘及引用，以發揮筆記小說的最大功效。

貳、前人的評價

前人對《叢說》的部分內容作個別評論的例子不少，但就筆者所見，曾對全書的整體價值作一總評者，僅有《四庫全書總目提要》及劉葉秋的《歷代筆記概述》二書。《歷代筆記概述》稱它為「著名的綜合性筆記」，認為它「考證較平常，而議論多可取」，並列舉實例以證明部分記載是「切中時弊之論」、「均能表現明代的政治風貌」、「有助於研究文史」；同時也指出「惟書中經、史、子諸門，多摘鈔經傳子書的原文，不加評述，實無意義」〔註54〕。此一評論尚稱公允。至於《四庫全書總目提要》的評語，幾乎完全否定《叢說》的參考價值，實有必要作一澄清。

《四庫全書總目提要》評《叢說》時說：

> 雜引舊聞而論斷之，於時事亦多紀錄，然往往摭拾傳聞，不能核實。朱國楨《湧幢小品》，……朱彝尊《靜志居詩話》，……則其可以徵信者良亦寡矣。〔註55〕

《四庫全書總目提要》對筆記小說的評價大多不高，《叢說》僅因以上二書的數條批駁，即被判定為「可以徵信者良亦寡矣」，實在是有欠公允。以下對二書的批駁作一簡單評論，並藉以澄清《叢說》所遭致的誤解。

一、朱國楨《湧幢小品》的批駁

〔註53〕《關於唐寅的研究》頁117。
〔註54〕《歷代筆記概述》頁179、180。
〔註55〕《四庫全書總目提要》頁一百二十七，子部‧雜家類存目四，頁3～749。

朱國楨《湧幢小品》曾摘錄《叢說》的四條記載加以批駁，《四庫全書總目提要》
照單全收，因而評斷《叢說》「所記全爲失實」。此四事爲王陽明責中官具領狀事，
王陽明欺章楓山（章懋）事，章楓山責姪章朴菴（章拯）事，楊石齋（楊廷和）、王
晉溪（王瓊）定計誅江彬事。朱氏的批駁有確然可信者，也有值得商榷的地方，茲
以王陽明欺章楓山事作一討論。

《叢說》載：

> 王陽明廣東用兵回，經蘭溪城下過，時章文懿尚在，陽明往見。……
> 茶後，有一人跪在庭下，乃文懿門生，曾爲廣中通判，以贓去官，欲帶一
> 功以贖前罪，文懿力爲之言，陽明曰：「無奈報功本已去矣。」然本實未
> 行。〔註56〕

《湧幢小品》批駁道：

> 楓山先生卒于嘉靖元年，陽明廣東用兵在六年，遠不相及；事平七年，
> 陽明告歸，卒于南安舟中，未嘗生回經蘭谿城下也。爲門人請托，先生必
> 不爲；陽明有道人，可不可，自然以情告，寧有未發本，而誕言已發之
> 理。……或者江西俘寧王過蘭谿，相會未可知。〔註57〕

朱氏以時間爲證據的駁正，確實糾正《叢說》記載失實之處；他將二人相會的時間
推斷爲「江西俘寧王過蘭谿」時，也尚稱合理。然而純以道德的角度，來辯稱陽明
無此事，則不能令人完全信服。朱氏其他的批駁大多與此相似，茲不贅述。

二、朱彝尊《靜志居詩話》的批駁

《叢說》曾載文徵明任翰林待詔時，爲姚淶、楊維聰所窘事：

> 衡山先生在翰林日，大爲姚明山、楊方城所窘，時昌言於眾曰：「我衙
> 門中不是畫院，乃容畫匠處此耶？」惟黃泰泉佐、馬西玄汝驥、陳石亭沂
> 與衡山相得甚歡，時相酬唱。乃知薰蕕不同器，君子小人固各以其類也。
> 然衡山自作畫之外，所長甚多；二人只會中狀元，更無餘物。故此數公者，
> 長在天地間，今世豈更有道著姚淶、楊維聰者耶？此但足發一笑耳。〔註58〕

世俗的官運亨通有時而盡，然而藝術生命卻是無窮。何氏此論一出，對於歷代仕途
失意的文士、藝術家，不但肯定他們的價值，也給予無限的鼓舞。此一記載至清代
尚有人徵引，如王應奎《柳南續筆》中曾說：

> 何元朗《叢說》云：「文衡山在翰林，大爲姚明山、楊方城所窘，……」

〔註56〕《叢說》卷十‧史六，頁4315。
〔註57〕《湧幢小品》卷十六，頁4564。
〔註58〕《叢說》卷十五‧史十一，頁4355。

然則人之傳不傳，其不係乎爵位，固有斷然者。……百世而下，可以興起
矣！〔註59〕

朱彝尊在《明詩綜》論及姚淶時，對何氏的記載展開批駁：

> 《靜志居詩話》：文徵仲待詔翰林，相傳爲學士（即姚淶）及楊方城
> 所窘，……（何元朗之言）聞者以爲快心之論。然學士嘗與孫太初、薛君
> 采、高子業相唱和；且聞山東李中麓富於藏書，特遣其子就學。即徵仲去
> 官日，躬送至張家灣，賦十詩送別，比之巍巍嵩華；至其贈行序略云：「……
> 故吾之論先生，直以（元）魯山、（孫）明復爲喻，使世之觀先生者，不
> 當以三吳之士求之也。」繹其詞傾倒爲何如者，而謂學士有是言邪？……
> 然則元朗乃好爲詆語者，虞山錢氏（錢謙益）信何氏之說，遂不錄學士詩，
> 未免偏於聽矣。〔註60〕

《靜志居詩話》中的評語，被《四庫全書總目提要》所採用，並接以論斷《叢說》
「可以徵信者良亦寡矣」〔註61〕。平情而論，由姚淶的贈行序中，確實可以看出他
對文徵明的景仰之情；朱氏由此斷定姚淶不應有排斥徵明的激烈言論，也極爲合理。
然而《叢說》中的記載也未必不可信，原因是以何氏於徵明晚年的長期親炙，及與
徵明身旁蘇州文士的密切友誼，此記載不至於是空穴來風，任意貶抑狀元姚淶以發
洩科舉失意的不滿情緒。筆者認爲這矛盾的兩說不妨並存，且有一調和的方法，即
何氏之說是姚淶的早期態度，而贈行序則是姚淶對徵明的最終定論。觀贈行序中通
篇皆以徵明的高潔人品爲著眼，而未曾有一語及於徵明的畫藝，可知他所重在「人
品」而不在「畫藝」的態度。而由篇末「使世之觀先生者，不當以三吳之士求之也」
二語，也可推測姚淶心目中的「三吳之士」，多是舞文弄墨、工於繪畫筆札的文士，
這類人他是看不起的；當徵明以「三吳之士」的專長而初入翰林院時，他以「三吳
之士」而輕鄙之；相處日久，徵明嚴謹的處世態度令他油然生敬，終有「不當以三
吳之士求之也」的評語。

　　總之，何氏對於《叢說》雖有嚴肅的「著述」態度，但由於傳聞失實所造成的
錯誤記載也在所難免；所幸此時筆記小說的數量已日漸增多，廣泛的參閱相關資料，
正是補充訂正《叢說》疏漏失實處的最好辦法。而《叢說》豐富的參考價值，在同
類筆記小說相輔相成之下，當更有助於今日的學術研究。

〔註59〕《柳南續筆》卷一，頁216，〈傳名不係爵位〉條。
〔註60〕《明詩綜》卷三十九，頁1。
〔註61〕同註55。

第三節 學術價值

除了詩文、書畫、戲曲三章單獨討論外，《叢說》對於明代中期整個時代的實況，提供許多珍貴資料，有助於今日學者的研究工作。然而「弱水三千，取一瓢飲」，各資料的重要性往往因所探討的主題而異，學者也各就所需加以擷取。以下就個人觀點將全書對學術界較有助益的部分，概略歸納為十個大綱作一簡介；由這些豐富的內容，我們可以知道，《叢說》的確是一部具有多方面參考價值的著作。

壹、政 治

有「經世務」之心，而始終無法施展抱負的何良俊，他最關心的問題，是國家大政以及地方行政，舉凡與此相關的人物、事件，都是他特別留意的事項。《叢說》中卷六・史二至卷十・史六，及卷十三・史九，是探討這些問題的主要篇章。其中正德之前的記載，主要摘錄自黃瑜的《雙槐歲鈔》、陸容的《菽園雜記》、張志淳的《南園漫錄》；而正德以後的事件，則大部分得之於耳聞目見；耳聞者；如得自呂沃洲（呂光洵）、趙大周（趙貞吉）、吳少君（吳孺子）等。

一、正德年間事

正德年間的事件，《叢說》中著眼於宸濠之亂的平定，及武宗南巡兩事。平定宸濠之亂的主角，為兵部尚書王晉溪（王瓊）及王守仁。武宗南巡的主角，則為喬白巖（喬宇）、寇天敘、江彬。書中對以上二事，都提供許多參考資料。摘錄二條如下：

> 武宗南巡時，喬白巖為參贊機務；寇天敘為應天府丞，時缺府尹，寇署印；太監王偉為內守備，三人者同謀協力，持正不撓，故保南京無虞，不然禍且不測矣。〔註62〕

> 江彬所領邊卒，驕悍之極，行遊市中，強買貨物，民不堪命。寇府丞亦選矬矮精悍之人，每日早晚至行宮祇候，必命以自隨，若遇此輩，即與相搏，邊卒大為所挫，後遂斂跡，亦所以折江彬之謀也。〔註63〕

二、論內閣

宰相是國家大政的實際決策者，其影響力往往不亞於不理政事的皇帝。明代廢除宰相，權力重心轉入內閣。首輔、閣臣都成為有實無名的宰相，《叢說》中對列朝宰相的記載頗多，如他曾分析內閣大學士所以「有宰相之實」的原因，乃在於「各

〔註62〕《叢說》卷六・史二，頁 4283。
〔註63〕《叢說》卷六・史二，頁 4284。

衙門章奏皆送閣下票旨」。

> 太祖自誅胡、汪之後，遂不設丞相，而朝廷之事皆分布六部，閣下諸臣但以備顧問而已。故解縉與胡廣諸人，皆以講讀入閣辦事，楊文定亦但以太常少卿入，不兼部臣，亦無散官，故其權甚輕。然各衙門章奏皆送閣下票旨，事權所在，其勢不得不重。後三楊在閣既久，漸兼尚書，其後散官加至保傅，雖無宰相之名而有宰相之實矣。〔註64〕

並分析世宗以來，「宰相未有能保全身名而去者」的理由，乃在於「威權太盛」。

> 今各部之事，皆聽命於閣下，所不待言；雖選曹有員缺，亦送揭帖與閣下看過，然後注選。此不知胡、汪當國時有此事否？夫威權日盛，則謗議日積；謗議日積，則禍患日深。故自世宗以來，宰相未有能保全身名而去者，豈亦其威權太盛致然耶！〔註65〕

他也記世宗嘉靖年間，宰相與宦官二者地位的轉變。

> 朱象玄（朱大韶）司成說：「有一順門上內臣嘗語余曰：『我輩在順門上久，見時機幾變矣。昔日張先生（張璁，即張孚敬）進朝，我們多要打箇弓，蓋言羅峯也。後至夏先生（夏言），我們只平著眼兒看哩。今嚴先生（嚴嵩）與我們拱拱手，方始進去。』」蓋屢變屢下矣。〔註66〕

三、天佑我明

何氏對列朝平定內亂，使國家轉危為安的大臣最為景仰，原因無他，這些以文臣而兼具事功者，正是「經世務」的最佳典範。

> 我朝列聖脩德，皇天眷佑。凡遇國家有一大事，必生一人以靖之。如英宗北狩，即生一于肅愍（于謙）；劉瑾謀逆，則生一楊文襄（楊一清）；宸濠之變，則生一王陽明；武宗南巡，則生一喬白巖（喬宇）；武宗大漸時，江彬陰畜異謀，即生一楊文忠（楊廷和）、王晉溪（王瓊）；皆對病之藥，手到病除，真若天之有意而生之者。〔註67〕

四、當今急務

改革科舉制度的八股弊病，是科舉得人的方法；而得人之後的用人，則在於當政者。何氏認為政府用人不當處處以防弊著眼，否則，因噎廢食的結果，極易影響

〔註64〕《叢說》卷七·史三，頁4288。
〔註65〕《叢說》卷七·史三，頁4289。
〔註66〕《叢說》卷八·史四，頁4304。
〔註67〕《叢說》卷八·史四，頁4296。

實際政務的推展。當今第一急務，莫過於重守令之選，亦莫過於守令久任。……第二，考選科道，當於部屬中推舉，不當逕用新行取諸人。……第三，吏部諸公當日與天下士大夫相接。古人云：「只須簡要清通，何必插籬豎棘。」今澆競之徒，凡至吏部打關節者，豈相見時納賄耶？盡是懷暮夜之金耳。則白晝顯然交接，有何不可？……又因可以周知天下地方之利害，生民之慘舒，其有益於朝廷政體者甚大，又何必以閉關謝客者爲得耶？〔註68〕

五、第一美政

「國以民爲主，民以食爲天」，而水旱之災不啻是遮天蔽日的烏雲。百姓吃不飽，經常是中國歷代動亂的根源，因此，他主張：

> 今之撫按先生，有第一美政所急當舉行者，要將各項下贓罰銀，督令各府縣盡數糴穀。其有罪犯自徒流以下，許其以穀贖罪。……若遇一縣有水旱災，則聽於無災縣分通融借貸，俟來年豐熟補還，則東南百姓可免流亡，而朝廷於財賦之地，永無南顧之憂矣。善政之大，孰有過此者哉。〔註69〕

此外，如列朝相業的評斷；大小官員的事積；隆慶初政時纂修世宗實錄的率略〔註70〕；李西涯（李東陽）晚年，每痛哭當年與劉瑾的妥協〔註71〕等，都有助於我們對明代政治的進一步認識。

貳、倭　亂

自從嘉靖三十二年倭亂大熾之後，東南沿海城鎮衛所多遭騷擾。久不知兵的江南百姓，一時惶惶不知所措。由於主其事者無權無能，調度無方，雖曾調用山東之兵、狼兵、土兵、苗兵等，仍然無濟於事，反而因軍紀廢弛而貽害地方。直到嘉靖四十年前後，才把倭寇趕出江南。江南士大夫處此非常變局，在倭亂方熾之際、痛定思痛之餘，或向主事者陳述治倭建議，或將所見所聞筆之於書。家居沿海松江府的何良俊，在柘林故宅淪爲倭寇巢穴〔註72〕，舊藏書籍四萬卷燬於倭夷〔註73〕之時，由於切膚之痛，自然感慨特深。《叢說》中有關倭亂的記載，主要見於卷十一・史七。

〔註68〕《叢說》卷十三・史九，頁4336。
〔註69〕《叢說》卷十三・史九，頁4338。
〔註70〕《叢說》卷八・史四，頁4302。
〔註71〕《叢說》卷八・史四，頁4297。
〔註72〕《叢說》卷十一・史七，頁4322。
〔註73〕《叢說》卷三・經三，頁4259。

　　乙卯年（嘉靖三十四年），倭賊從浙江由嚴衢過饒州，歷徽州寧國、太平而至南京，纔七十二人耳。南京兵與之相對兩陣，殺二把總指揮，軍士死者八九百，此七十二人不折一人而去。南京十三門緊閉，傾城百姓皆點上城，堂上諸老與各司屬分守各門，雖賊退尚不敢解嚴。夫京城守備不可謂不密，平日諸勳貴騎從呵擁交馳於道，軍卒月請糧八萬，正爲今日爾。今以七十二暴客扣門，即張皇如此，寧不大爲朝廷之辱耶？〔註74〕

　　倭賊既殺敗官兵，此日即宿於板橋一農家，七十二人皆酣飲沈睡。……此時若有探細人偵知其實，當夜遣一知事將官，潛提三四百人而往，可以掩殺都盡，但諸公皆不知兵，聞賊至則盛怒而出，一有敗衄則頹然沮喪，遁跡匿影唯恐不密，殊不知一勝一負乃兵家之常，古人亦有因敗而爲功者，此用計之時也，而乃甘於自喪，何耶？且又不用細作，全無間諜，遇著便殺，殺敗即退，不知是何等兵法也。〔註75〕

此外，如何氏曾建議南京參贊及守備諸公，應親至南京附近相度地形，以期取得地利上的優勢；孰料主事者竟然以「看埋伏」的名義出城，不知隱密從事。又如主事者曾以南都形勢與各營壘刻一石碑，中間標示城外各處埋伏地點，並製成拓本以廣流傳，似乎惟恐敵人不知。調派南京各部人才爲總督贊畫，不使諸人預知軍務，共謀克敵之策，卻只令其「理會各處文移」。倭寇長住民家，而不知用計火攻。凡此種種，皆可見軍事人才的缺乏，是倭亂曠日持久的主因之一。而對於南京形勢的剖析，長江要道的控制……等，在在都顯示何氏詳讀史書、明瞭形勢的通博。科舉遺落人才之歎，再一次得到印證。

參、南京時事

　　何氏在南京的八、九年間，是倭亂大熾後，留都南京軍事、經濟、吏治、風俗等各方面，接受嚴格考驗的時刻。前段時間，何氏以南翰目的身分，周旋於各部屬僚友、文人雅士之間；致仕之後的五年，浮沈里巷中，又與鄉人遊處甚久；「故知南京之事最詳」〔註76〕。由於深入上、下各階層，所以對南京時事的記載頗爲詳實。《叢說》中有關南京的記載，主要見於卷十二・史八。

〔註74〕《叢說》卷十一・史七，頁4320。
〔註75〕同註74。
〔註76〕《叢說》卷十二・史八，頁4328。

一、南京官僚、皂隸的橫行

南京各衙門積年皂隸，看似地位卑下，其實多狐假虎威欺壓百姓；甚至各衙門長官也缺乏魄力，不敢拿彼等開刀。

> 南京考察，考功郎中或有寄耳目於皂隸者，故其人獰惡之甚。縱考功不以之為耳目，然此輩皆積年狡猾之人，好生脣吻，羣類又多，轉相傳播，其言易售。故各衙長官但能打皂隸，則為有風力者矣，然數十年來無一人也。〔註77〕

又如「頗任眾怨」的各衙門擺酒，「名雖讌客，實所以啖皂隸也。」各衙門的大小官員，不論有無實權，「皆出票令皂隸買物，其價但半給」，且「票上標出至本衙交納」，各鋪戶為逃避刁難，往往花錢求免；皂隸食髓知味，遍歷各家以遂其私欲。由此種種，皆可見官吏庸懦，皂隸橫行，百姓受苦。

二、南京道長的跋扈

嘉靖年間，由於世宗篤信道教，南京地區也派駐不少道士；彼等以皇帝作靠山，故無法無天的情形頗為嚴重。如道長出外巡行、遊玩，命上元、江寧兩縣坊長管辦，不但開銷極大，連廚子也趁機索重賄，「若不與，或以不潔之物置湯中；則管辦之人立遭譴責。」受害較嚴重者，「賣一樓房，始克完事，不一月而其家蕩然矣。」受害更甚者，或自繫死，或投水死。又如巡城道長竟將民家欂柱硬行拆去，以作自家桌子。如此目無法紀、跋扈已極的作風，長此以往，焉能不激起民怨、動搖國本？

三、考察者不識大體

政治清明時，法網疏闊；政風敗壞時，法網嚴密。明代中期以來，政風日漸頹廢；政府對官吏的考核更趨嚴苛，處處以防弊為著眼；故吏部考察、科道彈劾輒以苛細責人，似乎一入官場，即必須放棄個人的生活、私人的交遊。何氏對此深致不滿之意：

> 南京考察，大率以苛細責人而不問其大者。……今貪殘之人，贓賄狼藉，魚肉百姓至於靡爛而不已者，一切置而不問，好以閨房細事論罷各官。夫閨房之事既曖昧難明，流聞之言又未必盡實，縱或得實，則於名教雖若有虧，於朝廷設官之意亦未大戾，較之貪墨之徒，相去蓋萬萬矣。今之進退人才者，顧詳於此而略於彼，未知何謂也？〔註78〕王思獻瓚為南祭酒日，當值秋夜月色明甚，其夫人約司業夫人同往雞鳴寺看月，當時法網尚寬，科道無論之者，王亦不以此損名。……使在今日，則論

〔註77〕《叢說》卷十二·史八，頁4330。

〔註78〕同註77。

者交至矣。〔註79〕

此外，何氏以親眼目睹，評論嘉靖三十九年的南京兵變；記南京翰林院「既無職掌，又無夫役」的清苦狀況，及孔目官受歧視的情形；記南京五城兵馬司藉道長之勢，而得以「恣肆無忌」；記主事者收受鄉人之賄，以致糠穀摻入倉米中的嚴重情形等，都反映出百弊叢生的留都實況。

肆、農村經濟、農田水利

《叢說》中對於農村經濟及農田水利的記載，都是就松江府而言，主要集中在卷十三·史九，及卷十四·史十。松江府是全國賦稅最高的地方之一，然而在富庶表象的背後，存在著無數的弊端；在何氏的筆下，對政府經濟政策的不當，農民經濟狀況的欠佳，及松江東、西鄉稅課的不公，都有深刻的描述。

一、農村結構的變遷

就何氏親眼所見，正德年間是明代經濟由安定轉入衰敗的關鍵時刻；前後兩期的賦役差別，是造成生活狀況如此懸殊的主因。由於農民的大量轉業，去農而爲鄉官家人、官府廝役、工商業者、無業遊民，使得原有的農業人口已十去六七；而難以負荷的沈重繇役，更迫使農村僅存的小民「空一里之人，奔走絡繹於道路」。在人口流失、賦役日重的雙重壓力下，何氏大聲疾呼「地方將有土崩瓦解之勢」，盼望主政者能正視此一問題的嚴重性。

> 余謂正德以前，百姓十一在官，十九在田，蓋因四民各有定業，百姓安於農畝，無有他志。自五十年來，賦稅日增，繇役日重，民命不堪，遂皆遷業。昔日鄉官家人亦不甚多，今去農而爲鄉官家人者，已十倍于前矣；昔日官府之人有限，今去農而蠶食於官府者，五倍於前矣；昔日逐末之人尚少，今去農而改業爲工商者，三倍於前矣；昔日原無遊手之人，今去農而遊手趁食者，又十之二三矣。大抵以十分百姓言之，已六七分去農。至若太祖所編戶口之數，……今積漸損耗，所存無幾，故各里告病而有重編里長之說。……今一甲所存無四五戶，復三四人朋一里長，則是華亭一縣，無不役之家，無不在官之人矣。……則空一里之人，奔走絡繹於道路，誰復有種田之人哉？吾恐田卒污萊，民不土著，而地方將有土崩瓦解之勢矣。可不爲之寒心哉！〔註80〕

〔註79〕《叢說》卷十二·史八，頁4331。
〔註80〕《叢說》卷十三·史九，頁4342。

二、農田水利

　　農田水利是蘇松第一急務〔註81〕，何氏以自幼生長於東、西兩鄉高下懸絕的松江東鄉，感觸尤深。

　　所謂「均糧」，顧名思義，是「因其不均而欲均之」。但由於松江東、西鄉土地高下、肥瘠不同，所造成的立足點不平等，因此，絕不能以同一標準來課稅；否則，「是欲去小不均，遂成大不均矣。」何氏在此清晰陳述兩鄉農民「天淵不同」的生活。

> 夫均糧，本因其不均而欲均之也。……夫東西兩鄉，不但土有肥瘠，西鄉田低水平易於車戽，夫妻二人可種二十五畝，稍勤者可至三十畝，且土肥穫多，……東鄉田高岸陡，車皆直豎，無異於汲水，稍不到，苗盡槁死。每遇旱歲，車聲徹夜不休；夫妻二人極力耕種，止可五畝。……農夫終歲勤動，還租之後，不穀二三月飯米，即望來歲麥熟，以為種田資本。至夏中只喫麄麥粥，日夜車水，足底皆穿，其與西鄉間喫魚乾白米飯種田者，天淵不同矣。〔註82〕

同處松江府，由於生活環境的不同，造成東、西鄉民性格上的差異，甚至影響到兩者的求生本能。

> 大抵東鄉之民勤而耐勞，西鄉之民習於驕惰。東鄉若經旱災，女人日夜紡織，男子採梠而食，猶可度命；西鄉之人一遇大水，束手待斃，此則驕惰害之，實自取也。然長民者無術以驅之勤，獨奈何哉？〔註83〕

對於解決兩鄉農田水利的問題，何氏曾言簡意賅的提示，的確是對症下藥的良方。

> 松江之田，高下懸絕，東鄉最高，畏旱；西鄉最低，畏水。但東鄉每年開支流小河，西鄉每年築圍岸，而水利之事盡矣。〔註84〕

三、無理的賦稅制度

　　俗語說：「苛政猛於虎」，對專制政體下的農村小民，苛政主要反映在賦役制度上。而賦稅制度下的不合理剝削，輕則巧立名目，變相壓榨；重則足以促使百姓挺而走險，揭竿而起。《叢說》中種種不合理現象，顯現出明代「蘇松重賦」下的實際情形。

　　范成大有詩云：「無力買田聊種水，近來湖面亦收租。」明代江南稅吏對於賦稅的徵收、稅源的開闢的確是不亞前人。何氏曾批評當時新立的「積水河」及「魚池」

〔註81〕《叢說》卷十四·史十，頁4351，「（呂沃洲）自謂巡按時以為蘇松急務莫重於水利。」
〔註82〕《叢說》卷十四·史十，頁4345。
〔註83〕《叢說》卷十四·史十，頁4350。
〔註84〕同註81。

二項稅目道：

> 東鄉又立積水河與魚池二樣名色，積水河則四畝作一畝，魚池則二畝算一畝。夫積水河本爲旱歲救田，高鄉若一月無雨，苗必槁死。……又不出米，又不出柴，如何算作實田？今四畝亦包一畝之稅矣。魚池則積水河之稍大者，以其稍寬可以養魚。……況今試以積水河爲魚池，魚池爲積水河，即使公廉清正之官親至其地踏勘，亦何從辨之？今但憑公正與良民開報，使良民公正皆伯夷、史魚則可，今叔季之世，人心滋僞，而望一區之中即有一伯夷、一史魚，則何伯夷、史魚之多耶？況成此大事，不戮一人，吾恐終不能無遺憾也。〔註85〕

江南稅吏於「均糧之時偶值水災，故又創爲『低薄』之說」，以圖減徵松江西鄉的賦稅。何氏指出「西鄉水年之低薄，即旱歲之膏腴也；東鄉水年之成熟，即旱歲之斥鹵也。」主事者不能效孟子所說的「夫貢者，校數歲之中以爲常」以課稅，必定有失公允〔註86〕。他更嚴厲的指出，這些弊端若不及早更正，「而將來之事有不可勝言者矣」。

> 人言始創「低薄」立說，蓋因當事之人要做人情奉承權勢。……今查低薄之田，非豪家即富室，可以知矣。余謂縱使官府貪殘，不過害及一人，稍濫及，亦只是一時而已；若錢糧作弊，飛洒各區，則是家至戶到，無不受其荼毒，而子子孫孫賠貱日久，至於轉死溝壑，皆由於此。……若非及今改正，則民怨未息，而將來之事有不可勝言者矣。〔註87〕

此外，如評論「論糧加耗」優於「照田加耗」〔註88〕；記鄭九石（鄭元韶）糧田前，先率公正良民人等至城隍設誓，以圖遏止貪風〔註89〕；創經緯之說以革除「飛走隱匿之弊」〔註90〕；建議用本地人屯田，以防守沿海之處〔註91〕等，都對當時松江府的農村經濟、農田水利，及種種不合理的制度，提供了寶貴的資料。

伍、風　俗

何良俊對於風俗良窳極爲重視，《叢說》中闢有專章討論，盼能導正松江日益頹敗的風俗，即卷三十四·正俗一及卷三十五·正俗二。此外，全書各卷中也時時有

〔註85〕《叢說》卷十四·史十，頁4344。
〔註86〕《叢說》卷十四·史十，頁4346。
〔註87〕《叢說》卷十四·史十，頁4347。
〔註88〕《叢說》卷十三·史九，頁4340。
〔註89〕同註86。
〔註90〕同註87。
〔註91〕《叢說》卷十四·史十，頁4352。

感歎「風俗日壞」的記載。

　　松江風俗的頹敗，是何氏久滯南京、蘇州而不願歸的主因。他在正俗一卷首即大聲疾呼：

> 今習俗已甚漓矣，所賴祖宗法度嚴密，天子明聖，故未至於亂耳。……苟必待亂而後反，其傷必多，故余竊有深懼焉。然大禍之來，行將自及，則諸君可無懼哉？故群倡而力挽之，固所望於賢者耳。〔註92〕

　　風俗的厚薄，繫乎士大夫的提倡。松江地區在憲、孝兩期以前，士大夫尚未積聚；至正德年間，競相營產謀利的風氣始興起。然而積聚之家子孫多不能守成，不數年間，田宅易主、子孫貧匱者比比皆是〔註93〕。雖然前車之鑑不遠，但此風有增無減；何氏曾描述當時士人一中進士，則唯利是圖的醜態：

> 蓋吾松士大夫一中進士之後，則於平日同堂之友，謝去恐不速。里中雖有談文論道之士，非唯厭見其面，亦且惡聞其名。而日逐奔走於門下者，皆言利之徒也。或某處有莊田一所，歲可取利苦干；或某人借銀幾百兩，歲可生息若干；或某人為某事求一覆庇，此無礙於法者，而可以坐收銀若干；則欣欣喜見於面，而待之唯恐不謹。蓋父兄之所交與，而子弟之所習聞者，皆此輩也。〔註94〕

由於社會財富逐漸集中，有錢有勢者每擺排場、充闊氣以顯示自身的身分地位。何氏曾述及時人喜多帶僕從的實例，某人請四個朋友，卻總帶家童二十人，其費多於請主人〔註95〕。而訪嘉興友人時，所見的僭侈情形，更令他「終夕不能交睫」。

> 嘗訪嘉興一友人，見其家設客，用銀水火爐金滴嗉。是日客有二十餘人，每客皆金臺盤一副，是雙螭虎大金杯，每副約有十五六兩。留宿齋中，次早用梅花銀沙鑼洗面，其帷帳衾裯皆用錦綺，余終夕不能交睫。……而僭侈之極，幾於不遜矣。〔註96〕

送往迎來是官場上的必須禮儀，然而應該適可而止，否則耗時費事，徒然影響正常公務的推展。何氏對於松江士大夫時常出入府縣，以致妨礙有司公務的情形頗不以為然：

> 松江是天下大府，華亭亦是劇縣，其訟獄之繁多，錢糧之浩大，上司

〔註92〕《叢說》卷三十四・正俗一，頁4540。
〔註93〕《叢說》卷三十四・正俗一，頁4542。
〔註94〕同註93。
〔註95〕《叢說》卷三十五・正俗二，頁4551。
〔註96〕《叢說》卷三十五・正俗二，頁4546。

文移之龐雜，山積波委，日勤職業，猶懼不逮。士大夫正當相體，以時進
見，使郡縣先生得盡心民事，庶可以仰承朝廷委任之重。況華亭鄉官今已
十倍於前矣，使府縣諸公日有送迎之勞，則於公事不無少妨耶？〔註97〕

在社會結構變遷之際，社會上會產生許多遊手好閒之人，既不從事「本業」，也不加
入工商，《叢說》中所記錄的一條諺語，可以反映當時風俗的實況。由其中「不知腔
板再學魏良輔唱」，可知崑腔初興階段，竟是與其他頹敗風俗並列的情形。

松江近日有一諺語，蓋指年來風俗之薄。……諺曰：「一清誑，圓頭
扇骨揩得光浪盪；……三清誑，回青碟子無肉放；……六清誑，見了小官
遞帖望；……，九清誑，不知腔扳再學魏良輔唱；十清誑，老兄小弟亂口
降音扛。」此所謂遊手好閒之人，百姓之大蠹也。官府如遇此等，即當枷
號示眾，盡驅之農；不然，賈誼首為之痛哭矣。〔註98〕

此外，如記家居士大夫向府縣討夫皁，增加地方財政上的困擾〔註99〕；知縣幼兒出
痘疹，鄉官進縣請安的諂媚多禮〔註100〕；由見任鄉官徒步回鄉，到新進學秀才乘轎
的演變情形，所反映出的士人僭越〔註101〕等，都將松江府在社會變遷下，風俗畸形
發展的實況，一一呈現在眼前。

陸、文　壇

　　何良俊生當前、後七子之間，而與唐宋派諸大家年輩相彷。他的詩文主張，基
本上是沿襲江南清新婉麗的傳統；而對於七子、唐宋兩派，有接納，也有批判；這
種觀點，應可代表此一時期部分江南文士的心態。《叢說》中有關詩文的論述，主要
見於卷二十三至二十六諸卷，本論文有專章討論。此外，如卷十五·史十一中的許
多資料，也有助於我們對當時詩文壇的了解。略舉數條如下，以見一斑。

　　弘、正年間，當國的劉健、李東陽對文壇的態度迥異。劉不喜舞文弄墨的文士；
李雖以台閣重臣兼文壇領袖，提攜後進不餘遺力，另一方面，卻對七子派諸異己分
子加以抑制。何氏曾記載道：

李空同作〈朱凌溪墓誌〉中，其言「是賣天平冠者」，與「作詩到李、
杜，亦一酒徒耳」，此劉晦菴語也。晦菴敦朴質實，不喜文士，故有此語。

〔註97〕同註96。
〔註98〕《叢說》卷三十五·正俗二，頁4553。
〔註99〕《叢說》卷三十五·正俗二，頁4548。
〔註100〕同註99。
〔註101〕《叢說》卷三十五·正俗二，頁4550。

同時唯李西涯長於詩文，力以主張斯道爲己任；後進有文者，如江石潭、邵二泉、錢鶴灘、顧東江、儲柴墟、何燕泉輩，皆出其門。獨李空同、康澣西、何大復、徐昌穀，自立門戶，不爲其所牢籠，而諸人在仕路亦遂偃蹇不達。〔註102〕

康海爲七子派在關中的重鎮，何氏對他的佚事頗爲留心，曾分別向王槐野、趙大周、呂沃洲等人探詢彼此交往的情形〔註103〕。因此，對於康海家居時的狂放亦能體諒。

劉瑾，陝西人，與康澣西同鄉。康在翰林，才望傾天下，瑾欲借之以彈壓百僚，故陽爲尊禮之。康本疎誕，遂往來其門，實未嘗干與政事也；遂終以此廢棄，天下共惜之。後自放於聲樂，亦簡兮詩人之意，呂涇野、馬溪田敦厚嚴正，無所假借，竟與終好，蓋亦能亮其心也。〔註104〕

顧璘與七子派的李夢陽、何景明都有接觸，《叢說》中曾記載顧璘對何景明的描述：

東橋言：「何大復傲視一世，在京師日，每有燕席，常閉目坐，不與同人交一言。有一日，命隸人攜圓桶至會所，手挾一冊坐圓桶上，傲然不屑。客散，徐起去。」〔註105〕

柒、經學、科舉、理學

在何良俊的心目中，理學並不是獨立於經學之外的學問，它是附屬於經學之下的。而經學的主流，也不應是章句訓詁；由經術而經世務，才是讀經的最終目的。《叢說》中的一至四卷爲〈經〉，其中前二卷主要討論今日所謂的「經學」；後二卷則主要批評今日所謂的「理學」，及當時的科舉制度。

《叢說》對今日「經學」及「理學」的研究，並沒有太多正面的貢獻；然而它所提供的反面教材，卻能反映出明代中葉，「經學」界及「理學」界的部分實況及弊端，應該有助於我們更進一步掌控當日實情。

一、經　學

概略的說，何氏對於當作科舉定本的程朱傳註，並不具好感；並曾數次具體指出朱子傳註的不當處。他認爲廣泛參考歷代學者的見解，而不拘泥於宋儒的「一定之說」，才是正確的學習態度。

〔註102〕《叢說》卷十五・史十一，頁4356。
〔註103〕皆見《叢說》卷十五・史十一。
〔註104〕同註102。
〔註105〕同註102。

在實際的讀經方法上，他主張必須「引伸觸類」。《叢說》卷二・經二中，他曾收錄許多《左傳》中的實例，以印證他的說法。

> 《左傳》用語，苟於義有合，不必盡依本旨，蓋即所謂引伸觸類者也。
〔註106〕

> 《左氏傳》所載，凡列國之大夫聘問鄰國者，其主賓於燕享之際，各稱詩以明志。〔註107〕

由於當時風氣與古人的優良典範背道而馳，因此他說：

> 自有宋儒傳註，遂執一定之說，學者始泥而不通，不復能引伸觸類。夫不能引而伸、觸類而長，亦何取於讀經哉？〔註108〕

> 今之學者易於叛經，難於違傳；寧得罪於孔孟，毋得罪於宋儒。此亦可爲深痼之病，已不可救療矣。然莫有能非之者。〔註109〕

二、科舉制度

由於對八股時文的不滿，何氏本人成爲科舉制度下的受害者。《叢說》卷三・經三中，他對八股時文當道的科舉制度，曾屢次用「嗚呼」、「嗚呼！惜哉」、「痛哉！痛哉」，來表達他的強烈感歎。

> 夫用傳註以勸取科第，此猶三十年前事也。今時學者，但要讀過經書，更讀舊文字千篇，則取青紫如俯拾地芥矣。……人人皆讀舊文，皆不體認經傳，則五經四書可盡廢矣。嗚呼！有天下之責者，可不痛加之意哉？〔註110〕

對於這種積重難返的惡習，何氏雖然試圖螳臂當車，建議南都的趙方泉（趙鐣）督學，「將書坊刻行時義盡數燒除」，但可預見的結果是，「方泉雖以爲是，然竟不能行，徒付之空言而已。」〔註111〕

三、理　學

何氏對於當時講學的風氣頗爲反感，曾舉大儒湛甘泉的「行窩中門生」爲例，說明從學者附庸風雅、攀附權貴的心態〔註112〕。因此，他雖承認心性之學也當講

〔註106〕《叢說》卷二・經二，頁4242。
〔註107〕《叢說》卷二・經二，頁4245。
〔註108〕《叢說》卷一・經一，頁4236。
〔註109〕《叢說》卷二・經二，頁4251。
〔註110〕《叢說》卷三・經三，頁4253。
〔註111〕《叢說》卷三・經三，頁4254。
〔註112〕《叢說》卷四・經四，頁4262。

求，但卻堅決反對講學；尤其反對部分在位官員講學。以下摘錄兩條，以見他反對的理由。

> 心性之學，吾輩亦當理，蓋本源之地，理會得明白，則應事方有分曉。然亦只是自家理會，間所有得，即箚記之以貽同志可也。豈有創立門戶，招集無賴之徒，數百爲群，亡棄本業，競事空談，始於一方，則一方如狂；既而一國効之，則一國如狂；至於天下慕而効之，則天下如狂。正所謂處士橫議，惑世誣民，即孔子所誅少正卯，所謂言辨而僞、行僻而堅者，正此類也。其何以能容於聖世耶？〔註113〕

> 莊子比舜爲卷婁，卷婁，羊肉也；以爲舜有羶行，故蚁蟻聚之。今若在外之兩司與郡縣守令，凡士子之升沈，人家之盛衰，胥此焉係，則又豈但如卷婁而已哉？故今兩司郡縣諸公，尤不宜講學。蓋以其聲勢之足以動人，而依倚聲勢之人進也；夫依倚聲勢之人進，則持身守正之士遠矣。尚何怪乎今世士君子之恥言講學哉？〔註114〕

捌、人　物

　　由於何氏喜尋前輩舊事、留心當日時事的習性，《叢說》中保存許多明代中葉重要人物的資料。其中有記載，有評論；而正德以後的人物，大部分爲耳聞目見所得，重要者如江南的顧璘（東橋）、沈周（石田）、唐寅（六如）、文徵明（衡山）、徐霖（髯仙）、楊循吉（南峯）、王寵（雅宜）、金鑾（在衡）；前七子中的康海（對山）、李夢陽的忠實信徒王維楨（槐野）；內閣大學士嚴嵩（介溪）、趙貞吉（大周）；地方性的重要官吏海瑞（剛峯）。其中文徵明的資料超過二十餘條，顧璘、康海、趙貞吉也各有十餘條；這些珍貴的第一手資料，使得《叢說》在明人傳記上，具有一定程度的參考價值。

一、文徵明

　　文徵明是何良俊交往最密的文壇前輩，對於這位蘇州詩文書畫界的大家長，《叢說》中記載許多他日常生活言行中鮮爲人知的細節，以下摘錄一條。

> 衡山精於書畫，尤長於鑒別。凡吳中收藏書畫之家，有以書畫求先生鑒定者，雖贋物，先生必曰：「此眞蹟也。」人問其故，先生曰：「凡買書畫者必有餘之家；此人貧而賣物，或待此以舉火，若因我一言而不成，必

〔註113〕《叢說》卷四‧經四，頁4261。
〔註114〕同註112。

舉家受困矣，我欲取一時之名，而使人舉家受困，我何忍焉。」同時有
假先生之畫求先生題款者，先生即隨手書與之，略無難色。則先生雖不假
位勢，而吳人賴以全活者甚眾。〔註115〕

二、嚴 嵩

自從隆、萬以後，嚴嵩瞞上欺下的「奸相」形象，幾乎已成定論；然而何氏卻
從另一個角度加以評斷。雖然何氏曾受其知遇之恩，但「其謙虛愛才之意曖然可掬」
的真實性，也不容完全抹殺。

> 嚴介溪爲南宗伯，余嘗見之，其謙虛愛才之意曖然可掬。及在政府，
> 但以言語誘人，未曾著實舉行，或者其奪於小相歟？昔秦檜當國，其子秦
> 熺用事，當時稱爲「小相」。大抵骨肉情深，恩能掩義，若不以義自克，
> 能不奪於小相者鮮矣。〔註116〕

三、海 瑞

海瑞在嘉、隆之際，以忠直敢諫、疾惡如仇知名，曾任應天巡撫及南京右僉都
御史。何氏對他的評價是褒貶參半的，一方面稱讚他「不怕死，不要錢，不吐剛茹
柔，眞是錚錚一漢子」；另一方面又批評他「但只是有些風顛，又寡深識，動輒要煞
癲，殊無士大夫之風耳」〔註117〕。他對海瑞在東南大刀闊斧的改革，曾有如下的批
評，雖未必能代表一般人的看法，但以一個士大夫身分，站在關心風俗、顧及民生
的立場所發出的言論，也是值得我們重視的。

> 海剛峯之意無非爲民；爲民，爲朝廷也。然不知天下之最易動而難安
> 者，人心也。刁詐之徒，禁之猶恐不緝，況導之使然耶？今習詐得志，人
> 皆效尤，至於亡棄家業，空里巷而出，數百爲群，闔門要索，要索不遂，
> 肆行劫奪，吾恐更一二年不止，東南之事必有不可言者。幸而海公改任，
> 此風稍息，然人心動搖，迄今未定也。〔註118〕

> 海剛峯愛民，只是養得習惡之人。若善良百姓，雖使之詐人尚然不肯，
> 況肯乘風生事乎？然此風一起，士夫之家，不肯買田，不肯放債，善良之
> 民，坐而待斃，則是愛之實陷之死也。其得謂之善政哉？〔註119〕

〔註115〕《叢說》卷十五‧史十一，頁4360。
〔註116〕《叢說》卷九‧史五，頁4310。
〔註117〕《叢說》卷十三‧史九，頁4338。
〔註118〕《叢說》卷十三‧史九，頁4339。
〔註119〕同註118。

玖、松江文獻

松江府是明代重要的行政區域，一方面，由於它與蘇州府同爲全國賦稅最高的地區；另一方面，它也是孕育人才的淵藪。今日不論是研究「蘇松重賦」問題、「資本主義萌芽」問題、或繪畫史上「南北分宗」問題……等，《叢說》都提供了珍貴的松江文獻。由於風俗、經濟、農田水利諸問題，在前面皆已述及，故本小節僅以松江人物爲範圍略加介紹。就松江人物來說，主要分佈於卷・十六・史十二及卷十七・史十三，內容以明代鄉賢爲主，舉凡政治、詩文、書畫、人品諸方面多所記載。以下以顧清、孫承恩二人爲例。

一、顧　清

顧清（號東江）以侍郎致仕家居，絕足不與外事，專心學作老圃〔註120〕。何氏以姻親後輩，對於他的佚事頗爲留心。如《叢說》曾記載他早年登第時，與同鄉前輩張悅（諡莊簡）的對話：

> 顧東江清於弘治六年以解元會魁登第，李西涯當國甚愛之。時吾鄉張莊簡爲吏部侍郎，東江首往謁之，時尚未考館選，莊簡有意欲留在吏部，語之曰：「我部中缺主事一員，今留汝在我部中亦好。」東江曰：「某是箇書生，但會讀幾句書耳，於政體恐有未諳。」莊簡曰：「汝但能照書本上行，幾曾見錯了。」亦可謂名言。〔註121〕

二、孫承恩

孫承恩（諡文簡）仕至禮部尚書，也是何氏的松江前輩，何氏曾爲他代撰〈送石阡守黃公之任序〉〔註122〕。《叢說》中曾記載他主試時的心情，可見忠厚長者的風範。

> 孫文簡言若不出口，在南京主試時，某亦在場屋中，是年偶下第，後相遇於南都，文簡語余曰：「主司在場屋中，欲求得佳士，甚於士子之求主司，但一時不能知，無可奈何。」言罷，面色通赤。〔註123〕

拾、其　他

《叢說》中除了詩文、書畫、戲曲，及以上各小節的價值外，其餘如〈雜記〉、〈子〉、〈釋道〉、〈求志〉、〈崇訓〉、〈尊生〉、〈娛老〉、〈考文〉、〈續史〉諸卷中，也

〔註120〕《叢說》卷十七・史十三，頁4376。
〔註121〕《叢說》卷十七・史十三，頁4375。
〔註122〕參《何翰林集》卷十，頁372。
〔註123〕《叢說》卷十七・史十三，頁4378。

有部分資料可供參考。以篇幅所限，姑舉數條以爲代表。

嘉、隆年間，在儒釋道三教混同的趨勢下，有所謂「性命雙修」的說法，這種爲考慮現狀，而兼顧出世、入世的調和之說，頗受一般士大夫的歡迎。何氏對此一現象深表不滿；雖然其中含有他的主觀判斷，但也反映出當時部分士大夫的思想概況。

> 昔何次道在瓦官寺禮拜甚勤，阮思曠語之曰：「卿志大宇宙，勇邁終
> 古。」何曰：「卿今日何故忽見推？」阮曰：「我圖數千户郡，尚不可得，
> 卿乃圖作佛，不亦大乎？」今之士大夫皆欲官至卿寺，積財巨萬，然後兼
> 修性命，壽至數百歲，享盡世間之福，臨了又做活佛，其志之大，豈不又
> 萬萬於何次道哉？〔註124〕

何氏曾說：「余好讀古人書，蓋上下二千年之間，凡古人之事，大略已參錯於胸中矣。」
〔註125〕由於具有如此深厚的史學素養，所以他的史論也頗有可觀。

> 太史公作四君與刺客諸傳，獨信陵君、荊軻二傳更覺精采。蓋以信陵
> 事有侯嬴、朱亥，荊軻事則有田光、樊於期、高漸離輩故也。蓋義烈所激
> 自能動人。〔註126〕

> 蓋太史公爲項羽作本紀，非尊之也。夫所謂紀者，即通曆之紀年也，
> 如不立項羽本紀，則秦既滅之後，漢未得天下之先，數年之曆，當屬之何
> 人耶？蓋本紀之立爲通曆，非爲項羽也；共和爲政，紀亦不廢。項既亡秦
> 而立楚懷王，殺義帝，殺卿子冠軍，分王諸侯，皆羽主之，則安得不爲羽
> 立本紀耶？〔註127〕

何氏又說：「余前身或是雕蟲所化」〔註128〕，故有〈考文〉卷之作。楊慎是明代第一博學的學者，他的《丹鉛餘錄》、《談苑醍醐》等考證諸作，都有很好的成績；然而穿鑿之處亦復不少，陳耀文（晦伯）曾有《正楊》一書糾正他的謬誤。〈考文〉卷中約有一半的篇幅，用於評論或糾駁二人之說；其餘尚有一些詩文、記載的考訂。以下引一條爲例。

> 張王屋集《唐雅》，〈徐賢妃詩〉：「井上天桃偷面色，簷前嫩柳覺身輕。」
> 余曰：「覺字定誤，當是學字。蓋天桃尚偷其面色，嫩柳猶學其身輕，始
> 有意味，若覺字則索然矣。」王屋曰：「是」，遂刻作「學」字。〔註129〕

〔註124〕《叢說》卷二十二‧釋道，頁4430
〔註125〕《叢說》卷三十‧求志，頁4500。
〔註126〕同註125。
〔註127〕《叢說》卷三十六‧考文，頁4563。
〔註128〕《叢說》卷三十六‧考文，頁4555。
〔註129〕《叢說》卷三十六‧考文，頁4557。

第四章　何良俊的書畫理論及其他

　　由於長時期的書畫收藏、文衡山的「相與評論」〔註1〕，及蘇州文人畫家的「朋友相觀之益」〔註2〕，何良俊對書畫鑒賞頗有心得，也有一套自己的書畫理論。近年來，學者對所謂的「吳派」畫論較為留意；而何氏也因為與文衡山的密切關係，使得他的畫論成為「吳派」早期畫論的代表作之一，被徵引或批評的機會遠大於昔。本章希望對它的相關問題，能作較廣泛的探討，以進一步掌握何氏的書畫背景，及他的繪畫主張。

第一節　對書畫的態度及其創作

　　由《四友齋書論》及《四友齋畫論》被單獨從《叢說》中摘錄出來，肯定了何良俊的書畫理論已具有某種程度的參考價值。為了進一步了解他的書畫背景，本節即以他的書畫收藏、品評態度、實際創作，及另外一卷有關書畫的著作——《書畫銘心錄》，作一簡介。

壹、書畫收藏

一、書畫收藏的實況

　　收藏書畫，需要有起碼的財力作後盾。何良俊本身的經濟狀況僅稱中上〔註3〕，

〔註1〕 參《叢說》卷二十八・畫一，頁4485。
〔註2〕 參《何翰林集》卷二十八，頁886，〈題《書畫銘心錄》後〉。
〔註3〕 參《何翰林集》卷二十一，頁683，〈與五山兄長書〉，倭寇未來之前，每年田租收入近一千四百石。據《何翰林集》卷二十二，頁702，〈與朱文石書〉，知其南京時期的部分時間生活頗拮据。

因此，在數量上，他無法與項元汴之流的大收藏家相比；但由於長期「傾產不惜」
的購置，也達到了一定的水準。他曾說：

> 一遇眞蹟輒厚貲購之，雖傾產不惜。故家業日就貧薄，而所藏古人之
> 蹟亦已富矣。〔註4〕

當他任職南京時，在〈春日思歸〉詩中，曾透露他所收藏的書畫數量：

> 名畫百籤，古今名人墨帖數十本。〔註5〕

法書方面，他在晚年時說：

> 余家法書，如楊少師、蘇長公、黃山谷、陸放翁、范石湖、蘇養直、
> 元趙松雪之跡，亦不下數十種。然余非若收藏好事之家，蓋欲眞有所得也。
> 今老目昏花，已不能加臨池之功，故法書皆已棄去。〔註6〕

在陳繼儒的《書畫史》中曾記有何氏的書法收藏，應是在「法書皆已棄去」之後所
記，或許即是何氏歿後的實際登錄也未可知；摘錄如下。

> 無宋人墨蹟，惟松雪手簡一卷；又絹寫〈陳情表〉，字徑寸法李北海。
>
> 〔註7〕

就圖畫的實際收藏內容而言，他晚年只以趙集賢、高房山、元四大家及沈石田數人
爲主〔註8〕，而對於各家圖畫的實際收藏數量，在陳繼儒的《書畫史》中有如下的
記載：

> 雲間何元朗所藏盡元人子久、仲圭、元鎭、方壺諸作合五十餘。內元
> 鎭至二十四幅，獨叔明僅一幅爾；大抵越、吳叔明眞山水甚少，……何元
> 朗藏沈啓南至三十餘幅。……其所藏宋人僅有〈謝靈運出浴圖〉，而絹已
> 黑矣，亦無畫者名款。〔註9〕

除了本章所討論的書、畫三卷之外，《叢說》中有關何氏書畫收藏或割捨的零星記載
亦頗多，茲不贅錄。

二、對書畫收藏的熱衷

在何氏的眾多書畫收藏中，似乎以趙孟頫的小楷〈大洞玉經〉最爲他所珍愛，《何
翰林集》中，有詩及小序記載此事：

〔註4〕《叢說》卷二十八・畫一，頁4485。
〔註5〕《何翰林集》卷二，頁105。
〔註6〕同註4。
〔註7〕《古今圖書集成》・博物彙編・藝術典・第七百六十二卷，書部彙考十四・明陳繼儒
《書畫史》，第四八四冊，頁9。
〔註8〕同註4。
〔註9〕同註7。

余得趙松雪小楷〈大洞玉經〉，珍愛殊絕，……

嗟余意度眞奇絕，一頃山田換墨皇。……〔註10〕

而《叢說》中，對此事有更詳細的說明：

余家有松雪小楷〈大洞玉經〉，……圓勻遒媚，眞可與〈黃庭〉並觀，

余常呼爲墨皇；每移至衡山齋中，即竟日展翫。在南京因橐中空乏，有人

以重貲購去，至今時在夢寐也。〔註11〕

此外，何氏於南京翰林院孔目考滿南歸後，曾高興的說：

然予此行得倪雲林〈浦城春色〉、趙丹林〈崆峒秋曉〉以歸，則四友

齋中又添二佳客矣。縱使予得考最，擢從九品下一秩，亦安得如此之快

哉。〔註12〕

興奮之情溢於言表，早已將考績的高低拋入九霄雲外；由上可見他對書畫收藏的熱
衷及珍愛的程度。

三、書畫收藏的目的

不惜鉅資高價收購名家書畫，這是當時文人雅士的風氣；而富商巨賈的附庸
風雅，推波助瀾，更間接促使書畫界的發達。何良俊雖然喜好書畫，卻不同於流
俗，他說：

余小時即好書畫，以爲此皆古高人勝士，其風神之所寓，使我日得與

之接，正黃山谷所謂能撲面上三斗俗塵者也。……然余非若收藏好事之

家，蓋欲眞有所得也。……正恐筋力衰憊，不能遍歷名山，日懸一幅於堂

中，擇溪山深邃之處，神往其間，亦宗少文臥遊之意也。……（僅取數家）

蓋惟取其韻耳。〔註13〕

「蓋欲眞有所得也」、「亦宗少文臥遊之意也」、「蓋惟取其韻耳」，說明了何氏書畫收
藏的目的所在。

貳、書畫品評

雖然何良俊曾被評爲「吳派本位主義的畫論家」〔註14〕，但他卻不曾自覺已牽
涉入宗派的紛爭中，或許是「只緣身在此山中」吧！相反的，從〈題《書畫銘心錄》

〔註10〕《何翰林集》卷七，頁267。

〔註11〕《叢說》卷二十七·書，頁4475。

〔註12〕同註2。

〔註13〕同註4。

〔註14〕葛婉華《謝時臣研究》，頁76。

後〉一文中，可看出他是用健康而純正、客觀而公正的態度去品評書畫，表現出絕佳的藝術欣賞者的風度，他說：

> 夫宇宙間物流傳亦自不少，豈必盡藏篋笥耶？但得常遇鑒賞之家，掃閣焚香，盡出所有，相與評校眞贗；得遇精品，則摩挲愛玩，眞若神遊其間；苟未必佳，亦須隨處指摘出其疵纇，不矜長，不匿短，則意見常新，而藻鑒亦觸處皆長，此意予觀三吳人自衡山而下，惟華補菴近之；蓋由其素與衡山父子遊處，漸摩既久，不覺自化，迺知朋友相觀之益不虛也。〔註15〕

何氏既有「不矜長，不匿短」的藝術修養，又多得蘇州友人的「朋友相觀之益」，因此他的書畫作品及鑒賞能力，都在潛移默化中提昇本少，這也是他完成書畫理論的重要基礎。

參、《書畫銘心錄》

《書畫銘心錄》作於嘉靖三十六年正月，是何良俊任職南京翰林院孔目考滿南歸後的著作。其中記載並品評他南京、北京兩地往返，兩個多月內所見的書畫。《何翰林集》內，保有他〈題《書畫銘心錄》前〉、〈題《書畫銘心錄》後〉兩篇文章〔註16〕，對於《書畫銘心錄》完成的背景，提供了簡要的說明。

其中有關書的本文，收錄在《古今圖書集成・理學彙編・字學典》第七十五卷，法帖部彙考十六〔註17〕，及《佩文齋書畫譜》卷九十三，歷代鑒賞・書〔註18〕。二書的文字相同，卻更動了何氏前、後二篇序文的字句；由於摘錄者未曾詳讀，其中疏略謬誤之處不少，如將原文的「考滿南歸」改爲「老病南歸」；又將「余以十月十八日癸卯發京邸（指北京），至十二月廿二日丁未還都（指南京）」誤爲「余以三月十八日癸卯行，至二十二日丁未得還京邸」，時間、地點都錯得離譜。其餘字句更動尚多，茲不備述。

有關畫的本文，則收錄在《古今圖書集成・博物彙編・藝術典》第七百六十二卷，書畫彙考十四〔註19〕；及《佩文齋書畫譜》卷九十八，歷代鑒賞・畫五〔註20〕。二書文字相同，但《古今圖書集成》者，多摘錄《叢說》畫論中〈論白描畫〉一條。

〔註15〕同註2。
〔註16〕《何翰林集》卷二十八，頁885、886。
〔註17〕見該卷頁10。
〔註18〕《佩文齋書畫譜》頁2282。
〔註19〕見該卷頁6。
〔註20〕《佩文齋書畫譜》頁2048。

本部與書部尚有一共同錯誤，即將「張明崖（張景賢）」誤爲「張州崖」。

余紹宋的《書畫書錄解題》在評介《書畫銘心錄》時說：

> 偽託都穆《鐵網珊瑚》之第六卷中，《四庫》謂其即此書，見〈《寓意編》提要〉，附錄在偽託類《鐵網珊瑚》條下。但未知其是否完帙，故仍列於此。《佩文齋書畫譜》・歷代畫鑑中所徵引，亦疑非全文。〔註21〕

考《四庫全書總目提要》於〈《寓意編》一卷〉下評曰：

> （都穆有《鐵網珊瑚》二十卷）其第五、第六兩卷題曰寓意上、寓意下。……下卷之末併載何良俊《書畫銘心錄》。……〔註22〕

今偽託都穆的二十卷本《鐵網珊瑚》筆者未見，故內容是否與《古今圖書集成》及《佩文齋書畫譜》所引者相同，則不得而知。

肆、實際的書畫創作

何良俊本人不以書畫名。他實際的書畫創作在《佩文齋書畫譜》、《故宮書畫錄》、《石渠寶笈》內都沒有記載。就筆者所見，著錄中唯一可以考見何氏書畫的是，《式古堂書畫彙考》・書考綱・卷二十六，所收錄的〈何元朗春中東歸札 行草書紙本〉〔註23〕，其前的目錄尚有何氏兄弟的簡介〔註24〕。〈春中東歸札〉乃何氏致董宜陽的書信；由於《式古堂書畫彙考》僅抄錄原文，因此仍無法見到何氏的書法。至於何氏實際的書法，只有《四友齋叢說》初刻本的自序，及他爲張之象所作的〈《剪綵集》序〉，其中筆法頗爲純熟，在書法上的造詣究竟如何，只有留待書家來評定了。

明徐沁《明畫錄》中，收錄頗多明代畫家的資料，其中也有何氏之名，他說：

> 何良俊……寫山水行筆清逸，而復工於賞鑑，有《書畫銘心錄》行世，其眞蹟亦不多見矣。〔註25〕

除何氏本身著作外，此一記載或許是目前有關何氏實際繪畫的唯一資料，《中國美術家人名辭典》、《中國歷代書畫篆刻家字號索引》，及其他的畫學相關資料，皆是引用此條。

雖然《明畫錄》記載何氏「寫山水行筆清逸」，但在他所有的著作中，找不到曾畫山水畫的記載；卻有數首題自畫詩，如〈題自畫竹石寄陸五湖（陸師道）〉、〈題自

〔註21〕《書畫書錄解題》卷十一，頁17。
〔註22〕《四庫全書總目提要》卷一百十二，子部・藝術類一，頁3～441。
〔註23〕《式古堂書畫彙考》頁455。
〔註24〕《式古堂書畫彙考》頁80。
〔註25〕《明畫錄》頁1160。

畫竹枝〉。除陸五湖外，從他的數首題畫詩，可以看出他與後世所謂「吳派」畫家的密切交往，如〈題陸叔平（陸治）畫茉莉秋海棠扇面〉、〈題文五峯（文伯仁）山水障子〉等〔註26〕。陸師道、陸治、文伯仁都是當時「吳派」的佼佼者；可見何氏與「吳派」的交情絕非泛泛。在長期潛移默化下，他的畫論深染「吳派」思想，自屬必然現象。

　　既然繪畫方面沒有留下實際的作品，我們只有大致推測他的畫風應不脫「吳派」文人畫的風格。不論畫的山水，或是竹石、竹枝，大多僅是個人怡情養性的小幅寫意之作；至於實際畫藝究竟如何，只有從闕了。

第二節　《四友齋叢說》的書論

　　何良俊的書法理論，主要見於《叢說》卷二十七·書；本卷早經單獨輯出，亦即一般學者所知的《四友齋書論》；常見的版本爲藝文印書館所編的《美術叢刊》三集第三輯。其中僅五十餘條，雜錄楊升菴、蘇東坡、黃庭堅三人的書論頗多；其餘或敘書法源流，或評歷代書家，或記所見、所藏，或述書壇近況，並無完整的體例。以下將卷中諸條做一簡單歸納。

一、書家正脈

　　與詩文論、畫論相同，何氏論書家也標明正脈；一方面著重書法的傳承，另一方面也指引後學臨摹學習的正確途徑。張光賓的《中華書法史》，曾引用前人對《四友齋書論》的評語說：「其持論以王羲之、趙孟頫爲正傳，嘗謂右軍後惟松雪集大成，松雪後則推重文徵明。」〔註27〕的確簡要的掌握住何氏所謂的「書家正脈」。

　　　　自唐以前，集書法之大成者，王右軍也。自唐以後，集書法之大成者，趙集賢也。蓋其於篆、隸、眞、草無不臻妙。如眞書大者法智永，小楷法〈黃庭經〉，書碑記師李北海，牋啓則師二王，皆咄咄逼眞；而數者之中，惟牋啓爲尤妙。蓋二王之蹟見於諸帖者，惟簡札最多，松雪朝夕臨摹，蓋已冥會神契；故不但書跡之同，雖行款亦皆酷似，乃知二王之後便有松雪，其論蓋不虛也。

　　　　宋時惟蔡忠惠、米南宮用晉法，亦只是具體而微。直至元時，有趙集賢出，始盡右軍之妙，而得晉人之正脈；故世之評其書者，以爲上下五百

〔註26〕以上諸詩皆見《何翰林集》。
〔註27〕《中華書法史》頁243。

年，縱橫一萬里，舉無此書。又曰：「自右軍以後，唐人得其形似而不得
其神韻，米南宮得其神韻而不得其形似，兼形似、神韻而得之者，惟趙子
昂一人而已。」此可爲書家定論。

至衡山出，其隸書專宗梁鵠，小楷師〈黃庭經〉，爲余書《語林》序〉
全學〈聖教序〉；又有其〈蘭亭圖上書蘭亭序〉，又咄咄逼右軍。乃知自趙
集賢後，集書家之大成者衡山也。

二、對非正脈書家的態度

何氏對於非正脈的書家，並未採取完全排斥的態度；但在言語間，說明了僅止
於欣賞而不可臨摹的評價。

元人中余最喜張貞居……之書，蓋貞居師李北海，間學素師，雖非正
脈，然自有一種風氣。

（國初之後）如吾松張東海，姑蘇劉廷美、徐天全、李范菴、祝枝山，
南都金山農、徐九峯，皆以書名家，然非正脈。

三、書品與人品相通

自從柳公權倡「心正則筆正」之說後，歷代書論家對於書家人品的要求即日漸嚴
格，多以爲書品與人品相通；由於何氏特別推崇高潔的人品，所以他對於筆法清逸的
書家最具好感。值得注意的是，元代書家他最喜愛張貞居、倪雲林二人；而元代詩人，
他也「獨取張外史（即張貞居）、倪雲林二人之詩」〔註28〕；此外，於畫論中對倪雲
林的「逸氣」也稱頌不已〔註29〕；由此可見他詩書畫三者一貫的品評標準。同理，明
代的王寵，也因爲「人品高曠」，「故神韻超逸」，而成爲文徵明以後的第一人。

元人中余最喜張貞居、倪雲林二人之書。蓋貞居師李北海，間學素師，
雖非正脈，然自有一種風氣；雲林師大令，無一點俗塵。

衡山之後，書法當以王雅宜爲第一，蓋其書本於大令，兼之人品高曠，
故神韻超逸，迥出諸人之上。

四、晉法之變

晉代王羲之集書家大成，其子獻之稍變父法，幾乎可與他分庭抗禮，二人可稱
書家正脈的源頭。此後書家大率祖尚二王；至唐代大家輩出，何氏評爲「皆有聖人
之一體」，然而派別既分，則「晉法稍變」、「去晉法漸遠」。

自衛伯玉父子擅行草之妙，其後王右軍得法於衛夫人，遂集書家之大

〔註28〕《叢說》卷二十五·詩二，頁4459。
〔註29〕參《叢說》卷二十九·畫二，頁4495。

成。至其子大令與右軍抗行，所謂翩翩欲度驊騮前也。此外，如庾征西、王世將、王領軍，至宋世蕭子雲以及僧智永，大率宗尚右軍，皆晉法也。至唐則各自成家，區分派別，而晉法稍變矣。

唐人書，歐陽率更得右軍之骨，虞永興得其膚澤，褚河南得其筋，李北海得其肉，顏魯公得其力，此即所謂皆有聖人之一體者也。其後徐季海則師褚河南，張從申則宗李北海，柳公權則規模顏魯公，而去晉法漸遠矣。

五、最愛顏魯公書

何氏以爲「蓋自大令以下、趙集賢以上，八百年間唯可容蕭子雲、顏魯公二人」，而顏魯公的「奇古遒逸」及「嶮勁」，又在蕭子雲之上，所以他說：「余最愛顏魯公書。」

顏魯公小字〈麻姑仙壇記〉，此正東坡所謂小字寬綽而有餘者也。蓋自大令以下、趙集賢以上，八百年間唯可容蕭子雲、顏魯公二人，覺〈仙壇記〉奇古遒逸，實過蕭子雲。

余最愛顏魯公書，多方購之，後亦得其數種。如〈元魯山碑〉，乃李華撰文，魯公書丹，李陽泳篆額，世所稱三絕者是也。……〈多寶塔〉正所謂最下最傳者，蓋魯公書妙在嶮勁，而此書太整齊，失之板耳。

六、評宋代書家

蘇、黃、米、蔡是宋代的四大書家，何氏以爲米、蔡二人尙存晉法，但具體而微〔註30〕；至於蘇、黃則別有所承。其中米芾雖稍具晉法，但「如豐肌美婦」，「所乏者骨氣耳」。

宋人惟蔡忠惠、米南宮，晉法也。若蘇長公則從褚河南、徐季海來；黃山谷專學顏魯公、蘇長公，世評其書寫「純綿裹鐵」。若方之徐，則蘇有神韻；山谷較之顏，覺力稍不逮。

山谷云：「嘗評米元章書，如快劍斫陣，強弩射千里，所當穿徹；書家筆勢亦窮於此，然似仲由未見孔子時風氣耳。」余謂元章過於姿媚，如豐肌美婦，神采照人，所乏者骨氣耳。而山谷比之仲由，此不可曉也。

七、評元明書家

除了元代的趙孟頫、張貞居、倪雲林，及現代的文徵明、王寵之外，何氏對元明的書家也有評論。如元代的康里子山、明初的「三宋二沈」、何氏的松江前輩、祝枝山等。

〔註30〕同卷，頁4476。

元人自松雪而下，世稱鮮于困學書，然頗有俗氣；鄧善之亦是晉法，但欠熟圓；唯康里子山書從大令來，旁及米南宮，工夫亦到，其神韻似可愛。

三宋者，宋克、宋廣、宋璲也。……廣字昌裔，松江人，書學素師，兼善行草，亦入能品。……（璲）其書宗康里子山，亦可稱入室者。

國初諸公儻有善書者，但非法書家耳。其中惟吾松二沈，聲譽籍甚，受累朝恩寵。然大沈正書倣陳谷陽，而失之於軟。沈民望草書學素師，而筆力欠勁；章草宗宋克，而乏古意。

枝山小楷亦臻妙，其餘諸種雖備，然無晉法，且非正鋒，不逮衡山遠甚。

八、書家之最難者

何氏推李斯小篆「盡去皮肉而筋骨獨存」，是「書家之最難者」。並對此後歷代書家的骨、肉問題作一評論。

書家自史籀之後，即推李斯小篆，觀諸山刻石，皆大書而作細筆，勁挺圓潤，蓋盡去皮肉而筋骨獨存，此書家之最難者也。……南唐徐鼎臣始為玉筋，骨肉勻圓，可謂盡善。

九、評諸體書家

何氏除了對各時代的書家有所評論之外，也對書法諸體的歷代傳承有簡單敘述，如篆、隸、八分、真、行草等，姑以隸、正為例，以見一斑。

隸書當以梁鵠為第一，……蓋承中郎之後，去篆而純用隸法，是即隸書之祖也。……（至元代）而吾松陳文東為最工，至衡山先生出，遂迥出諸人之上矣。近時有徐芳遠，亦寫隸書，其源出於朱協極，此是一種惡札也。

正書祖鍾太傅，用筆最古。至右軍稍變道媚，如〈黃庭經〉、〈樂毅論〉皆神筆也。此後歷唐宋絕無繼者，惟趙松雪與文衡山，小楷直追右軍，遂與之抗行矣。

十、唐以後無好石刻

唐以後無好石刻，何氏對此一現象頗感疑惑得說：「此不知何理？」他的小友莫是龍在《筆塵》中曾有所解答〔註31〕，但《筆塵》成書時，何氏或已歿去，是否能解其疑惑則不得而知。

〔註31〕參《筆塵》頁201。

自唐以後，宋元人無一好石刻，雖蘇黃諸刻，亦不見有佳者。趙集賢
學李北海書，未入石者皆咄咄逼眞，可謂妙絕，但一入石，便乏古意，此
不知何理？

十一、多引蘇東坡、黃山谷、楊升菴書論

何良俊頗喜愛蘇東坡、黃山谷、楊升菴的言論，引用的情形不僅見於書論，也
散見於《叢說》各卷中。筆者曾大略翻檢原書，發現何氏所引用的蘇、黃二人書論，
亦有見於楊升菴諸書者，不知是否爲何氏轉錄自楊書，或是何氏於蘇、黃二人書中
有得於心者，想必二者兼具，即所謂「英雄所見略同」吧！以下將三人的書論各引
一條。

東坡論書曰：「大字難於結密而無間，小字難於寬綽而有餘。」〔註32〕

山谷言：「右軍筆法，如孟子言性、莊周談自然，縱說橫說，無不如
意，非復可以常理待之。」〔註33〕

（楊升菴言）郝俊川論書云：「太嚴則傷意，太放則傷法。」又云：
「心正則氣定，氣定則腕活，腕活則筆端，筆端則墨注，墨注則神凝，
神凝則象滋，無意而皆意，不法而皆法。」元人評書畫，皆精當遠過宋
人。〔註34〕

此外，如記近人各處翻刻法帖；獨愛宋搨唐人碑；以董中峯家永師千文，爲平生所
見法書中第一；皆有助於我們對明代書壇的了解。

第三節 《四友齋叢說》的畫論

何良俊的繪畫理論，主要見於《叢說》卷二十八、二十九的畫一、畫二，亦即
學者所熟知的《四友齋畫論》；常見的版本爲藝文印書館所編的《美術叢刊》三集第
三輯。民國以來，早期的畫論家對《四友齋畫論》的評價都不太高，如余紹宋《書
畫書錄解題》評它「雜采前人緒論附以己意，所論亦多習見語，無甚發明。」〔註35〕
俞崐《中國繪畫史》的評論也大致相似〔註36〕。近十餘年來，或許是學者對吳派、
浙派初、中期畫風較留心的關係，何良俊其人其書的重要性，似乎在短時間內提昇

〔註32〕《升菴外集》卷八七，頁3232，楊升菴將此條列爲山谷語，不知孰是，待考。
〔註33〕《豫章黃先生文集》卷二八，頁313。
〔註34〕《丹鉛續錄》卷八，頁104；《升菴外集》卷八八，頁3275；《升菴詩話》頁763。
〔註35〕余紹宋《書畫書錄解題》卷三，頁21。
〔註36〕俞崐《中國繪畫史》頁368。

許多。如葛婉華稱他為「吳派本位主義的畫論家何良俊」〔註 37〕、「建立蘇州文人畫家品評標準的何良俊」〔註 38〕，顏娟瑛說：「他的書論、畫論隱然為董其昌理論的雛形。」〔註 39〕陳芳妹說：「此書問世無寧說是文徵明所代表的蘇州品評系統之建立。」〔註 40〕姑不論這些評語是褒是貶，但它有助於學術研究的客觀價值，卻是可以肯定的。

壹、卷二十八・畫一

本卷主要以歷代畫論及何氏的「一得之見」為主。

一、品味及素養

本章第一節中，曾就何氏的書畫收藏及品評的態度，有一概略了解。何氏於本卷卷首，則將自身對繪畫鑒賞的素養，及對數家畫風的偏好，作一簡單介紹。值得注意的是，何氏所收藏的數家書畫，正是文徵明所說的，以韻勝而品格在宋人之上的諸家〔註 41〕。

> 余小時即好書畫，……而所藏古人之跡亦已富矣。然性復相近，加以篤好，又得衡山先生相與評論，故亦頗能鑒別，雖不敢自謂神解，亦庶幾十不失二矣。……然亦只是趙集賢、高房山、元人四大家，及沈石田數人而已，蓋惟取其韻耳。

二、繪畫的功教

除了山水畫可使人「神往其間」，具有審美怡情作用之外，古代繪畫尚有多重功效；如《三禮圖考》，能備「按圖製造，可無舛錯」；《宣和博古圖》，可使「三代典型得傳於世」；顧愷之的〈孝經圖〉、閻立本的〈職貢圖〉等，皆「關於政理」、「裨於風教」。

> 古五經皆有圖，余又見有《三禮圖考》一書，蓋車輿、冠冕、章服、……之類，皆朝廷典章所係，後世但照書本言語想象為之，豈得盡是。若有圖本，則儀式具在，按圖製造，可無舛錯。則知畫之所關，蓋甚大矣。

> 古人之畫，如顧愷之作〈孝經圖〉、〈列女圖〉，閻立本作〈職貢圖〉，……歷代帝王象、歷代名臣象諸畫，豈可謂之全無關於政理、無裨於世教耶？

〔註 37〕葛婉華《謝時臣研究》頁 77。
〔註 38〕葛婉華《謝時臣研究》頁 78。
〔註 39〕顏娟瑛《藍瑛與仿古繪畫》頁 29。
〔註 40〕陳芳妹《戴進研究》頁 93。
〔註 41〕參《叢說》卷二十九・畫二，頁 4493。

董逌《廣川畫跋》蓋不甚評畫之高下，但論古今之章程儀式，可謂極
備。若天子欲議禮、制度、考文，則此書恐不可缺。

《宣和博古圖》所載鐘鼎、彝卣、卮匜、……之屬，極爲詳備，其大
小尺寸、容受升合，與夫花紋款識，無不畢具，三代典刑所以得傳於世者，
猶賴此書之存也。

三、畫理與哲理相通

天下至理本相通，何氏以爲「氣韻必在生知」，「不知然而然」；又將古人論用筆
得失之語，比擬爲「《莊子》輪扁斲輪語」，可見畫理與哲理的相通。

古人論畫，有六法，有三病。蓋六法，即氣韻生動六者是也；而三病，
則曰板、曰刻、曰結。又以爲骨法用筆以下五者可學，如其氣韻必在生知，
固不可以巧密得，復不可以歲月到，默契神會，不知然而然。其論用筆得
失曰：「凡氣韻本乎遊心，神采生於用筆，意在筆先，筆周意内，筆盡意
在，像應神全，夫内自足，然後神閒意定，則思不竭，而神不困也。」此
段雖只論畫，頗似《莊子》輪扁斲輪語。

四、畫忌形貌采章歷歷具足

板、刻、結是繪畫的三病；而形貌采章歷歷具足，往往由於「謹細巧密」而「近
於三病」。由何氏此論，可見他崇文人寫意而較排斥工筆畫的傾向。

論畫者又云：「夫畫特忌形貌采章，歷歷具足，甚謹甚細，而外露巧
密。」夫謹細巧密，世孰不謂之爲工耶？然深於畫者，蓋不之取，正以其
近於三病也。

五、山水畫的優點

山水的清幽象徵人品的高潔，因此歷代文人畫家多以山水作爲繪畫的素材，何
氏以爲山水畫不但可供臥遊，也遠勝於古人的「遊名山記」。

昔宗少文嘗云：「老疾俱至，名山恐難偏歷，凡五嶽名山皆圖之於室。」
曰：「惟當澄懷觀道，臥以遊之。」又曰：「學琴動操，欲令眾山皆響。」
必如此然後可以言知畫，然世豈復有此等人哉？

余觀古之登山者，皆有遊名山記，……然於語言文字之間，使人想象，
終不得其面目。不若圖之繢素，則其山水之幽深，烟雲之吞吐，一舉目皆
在，而吾得以神遊其間，顧不勝於文章萬萬耶？

六、世人好畫者之弊

書畫收藏需要資本，富商大賈及鄉紳官宦都具備了這個條件；在附庸風雅的心態下，此輩家中往往皆有數十百幅，何氏認為其中真知畫者少之又少。此外，他所說的：「山頭要博換，樹枝要圓潤，……」等，雖是較抽象的繪畫用語，但或許與吳派畫風有關，可供學者參考。

> 世人家多資力，加以好事，聞好古之家亦曾畜畫，遂買數十幅於家，客至，懸之中堂，誇以為觀美，今之所稱好畫者，皆此輩耳。其有能稍辨真贗，知山頭要博換，樹枝要圓潤，石作三面，路分兩歧，皴綽有血脈，染渲有變幻，能知得此者，蓋已千百中或四五人而已。必欲如宗少文之澄懷觀道，而神遊其中者，蓋曠百劫而未見一人者歟。

七、漢人畫

何氏自言家中藏有漢人畫，余紹宋《書畫書錄經題》曾評「其中記漢人車螫畫一則，為他書所未及；雖屬異聞，恐未可信。」〔註42〕今考古出土文物日漸豐富，「為他書所未及」的何氏之說或可證實。在自豪之餘，他更由此悟得畫法由簡入繁的必經過程，認為「善鑒者可以望而知其年代之先後矣」，將畫風與時代緊密的結合在一起。此外，漢畫雖用筆甚拙，但「藏巧於拙」，也正是後世所不能及者。

> 今人皆稱顧陸之筆，然此特晉宋間人耳，余家乃有漢人畫，此世之所未見，亦世之所未知者也。其畫非縑非褚，乃畫於車螫殼上。……聞彼處（山東）盜墓人，每發一墓，則其中不下有數十石，其畫皆作人物，如今之春畫，間有幹男色者。……夫車螫者，蜃也，……則知古帝王墓中皆用之，蓋置於柩之四旁，以防狐兔穿穴，其畫春情，亦似厭勝，恐蛟龍侵犯之也。

> 余見車螫上所畫，謂是漢人之蹟，且云其畫法甚拙，顧陸尚有其遺意，至唐則漸入於巧矣。後見王應麟言：「曾子固跋〈西狹頌〉，謂所畫龍鹿承露人、嘉禾連理之木，漢畫始見於今。……乃知顧愷之、陸探微、宗處士輩，尚有其遺法：至吳道玄絕藝入神，始用巧思，而古意稍減矣。」觀此則畫家相沿，一定而不易，善鑒者可以望而知其年代之先後矣。

> 楊升菴云：「按王象之《輿地紀勝碑目》，載夔州臨江市丁房雙闕，高二丈餘，上為層觀飛簷車馬人物，又刻雙扉，其一扉微啓，有美人出半面而立，巧妙動人。……」然謂美人但出半面即能動人，孰謂漢人之畫專於拙邪？蓋藏巧於拙，此其所以非後世所能及也。

〔註42〕同註35。

八、畫人物今不如古，畫山水古不如今

何氏不但將畫風與時代緊密結合，並以五代爲轉捩點，認爲人物畫以五代之前較好，山水畫則以五代之後爲佳，「此一定之論也」。

> 昔人之評畫者，謂畫人物則今不如古，畫山水則古不如今，此一定之論也。蓋自五代以後，不見有顧虎頭、陸探微、張僧繇、吳道玄、閻立本；五代以前，不見有關仝、荊浩、李成、范寬、董北苑、僧巨然。

九、評宋初以後畫人物者

宋初以後，由於繪畫的重心已由人物轉入山水，因此人物畫的高手已不可多得；而明代自「無得而議」的戴文進（戴進）之後，杜樨居（杜菫），吳小仙（吳偉）二大家的人物畫皆已亡佚古法、古意，不能上繼古人。

> 宋初，承五代之後，工畫人物者甚多，此後則漸工山水，而畫人物者漸少矣。故畫人物者可數而盡，神宗朝有李龍眠，高宗朝有馬和之、馬遠，元有趙松雪、錢舜舉，吾松張梅巖尊老亦佳，我朝有戴文進，此皆可以並駕古人，無得而議者。其次如杜樨居、吳小仙皆畫人物，然杜則傷於秀媚而乏古意，吳用寫法而描法亡矣。

十、南宋院體諸人少韻

如前所述，何氏之所以收藏趙集賢、高房山、元四大家及沈石田諸人之畫，「蓋惟取其韻耳」。「韻」既是何氏品評繪畫的重要標準，對於「少韻」的南宋院體諸人，評價自然不高。

> 畫之品格，亦只是以時而降，其所謂少韻者，蓋指南宋院體諸人而言；若李范董巨，安得以此少之哉？

此外，如列舉古人可供「考索辨博」的書畫論；雜錄蘇東坡、黃山谷、楊升菴諸人畫論；論五種評畫的等第；評顧虎頭的〈女史箴〉；記馬遠的人物畫等，皆有其參考價值。

貳、卷二十九・畫二

本卷主要以何氏評元明畫家，及記元明畫壇掌故爲主，重要性遠較前卷爲高。《四友齋叢說摘抄》所摘抄的二十條畫論，完全出於本卷；而歷來徵引《四友書畫論》者，也多在此找材料；原因無他，前卷多爲何氏翻檢歷代畫論的讀後心得，本卷則較多不依傍前人的實際評論。其實此中較常爲人所徵引的資料不及十條，但由於何氏長期與文徵明相與評論書畫，學者往往將他的畫論視爲吳派早期畫論的代表作；

因此，其中的隻字片語，或許即是提供線索的蛛絲馬跡。

一、畫壇正脈

由於「畫家各有傳派，不相混淆」，而入門時的格調高低，往往影響畫家終身的成就，因此何氏便竭力標榜「正脈」，指引初學者正確的門徑，「後之作畫者能宗此數家，便是正脈。」所謂山水畫的正脈，必須「筆力、神韻兼備」；元代諸大家，不但「恥仕胡元，隱居求志」，具備高潔的人品；而且「日徜徉於山水之間，故深得其情狀」，能夠確實掌握山水的特性；更重要的是，「且從荊、關、董、巨中來，其傳派又正」，他們在筆力、神韻兼備的情況下，成就自然遠超過前代。至於非正脈的畫家，如南宋的馬遠、夏圭，雖然「亦是高手」，但由於出身不正，終究僅能獲得「只是院體」的評價。此外，何氏對於鐵線描、蘭葉描二派的區分，在清代典籍中也數度被徵引。

> 元人之畫，遠出南宋諸人之上；文衡山評趙集賢之畫，以為唐人品格；倪雲林亦以高尚書與石室先生、東坡居士並論；蓋二公神韻最高，能洗去南宋院體之習。其次則以黃子久、王叔明、倪雲林、吳仲圭為四大家，蓋子久、叔明、仲圭、皆宗董巨，而雲林專學荊關；黃之蒼古，倪之簡遠，王之秀潤，吳之深遠，四家之畫，其經營位置、氣韻生動無不畢具，即所謂六法兼備者也。此外，如陳惟允、趙善長、馬文璧、陸天遊、徐幼文諸人，其韻亦勝；蓋因此輩皆高人，恥仕胡元，隱居求志，日徜徉於山水之間，故深得其情狀，且從荊、關、董、巨中來，其傳派又正，則安得不遠出前代之上耶？乃知昔人所言，一須人品高，二要師法古，蓋不虛也。

> 夫畫家各有傳派，不相混淆。如人物，其白描有二種，趙松雪出於李龍眠，李龍眠出於顧愷之，此所謂鐵線描；馬和之、馬遠則出於吳道子，此所謂蘭葉描也，其法固自不同。畫山水亦有數家，關仝、荊浩其一家也，董源、僧巨然其一家也，李成、范寬其一家也，至李唐又一家也，此數家筆力神韻兼備，後之作畫者能宗此數家，便是正脈。若南宋馬遠、夏圭亦是高手，馬人物最勝，其樹石行筆甚道勁，夏圭善用焦墨，是畫家特出者，然只是院體。

二、行家、利家之分

行、利之辨，是明代繪畫史上的重要課題，民國以來，有多篇文章論及此一問題。大略說來，行家是指專業的、職業的，利家則是指業餘的。本卷中雖僅有三條

資料，但啓功卻給予「所言最爲明晰」的評價〔註43〕。何氏先將明代最重要的畫家
劃分爲行、利兩類；其中戴文進（戴進）是行家第一，「乃院體中第一手」，但「限
於人品」，終不能行而兼利；而利家中的文衡山，在具備了高超的專業水準後，則成
爲「蓋利而未嘗不行者也」。此外，何氏評沈石田學倪雲林之畫「但比雲林覺太行耳」，
也表示出他對專業氣息過重作品的評價。

> 我朝善畫者甚多，若行家當以戴文進爲第一，而吳小仙、杜古狂、周
> 東村其次也；利家則以沈石田爲第一，而唐六如、文衡山、陳白陽其次也。
> 戴文進……，山水師馬夏者亦稱合作，乃院體中第一手。

> 衡山本利家，觀其學趙集賢設色與李唐山水小幅皆臻妙，蓋利而未嘗
> 不行者也。戴文進則單是行耳，終不能兼利，此則限於人品也。

> 石田學黃大癡、吳仲圭、王叔明皆逼眞，往往過之，獨學雲林不甚似。
> 余有石田畫一小卷，是學雲林者，後跋尾云：「此卷仿雲林筆意爲之，然
> 雲林以簡，余以繁，夫筆簡而意盡，此其所以難到也。」此卷畫法稍繁，
> 然自是佳品，但比雲林覺太行耳。

三、衡山評畫

　　如前所述，何氏繪畫收藏的範圍，皆與衡山的品味相合。由於這些畫都是「古
之高人興到即著筆塗染」，「故只是單幅」；因此，他對於京師貴人動輒購買大幅畫的
風氣，頗不以爲然。

> 衡山評畫，亦以趙松雪、高房山、元四大家及我朝沈石田之畫，品格
> 在宋人上，正以其韻勝耳。況古之高人興到即著筆塗染，故只是單幅，雖
> 對軸亦少。今京師貴人動輒以數百金買宋人四幅大畫，正山谷所謂以千金
> 購取者，縱眞未必佳，而況未必眞乎？

四、本朝畫院

　　明代宣、憲、孝三帝皆善畫〔註44〕，而畫院中所網羅的畫家，亦皆爲一時精英；
但由於此輩多沿襲南宋院體的畫風，成就終不能與畫院外的文人畫家相較。

> 我朝特設仁智殿以處畫士，一時在院中者，人物則蔣子成，翎毛則隴
> 西之邊景昭，山水則商喜、石銳、……然此輩皆畫家第二流人，但當置之
> 能品耳。

五、評倪雲林

〔註43〕參啓功〈戻家考——談繪畫史上的一個問題〉一文，頁132。
〔註44〕同卷頁4497。

何氏對詩、書、畫三者的評論標準，都以是否具有文人的逸氣、韻味爲重要的因素之一，其中尤以文人畫爲然。他所喜愛的元明畫家，絕大多數爲文人畫家；而倪雲林，似乎是他最欣賞的一個，原因無他，即在於雲林的簡遠〔註45〕而有逸氣。

> 倪雲林〈答張藻仲書〉曰：「……僕之所謂畫者，不過逸筆草草，不求形似，聊以自娛耳。……。」觀雲林此三言，其即所謂自然者耶？故曰：「聊以寫胸中逸氣耳。」今畫者無此逸氣，其何以窺雲林之廊廡耶？

六、評元明諸家

除了倪雲林之外，何氏對於元明諸畫家也有零星的評論，由於涉及吳派的早期畫論，字裏行間所透露出的訊息，都可與爾後的畫論作一比較研究。由於篇幅所限，茲舉三條爲例；其餘相關資料，留待下節詳加介紹。

> 元人又有柯丹丘，……槎芽竹石，全師東坡居士，其大樹枝幹皆以一筆塗抹，不見有痕跡處，蓋逸而不逸，神而不神，盤旋於二者之間，不可得而名，然斷非俗工所能夢見者也。

> 沈石田畫法從董、巨中來，而於元人四大家之畫極意臨摹，皆得其三昧，故其匠意高遠，筆墨清潤，而於染渲之際，元氣淋漓，誠有如所謂詩中有畫、畫中有詩者；昔人謂王維之筆，天機所到，非畫工所能及，余謂石田亦然。

> 周東村，……其畫法宋人，學馬夏者，若與戴靜菴並驅，則互有所長，未知其果孰先也，亦是院體中一高手。

七、畫壇掌故

畫論中所見的畫壇掌故，有摘錄前人之書者，如王叔明「爲小弓夾粉筆張滿彈之，粉落絹上，儼爲飛舞之勢」，此事亦見於都穆的《都公談纂》〔註46〕；亦有當代所見所聞者，如徐髯仙、唐六如事。

> 嘗見徐髯仙家有杜古狂所畫〈雷神〉一幅，人長一尺許，七八人攢在一處，有持巨斧者，有持火把者，有持霹靂砧者，狀貌皆奇古，略無前所謂秀媚之態，蓋奇作也。髯仙每遇端午或七月十五日，則懸之中堂，每詫客曰：「此杜檉居〈輞川圖〉也。」聞唐六如有人求畫，若自己懶於著筆，則倩（周）東村代爲之，容或有此也。

〔註45〕同卷頁4493，「倪之簡遠」。
〔註46〕《都公談纂》頁595。

第四節 《四友齋叢說》畫論的價值及影響

　　莫是龍（西元 1537～西元 1587）〔註47〕、董其昌（西元 1555～西元 1636）、陳繼儒（西元 1558～西元 1639）三人，首先提出中國山水畫「南北分宗」的問題；由於其中《畫說》一書是否確爲莫是龍所作，或是編輯者自董其昌書中摘錄而出，牽涉到誰是提出此說的第一人，因此引起了頗大的辯爭，然而研究畫論者至今似乎仍無定論。其實莫、董、陳三人爲同鄉好友，此一見解的架構，或許是經過大家反覆討論後所產生的共識，三人各自記載入自己書中，我們大可不必強分彼此，更無須認定是誰剽竊或抄襲誰。應該關心的是，爲何這個時代會產生此種見解，是他們平地一聲雷，發千古不傳之秘？或是前有所承，而將原有的雛形更加擴展？由何良俊畫論的漸受重視，部分學者已察覺到，早在他們之前數十年，分宗分派的觀念即已存在；由分宗派到「南北分宗」，只是水到渠成時跨一大步，不論是功是過，都不應僅由他們承擔。

　　文徵明（西元 1470～西元 1559）年長何氏三十六歲；而何氏年長莫是龍三十一歲，年長董其昌四十九歲，他的年輩恰介於文徵明與莫、董之間；文徵明是董其昌所敬重的「吳派」領袖，也是影響何氏書畫評鑒的畫壇前輩，因此，藉著何氏爲橋樑，探討由文到董數十年間畫風、畫論轉變的情形，倒是頗適當的。而討論何氏畫論的價值與影響時，本文所採取的角度，即著重於它與「吳派」畫論的相互關係上。

壹、畫論的價值

　　在今日，何良俊畫論的價值，主要建立於他與「吳派」文徵明以下諸文人畫家的密切交往，這種關係使他有資格成爲他們的代言人；而他的畫論也成爲「吳派」逐漸掌握畫壇優勢後，較早的一本著作。它雖然未構成一套完整的體系，但畢竟不同於零星散見的題跋；當然，這其間牽涉到何氏個人的偏好，但對於「吳派」早期的繪畫理論，仍應具有一定程度的代表性。應該注意的是，在何氏的時代，派系的界限並不如後來明顯；派系間的對立情形，也不如後來嚴重；但在他的畫論中，已稍具日後「吳派」畫論的雛形。

　　我們在莫是龍《畫說》，董其昌《畫旨》、《畫眼》、《畫禪室隨筆》，陳繼儒《妮古錄》各書成書的數十年前，幸運的，能夠找到與他們主張相類似的何良俊畫論，經由兩者的比對，相信可以掌握部分「吳派」畫論逐漸演變、興盛的軌跡；這也正是何氏畫論在今日最大的價值所在。

〔註47〕張慧劍《明清江蘇文人年表》頁 201、340。

一、對浙派的看法

在何良俊的時代，「吳法」、「浙派」兩派的對立情況，並不如明末董其昌以下那麼嚴重。或許在何氏心中，僅有對畫家的個別評價，並未曾刻意對某種畫風作全面性的批判；但他所貶抑的諸畫家中，其中確有不少屬明末所謂的「浙派」；以下針對何氏畫論中相關的記載，摘要說明之。

> 我朝善畫者甚多，若行家當以戴文進爲第一，而吳小仙（吳偉）、杜古狂（杜堇）、周東村（周臣）其次也。……（戴文進之山水）乃院體中第一手。

> （宋初以後）而畫人物者漸少矣，故畫人物者可數而盡，……我朝有戴文進，此皆可以並駕古人，無得而議者。其次如杜檉居（杜堇）、吳小仙皆畫人物，然杜則傷於秀媚而乏古意，吳用寫法而描法亡矣。

由以上兩條可知，何氏對於明末被視爲「浙派」始祖的戴文進，評價甚高；但對於戴文進以下的吳小仙輩，則已頗有微詞，認爲他們亡失了古意、古法。

> 如南京之蔣三松（蔣嵩）、汪孟文（汪質），江西之郭清狂（郭詡），北方之張平山（張路），此等雖用以揩抹，猶懼辱吾之几榻也。

蔣嵩，號三松，善山水、人物，宗吳偉。然行筆粗莽，多越矩度，時與張路等人遊，爲浙派末流，被吳派目爲狂態邪學〔註48〕。

> 汪質，字孟文，山水專師戴進，但用墨太濃〔註49〕。

> 郭詡，號清狂，善山水，又善雜畫，信手作人物，輒有奇趣〔註50〕。

> 張路，字平山，其人物似吳偉，而山水尤有戴進風致〔註51〕。

此四人中，除郭詡外，其餘三人都明顯具有「浙派」的畫風，何氏「此等雖用以揩抹，猶懼辱吾之几榻也」的評語雖過於嚴苛，但也表現出，他對數人畫風的強烈不滿。

> 若近年浙江人如沈青門仕、陳海樵鶴、姚江門一貫，則初無所師承，任意塗抹，然亦作大幅贈人，可笑！可笑！

姚江門的資料筆者未見，沈青門及陳海樵皆不屬於「浙派」，但其中的四個用語，或許隱約透露出何氏評論繪畫的態度，即「近年浙江人」、「初無所師承」、「任意塗抹」、「然亦作大幅贈人」，分別討論如下。

〔註48〕《中國美術家人名辭典》頁 1363。
〔註49〕《中國美術家人名辭典》頁 459。
〔註50〕《中國美術家人名辭典》頁 956。
〔註51〕參韓昂《圖繪寶鑑續編》，轉引自穆益勤〈戴進與浙派〉一文，頁 14。

1、「浙派」雖不以浙江爲範圍，但浙江仍爲其大本營；何氏對戴文進以後的浙江畫家多無好感，而「近年浙江人」的變本加利，自然更不爲何氏所喜。

2、何氏論畫最重傳派正、畫法正者，即馬、夏諸大家也僅能獲得「然只是院體」的評價，對於這些「初無所師承」的畫家，在他眼中眞不啻是野狐禪。

3、圖畫優劣的評斷，有時缺乏較客觀的標準，往往是取決於欣賞者的主觀認定。文人抒發個人胸中逸氣，表現人品、氣質、素養而具有韻味的作品，自然爲何氏所喜，如「（王吉山）美才華，能書，初不聞其善畫，嘗見其作〈松塢高士〉……，乃規模趙集賢者，……雖無畫家蹊徑，然自疎秀可愛，蓋其風韻骨力出於天成也。」〔註52〕至於既無師承，又無以上條件的浙江畫家，則難逃「任意塗抹」之譏。

4、何氏曾說：「古之高人興到即著筆塗染，故只是單幅，雖對軸亦少。」由此可見他基本上是喜好文人「興到」時的寫意作品，對於耗時廢事的大幅畫，並不表示支持的態度；因此，除部分傳派正、韻味足而功力深厚的文人畫家之外，其餘畫家最好少作大幅賣弄畫技，否則在「然亦作大幅贈人」之後，自然會遭致「可笑！可笑」的譏評。

以上四點僅爲筆者臆測之詞，或可供學者參考。

二、對院體的看法

「院體」或「院派」的畫風與「浙派」頗近似，何氏對此一畫風的高手，並未否定他們的繪畫成就，仍給予「院體中第一手」、「院體中一高手」的評價，但「然只是院體」一語，似乎已將他們的地位與文人畫家截然劃分，所謂的「第一手」、「一高手」也猶如今日的「籃賽乙組冠軍」一般，不能擠身入最高層的地位。

（戴文進）山水師馬夏者亦稱合作，乃院體中第一手。

若南宋馬遠、夏圭亦是高手，馬人物最勝，其樹石行筆甚遒勁；夏圭善用焦墨，是畫家特出者，然只是院體。

（周東村）其畫法宋人，學馬夏者，若與戴靜菴（戴進）並驅，則互有所長，未知其果孰先也，亦是院體中一高手。

自以上三條已可看出院體高手的實際評價，再觀以下數條，則更能了解何氏對一般院體畫家的不滿。

畫之品格，亦只是以時而降，其所謂少韻者，蓋指南宋院體諸人而言耳。若李、范、董、巨，安得以此少之哉？

元人之畫，遠出南宋諸人之上。文衡山評趙集賢之畫，以爲唐人品格；

〔註52〕《叢說》卷二十九・畫二，頁 4499。

　　倪雲林亦以高尚書（高克恭）與石室先生（文同，字與可）、東坡居士並
　論；蓋二公神韻最高，能洗去南宋院體之習。

　　（我朝畫院一時之佳者）然此輩皆畫家第二流人，但當置之能品耳。

　　其不在畫院者，在正德間則有開化時儼號晴川，徽州有汪肇號海雲，
　其筆皆在能品，稍優於院中人。

俞崑《中國繪畫史》批評南宋院體畫家的缺點是「往往徒務富麗精細，而乏活潑天
趣」〔註53〕，何氏對南宋院體的不滿，也正由於此一原因。明代畫院中的佼佼者，
「但當置之能品耳」；與院體畫家畫風相近的時、汪二人，雖也屬「能品」，卻「稍
優於院中人」，相信有其原因。

　　時儼，號精川，以焦墨作山水人物，皆有別趣〔註54〕。

　　汪肇，號海雲，工繪事，山水、人物出入戴進、吳偉；但多草率之筆〔註55〕。

　　或許由於時儼的「皆有別趣」及汪肇的「多草率之筆」，尚保留一些文人的氣息，
因此才能稍優於畫風相類似的「院中人」。

三、對「韻」的特別重視

　　「韻」是個抽象的概念，並沒有客觀的標準，但何氏卻常使用「韻」、「氣韻」、
「神韻」來評斷畫家及作品的高低，顯現出他的文人氣息。「韻」的有無，與畫家作
畫功力的深厚與否並無絕對的關係，主要的因素在於畫家本人的人品；人品高潔者，
蘊於中而形於外，草草數筆自有無限的天趣。茲摘錄數條，以見何氏對「韻」的使
用情形。

　　（晚年所藏之畫）然亦只是趙集賢、高房山、元人四大家，及沈石田
　而已，蓋惟取其「韻」耳。

　　衡山評畫，亦以趙松雪、高房山、元四大家及我朝沈石田之畫，品格
　在宋人上，正以其「韻」勝耳。

　　蓋二公（趙集賢、高尚書）「神韻」最高，能洗去南宋院體之習。

　　（畫山水之關、荊、董、巨……等）此數家筆力「神韻」兼備，後之
　作畫者能宗此數家，便是正派。

　　畫家品格，亦只是以時而降，其所謂少「韻」者，蓋指南宋院體諸人
　而言耳。

　　余家所藏趙集賢畫，……又有〈秋林曳杖圖〉，一人曳杖逍遙於茂樹

〔註53〕《中國繪畫史》頁194。
〔註54〕《中國美術家人名辭典》頁731。
〔註55〕《中國美術家人名辭典》頁458。

之下，其人勝「韻」出塵，眞是其興之所寄。

除了《叢說》中的畫論外，《書畫銘心錄》中的實際圖畫品評，何氏也常用此類用語，如：

> 吳仲圭紙畫山水一幅，坡池作松樹二株，中有流泉，初見甚有「神韻」。

> 趙松雪〈江山蕭寺〉一幅，……蓋不但「氣韻」與墨法之妙，至於經營摹寫，自覺迥別，誠所謂六法皆備者。

> 吳仲圭畫〈水竹山居〉，紙上畫，中幅，燈下閱有「神韻」。

四、對非文人畫家的態度

由於何氏強烈的文人氣息，他對賴畫為生的職業畫家，無論畫藝上的成就如何，總是存有一分成見。這種過分強調文人畫（主要是文人山水畫），而忽視其他專業性畫家的偏見，間接阻礙了中國畫界全面而成熟的發展。其實，一種畫風的形成與成長，絕非一人一說所能支配；何氏身處此一時代風氣中，認同它並發揚它，固然產生了不良的影響，但我們實在無須對他過分苛責。

> 衡山本利家，……蓋利而未嘗不行者也。戴文進則單是行耳，終不能兼利，此則限於人品也。

> 蘇州又有謝時臣號樗仙，亦善畫。頗有膽氣，能作大幅，然筆墨皆濁俗品也。杭州三司請去作畫，酬以重價，此亦逐臭之夫耳。

至於他提倡山水、人物的傳派正脈；將人物白描區分為鐵線描、蘭葉描二類；提供「行家」、「利家」二義的具體說明等價值，在第三節中皆已概略提及，茲不贅述。

貳、畫論的影響

影響與否，原難以判斷，本文僅以何氏與莫是龍的關係做一簡介，以見明末華亭一地畫論風氣的興盛，實在是其來有自。

莫是龍、董其昌、陳繼儒是正式標舉中國山水畫「南北分宗」的三人，在眾說紛紜的討論中，似乎還有一點並未為學者所注意，即何良俊與他們三人都屬華亭籍，為他們在理論上的相似，找到了地緣上的關係；而三人之中，年紀較長的莫是龍與何氏更曾有交往的記錄；何良俊與莫是龍的父親莫如忠為同鄉好友，《何翰林集》的序即其所作；二人交往的情形，在《何翰林集》及《崇蘭館集》中可見〔註56〕。在

〔註56〕如《何翰林集》卷三，頁136，〈中江宅賞菊作〉；卷五，頁180，〈望平原村有懷，再用湖字呈中江學憲、大冲比部〉；卷六，頁245，〈中江督學有喜栢湖還山之作，諸公皆有和篇，次韻奉答〉。《崇蘭館集》卷七，頁11，〈何翰林解官南都，寓吳門久之，還山有贈〉；卷十，頁6《何翰林集》序〉

輩份上，何氏是莫是龍的父執輩，《叢說》中提及莫是龍的地方只有一處，即卷三十‧求志中所記：

> 一日與莫雲卿（莫是龍）同看《須賈誶范睢》雜劇，……余即發口，
> 雲卿亦同聲言曰：「……。」乃知有識者，其所見不大相遠。〔註57〕

而在莫是龍〔註58〕的《石秀齋集》及《莫廷韓遺集》〔註59〕中，卻數度出現「何翰林」、「何元朗太史」，如《石秀齋集》卷五有〈訪何翰林元朗〉〔註60〕，卷八有〈寒日與何翰林登虎丘，時郡守禁游讌，山色雅靜，因坐移日〉〔註61〕，同卷有〈賦得玉蘭花，贈何元朗太史〉〔註62〕；《莫廷韓遺集》卷九有《鞋栖同何元朗、王元美題璩仲玉卷》〔註63〕，此詩應是何氏於席間出王賽玉鞋以行酒〔註64〕時所作，茲錄於下：

> 玉剪新裁小鳳凰，當筵笑擲引飛觴。青蓮一片明清水，取醉令人齒頰香。

除了與何氏的交往外，莫是龍與何氏子何玄之年輩相當，關係也頗密切，如《石秀齋集》卷六有〈夜與何又玄、張長興飲天界山中，懷半峰和尚〉〔註65〕，卷十有〈何大又玄顧我病中，應門者辭之，予聞甚恨，作詩寄之〉〔註66〕；由此可見何、莫兩家乃通家之好，相互間的影響自屬可能。

今即便學術界已肯定莫是龍確爲《畫說》的作者，但以是龍的交遊廣闊及他與「吳派」的密切往來，仍無法確定他的畫論是否曾受何氏的影響；然而，對這位與莫、董、陳同爲華亭籍的前輩何良俊，研究畫論者似乎應該賦予較多的注意，相信對於華亭一地，漸成明末畫壇重鎮及畫論中心，能提供一些線索。

〔註57〕《叢說》頁 4502。
〔註58〕莫是龍，字雲卿，以字行，更字廷韓，號後朋（或作後明）。事蹟具《雲間志略》卷十九，頁 1503，〈莫太學廷韓公傳〉；《雲間據目鈔》頁 2609；《南吳舊話錄》卷十六‧遊藝，頁 737；《明詩紀事》第七冊，頁 1925；《列朝詩集小傳》丁集上，頁 461。
〔註59〕國家圖書館（以下簡稱「國圖」）「善本書室」所藏《石秀齋集》十卷；國圖「漢學中心」所藏《莫廷韓遺集》十六卷；二書內容重複之處頗多，但字句微有不同。
〔註60〕《石秀齋集》卷五，頁 9。
〔註61〕《石秀齋集》卷八，頁 9。
〔註62〕《石秀齋集》卷八，頁 28。
〔註63〕《莫廷韓遺集》卷五，頁 6。
〔註64〕參《叢說》卷二十六‧詩三，頁 4471。
〔註65〕《石秀齋集》卷六，頁 12。
〔註66〕《石秀齋集》卷十，頁 47。

第五章　何良俊的戲曲理論及其他

何良俊是嘉、隆年間著名的戲曲音律家、理論家，由於未曾從事實際的戲曲創作，所以一般文學史、戲曲史中少有提及。其實，稍加留意明清以來的曲學著作，我們可以肯定他在明代戲曲史中，的確應該佔有一席之地。此時北雜劇及北曲已呈日薄西山的局面，他在曲論中雖曾大聲疾呼，力圖挽回它的頹勢，然而個人微薄的力量，畢竟敵不過時代的潮流，南曲及南傳奇終究登上曲壇寶座。振興北曲的心願雖無法達成，他的戲曲理論，卻啓迪了沈璟的吳江格律派，也掀起了曲論界的極大論戰。在這場波瀾壯闊的大辯論中，幾乎網羅明末大部分重要曲論家；辯論雖不分勝負，中國戲曲理論卻由是而更見推展。

第一節　《四友齋叢說》曲論的背景

在正式探討何氏曲論及其影響之前，我們有必要對他的音律背景作一簡介。他生長於一個愛好戲曲、音律的家庭，在長期的耳濡目染下，「聽曲」與「飲酒」、「談諧」一樣，成爲他的終生嗜好〔註1〕，而深厚的音律素養也因此而建立。此外，《何翰林集》的《《草堂詩餘》序》中，也透露出他對詩歌中音樂性的重視，及音律上崇北抑南的傾向，這些都有助於我們對曲論更深一層的了解。

壹、對戲曲、音律的態度

何良俊在戲曲、音律方面的造詣頗爲深厚，這種堅實的基礎，扎根於他的幼年時期，《叢說》中曾說：

〔註 1〕參《叢說》卷三十三・娛老，頁 4528。

余家自先祖以來即有戲劇，我輩有識後，即延二師儒訓以經學，又有
樂工二人教童子聲樂，習簫鼓絃索；余小時好嬉，每放學即往聽之。見大
人亦閒晏無事，喜招延文學之士，四方之賢日至，常張燕爲樂，終歲無意
外之虞。〔註2〕

他在聲律方面的才能，年輕時即已受到前輩顧璘的賞識；《何翰林集》中的〈題顧彭
山（顧履祥，顧璘孫）索書近作冊後〉有：

余自髫年即嗜聲律，便爲君家尚書（顧璘）所知。〔註3〕

由於科舉不順，長年抑鬱，戲曲更成爲他四十歲前後，調理病軀時的生活重心，他
說：

至年近四十，而有幽憂之疾，蓋瀕於不起矣。遂棄去文史，教童子學
唱，每晨起即按樂至暮，久之遂能識其音調。〔註4〕

留都南京的八、九年間，是何氏一生最活躍的時期；雖然經濟不甚富裕，但觀舞賦
詩、箏琶侑觴的機會倒也不少。其中尤以伎童李節的箏歌最爲他所激賞，《何翰林集》
中會屢次提及，卷七有〈聽李節彈箏和文文水韻〉：

泪泪寒泉瀉玉箏，泠泠標格映清冰。愁中爲鼓秋風曲，不負移家住秣
陵。〔註5〕

同時期的另一首詩，更表白了他喜愛戲曲、音律的個性。《何翰林集》卷七〈放言之
四〉：

欲貸千金買宅，只將兩事相煩。一須焦革鄰舍，二要秦青對門。〔註6〕

仕途不順，壯志難酬，何氏將幼年時的嗜好，視爲終生的樂趣，因而有前首〈放言〉
之作；但卻遭到朱彝尊在《明詩綜》中的批評：

其買宅句云：「一須焦革鄰舍，二要秦青對門」，興固自豪，第乖好樂
無荒之義矣。〔註7〕

其實，或許范濂《雲間據目鈔》的說明，更能解釋何氏的心情：

（良俊）晚嗜聲伎絲竹，寢興必先奏樂，非過自奉，乃所期待者不淺
耳。〔註8〕

〔註2〕《叢說》十三・史九，頁4340。
〔註3〕《何翰林集》卷二十八，頁884。
〔註4〕同註1。
〔註5〕《何翰林集》卷七，頁274。
〔註6〕《何翰林集》卷七，頁262。
〔註7〕《明詩綜》卷四十五，頁26。
〔註8〕《雲間據目鈔》卷一，頁2599。

何良俊雖精於音律，於詞譜上用功頗深，但除了《叢說》中的曲論外，他並沒有從事審訂音調的工作；尤其遺憾的是，未能將他所擅長的北曲絃索、宮調諸問題筆之於書，否則他在戲曲史上的地位及貢獻必不止於此。陳繼儒《太平清話》中，曾錄有他的「女樂一部」，雖不足以顯現他在音律上的造詣，但仍能看出他注重生活情趣的天性，及不俗的音樂品味。

　　何元朗極精詞譜，家有女樂一部

　　　焚香　試茶　洗硯　鼓琴　校書　候月

　　　聽雨　澆花　高臥　勘方　經行　負暄

　　　釣魚　對畫　漱泉　支杖　禮佛　嘗酒

　　　晏坐　翻經　看山　臨帖　倚竹

　　右皆一人獨享之樂〔註9〕

貳、〈《草堂詩餘》序〉〔註10〕中的音律觀

　　嘉靖二十九年，何良俊在為顧從敬（汝所）所作的〈《草堂詩餘》序〉中，發表有關詩樂分合、演變的看法，顯現出他對詩歌中音樂性的重視。本篇為《何翰林集》中唯一有關音律者，將它與《叢說》的曲論互相對照，當更能掌握何氏對戲曲、音律的觀點。

　　由於詩餘的衰落，「歌曲」代之而興；而詩餘衰落的原因，何氏曾作如下的分析：

　　　然作者既多，中間不無昧於音節；如蘇長公者，人猶以鐵綽版唱大江

　　東去譏之，他復何言耶？

將詩餘的衰落，主要歸之於詞人「昧於音節」，當然是太過單純化；但南宋末流的部分詞人，將可以被之管絃的詞，變為案頭文人之詞，甚至成為「詞謎」，逐漸失去它原本的音樂性與通俗性，不但離開了歌樓酒館，也難以為廣大的民間所接受，這自然是促使詩體轉變的重要因素之一。「歌曲」繼詩餘而起，他說：

　　　由是詩餘復不行，而金元人始為歌曲。蓋北人之曲以九宮統之，九宮

　　之外，別有道宮、高平、般涉三詞，總一十二調；南人之歌，亦有南九宮，

　　　然南歌或多與絲竹不叶，豈所謂土氣偏詖，鐘律不得調平者耶？

明代中期，北曲的宮調人多不曉，由何氏的九宮、十二調之說，曾為博學的王世貞所轉錄〔註11〕，可見他對北曲的認識，實出一般人之士。而從他將「南歌或多與絲

〔註 9〕《眉公雜著》（三）《太平清話》卷二，頁1236。

〔註10〕《何翰林集》卷八，頁306。

〔註11〕參王世貞《曲藻》頁27。

竹不叶」的現象，歸咎於「土氣偏詖」而鐘律不得調平，也可看出他在音律上崇北抑南的傾向。他總結詩樂的關係說：

> 總而覈之，則詩亡而後有樂府，樂府闕而後有詩餘；詩餘廢而後有歌曲。大抵創自盛朝，廢於叔世；元聲在則爲法省而易諧，人氣乖則用法嚴而難叶，茲蓋其興革之大較也。

經過何氏如此的整合，朝代興衰與詩體轉變緊密的結合在一起；而「元聲在則爲法省而易諧，人氣乖則用法嚴而難叶」，更說明各種詩體走入僵硬格律派的後果。

第二節　《四友齋叢說》的曲論

何良俊的曲論，主要見於《四友齋叢說》卷三十七·詞曲。任中敏的《新曲苑》中收有此卷，題爲《四友齋曲說》；《重編中國文學百科全書資料彙編》亦曾收錄，題爲《曲論》。曲論中較受重視的部分有三，一爲崇《拜月亭》而抑《西廂記》、《琵琶記》；二爲「寧聲叶而辭不工，無寧辭工而聲不叶」；三爲企圖振興北曲以與南曲相抗衡。前二者都對其後的曲壇造成不小的影響，而第三點則反映出當時南、北曲的消長情形，有助於今日學者的研究工作。附帶一提的是，當何氏所處的嘉、隆年間，戲曲理論尚未完備，曲論家對「劇」的成分仍不關心〔註12〕，注意的重點仍在於「音律」與「曲詞」兩部分；何氏雖有偏重「音律」的傾向，但由他評《㑳梅香》第三折〈越調〉「雖不入絃索，然自是妙」，可見並不是極端格律論者；而由他時時以「本色」與否，來評斷「曲詞」的優劣，也可見對「曲詞」關心的程度。

一、聲音之道，與政相通

不論是禮樂射御書數「六藝」，或是詩書禮樂易春秋「六經」，其中都少不了「樂」，可見儒家對於音樂教育的重視。何氏承襲了這種傳統，肯定音樂的教化功能。

> 蓋當天地剖判之初，氣機一動，即有元聲，凡宣八風，鼓萬籟，皆是物也。故樂九變而天神降，地祇出，則亦豈細故哉？故曰：「聲音之道，與政相通。」

二、《西廂》、《琵琶》不必高絕

首先必須澄清的是，何氏並非否定《西廂》、《琵琶》的價值，而是由於二者並不符合他「本色」的標準，因此將它們從戲曲的王座上拉下來，而代之以鄭德輝的

〔註12〕參陳芳英《明代劇學研究》博士論文，頁240。

《㑃梅香》、《倩女離魂》、《王粲登樓》，及施君美的《拜月亭》等「本色」的作品。
他曾解釋《西廂》、《琵琶》所以有如此崇高的地位，乃在於雜劇與舊戲文皆不傳，
世人不得盡見，而二書以「傳刻偶多」，因此爲世所重；他更進一步指出不必高絕的
原因，是「《西廂》全帶脂粉，《琵琶》專弄學問，其本色語少。」

> 近人雜劇以王實甫之《西廂記》，戲文以高則成之《琵琶記》爲絕唱，
> 大不然。……今二家之辭，即譬之李杜，若謂李杜之詩篇爲不工固不可，
> 苟以爲詩必以李杜爲極致，亦豈然哉？

> 祖宗開國，尊崇儒術，士大夫恥留心詞曲，雜劇與舊戲文皆不傳，世
> 人不得盡見，雖教坊有能搬演者，然古調既不諧於俗耳，南人又不知北音，
> 聽者既不喜，則習者亦漸少；而《西廂》、《琵琶記》傳刻偶多，世皆快覩，
> 故其所知者獨此二家。余家所藏雜劇本幾三百種，舊戲文雖無刻本，然每
> 見於詞家之書，乃知金元人之詞，往往有出於二家之上者。

> 蓋《西廂》全帶脂粉，《琵琶》專弄學問，其本色語少。蓋填詞須用
> 本色語，方是作家，苟詩家獨取李杜，則沈、宋、王、孟、韋、柳、元、
> 白，將盡廢之耶？

三、《西廂記》的優缺點

除了「《西廂》全帶脂粉，……其本色語少」的缺點外，何氏對《西廂》的評價
是褒貶互見的；他一方面承認「王實甫才情富麗，眞辭家之雄」、「其妙處亦何可掩」；
另一方面也指出《西廂記》具有「意之重複、語之蕪纇」、「語意皆露，殊無蘊藉」、
「王詞濃而蕪」等內容與曲詞上的弊病。

> 王實甫才情富麗，眞詞家之雄。但《西廂》首尾五卷曲二十一套，終
> 始不出一「情」字，亦何怪其意之重複、語之蕪纇耶？乃知金元人雜劇止
> 是四折，未爲無見。

> 王實甫《西廂》，其妙處亦何可掩。如第二卷〈混江龍〉內：「蝶粉輕
> 沾飛絮雪，燕泥香惹落花塵。繫春心情短柳絲長，隔花陰人遠天涯近。香
> 消了六朝金粉，清減了三楚精神。」如此數語，雖李供奉復生，亦豈能有
> 以加之哉？

> 《西廂》內，如「魂靈兒飛在半天」、「我將你做心肝兒看待」、「魂飛
> 在九霄雲外」、「少可有一萬聲長吁短嘆，五千遍搗枕搥床」，語意皆露，
> 殊無蘊藉。如「太行山高仰望，東洋海深思渴」，則全不成語，此眞務多
> 之病。余謂鄭詞淡而淨，王詞濃而蕪。

四、《琵琶記》的缺點

與《西廂記》的褒貶互見相比，《琵琶記》的評價又在其之下，曲論中根本找不到它的優點。除了「專弄學問」、「其本色語少」之外，它作為一個劇本的最大毛病，乃在於缺乏「蒜酪」，因此，「所欠者風味耳」；而在音律上，也犯了「依腔按字打將出來」的弊端。在這種情況下，《琵琶記》的地位自然難與何氏喜愛的《拜月亭》相比。

> 高則成才藻富麗，如《琵琶記》「長空萬里」，是一篇好賦，豈詞曲能盡之？然既謂之曲，須要有蒜酪，而此曲全無，正如王公大人之席，駝峯熊掌肥脂盈前，而無蔬笋蜆蛤，所欠者風殊耳。

> 余令老頓教伯喈一二曲，渠云：「伯喈曲，某都唱得，但此等皆是後人依腔按字打將出來，正如善吹笛管者，聽人唱曲，依腔吹出，謂之唱詞；然不按譜，終不入律。……其可率意為之哉？」

五、突出鄭德輝的地位

鄭德輝雖名列元劇四大家，但歷來鮮有曲論將他列為第一位的。由於鄭氏的作品多能符合何氏「本色」、「不著色相」、「簡淡」、「蘊藉」、「入絃索」、「俊語」、「當行」的戲曲主張，因此特別凸顯他的地位冠於群賢。在鄭德輝著名的三個劇本中，幾乎已達到無處不好，無處不妙的境界；他在批評《西廂記》「情詞易工」後，特別推崇《王粲登樓》的曲意有新的開拓，「是豈作調脂弄粉語者可得窺其堂廡哉！」《西廂記》為情詞，《㑇梅香》、《倩女離魂》何嘗不是情詞？但由於二劇合於何氏品味，自然不在批判之列，理由是「鄭德輝所作情詞，亦自與人不同」。而由於曲詞的「妙」，連犯了何氏大忌的「不入絃索」也是無須深究的。既然具有如此多的優點，因此，將鄭與王來比較，何氏的評價是「鄭詞淡而淨，王詞濃而蕪」，由此可見鄭德輝在他心目中的地位。

> 元人樂府，稱馬東籬、鄭德輝、關漢卿、白仁甫為四大家。馬之辭老健而乏姿媚，關之辭激厲而少蘊藉，白頗簡淡，所欠者俊語，當以鄭為第一。

> 鄭德輝雜劇，《太和正音譜》所載十八本，然入絃索者，惟《㑇梅香》、《倩女離魂》、《王粲登樓》三本。

> 大抵情詞易工，至如《王粲登樓》第二折，摹寫羈懷壯志，語多慷慨，而氣亦爽烈，至後〈堯民歌〉、〈十二月〉托物寓意，尤為妙絕，是豈作調脂弄粉語者可得窺其堂廡哉！

　　鄭德輝所作情詞，亦自與人不同。如《㑳梅香》頭一折〈寄生草〉：「不爭琴操中單訴你飄零，卻不道窗兒外更有個人孤另。」〈六么序〉：「卻原來群花弄影，將我來諕一驚。」此語何等蘊藉有趣。〈大石調・初開口〉內：「又不曾薦枕席，便指望同棺槨，只想夜偷期，不記朝聞道。」……語不著相，情意獨至，眞得詞家三昧者也。《㑳梅香》第三折〈越調〉，雖不入絃索，然自是妙。如〈小桃紅〉云：「是害得神魂蕩漾，也合將眼皮開放，你好熱莽也，沈東陽。」……〈禿廝兒〉：「請學士休心勞意攘，俺小姐他只是作耍難當。」止是尋常說話，略帶訕語，然中間意趣無窮，此便是作家也。

　　鄭德輝《倩女離魂》〈越調・聖藥王〉內：「近蓼花，纜釣槎，有折蒲衰草綠兼葭。過小窪，傍淺沙，遙望見烟籠寒水月籠紗，我只見茅舍兩三家。」如此等語，清麗流便，語入本色，然殊不穠鬱，宜不諧於俗耳也。

六、提高《拜月亭》的地位

　　《拜月亭》一名《幽閨記》，本關漢卿《閨怨佳人拜月亭》雜戲而作，何氏認爲作者是元代的施君美。對於這齣劇情生動，曲詞、對白本色的南戲，給予「高出《琵琶記》遠甚」、「終是當行」的評價。他更提出以曲詞代賓白「敘說情事」，也值得注意。除了以上的優點外，能「上絃索」，適於劇場上的搬演，也自然是此劇特別受何氏青睞的主要原因。

　　《拜月亭》是元人施君美所撰。《太和正音譜》〈樂府羣英姓氏〉亦載此人。余謂其高出於《琵琶記》遠甚。蓋其才藻雖不及高，然終是當行。其〈拜新月〉二折，乃隱栝關漢卿雜劇語；他如〈走雨〉、〈錯認〉、〈上路〉、館驛中相逢數折，彼此問答，皆不須賓白，而敘說情事，宛轉詳盡，全不費詞，可謂妙絕。

　　《拜月亭・賞春》〈惜奴嬌〉，如「香閨掩，珠簾鎮垂，不肯放燕雙飛。」〈走雨〉內：「繡鞋兒分不得幫和底，一步步提，百忙裏褪了根兒。」正詞家所謂本色語。

　　（《拜月亭》……等九種南戲）皆上絃索，……金元人之筆也。詞雖不能盡工，然皆入律，正以其聲之和也。

七、主張本色、當行

　　除了合於音律的基本原則外，何氏心目中本色、當行的佳劇，尚須具備簡淡、蘊藉、清麗等條件；反之，如《西廂記》、《琵琶記》等，由於對以上條件或有所欠

缺,因此不能超絕同儕,成為第一流的作品。以下摘錄何氏數條評語,即可看出他的喜好。

1、評鄭德輝《㑳梅香》:「……此語何等蘊藉有趣。」、「語不著相,情意獨至,真得詞家三味者也。」、「雖不入絃索,自是妙。」、「……止是尋常說話,略帶訕語,然中間意趣無窮,此便是作家也。」

2、評鄭德輝《倩女離魂》:「……如此等語,清麗流便,語入本色,然殊不穠郁,宜不諧於俗耳也。」

3、評王實甫《歌舞麗春堂》雜劇:「……『對青銅,猛然間兩鬢霜,全不似舊時模樣。』此句甚簡淡。」

4、評王實甫《絲竹芙蓉亭》雜劇:「〈仙呂〉一套,通篇皆本色語,殊簡淡可喜。」

5、評李直夫《虎頭牌》雜劇:「……『抹得瓶口兒淨,斟得盞面兒圓,望著碧天邊太陽澆奠,只俺這女直(即「真」)人無甚麼別呪願,則願我弟兄們早能勾相見。』此等詞情真語切,正當行家也。」

6、評施君美《拜月亭》:「……正詞家所謂本色語。」、「……其高於《琵琶記》遠甚,蓋其才藻雖不及高,然終是當行。」

八、對於情辭的看法

由於「人生於情」,因此何氏認為「情辭易工」,且最易動人,世俗所唱也大半屬於情詞。而其中「語關閨閣」者,本已穠艷,「須得以冷言剩句出之,雜以訕笑,方纔有趣。」

> 大抵情辭易工,蓋人生於情,所謂愚夫愚婦可以與知者;觀十五國風,大半皆發於情可以知矣。是以作者既易工,聞者亦易動聽,即《西廂記》與今所唱時曲,大率皆情詞也。

> 夫語關閨閣,已是穠艷,須得以冷言剩句出之,雜以訕笑,方纔有趣。若既著相,辭復濃艷,則豈畫家所謂「濃鹽赤醬」者乎?畫家以重設色為「濃鹽赤醬」,若女子施朱傅粉,刻畫太過,豈如靚妝素服天然妙麗者之為勝耶?

九、寧聲叶而辭不工,無寧辭工而聲不叶

除了劇情之外,「音律」和「曲詞」是戲曲的兩大支柱。何氏「夫既謂之辭,寧聲叶而辭不工,無寧辭工而聲不叶」的戲曲主張,說明他特別注重聲調的和諧合律,即使語言文字不夠工整、缺乏文采也不要緊。反之,如果只有「辭工」而「聲不叶」,則不能成為好作品。事實上,在戲曲藝術的實際創作中,「聲」與「辭」兩者的重要

性是無分軒輊的；何氏片面的崇「聲」抑「辭」，顯現出理論的偏狹性。沈璟繼承此一主張益加以發揮，使它成爲爾後格律派的創作規範。

> （《拜月亭》等九種南戲）皆上絃索，此九種即所謂戲文，金元人之筆也。詞雖不能盡工，然皆入律，正以其聲之和也。夫既謂之辭，寧聲叶而辭不工，無寧辭工而聲不叶。

十、南、北曲的消長情形及音律比較

嘉靖、隆慶年間，北曲已呈欲振乏力的局面，何氏有感於北曲絃索較南曲合於音律、宮調，因此力圖振興。他本身具有深厚的音律素養，了解音樂流變的情形，家中小鬟在他的調教下，能記「南京教坊人所不能知」的金元人雜劇詞四、五十曲；又得老伶工頓仁時相討論訂正；以這些優越的條件，再加上他活躍南京詩壇的地利之便，終未能挽救北曲的頹勢。雖然如此，但他的曲論中，卻提供不少當時南、北曲的消長情形，及南、北音律的比較，這些都有助於我們了解嘉、隆年間的曲壇實況。其中有關絃索的記載，在明代時常爲曲論家所徵引。

> 楊升菴曰：「《南史》蔡仲熊云：『五音本在中土，故氣韻調平。東南土氣偏詖，故不能感動木石。』斯誠公言也。近世北曲，雖鄭衛之音，然猶古者總章北里之韻，梨園教坊之調，是可證也。近日多尚海鹽南曲，士大夫稟心房之精，從婉孌之習者，風靡如一，甚者北土亦移而就之，更數世後，北曲亦失傳矣。」〔註13〕

> 余家小鬟記五十餘曲，而散套不過四五段，其餘皆金元人雜劇詞也，南京教坊人所不能知。老頓言：「頓仁在正德爺爺時，隨駕至北京，在教坊學得，懷之五十年；供筵所唱，皆是時曲，此等辭並無人問及，不意垂死遇一知音。」是雖曲藝，然可不謂之一遭遇哉！

> 鄭德輝雜劇，《太和正音譜》所載總十八本，然入絃索者惟《㑳梅香》、《倩女離魂》、《王粲登樓》三本。今教坊所唱率多時曲，此等雜劇古詞皆不傳習。三本中獨《㑳梅香》頭一折〈點絳唇〉尚有人會唱，至第二折「驚飛幽鳥」，與《倩女離魂》內「人去陽臺」、《王粲登樓》內「塵滿征衣」，久久不聞，不知絃索中有此曲矣。

> 老頓云：「南曲中如「雨歇梅天」，《呂蒙正》內「紅粧豔質」，……此等謂之慢詞，教坊不隸琵琶箏色，乃歌章色所肄習者，南京教坊歌章色久無人，此曲都不傳矣。」余令老頓教伯喈一二曲，渠云：「伯喈曲，某都

〔註13〕見《升菴外集》（七），卷八十一・詞品，頁2999。

唱得，但此等皆是後人依腔按字打將出來，正如善吹笛管者，聽人唱曲，依腔吹出，謂之唱調；然不按譜，終不入律。況絃索九宮之曲，或用滾弦、花和、大和釤弦，皆有定則，故新曲要度入亦易。若南九宮原不入調，間有之，只是小令，苟大套數既無定則可依，而以意彈出，如何得是；且笛管稍長短其聲，便可就板；弦索若多一彈或少一彈，則舛板矣，其可率意為之哉？」

曲至緊板，即古樂府所謂「趨」。趨者，促也。絃索中大和絃是慢板，至花和弦則緊板矣。北曲中如〈中呂〉至〈快活三〉，臨了一句放慢來接唱〈朝天子〉，……皆大和，又是慢板矣。緊慢相錯，何等節奏。南曲如〈錦堂月〉後〈僥僥令〉，……一緊而不復收矣。

十一、精於音律，善於訂正

長期潛心於戲曲音律的結果，何氏可以敏銳的指出作品中的「犯韻」、「用韻甚好」，及何者當開口？何者當閉口？並能訂正坊間版本的謬誤；更可根據劇本中的用韻情形，歸納出金人慣用何詞。摘錄數條如下。

樂府辭，伎人傳習皆不曉文義，中間固有刻本原差，因而承謬者；亦有刻本原不差，而文義稍深，伎人不解，擅自改易者。如《兩世姻緣》〈金菊香〉云：「眼波眉黛不分明」，今人都作「眼皮」，一日小鬟唱此曲，金在衡聞唱「波」字，撫掌樂甚，云：「吾每對伎人說此字，俱不肯聽，公能正之，殊快人意。」

二十換頭，〈尾聲〉臨了一句，「煞強似應底關河路兒遠」，余疑「應」字文義不通，思欲正之，終不得其字。一日偶看《太和正音譜》，觀關漢卿《侍香金童》內有「鴈底關河，馬頭明月」之句，蓋鴈飛無不到，其底下之關河，言甚遠也。二十換頭亦關漢卿詞，蓋漢卿慣用此語，其為「鴈底」無疑。

李直夫《虎頭牌》雜劇十七換頭，關漢卿散套二十換頭，王實甫《歌舞麗春堂》十二換頭，在雙調中別是一調；排名如〈阿那忽〉、〈相公愛〉……皆是胡語，此其證也。……則知金人於雙調內慣填此調，關漢卿、王實甫因用之也。

十二、雜記曲壇人物

康對山、王渼陂、金在衡都是明代曲壇的重要人物，曲論中對於他們雖只有三言兩語的敘述、品評，但在資料缺乏的今日已彌足珍貴。其餘如記徽州查八十學琵

琶事，以篇幅過長，茲不錄。

　　康對山詞迭宕，然不及王蘊藉。如渼陂《杜甫遊春》雜劇，雖金元人猶當北面，何況近代？以《王蘭卿傳》校之，不逮遠甚。

　　王渼陂欲填北詞，求善歌者至家，閉門學唱三年，然後操筆。余最愛其散套中「鶯巢濕春隱花梢」，以為金元人無此一句。

　　南都自徐髯仙後，惟金在衡鑾最為知音。善填詞，其嘲調小曲極妙，每誦一篇，令人絕倒。

第三節　《四友齋叢說》曲論的影響與地位

　　何良俊的戲曲理論，以格律論及本色論最為人所重視，雖然褒貶互見，至今並無定論，但對當時及後代，都具有一定程度的影響與貢獻，卻是無庸置疑的。何氏在嘉、隆年間以「度曲知音」聞，由明清以來的曲學著作中，可以證明此語的真實性；將這些記載與曲論的評價合觀，才能夠看出他在明代戲曲史上的地位。

壹、格律論的影響

　　「寧聲叶而辭不工，無寧辭工而聲不叶」，是何氏的格律論；這種主張的本質在「聲」重於「辭」。或許何氏此論是針對入明以來的文人創作家，其案頭之曲不易搬演上舞台的時弊而發；但作為一種戲曲理論，顯然是片面而不夠周全的。如王驥德《曲律》即從「辭不工」的角度來批評他：

　　　　（元朗）又謂：「寧聲叶而辭不工，無寧辭工而聲不叶。」此有激之
　　言。夫不工，奚以辭為也。〔註14〕

雖然有明顯重音律的傾向，但他的旨趣，要比沈璟以下的追隨者寬廣許多；爾後吳江派極端格律論的發展，恐怕是身為「始作俑者」的何氏始料所未及的。

　　沈璟是吳江格律派的開山祖師，純由文字優美的角度來看，他的作品並不及與之敵對的湯顯祖；但就劇場效果而言，他所強調的音律協調，仍應是不可忽視的重要一環。在著名的〈二郎神〉套曲中，他將自己的戲曲理論明白標出。劈頭即說：

　　　　〈二郎神〉何元朗，一言兒啟詞中（或作宗）寶藏，道欲度新聲休走
　　樣，名為樂府，須教合律依腔。寧使時人不鑒賞，無使人撓喉捩嗓，說不

〔註14〕《曲律》頁151。

得才長，越有才越當著意斟量。……〔註15〕

此套曲中，沈氏首先提出作曲須「合律依腔」的要求，認爲何氏「夫既謂之辭，寧聲叶而辭不工，無寧辭工而聲不叶」的「一言兒」，是「啓詞中寶藏」的敲門磚，由此可見何氏對沈璟的啓迪之功。套曲末的〈前腔〉中，更歸納全篇的論點，作出「縱使詞出繡腸，歌稱繞樑，倘不諧音律，也難襃獎」的結論，這正與何氏的理論相合。

沈璟又把何氏的主張作進一步的發揮，提出「寧叶律而詞不工，讀之不成句，而謳之始叶，是曲中之工巧」〔註16〕。「寧叶律而詞不工」繼承了何氏「寧聲叶而辭不工」的說法，至於「讀之不成句，而謳之始叶」，卻較何氏「無寧辭工而聲不叶」的主張狹隘許多。對音律極端重視的結果，相對的，往往必須犧牲曲詞的通順性；沈氏的過分強調音律重要性，對爾後吳江派的戲曲創作，產生了不良的影響。

貳、本色論的影響

何氏之前的明代曲壇，充塞著道學家的腐庸之氣、文詞家的雕琢習尙。其中許多作品艱深難解，不適於舞台上的搬演，早已脫離了民間，成爲文人雅士、富家大族所獨享的娛樂。有感於時弊的嚴重性，何氏於嘉、隆年間所提倡的本色論，實有其時代意義。

「本色」、「當行」是何氏的戲曲主張，爾後的曲論家雖然也常使用同樣的用語，作爲品評戲曲創作的標準，但諸家對「本色」一詞的理解卻未必一致。因此，我們有必要對何氏所謂的「本色」稍加釐清，以便於進一步的討論。何氏是最早提出「本色」要求的曲論家之一，他的主張對以後戲曲理論造成不小的影響。他所說的「本色」，據劉大杰《中國文學批評史》所說：

> 何良俊強調劇曲語言一定要做到「本色」，發揚宋元以來的優良傳統，像《拜月亭》那樣質樸通俗，廣泛吸收民間口頭語言。這在當時的具體環境裏是有積極意義的。〔註17〕

葉長海《中國戲劇學史稿》，認爲何氏所說的「本色」僅限於戲曲語言，有時亦稱爲「當行」〔註18〕。他將數家有關「本色」較具代表性的言論相互比較之後，判定「良俊是以語言通俗爲重的本色派」〔註19〕；在葉氏的心目中，似乎這與完整而

〔註15〕《太霞新奏》頁9，〈《太霞新奏》序〉。
〔註16〕參呂天成《曲品》卷上，頁213。
〔註17〕《中國文學批評史》頁338。
〔註18〕參《中國戲劇學史稿》頁135。
〔註19〕參《中國戲劇學史稿》頁271。

成熟的「本色」論，仍有一段距離。

陳芳英《明代劇學研究》中，對何氏的「本色」有另一角度的理解，她說：

> 何氏所謂「本色」，是就「語」「意」兩方面來說的，語要「淡而淨」，意要「蘊藉」，而不是一味的質樸條暢，明白俚俗。最好的曲詞，固然要有「蔬筍蚯蛤風味」，更要如「靓裝素服，天然妙麗」，換句話說，若能情真語切、簡淡自然，敘述情事時宛轉詳盡，就可達到「妙絕」的境地。因此，何氏心中「本色」的典範是鄭德輝：簡淨而有姿媚，蘊藉而不激厲。〔註20〕

綜合以上三說，何氏的本色論是以「蘊藉」而「質樸通俗」的戲曲語言為上乘，簡言之，即是情真切、詞簡淡的「本色語」。

何氏將「本色」的要求落實於實際的戲曲批評，就是貶抑《西廂》、《琵琶》而推崇《拜月》；而明代後期對於《拜月》、《琵琶》孰優孰劣的曲壇大論戰，即是由此而起。

一、《拜月》、《琵琶》的高下之辯

雖然表面上只為區別兩齣戲曲的高下優劣，但此一論戰的背後，實隱含「本色」、「才情」、「音律」等的戲曲理論之爭。由於此一論爭，將明代嘉靖以後的大多數著名曲論家捲入，因此民國以來的曲學著作，也頗為留心此一問題；就筆者所見，收錄或論述較明晰者，有青木正兒的《中國近世戲曲史》〔註21〕、劉大杰的《中國文學批評史》〔註22〕、楊蔭瀏的《中國古代音樂史稿》〔註23〕。此一論戰的大略情形是這樣的：

由於何氏的「本色」、「當行」主張，所以他說：

> 蓋《西廂》全帶脂粉，《琵琶》專弄學問，其本色語少。蓋填詞須用本色語，方是作家。

> 《拜月亭》……余謂其高出於《琵琶記》遠甚。蓋其才藻雖不及高，然終是當行。……如〈走雨〉……數折，彼此問答，皆不須賓白，而敘說情事宛轉詳盡，全不費詞，可謂妙絕。

> 如《琵琶記》「長空萬里」，是一篇好賦，豈詞曲能盡之！既然謂之曲，須要有蒜酪，而此曲全無，正如王公大人之席，駝峯熊掌肥腯盈前，而無

〔註20〕《明代劇學研究》頁241。
〔註21〕參《中國近世戲曲史》頁104。
〔註22〕參《中國文學批評史》頁336。
〔註23〕參《中國古代音樂史稿》（三），頁240。

蔬笋蜆蛤，所欠者風味耳。

何氏的主張引起了王世貞的駁擊，論戰由是而起。葉長海《中國戲劇學史稿》，列舉凌濛初、王驥德、徐復祚三人對王世貞的評論，指出王世貞常有「文詞家」志趣而缺乏「當行家」本色〔註24〕。二人見解的不同，自然容易引起辯爭，王氏《曲藻》中說：

> 《琵琶記》之下，《拜月亭》……亦佳。元朗謂勝《琵琶》，則大謬也。中間雖有一、二佳句，然無詞家大學問，一短也；既無風情，又無裨風教，二短也；歌演終場，不能使人墮淚，三短也。〔註25〕

> 則成所以冠絕諸劇者，不唯其琢句之工，使事之美而已，其體貼人情，委曲必盡；描寫物態，仿佛如生；問答之際，了不見扭造；所以佳耳。至於腔調微有未諧，譬如見鍾、王跡，不得其合處，當精思以求諧，不當執末以議本也。〔註26〕

由第二條，可見世貞一方面稱許高則成能深刻描寫生活，另一方面，對《琵琶記》於音律方面的缺憾，卻採取偏袒、包容的態度。沈德符《顧曲雜言》對何氏的說法表示支持，也同樣讚賞《拜月亭》在音律上的和諧，並批評世貞的「識見未到處」：

> 何元朗謂《拜月亭》勝《西廂記》，王弇州力爭以為不然，此是王識見未到處。《琵琶》無論襲舊太多，與《西廂》同病；且其曲無一句可入絃索者。《拜月》則字字穩帖，與彈搊膠黏，蓋南詞全本可上絃索者，惟此耳。……向曾與王房仲（世貞子）談此曲，渠亦謂乃翁持論未確。……若《西廂》才華富瞻，北曲大本未有能繼之者，終是肉勝於骨，所以讓《拜月》一頭地。〔註27〕

徐復祚《曲論》，一方面肯定《拜月亭》在音律上的成就，以《拜月亭》「無一板一折非當行本色語」，來證明何氏的「未為無見」；另一方面也駁擊世貞三短之說的不當：

> 何元朗謂施君美《拜月亭》勝於《琵琶》，未為無見。《拜月亭》宮調極明，平仄極叶，自始至終，無一板一折非當行本色語，此非深于是道者不能解。弇州乃以「無大學問」為一短，不知聲律家正不取弘詞博學也。又以「無風情」、「無裨風教」為二短，不知《拜月》風情本自不乏，而風

〔註24〕參《中國戲劇學史稿》頁158。
〔註25〕《曲藻》頁34。
〔註26〕《曲藻》頁33。
〔註27〕《顧曲雜言》頁210。

教當就道學先生講求，不當責之騷人墨士也。……又以「歌演終場不能使
人墮淚」為三短，不知酒以合歡，歌演以佐酒，必墮淚以為佳，將《薤歌》、
《蒿里》盡侑觴具乎？〔註28〕

　　凌濛初《譚曲雜箚》，雖不曾明顯標學何氏之名，但由他對《琵琶記》及王世貞
的批評，可知他與何氏的主張大致相似：

曲始於胡元，大略貴當行不貴藻麗。其當行者曰「本色」。蓋自有此
一番材料，其脩飾詞章，填塞學問，了無干涉也。故《荊》、《拜》、《劉》、
《殺》為四大家，而長材如《琵琶》猶不得與，以《琵琶》間有刻意求
工之境，亦開琢句脩詞之端；雖曲家本色故饒，而詩餘弩末亦不少也。
〔註29〕

元美責《拜月》以「無詞家大學問」，正謂其無吳中一種惡套耳，豈
不冤甚？〔註30〕

臧懋循的〈《元曲選》序〉，從版本的角度譏笑兩家的論爭，將兩人各打五十大板：

何元朗評施君美《幽閨》（《拜月亭》亦稱《幽閨記》）遠出《琵琶》
上，而王元美目為好奇之過。夫《幽閨》大半已襍贋本，不知元朗能辨此
否？元美千秋士也，于嘗於酒次論及《琵琶》〈梁州序〉、〈念奴嬌序〉二
曲，不類永嘉口吻，當是後人竄入，元美尚津津稱許不置，又惡知所謂《幽
閨》者哉？〔註31〕

王世貞自然也有其支持者，即吳江格律派的後勁王驥德與呂天成；他們不偏向重「本
色」及「音律」的何良俊，卻支持重「才情」的王世貞，這倒是個值得深思的現象。
王驥德《曲律說》：

《拜月》語似草草，然時露機趣，以望《琵琶》，尚隔兩塵；元朗以
為勝之，亦非公論。〔註32〕

大抵純用本色，易覺寂寥；純用文詞，復傷雕鏤。《拜月》質之尤者，
《琵琶》兼而用之，如小曲語語本色，大曲……未嘗不綺麗滿眼，故是正
體。〔註33〕

呂天成《曲品》中，將《琵琶》評為「神品一」，而以《拜月》為「神品二」，他說：

〔註28〕《曲論》頁235。
〔註29〕《譚曲雜箚》頁253。
〔註30〕《譚曲雜箚》頁254。
〔註31〕《中國歷代文論選》（中），頁368。
〔註32〕《曲律》雜論第三十九上，頁149。
〔註33〕《曲律》論家數第十四，頁122。

　　《拜月》……天然本色之句，往往見寶，遂開臨川玉茗之派；何元朗

　絕賞之，以爲勝《琵琶》，而《談詞定論》則謂次之而已。〔註34〕

明代關於《琵琶》、《拜月》的論戰大略如此。青木正兒《中國近世戲曲史》，曾將雙方的論點做一歸納：

　　要之，取《拜月》者，稱其聲調之入絃索與其辭之質實而餘味豐富；

　取《琵琶》者，稱其辭之文雅。是即「本色派」與「文辭派」之論爭也。

　〔註35〕

雖然彼此各有其局限性，但爾後諸曲論家在其中擷取精華，故此次論辯對中國戲曲理論的開展，仍具有積極正面的意義。

　　此後學者對此一問題的關注，並未隨明王朝的覆滅而止息；雖然已無針鋒相對的論辯，在清代仍餘波蕩漾不已。如清初劉廷璣《在園曲志》批評何氏之說道：

　　何元朗評施君美《幽閨》，出高則誠《琵琶》之上，王元美目爲好奇

　之過，臧晉叔謂《琵琶》〈梁州序〉、〈念奴嬌〉二曲，不類則誠口吻，當

　是後人竄入。王元美大不以爲然，津津稱許不置，晉叔笑曰：「是烏知所

　謂《幽閨》者哉？」以予持衡而論，《琵琶》自高于《幽閨》，譬之于詩，

　《琵琶》，杜陵也；《幽閨》，義山也。……觀少陵詩，何法不備，何態不

　呈，烏可以一家之管見測之哉！〔註36〕

清代後期梁廷枏的《曲話》，對整個論戰都表示不滿：

　　何元朗評施君美《幽閨記》，稱其「遠出《琵琶》上」，王元美譏之，……

　臧晉叔……。不知作曲各得其性之所近，閱曲者亦嘉其性之所近。……倘

　必膠一己偏執之見，輾轉譏彈，務求必勝，亦古人之不幸也。〔註37〕

二、貶抑《西廂》所遭致的批評

　　除了由《拜月》、《琵琶》二書所掀起的論戰外，何氏的貶抑《西廂》，而崇鄭光祖諸作品，也引發一些評論；其中大多爲批評之語；可見何氏試圖動搖《西廂記》寶座地位的努力，終歸失敗。

　　何氏首先批評《西廂》「全帶脂粉，……其本色語少。」；也指出它通篇「終始不出一『情』字」，以致「意之重複，語之蕪纇」；而在文詞的運用上，有時「語意皆露，殊無蘊藉」。由於這種露骨而缺乏含蓄美的表達方式，與「簡淡」、「蘊藉」的

〔註34〕《曲品》卷下，頁224。
〔註35〕《中國近世戲曲史》頁106。
〔註36〕《在園曲志》頁289。
〔註37〕《曲話》頁293。

本色作家鄭德輝大異其趣，所以何氏總結道：「鄭詞淡而淨，王詞濃而蕪。」對於何氏此一主張，首先表示反對意見的仍是王世貞，《曲藻》中說：

> 何元朗極稱鄭德輝《㑇梅香》、《倩女離魂》、《王粲登樓》，以爲出《西廂》之上。《㑇梅香》雖有佳處，而中多陳腐措大語，且套數、出沒、賓白全剽《西廂》；《王粲登樓》事實可笑，毋亦厭常喜新之病歟！〔註38〕

胡應麟《少室山房曲考》，一方面認爲「今王實甫《西廂記》爲傳奇冠」，另一方面也推斷「元世習尚頗殊」，因此不敢妄下斷語：

> 今王實甫《西廂記》爲傳奇冠，……然元世習尚頗殊，所推關下即鄭，何元朗亟稱第一，今《倩女離魂》四摺，大概與關出入，豈元人以此當行耶？要之，公論百年後定，若顧陸之畫耳。〔註39〕

王驥德《曲律》，對於「本色」的定義與何氏不同，所以以「其體固然」，來爲《西廂》、《琵琶》辯護：

> 《西廂》組豔，《琵琶》脩質，其體固然。何元朗並訾之，以爲「《西廂》全帶脂粉，《琵琶》專弄學問，殊寡本色。」夫本色尚有勝二氏者哉？過矣。〔註40〕

民國任訥《曲海揚波》，對何氏評《西廂》「全帶脂粉」的說法，也深致不滿之意：

> 《西廂》諸曲，……何元朗《四友齋叢説》至訾爲「全帶脂粉」，然則必銅將軍持鐵綽板，唱大江東去，而始可耶？〔註41〕

李卓吾是明代的奇才，他論戲曲每有獨特的見解。任訥於批評卓吾時，也將何氏牽連入內：

> （李卓吾）異端之尤，不殺身何待。……又以《拜月》居《西廂》之上，而究謂《琵琶》語盡而詞亦盡，詞竭而味索然亦隨之以竭。此又竊何元朗殘沫，而大言以欺人者，死晚矣。〔註42〕

參、何良俊及其曲論在明代戲曲史上的地位

　　雖然沒有任何雜劇、傳奇及散曲作品，但何良俊這位戲曲音律家、理論家，卻對明代後期的曲壇有相當的影響，除了他所涉及的論戰，及後人對曲論的徵引外，

〔註38〕同註23。
〔註39〕《少室山房曲考》頁112。
〔註40〕同註30。
〔註41〕《曲海揚波》卷六，頁927。
〔註42〕《曲海揚波》卷六，頁928。

明清以來的著作中，仍可見到有關何氏的記載，將這些資料拼湊起來，他在明代戲曲史上的地位，或可勾勒出大致的輪廓。

一、皇甫汸〈《何翰林集》序〉

何氏的音律素養在當時頗爲同輩稱道，每見於彼此的詩文倡和中，由皇甫汸的序文可見一斑。

> 君又妙解音律，晚蓄聲伎；樽罍傾於北海，絲竹理於後堂。躬自倚歌，尤長顧曲，江左餘風，不在茲乎？〔註43〕

二、沈德符《顧曲雜言》、焦循《劇說》〔註44〕

沈氏《萬曆野獲編》卷二十五「詞曲」部，是研究明代戲曲的重要資料，早經前人抽出而以《顧曲雜言》單行。他生於神宗萬曆六年（西元 1578），是何氏歿後的第五年，雖不及親承教誨，但猶見何氏當年的歌童。他在〈絃索入曲〉條中記道：

> 嘉、隆度曲知音者，有松江何元朗，蓄家僮習唱，一時優人俱避舍，以所唱俱北詞，尚得金、元蒜酪遺風。予幼時猶見老樂工二、三人，其歌童也，俱善絃索，今絕響矣。何又教女鬟數人，俱善北曲，爲南教坊頓仁所賞。頓曾隨武宗入京，盡傳北方遺音，獨步江南；暮年流落，無復知其技者，正李龜年江南晚景。〔註45〕

沈氏生於何氏歿後，絕無阿諛之詞，可知何氏在當時確有「度曲知音」之名。家僮們在他的督導調教下，竟能令專業的「優人俱避舍」，可見他精於音律之名確是不虛傳。而他們所唱的是「尚得金元蒜酪遺風」的「北曲」，在這「南詞」逐漸淹沒「北詞」的時代潮流下，也可算是難能可貴了。

三、臧懋循〈《元曲選》序〉

臧懋循的《元曲選》，極有功於元雜劇的保存與流傳。由於他對元劇的重視，因此盼望今世能再得「賞音」如何氏者，共同致力於北雜劇的復興：

> 予家藏雜劇多秘本，頃……借得二百種，……因爲參伍校訂，摘其佳者若干，……藏之名山而傳之通邑大都，必有賞音如元朗氏者。〔註46〕

四、沈寵綏《度曲須知》

明末沈寵綏是一個歌唱家，《度曲須知》是他繼《絃索辨證》後所寫成的，所論皆是從實際經驗中獲得的結論。經驗既多，因而也有許多獨創的見解。書中曾數度

〔註43〕《何翰林集》頁18。
〔註44〕《劇說》卷一，頁89。
〔註45〕《顧曲雜言》頁204。
〔註46〕同註29。

徵引何氏有關北曲絃索的記載〔註47〕。書前列舉提供他「聲學」參考資料的「詞學先賢姓氏」〔註48〕，在明代的十四人中，何氏的時代僅次於祝枝山與唐伯虎，而與王元美同時，同為明代年輩稍早的「聲學」先賢。

五、張元長《梅花草堂曲談》、任訥《曲海揚波》

　　一種罕見書籍的流佈，未必僅經由單一的管道，因為來自各地好文之士的搜羅整理、刊刻印行都與有功焉；何良俊有功於《董西廂》的流傳，就是其中的一個例子。明張元長《梅花草堂曲談》中曾記載：

> 《董解元西廂》，吳中百年前罕見全本，文壽承家得之西山汪氏，首尾俱缺。其後何柘湖得完書於楊南峯（楊循吉），而三吳好事者皆著一編矣。〔註49〕

考《叢說》卷十五‧史十一曾記載顧東橋建議何氏拜訪楊南峯，何氏以「余舊知此老生獰，且某氣性疏誕，平生交知中便少此一人，亦不為欠事，終不見之。」〔註50〕筆者原本懷疑既「終不見之」，則何由得楊南峯書？是得於楊氏歿後？或是張元長的記載疏漏？後見任訥《曲海揚波》方知：

> 黃鵠山人張羽雄飛《董解元西廂》序：「……往歲三橋文君，為余言西山汪氏有元刻本，嘗借錄之，然恨其首尾俱缺，舛謬殊甚，無從校補，每用病焉。柘湖何君，晚得抄本，則南峯楊公所藏，末有題語，因賴以考訂異同，修補遺脫，而董氏之書於是乎復完。……」〔註51〕

六、焦循《劇說》

　　《劇說》一書，是焦循輯錄散見於各書中的論曲、論劇之語而成。書前所列舉的引用書目中，有何氏的《四友齋叢說》。他將散見各書的資料加以整理後，使何氏的戲曲生涯更清晰的呈現出來。他說：

> 何元朗早歲入南都，隨顧東橋游讌，多習舊聞。東橋每宴集，輒用教坊樂，以箏琶侑觴。當康陵南巡日，樂工頓仁隨駕至北京，得金元人雜劇；元朗妙解音律，令家中小鬟盡傳之。置酒留賓，恆自度曲。有李節者，善箏歌，元朗品為教坊第一，于時名彥賦詩留贈，黃淳父詩所云「十四樓中第一聲」也。其後引歸，海上倭亂，避地青溪，然文酒之會，

〔註47〕參《度曲須知》頁239，〈絃索存亡〉條。
〔註48〕《度曲須知》上卷，頁191。
〔註49〕《梅花草堂曲談》頁156。
〔註50〕《叢說》頁4360。
〔註51〕《曲海揚波》卷五，頁887。

　　　未嘗廢絲竹，其買宅句云：「一須焦革鄰舍，二要秦青對門。」〔註52〕

七、王國維《顧曲餘談》（或作《曲餘》）

　　除了因貶抑《西廂記》、《琵琶記》所遭致的批評外，對何氏曲論採取完全漠視態度者，僅王國維一人，他說：

　　　曲之為體既卑，為時尤近，學士大夫論之者頗少，明則王元美《曲藻》
　　略具鑒裁，胡元瑞《筆叢》稍加考證，臧晉叔、何元朗雖以知音節自命，
　　然其言殊無可采。〔註53〕

有明一代近三百年，曲論家上者僅得王氏「略具鑒裁」、「稍加考證」的評語，可見這位民國初年的曲學大師，他的標準是何等嚴苛，而極易疏漏許多「可采」的資料。因此，何氏的地位有待今日重新評定。

八、葉長海《中國戲劇學史稿》

　　由於近年來研究戲劇史的學者漸多，在王國維所說「殊無可采」的何氏曲論中，許多「可采」的資料也時見徵引，葉長海說：

　　　對戲曲作家作品作較具體的總結評論，始於嘉靖年間，其中又以何良
　　俊《曲說》為較早，因而頗存影響，而且常為後人所引用。〔註54〕

由以上諸家的記載，及本章各節的論述，再加上歷來學者的徵引，無可否認的，何良俊其人其論，在明代戲曲史上，確已具有一定程度的重要性。至於曲論在今日的實際參考價值，則有待於學者的繼續發掘了。

〔註52〕《劇說》卷六，頁211。
〔註53〕《顧曲餘談》頁160。
〔註54〕《中國戲劇學史稿》頁131。

第六章 何良俊的詩文創作及其詩文論

　　同曲論、書畫論一樣，《叢說》中的詩文論也沒有完整的體系，我們只有從諸多記載中抽繹出他的主要觀點；但較前二者幸運的是，《何翰林集》中保留數篇何良俊所作的序文，其中有較完整的詩文主張，大致可以填補《叢說》詩文論中理論部分的缺乏；因此本章的第二節，即以《何翰林集》內數篇序文爲主，藉以瞭解何氏的詩文理論；並可與第一節的詩文創作作一比對，以查考他在詩文方面的理論與實際。本章的三、四節，分別對《叢說》中的文論、詩論及有關詩文的記載，作一概略整理歸納。

第一節　《何翰林集》的詩文創作

　　何氏在嘉靖年間頗有文名，《四庫全書總目提要》中對《何翰林集》有如下的評價：

　　　　良俊在當時頗有文名，所作縱橫跌宕，亦時有六朝遺意，而落筆微傷太快，殆亦才人輕脫之習歟！〔註1〕

以下即以《何翰林集》內實際的詩文創作，作一簡單評析。

壹、何良俊的詩

　　何良俊在南京的八、九年間，是明代南京詩壇的幾個重要時期之一，原因之一是由於倭寇肆虐，東南沿海被禍地區的許多文士都來此避難寓居；同時，像王寅、吳擴、郭第、盧柟等喜歡遊走四方的詩人，也常在此駐足；再加上任職留都的大小

〔註1〕《四庫全書總目提要》卷一百七十八，集部‧別集類存目五，頁4～773。

官吏及本地文人，一時將詩壇點綴得生氣蓬勃。錢謙益《列朝詩集小傳》有如下的記載：

> 嘉靖中年，朱子价、何元朗爲寓公；金在衡、盛仲交爲地主；皇甫子循、黃淳父之流爲旅人；相與授簡分題，徵歌選勝。秦淮一曲，煙水競其風華；桃葉諸姬，梅柳滋其妍翠。此金陵之初盛也。〔註2〕

以上諸人皆何氏之密友，除此之外，第二章交遊考中何氏的南京詩文友，對當時詩壇之興盛也與有功焉。

由於環境的因素，所以《何翰林集》中詩作部分，有七成以上是南京時期作品，其餘則爲何氏與故鄉華亭及蘇州文人的唱和之作。在二百七十餘首作品中，賦、操、樂府、絕句、律詩、排律諸體俱備。這些作品當他在世之時，即已受到選家的青睞，如蘇州俞憲在隆慶元年所編選的《盛明百家詩》中，由於皇甫汸的推薦，選錄了《何翰目集》一卷，前言中曾說：

> 其胸次蓋傲睨千古，不但四海而已。讀其詩若文者，可以知其人矣。

詩一卷，百篇有餘。〔註3〕

此外，如明人華淑所編選的《明人選明詩》（原名《明詩選最》）〔註4〕，清朱彝尊的《明詩綜》〔註5〕，清陳田的《明詩紀事》〔註6〕，都選有何氏之詩。

《四庫全書總目提要》既評何氏詩文「縱橫跌宕，亦時有六朝遺意」，以下摘錄數首爲例，以見何氏詩風。

一、卜　築

> 卜築清溪上，春來樂事多。小桃紅著朵，新水綠生波。晉代餘文雅，吳宮舊綺羅。蕭條唯故國，愁絕滿干戈。〔註7〕

二、再疊前韻（鶯字韻）戲呈諸公

> 不耽詞賦擅東京，節俠千年骨尚清。豈爲聞箏偏快意，每逢說劍便留情。消磨壯志杯中酒，斷送韶年柳上鶯。堪笑狂生全沒用，也能飛箭下聊城。〔註8〕

三、與張玄湖夜飲醉歸用韻一首

〔註2〕《列朝詩集小傳》丁集上，頁462，〈金陵社集諸詩人〉條。
〔註3〕《盛明百家詩》第103號，《何翰目集》。
〔註4〕《明人選明詩》卷三，頁335。
〔註5〕《明詩綜》卷四十五，頁26。
〔註6〕《明詩紀事》頁1274。
〔註7〕《何翰林集》頁159。
〔註8〕《何翰林集》頁206。

總爲繁華住舊京，尊前花朵照人清。楊枝鬬舞全無力，桃葉傳歌慣有情。閱世堪悲唯逝水，喚人行樂是流鶯。莫辭酩酊歸來晚，殘月依依下石城。〔註9〕

四、題善權僧畫水僊

雨後搖新翠，風前度暗香。凌波元不染，迴向水僊王。〔註10〕

五、題畫綠萼梅和朱射陂韻

冰肌暈微綠，含香度早春。水邊曾一見，還憶意中人。〔註11〕

六、聽李節彈箏和文文水韻

汩汩寒泉瀉玉箏，泠泠標格映清冰。愁中爲鼓秋風曲，不負移家住秣陵。〔註12〕

七、題〈洞庭圖〉贈張九夏文學

八月層波帶暝烟，洞庭渺渺欲浮天。文章汗漫應如此，試讀南華秋水篇。〔註13〕

八、白下春游曲（其三）

融融暖日正曛人，澹澹和風不動塵。況是城南家又近，爭教若個不尋春。〔註14〕

九、白下春游曲（其五）

萬片夭桃迎笑靨，千條弱柳鬬纖腰。潘妃死後芳魂在，敢作城南一段嬌。〔註15〕

由前引諸詩，可知其不過分雕琢，不賣弄典故，時而平鋪直敍，時而流露清麗的六朝風格，應是屬沈周、文徵明以下江南傳統的詩風。

除了實際詩作的欣賞之外，何氏的詩還有以下的價值：

一、可備詩壇掌故

何氏詩作之前偶有前序，這些序有時透露出詩壇的掌故，如〈人日集朱子价草堂，壁間懸楊升菴像，……〉〔註16〕記載諸詩人會集於朱日藩齋中，禮拜楊慎畫像，

〔註9〕《何翰林集》頁216。
〔註10〕《何翰林集》頁251。
〔註11〕《何翰林集》頁256。
〔註12〕《何翰林集》頁274。
〔註13〕《何翰林集》頁275。
〔註14〕《何翰林集》頁277。
〔註15〕同註14。
〔註16〕《何翰林集》頁231。

可與日藩《山帶閣集》的記載相互參看。又如何氏曾評伎童李節箏歌爲教坊第一，一時名彥賦詩留贈，也是當時雅事，後世談藝文者屢有徵引〔註17〕。

二、可大致了解此一文人集團的成員及活動情形

何氏的南京詩作部分，主要是唱和之作，這些作品中時常透露此一集團的聚集場所，及出入的詩人；雖然地點、人物等資料是任何詩文集中皆具備的，但由於何氏在嘉靖年間南京詩壇的重要地位，我們可經由他的詩作，了解此一集團的活動概況。如會集的成員中曾有《西遊記》的作者吳承恩（字汝忠，號射陽山人）〔註18〕，檢閱《吳承恩年譜》，其中曾有與何氏的唱和之作〔註19〕。循著何氏的交遊網，在張之象的《翔鴻集》中，也數度發現「吳汝忠」〔註20〕；以此類推，應可進一步掌握吳承恩在南京的交遊狀況。

貳、何良俊的文

在《何翰林集》中，文的成就較詩爲大。除了〈初夏泛泖記〉、〈四友齋記〉、〈書屏示客〉外，其餘都屬應用文；其間雖稱不上「閎深偉麗」、「簡質典雅」，但敘事、說理、抒情，或通暢，或清麗，並無任何派別的束縛，也應在水準之上。

何氏主張文章應以「著述」爲先〔註21〕，而所謂「著述」，必須是有益於當時，有功於後世。明陳子龍所編選的《皇明經世文編》卷二百四，收錄了《何翰林集》中的六篇文章，肯定了何氏文章乃具有經世價值的「著述」。此六篇文章，據《皇明經世文編》的排列次序是：

　　一、〈與王槐野（王維楨）先生書〉　　倭寇、錢法、門攤
　　二、〈與塗任齋（塗澤民？）驗封書〉　　倭寇
　　三、〈與都憲趙循齋（趙忻）書〉　　柘林城
　　四、〈與張西谷（張世美）書〉　　南京城守
　　五、〈送大司徒孫東穀（孫應奎）考滿北上序〉　　大司徒
　　六、〈送大司成尹洞山（尹臺）赴召北上序〉　　司成〔註22〕

〔註17〕如朱彝尊《明詩綜》卷四十五，頁26。
〔註18〕《何翰林集》頁127。
〔註19〕參《吳承恩傳記資料》（一），《吳承恩年譜》，「嘉靖三十四年」、「嘉靖三十七年」二條。
〔註20〕參《翔鴻集》頁1、2、3、20。
〔註21〕參《何翰林集》卷八《儼山外集》序），頁302。
〔註22〕《皇明經世文編》卷二百四，頁13～639。

其中五、六兩篇，分別是代張須野（張鶚翼）、歐乾沙（不可考）所作。日本東洋文庫《明代經世文分類目錄》，也同樣收錄前述六篇文章，並分別加以歸類〔註23〕，茲不贅述。

以上諸文，暴露了嘉靖年間政治、經濟、軍事上的種種困境及弊端；而主其事者的缺乏遠見、因循苟且，更是在在都足以動搖國本。考諸文中何氏的各項見解，皆非紙上談兵的書生之見，其中有批評、有建議，雖未必全然可行，但確可看出他有心用世的抱負和才能。

今試舉嘉靖三十四年所作〈與王槐野先生書〉的部分內容，以見其議論之一端。例如，他抨擊當時禦倭將帥未能掌握經濟大權，處處仰給於有司的弊端：

> 今將帥領士卒，臨陣而斗米尺帛皆取給于有司；有司每每節縮財賞，不稱功賞。……今將帥欲用士卒之命，而有司每失士卒之心，雖使李廣復生，欲其制勝得乎？

臨時調派將帥領兵出征，原為防止將帥專兵自重，但在倭寇大舉騷擾東南之際，此種政策實不足以應付變局，他說：

> 今敵人壓境，始差某將官提某處兵若干赴敵，將與士卒不但素不識面，亦且不知姓名，若此雖使廉頗復生，欲其制勝得乎？

江南「溝港鱗次，屋櫛廬比（似應作「屋廬櫛比」）」，古代的「陣法固不可用」，「然獨可無紀律乎」？部隊的運動調度應該變幻莫測，然而：

> 今合數萬之眾，總為一隊，驅之赴敵；一人失利，萬人奔潰，則雖穰苴、孫武、韓信、李靖復生，欲其制勝得乎？

除了以上的批評之外，他也建議因對象不同，而征剿與招撫並用；以客兵訓練鄉兵，而建立地方自衛能力等，皆足以作為主事者的參考。

至於何氏其他風格的文章，皆散見於《何翰林集》中，清麗如卷十五的〈初夏泛泖記〉；典雅如卷十七的〈代聶雙江兵部尚書謝上表〉；說理透徹如卷十六的〈挽留一菴和尚住持方廣寺疏文〉；茲不贅述。

第二節 《何翰林集》的詩文論

《何翰林集》中有關詩文理論的部分，主要見於〈《唐雅》序〉〔註24〕、〈《剪綵

〔註23〕參《明代經世文分類目錄》頁66、157、192。
〔註24〕《何翰林集》卷八，頁285。

集》序〉〔註25〕、〈《儼山外集》序〉〔註26〕、〈《薛方山隨寓錄》序〉〔註27〕、〈《吳山人後集》序〉〔註28〕、〈復王沂川書〉〔註29〕諸篇，以下歸納爲幾個標題以便討論。

壹、對於編選明代詩文的看法〔註30〕

有王沂川者，欲編選明代詩文，慕何良俊之名，故而寫信討教。王氏由於不滿程敏政《文衡》中的「斥華摘實」，因此，他的構想是專以《昭明文選》所選者爲範例；何氏對此有不同的看法，他說：

> 小子之見，則謂言而不華，誠不足以謂之文；苟徒華而不實，則又何所用之？必也體備質文，辭兼華實，庶乎彬彬可稱，而編選之家，亦不失爲通方之論矣。

對於文選的編選，何氏主張文質並重；而對於詩選的編選，由於王沂川所列的詩選目錄中，「詩類似專重樂府，雖古詩亦僅僅數首，近體則全不入選」，因此他建議：

> 試觀《昭明》之集，樂府特十之二三，而游覽行旅雜體居其七八，今何太略如此，亦須稍廣之。夫詩之體格，以時而降，即陸士衡、顏、謝諸作，中間率多排比，已爲近體之濫觴矣，今安得獨遺之？

由此可見何氏對於樂府、古詩、近體三者不偏廢的態度。而從《何翰林集》中諸體具備的情形，也可證明他在理論與實際的相互配合。

貳、文章應先於著述〔註31〕

何氏雖然早歲即喜讀《文選》及《藝文類聚》諸書〔註32〕，表示他對純文學絕不排斥；但他對於文章的基本主張，則是文章應以「著述」爲先。他曾談及「著述」的困難：

> 則知博雅兼備，太史公猶或難之，昔人所云不虛耳。夫今世薦紳先生，非不才質瑰瑋，然皆高談理性，競事玄虛；或專志藝文，都工靡曼。夫尚玄虛，則黜聞見；工靡曼，則鮮懿實。而著述之家，惟資博雅；其尋繹經

〔註25〕《何翰林集》卷九，頁317。
〔註26〕《何翰林集》卷八，頁300。
〔註27〕《何翰林集》卷九，頁324。
〔註28〕《何翰林集》卷九，頁343。
〔註29〕《何翰林集》卷十八，頁571。
〔註30〕同註29。
〔註31〕同註26。
〔註32〕參《叢說》卷三・經三，頁258。

史，亦賴思致宏深；故今世文士競爽，而著述罕聞，非此其故耶？

尚玄虛與工靡曼兩類作家，都缺乏著述之家所必備的博雅，及尋繹經史時所須的「思致宏深」，因而今世「著述罕聞」。接著他進一步闡述何者為「著述」？「著述」之功效為何？

> 余究觀古人文章，抑孰有先於著述者哉？夫世稱西漢文章之盛，莫過於武宣；以今考之，則馬遷次《史記》、淮南撰《鴻烈》、次公議《鹽鐵》、子政陳五行，……既得立言之致，而所載聖賢言語行事之實，又皆後世之所樂聞，而史傳之所不著者；雖至於今，學士大夫猶或因之考見得失。他如長卿諭意巴蜀，嚴助風旨淮南，……皆可施之廟堂，著為令甲，固典誥之流亞也。

同時，他也批評了正德以來的文壇：

> 我明當正德間，……康澥西、馬西玄……李空同、王浚川、……文章之盛幾與古埒；今讀其集，非不窮妍盡麗，眩視驚聽；然譬之畫脂鏤冰，雖精采酷似，而棄日損功，無益於世。嗚呼！若此者，雖工亦何貴乎？

由此可知，何氏所要求的著述，不但是「皆可施之廟堂，著為令甲」，須有益於當時；也是「後世之所樂聞，而史傳之所不著者；雖至於今，學士大夫猶或因之考見得失」，更要有功於後世。以這種標準去評斷當時諸名家的文章，結論當然是「雖工亦何貴乎」？

今考查何良俊的著作，《何翰林集》中的六篇文章被選入《皇明經世文編》，已被肯定是有益於「經世」的著作。而《叢說》全書中，隨處皆可看到記載聖賢的言語行事；其他的諸多言論，也都是有感於時弊而發的，如提出「經緯二冊」之說，以改良日益敗壞的黃冊、魚鱗圖冊〔註33〕；提出當前的三大急務，以澄清政府日益癱瘓的吏治〔註34〕；建議控制長江之險，以防倭寇進犯〔註35〕；凡此種種，不但在當時可「施之廟堂」，在今日也提供我們「考見得失」的寶貴資料，因此，這些「著述」皆可無愧於他的主張了。

參、反理學家援道入文 〔註36〕

《《薛方山隨寓錄》序》是一篇精彩的反理學家「援道入文」的文章，其實幾乎

〔註33〕參《叢說》卷十四‧史十，頁 4347。
〔註34〕參《叢說》卷十三‧史九，頁 4336。
〔註35〕參《叢說》卷十一‧史七，頁 4324。
〔註36〕同註27。

—115—

可說是反理學的文章。

今日學術思想史、哲學史一類的書籍，大多只介紹明代的理學，及理學各派別之間的論爭，少有顧及當時的反對聲浪；似乎理學是思想，而反對理學並不算是「思想」，只是一種「言論」而已。當然，這些反對聲浪，本身並不構成一種有條理的思想體系，的確也不夠資格擠身入學術思想史、哲學史之中；但除了專門學者之外，這方面知識的缺乏，往往使初學者無法全面而正確的掌握明代思想界的大勢。何氏這篇文章，起碼引導筆者對明代的思想界，有另一角度的看法。

何、薛二人於相繼倦遊之後，相見於青溪之上。薛方山在批評三等「今世所稱最善爲文者」的弊病後，對何氏說：

> 嘗聞古人云：「文以載道」，未聞其必欲援道以爲文也；夫援道爲文，此之謂挾天子以令諸侯，舉世或莫非之，然道正不須言，不言而道未始不在；苟一涉有言，稍或不合，則毫釐之差，而學者承誤襲謬，所謂以學術殺天下者此也。

言「道」稍有不當，既有「以學術殺天下」之虞；他更進一步指出「道」的廣大性，實爲言「道」者所無法周密顧全：

> 夫道者，磅礴混淪，酌之不竭；如群飲於河，由人自取。……夫飲河者，豈能盡河之水，猶之求道者，豈能盡天下之道。

世之言「道」者，動輒說：「如是而謂之性，如是而謂之道」，其實「不過取先王芻狗陳之」，以驚駭世人的耳目，然而「世無尼父，誰爲折衷；爲文之弊，余不知其所屆矣」。

何氏極贊成方山的觀點，數日後，並爲陸祠部五臺（陸光祖）解釋韓愈〈原道〉、〈送文暢師序〉的「爲文語道」，乃是爲了與佛教爭勝，以弘揚吾儒，至於他的其餘佳作，「豈必盡談空、談性、說仁、說智哉」？何氏接著說：

> 夫道若日月然，……道在天下，則盡天下之人，凡邪正得失，舉莫能遁其情矣。……然而道固自在，合之不合，而醇駁之迹見矣，豈必曰某事非道，某事非道，然後爲得耶？故懸日月以待物，而物形自見；苟一物以一日月照之，日月其晦乎？懸道以待人，而人情自見；苟一人以一道語之，道其裂乎？

言「道」者一人以一道語之，「道其裂乎」？這正是何氏反對理學家「援道入文」的根本原因。

肆、論詩道〔註37〕

　　〈《剪綵集》序〉成於嘉靖二十八年，乃何氏為好友張之象所作。此時前七子已歿，後七子的勢力尚未形成；而唐宋派的理論也正處初興階段，何氏此文的詩道主張，或可反映出部分江南詩壇的文藝思潮。

　　由於鍾嶸《詩品》，「三品之中，惟子建一人獨盡褒美；自王劉以降，互有譏評，則知詩之為道，可不謂難哉？」因此：

> 予嘗括而論之，其大端有二，夫鋪張篇什，全在體裁；潤色辭條，莫先菁藻。譬之袞冕，實繁典章，苟欲擅美一時，必待兼資二者。……所謂合之則雙美，棄之則兩乖者也。

體裁的選擇與文辭的修飾，是詩道的兩大要素。然而在實際的創作過程中，卻有許多棘手問題，是詩人難以掌握的：

> 夫神宰難馭，寄在絕冥，意匠無方，潛於冲漠；探之愈室，索之更深；是以對客談諧，俱能暇豫，臨文議擬，鮮不躊張。……至於選勢定篇，既方圓莫準；鑄辭鍊句，又玄素無別。……加以平頭上尾，所關最要；四聲八病，其例亦多。……

由於以上諸多問題，詩人多未能圓滿解決，因此，「世之作者自言人握靈珠，終是家藏敝帚。」至於盛唐，是七子派所標榜的詩體大備、詩運昌隆的時代，然而：

> 至有唐貞觀、開元間，世推極盛，然自是詩道之一變也。下逮宋元，風雅幾絕。

自盛唐詩道一變之後，已呈每況愈下的趨勢；至於明代，由於上位者的大力提倡：

> 才情雄健者，或取模於漢魏；思致清綺者，復降意於齊梁，由是建安、永明之風，洋洋乎遍於域中矣。

由何氏「建安、永明之風，洋洋乎遍於域中矣」的愉悅之惰，可知在他心中，盛唐的詩風，固然有其特色與價值，然而建安、永明的詩風，或許才是他最嚮往的吧！

伍、對於摸擬的態度〔註38〕

　　基本上，何氏並不反對模擬，他所反對的是「但模倣古文詞句，餖飣成篇，血脈不相接續，復不辨有首尾」的詩作〔註39〕，至於體裁、菁藻雙美兼備，「清麗婉約，綺錯流便」的佳作，他並不要求一定要自闢蹊徑。他說：

〔註37〕同註25。
〔註38〕同註25。
〔註39〕參《叢說》卷二十四·詩一，頁4443。

夫藝家沿襲，自昔爲然。即李空同序昌穀之集，譏其守而未化，蹊徑
存焉；今觀李公，蹊徑更甚徐生；則知大復捨筏之言，亦自欺人。

第三節　《四友齋叢說》的文論

七子派的文論，是治明代文學批評史的重要課題；與它同時的江南文壇，既有
獨立討論的價值，也經常與七子派作對比研究。筆者原擬在《叢說》的文論中，找
出明顯的派別主張，以便於爲何氏定位；但這位作品「時有六朝遺意」的江南文士，
既不完全排斥七子派的古文，對於歐、曾、蘇、黃也頗爲推崇；另一方面，也不見
對江南作家的過分偏愛，這或許是在七子派、唐宋派、及江南傳統清麗詩文〔註40〕
三派勢力交相影響下的自然現象；同時，這也可以反映當時的實況，並非如文學批
評史上所說的界限分明。在討論本題之前，要特別聲明的是，何氏雖對三派同時採
取包容的態度，但基本上，他仍是偏向江南傳統的詩文風格〔註41〕。以下專以《叢
說》卷二十三・文，探討何氏之文論。

一、崇古卑今

《叢說》的文論中，時時透露出濃厚的崇古傾向，原因是何氏在古人文章中找
到許多值得學習的地方，如「簡質典雅」、「不事蹈襲」、「有諷有刺」……等。這些
文章雖然體裁未必相同，但大多具有一個共同點，即不事空言，而「皆有意見」，這
正是今人文章所欠缺者。

李斯從始皇巡遊，其諸山刻石，殊簡質典雅。如三句一韻，皆自立體
裁，不事蹈襲。信乎文章因世代高下，如徐淑，一婦人耳。……其辭有諷
有刺，微婉而深切。……可謂怨而不傷。知漢世有此等婦人，使今世文士，
亦何能及此耶？

古人文章皆有意見，不如後人專事蹈襲模彷。

二、莊周、屈原文章最妙

莊周、屈原二人之文，何氏以爲「無以加矣」，原因在於「莊之汪洋自恣，屈之
纏綿悽婉」，而其中「又能窺測理性，蓋庶幾聞道者」。

〔註40〕江南傳統清麗詩文並未成派，也無明確的派別主張，但清新的氣氛自與七子派及唐
宋派不同；可以沈周、唐寅、祝允明、文徵明爲代表。

〔註41〕由何氏偏愛前七子中的徐禎卿可知。按：鄭振鐸《中國文學史》頁821，評徐禎卿雖
認同李夢陽的主張，「但仍未脫婉麗的風格」。

春秋以後，文章之妙，至莊周、屈原，可謂無以加矣。蓋莊之汪洋自恣，屈之纏綿悽婉；莊是道德之別傳，屈乃風雅之流亞，然各極其至。若屈原之〈騷〉，同時如宋玉、景差，漢之賈誼、司馬相如，猶能彷彿其一二，莊之《南華經》，後人遂不能道其一字矣。至於莊子所謂嗜欲深者天機淺，屈子所謂一氣孔神於中夜存，又能窺測理性，蓋庶幾聞道者。

三、漢以後但為文章

按何氏〈《儼山外集》序〉的說法，古人的文章皆以「著述」為先，亦即「立言著書」，這是第一等的文章。自漢以後但為文章，然而文章亦不易為，並非所有文詞皆可稱為「文章」；自唐以後，「文章」已「不復見矣」。如：

自漢以後，諸人不復立言著書，但為文章。然必如枚乘〈七發〉，相如〈封禪文〉，東方朔〈答客難〉，……閎深偉麗，方可謂之文章。至於後世碑傳序記，乃史家之流別耳。

唐人如李百藥〈封建論〉、崔融〈武后哀冊文〉、柳子厚〈貞符〉、韓昌黎〈進學解〉，猶是文章之遺，此後不復見矣。

四、評六朝文

《四庫全書總目提要》曾評何氏「所作縱橫跌宕，亦時有六朝遺意」〔註42〕，何氏對六朝文提出簡要的評斷標準，應是實際欣賞、創作的經驗談。

六朝之文，以圓轉流便為美，苟過於晦澀，失其本色矣。

五、崇唐卑宋

就整體而言，何氏是屬崇唐卑宋，但其間仍有個別的差異，如：

唐人之文實，宋人之文虛；唐人之文厚，宋人之文薄。

唐人如任華之詩，樊宗師、楊夔、劉蛻之文，縱做得甚妙，亦只是野狐壞道。

六、喜北宋文

何氏雖崇唐卑宋，但對於北宋歐、曾、蘇、黃四家的文章，卻頗為喜愛；一方面或許是受唐宋派長期鼓吹的影響，另一方面也是他自得於心的親身體會。北宋諸家，他尤其欣賞黃庭堅「蘊藉有理趣」的小文章，並屢次引用其文。他雖對黃庭堅的小文有特殊偏好，但仍不阿所私，給予公允的評價。如：

蘇東坡才氣浩瀚，固百代文人之雄；然黃山谷之文，蘊藉有趣味，時

出魏晉人語，便可與坡老並駕。

山谷之文，時有高勝語，如〈韓幹御馬圖跋尾〉云：「蓋雖天廄四十
萬匹，亦難得全材；今天下以孤蹄棄驥，可勝歎哉？」只二十五字，然中
有許多感慨，而勁潔可愛。

山谷之文，只是蘊藉有理趣，但小文章甚佳；若較之蘇長公〈司馬文
正公行狀〉及〈司馬公神道碑〉……諸作，規模宏大，法度嚴整，山谷遂
瞠乎其後矣。

歐陽公〈燕喜亭記〉，中間何等感慨，何等轉換，何等頓挫，當迥在
宋時諸公之上，便可與韓昌黎並駕。

曾南豐文，嚴正質直，刊去枝葉，獨存簡古。故宋人之文，當稱「歐
蘇」，又曰「歐曾」。

七、南宋無文

何氏對於南宋之文，是採完全輕視的態度，如：

南宋之詩，猶有可取；文至南宋，則尖新淺露，無一足觀矣。

八、今人作文之弊

今人作文，「動輒便言史漢」，其實尚不能追及韓歐；並且華而無實，更蹈襲了
摯虞《文章流別論》所陳的種種作文之弊。應該注意的是，何氏所說的今文之弊，
除了泛指一般文士，矛頭也指向諸大家。如：

今人作文，動輒便言史漢，夫史漢何可以易言哉？……蓋我朝相沿宋
元之習，國初之文，不無失於卑淺；故康李二公出，極力欲振之，二公天
才既高，加發以西北雄俊之氣，當時文體為之一變，然不過為我朝文人之
雄耳。且無論韓昌黎，只如歐陽公〈豐樂亭記〉，中間何等感慨，何等轉
換，何等含蓄；今二公集中，要如此一篇尚不可得，何論史漢哉？

摯虞《文章流別論》曰：「假象過大，則與類相遠；……」可謂切中
今時作文之弊矣。觀諸公之以文名家者，其製作非不華美，譬之以文木為
櫝，雕刻精工，施以采翠，非不可愛，然中實無珠，世但喜其櫝耳。

九、善求古人之文

古人文章風格不一，各有其特色，或紆徐委曲，或峻快斬絕；因此，觀古人文，
在於「善求古人之文」，而不可以一己的偏好妄分高低。

朱凌溪嘗言：「康對山謂〈范增論〉後數句，忙殺東坡，蓋以峻快斬
絕為著忙也，此亦有見，但不免溺於一偏。緣康之文，全學《史記》之紆

徐委曲，重複典厚，而不知峻快斬絕，亦史記之所不廢。……不可以己好
典重紆徐，而遂輕峻快斬絕也。」凌溪此言，可謂善求古人之文矣。

十、談文之最

「文滅質，博溺心」，是世俗爲文者的通病；唯有「文不滅質，博不溺心」，方
可稱之爲作家。何氏這種見解，同時也見於《何翰林集》卷九〈《吳山人後集》序〉，
二者並觀，當更能掌握何氏的觀點。

莊子云：「文滅質，博溺心。」此談文之最也。唯文不滅質，博不滅
心，斯可以言作家矣。然世豈有是人哉？

十一、泛論本朝文壇及其掌故

何氏所評論及記載的明代諸文人，以前七子及其同調，和江南文壇領袖沈周、
顧璘、祝允明、唐寅、文徵明等爲主，在僅有的十餘條中，其中並無明顯的高下之
別，可見他對兩者不偏廢的態度。但由字裏行間，如徐昌穀、高蘇門二條中，仍可
看出其偏好所在。以下略舉數條以爲例證。

徐昌穀之文，不本於六朝，似彷彿建安七子之作。出典雅於藻繢之中，
若美女滌去鉛華而豐腴豔冶，天然一國色也。苟以西北諸公比之，彼眞一
傖父耳。〔註43〕

《李空同集》中，如〈家譜大傳〉……諸篇，極爲雄健，一代之文，
罕見其比。

槐野先生之文與詩，皆宗尚空同，其才亦足相敵，但持論太高而氣亦
過勁，人或以此議之。若〈孫忠烈傳〉與〈白洛原墓碑〉諸篇，便可度越
康李，與古人爭鶩矣。

近時如偃師高蘇門、關中喬三石，其文皆宗康李，然能更造平典。雖
曰大輅始於椎輪，層冰由於積水，亦由其稟氣和粹，正得其平耳。

東橋又稱唐六如〈廣志賦〉，……序托意既高，而遣詞亦甚古，當是
一佳作。今吳中刻六如小集，其詩文清麗，獨此賦下註一闕字，想其文遂
不傳矣。

〔註43〕何氏對徐禎卿有特殊的偏愛。在本卷頁4433，何氏列舉古今論文之作，明代僅舉徐
禎卿《談藝錄》諸篇，他評所列諸書爲「作文之法，無不備矣」。又，《叢說》卷二
十六·詩三，頁4470，於推崇黃五嶽、皇甫百泉之詩時說：「余以爲徐迪功（徐禎卿）
之後，當共推此二人。」此外，劉大杰《中國文學批評史》頁263，曾評：「徐禎卿
論詩，重情貴實，反對華藻，這是他不同於李、何的地方。」何氏的詩論也與他大
略相似。

此外，如記康海的奇文多散佚於文集之外；祝允明文集一出而文價頓減；弘正以前，楊士奇、李東陽之文均不可廢；明代冊文、誥勅的疏略；錄沈周詼諧的〈化鬚疏〉等，皆有助於了解明代文壇。

十二、引用前人言論

除了蘇軾、黃庭堅之外，其餘大部分引用的言論，均見於楊慎的《丹鉛續錄》及《升菴外集》，其中摯虞、李華、蕭穎士諸條，雖未曾標明出處，但楊慎諸書中均有相似或相同之記載，也可能轉引自楊慎諸書，茲不贅述。

第四節　《四友齋叢說》的詩論

《叢說》卷二十四至二十六等三卷，皆為何氏的詩論。此三卷曾為明周子文的《藝藪談宗》所摘錄，書前之序曾說：

> 此刻所載我明論詩，……皆當代宗匠名家，亦已十得八九，縱搜摘有未逮，亦不至遺其精而掇其粗矣。

以下壹、貳、參三部分，分別對三卷的內容作一簡單歸納。原則上，每卷個別討論，但為歸納的方便，偶有例外。

壹、卷二十四·詩一

一、詩本性情

「詩本性情」，是何氏作詩、評詩的基本主張，凡是合於此者為好詩；否則，「但求工於言句之間，吾見其愈工而愈遠矣」。「盛唐風骨」是一較抽象的標準，將這標準具體化落實於實際的創作與評論，就是「本之性情」、「六義無闕」。如：

> 詩有四始，有六義；今人之詩與古人異矣，雖其工拙不同，要之六義斷不可闕者也。苟於六義有合，則今之詩猶古之詩也；六義苟闕，即古人之詩何取焉。……況六義者，故無意象可尋，復非言筌可得，索之於近，則寄在冥邈；求之於遠，則不下帶衽；又何怪乎今之作者之不知之耶？然不知其要則在於本之性情而已；不本之性情，則其所謂託興引喻與直陳其事者，又將安從生哉？今世人皆稱盛唐風骨，然所謂風骨者，正是物也。學者苟以是求之，則可以得古人之用心，而其作亦庶幾乎必傳，若舍此而但求工於言句之間，吾見其愈工而愈遠矣。
>
> 詩以性情為主，三百篇亦只是性情。今詩家所宗，莫過於《十九首》，

其首篇〈行行重行行〉，何等情意深至，而辭句簡質。其後或有托諷者，
其辭不得不曲而婉，然終始只一事，而首尾照應，血脈連屬，何等妥貼。

袁潛翁……世傳其〈檢田吏〉一篇，……此篇質直似〈木蘭詩〉。其
有關時事，則少陵〈石壕吏〉、白太傅諷諭之類也。海叟（潛翁子袁凱）
詩，格調雖高，亦只是詩人之雄耳；苟以六義論之，較之家公，恐不得擅
出藍之譽。〔註44〕

二、崇　杜

杜甫是公認的大家，但各宗派推崇他的原因未必一樣，何氏稱他為「體備風骨」
的集大成者：

世之言詩者皆曰盛唐。余觀一時如王右丞之清深、李翰林之豪宕、……
然終輸杜少陵一籌：蓋盛唐之所重者風骨也，少陵則體備風骨，而復包沈
謝之典雅、兼徐庾之綿縟、采初唐之藻麗，而清深、豪宕、俊逸、高曠、
沉著、精鍊、老健，蓋無所不備，此其所以為集大成者歟！

三、上乘之詩

本之性情是好詩的第一要素，然而除此之外，尚須具備數種條件，才有資格稱
為「上乘之詩」：

詩苟發於情性，更得興致高遠，體勢穩順，措詞妥貼，音調和暢，斯
可謂詩之最上乘矣。

四、詩家切要語

詩家切要語，雖只有「婉暢」二字，卻是作詩者的重要法則：

婉暢二字，亦是詩家切要語。蓋暢而不婉，則近於龍；婉而不暢，則
入於晦。

五、詩家有流派

何氏同意鍾嶸《詩品》對作家的區分派別：而這種區分派別的方法，同樣也見
於他的繪畫理論：

詩家相沿，各有流派。……則鍾參軍《詩品》，亦自具眼。

六、詩家有正宗、旁支之分

詩家有正宗、旁支之分，正宗是「古詩學《選》，七言律與絕句宗杜，格調最正」、
「頗重風骨，其格最正」，為吾人所當學習；而旁支則或有佳詩，但僅具個別欣賞價

〔註44〕《叢說》卷二十五·詩二，頁 4461。

值,「縱得成道,亦只是羅漢果」,實不足爲法。如:

> 詩自左思、潘陸之後,至義熙、永明間,又一變矣。然當以三謝爲正
> 宗,⋯⋯若顏光祿、鮑參軍,雕刻組繢,縱得成道,亦只是羅漢果。

> 近世選唐詩者,獨高棅《唐詩正聲》,頗重風骨,其格最正。

> 元人最稱楊鐵崖,其才誠爲過人,然不過學李長吉,其高者近李供奉,
> 終非正脈。〔註45〕

> 松江袁景文凱其古詩學《選》,七言律與絕句宗杜,格調最正。〔註46〕

七、文章關乎氣運

文章與氣運相關,是長久以來的看法,何氏也持此種論調。他認爲興王之代「氣機已動」,詩人往往發於文章而不自知。

> 唐初,雖相沿陳隋委靡之習,然自是不同。⋯⋯蓋當興王之代,則振
> 迅激昂,氣機已動,雖諸公亦不自知也,孰謂文章不關於氣運哉?

八、今詩之弊

何氏以爲今詩之弊,在於動輒以盛唐、中唐相互標榜,然而,「但模倣古人詞句,餖飣成篇,血脈不相接續,復不知有首尾」;往往又以嚴羽的以禪喻詩,作爲自身浮濫語的護身符。如:

> 今人但模倣古人詞句,餖飣成篇,血脈不相接續,復不辨有首尾,讀
> 之終篇,不知其安身立命在於何處,縱學得句句似曹劉,終是未善。

> 嚴羽卿論詩,以爲當如水中之月、鏡中之花,此詩家妙語也。又引禪
> 家羚羊掛角、香象渡河等語,正以見作詩者,當不落理路,不著言筌,學
> 詩者誠不可不知此意。⋯⋯今人則全無血脈,一句說向東,一句說向西,
> 以爲此不落理路,不著言筌語,即水中月、鏡中花也,此何異向痴人說夢。
> 而羽卿數語,無乃爲疑誤後人之本耶?

九、何謂佳詩

詩家雖有正宗、旁支之分,但何氏論詩,只要不違背「本之性情」、「六義無闕」的大原則,並不因人或因時而廢詩。由他評不屬於正宗的顏光祿,其〈五君詠〉「託興既高,而風力尤勁」;《玉臺新詠》的「殊有風人之致」;王無功、王維詩的「直言其情,何等眞率」;王荊公所選晚唐詩的「雖是晚唐,然中必有主,正所謂六義無闕者也」;皆可見他評詩的標準。

〔註45〕同註44。
〔註46〕《叢說》卷二十六・詩三,頁 4463。

> 顏光祿詩雖佳，然雕刻太過，至如〈五君詠〉，託興既高，而風力尤勁，便可與左太冲抗衡。

> 永明以後，當推徐、庾、陰、何，蓋其詩尚本於情性，但以其工爲柔曼之語，故乏風骨，猶不甚委靡。

> 徐孝穆所編《玉臺新詠》，雖則過於綺麗，然柔曼婉孌，深於閨情，殊有風人之致。

> 唐人詩，如王無功〈山中言志〉云：「孟光倘未嫁，梁鴻正須婦。」……是皆直言其情，何等眞率，若後人便有許多緣飾。

> 王荊公有《唐人百家詩選》，……其中大半是晚唐詩，雖是晚唐，但中必有主，正所謂六義無闕者也。

十、多引前人詩論

《皎然詩式》爲何氏最推重的詩論，卷中或大段引用，或摘錄佳句，並總結說：「此語皆切中詩家肯綮，古今論詩，無有能出其右者，作詩者當深味之。」於同時前輩楊愼的詩論亦時有會心處，他曾說：「楊升菴談詩，眞有妙解處，且援證該博。」此外，他也引用李夢陽的說法，解釋今日詩中比興較少的原因，乃在於「出於情寡而工於詞多」。

其餘如評《文選》中不同詩風之大家；評明人的詩論、詩選；摘錄六朝初唐之詩，其落句可觀而諸集不載者；皆可由其中看出何氏個人的品味。

貳、卷二十五・詩二

本卷以由唐至元的詩家爲主。

一、重性情

何氏推王無功、陸魯望爲唐代隱逸詩人中的第一，原因是「嗜酒誕放，脫落世事，故於情性最近」及「有諷有刺」；推韋左司爲唐代五言古詩中，唯一有陶謝遺韻者，亦因其「性情閒遠，最近風雅」。由此可見，「本之性情」，是他貫串歷代詩壇的中心思想。如：

> 唐時隱逸詩人，當推王無功、陸魯望爲第一。蓋當武德之初，猶有陳隋之遺習，而無功能盡洗鉛華，獨存體質；且嗜酒誕放，脫落世事，故於情性最近。……陸魯望則近於里巷風謠，故皆有諷有刺，而不求工於言句之間，可謂盡善。

> 王右丞五言有絕佳者。……格調既高，而寄興復遠。

> 韋左司性情閒遠，最近風雅，其恬淡之趣，亦不減陶靖節；唐人中五
> 言古詩有陶謝遺韻者，獨左司一人。

二、崇盛唐而不斥中、晚唐

崇唐詩、崇盛唐是明代的大趨勢，何氏一方面融入這個潮流之中；另一方面也以不偏激、不排斥的態度，接納中、晚唐的部分詩作。如：

> 中唐以後之詩，唯王建最爲淺俗，……鏖糟鄙俚，宋元人所不道者，
> 何足以玷唐詩哉？

> 羅隱詩雖是晚唐，如「霜壓楚蓮秋後折，雨催蠻酒夜深酤」，亦自婉
> 暢可諷。

> 且無論晚唐，只如中唐人詩，如「月到上方諸品靜，身持半偈萬緣空」
> 之句，興象俱佳，可稱名作。

三、最喜白太傅

白太傅是四友齋中的四友之一，何氏最喜愛他「不事雕飾，直寫性情」的詩風，並以他的〈長恨歌〉、〈琵琶行〉及元稹的〈連昌宮調〉爲「古今長歌第一」。如：

> 余最喜白太傅詩，正以其不事雕飾，直寫性情，夫三百篇何嘗以雕繪
> 爲工耶？

> 初唐人歌行，蓋相沿梁陳之體，……至如白太傅〈長恨歌〉、〈琵琶行〉，
> 元相〈連昌宮詞〉，皆是直陳時事，而鋪寫詳密，宛如畫出，使今世人讀
> 之，猶可想見當時之事，余以爲當爲古今長歌第一。

四、古詩、律詩句不相混

律詩與古詩風格不同，故遣詞用句的方法也有差異；若遣詞用句不能與所用的文體相配合，則不能成爲第一流的作品。

> 沈宋始創爲律，排比律法，穩順聲勢，其鑄詞已別是一格矣。然觀其
> 五言古詩，大率以五言律詩句用之；夫律詩句不可用於古詩中，猶古詩句
> 不可用於律詩中也。故五言律雖工，而五言古詩終輸陳拾遺一籌。

五、以《玉臺新詠》爲依準

如前卷所言，《玉臺新詠》「雖則過於綺麗，然柔曼婉孅，深於閨情，殊有風人之致」。凡有此種傾向而爲何氏所喜者，大多以《玉臺新詠》相比礙。如：

> 齊梁體自盛唐一變之後，不復有爲之者。至溫李出，始復追之。今觀
> 溫飛卿〈西州曲〉：「單衫杏子紅，雙鬢鴉雛色」之句，……此作雜之《玉

臺新詠》中，夫孰有能辨之者。

　　崑山顧茂儉妹，……嘗有〈春日詩〉云：「春雨過春城，春庭春草生。春閨動春思，春樹叫春鶯。」余謂此詩可置《玉臺新詠》中。〔註47〕

六、評宋代詩家

　　在「詩必盛唐」的潮流下，何氏不廢宋代詩家的態度，是令人可喜的；對於宋神宗時的諸家，竟然用「詩道大備」的讚語，也明確肯定了諸家的地位。而對於南宋詩家，雖指出「乏渾厚之氣」的缺陷，但仍給予「終在元人上」的評價。如：

　　宋初之詩，劉子儀、楊大年諸人皆學李義山，謂之「西崑體」。然義山蓋本之少陵也，當時猶具體而微。至神宗朝，蘇東坡、黃山谷、王半山、陳后山諸公出，而詩道大備。東坡、山谷專宗少陵；半山稍出入盛唐；后山則規模中唐，簡直可尚。

　　南宋陳簡齋、陸放翁、楊萬里、周必大、范石湖諸人之詩，雖則尖新太露圭角，乏渾厚之氣；然能鋪寫情景，不專事綺績，其與但為風雲月露之形者，大相逕庭，終在元人上。世謂元人詩過宋人，此非知言者也。

七、評元代詩家

　　何氏評詩，頗愛思致清遠、溢於言句之外的理趣；他即以此標準來評斷元代詩家。其中倪雲林（倪瓚）、張外史（道士張雨，字貞居，號勾吳外史）以高潔的人品及富於理趣的詩風，最為何氏所喜。

　　元人詩，昔人獨推虞范楊揭，謂之四大家。……四人之詩，其格調具在，固不可不謂之大家，但乏思致，求其言外之趣則索然耳。余於元人中，獨取張外史、倪雲林二人之詩。外史寓跡於黃冠，……蓋葛稚川、陶貞白之流也。……其趣溢出於言句之外，其即所謂名理者耶？

　　倪雲林……其詩法韋蘇州，思致清遠，能道不喫烟火食語。

參、卷二十六‧詩三

　　本卷以明代詩壇掌故為主，有耳聞者，有親身經歷者，於詩論三卷中屬最有價值的一卷。《四友齋叢說摘抄》中有關詩論的摘抄，本卷即佔十之八九。擇要說明如下。

〔註47〕《叢說》卷二十六‧詩三，頁4472。

一、詩家作用

詩家作用變幻莫測,因此可以代有詩人而不相蹈襲,同時之詩人亦可各逞才思而體貌殊別。「情景日新,由人自取」,正是詩的可貴處。如:

> 「甕非鄰舍酒,膾是故鄉魚」,……「門柳舊五樹,江鱸新四腮」。夫二詩摹寫皆可謂極工,但中間稍有不同,而體貌殊別。乃知詩家作用,變出幻入,不可以神理推,不可以意象測,情景日新,由人自取,巧者有餘,拙者不足,蓋若由於天授,苟所受有限,終不能以力強也。

二、七子派及其同調

七子派及其同調的文學理論,是明代聲勢最大、歷時最久的文學主張。身處此洪流中,何氏以一江南文人的身分,對此派諸大家的記載或評論,如以李夢陽復古之功可比於陳子昂,記王維楨的重詩法,前七子的輕吳音等,都有助於吾人對明代詩壇的掌握。此外,也反映出部分事實,如「七子」之說在江南的實際情形;七子派在南京的同調顧璘對李、何二人仍未能完全認同〔註48〕等。

> 我朝如楊東里、李西涯二公,皆以文章經國,然只是相沿元人之習。至弘治間李空同出,遂極力振起之,何仲默、邊庭實、徐昌穀諸人相與附和,而古人之風幾遍域中矣。律以古人,空同其陳拾遺乎?

> 我朝文章,在弘治、正德間可謂極盛。李空同、何大復、康滸西、邊華泉、徐昌穀一時共相推轂,倡復古道;而南京王南原、顧東橋、寶應朱凌溪則其流亞也;然諸人猶以吳音少之。

> 顧尚書東橋好客,其坐上常滿,又喜談詩,余嘗在坐,聞其言曰:「李空同言作詩必須學杜,詩至杜子美,如至圓不能加規,至方不能加矩矣,此空同之過言也。夫規矩方圓之至,故匠者皆用之,杜亦在規矩中耳。若說必要學杜,則是學某匠,何得就以子美爲規矩耶?何大復所謂舍筏登岸,亦是欺人。」

> 東橋一日又語客曰:「何大復之詩雖則稍俊,然終是空同多一臂力。」

> 世人獨推何李爲當代第一,余以爲空同爲關中人,氣稍過勁,未免失之怒張。大復之俊節亮語,出於天性,亦自難到,但工於言句而乏意外之趣。獨邊華泉興象飄逸,而語亦清圓,故當共推此人〔註49〕。

〔註48〕參鄭振鐸《中國文學史》頁822,評顧璘等南方詩人,「他們並各有不同的作風,而皆依附何、李爲重。究其實,未必都是走同一條道路。」

〔註49〕參鄭振鐸《中國文學史》頁821,評邊貢「他名不逮何、李,所作卻清圓有遠致。」此論正與何氏所評相似,故邊貢爲何氏所推崇。

（王槐野）偶一日出一卷展視，乃顧東橋、文衡山、蔡林屋、王雅宜諸人之作，蓋許石城與諸公遊，故得其所書平日之作，裝成此卷，求槐野作跋語。槐野逐句破調，無一當其意者。蓋此老學杜，余嘗聽其論詩，必要有照映，有開合，有關楗，有頓挫；而南人唯重音調，不甚留意於此。

三、記江南詩壇

七子派詩觀並未完全籠罩江南詩壇，沈周以下的部分江南文士，依然一仍江南清新而自由的詩風從事創作，如沈周、文徵明、唐寅、王寵等皆是；而與七子派同調的部分江南文人，如徐禎卿、黃省曾、皇甫汸等，或許是身兼南北詩風之長，最為何氏所推崇。

沈石田詩有絕佳者，但為畫所掩，世不稱其詩。余家有其畫二幅，上皆有題，其一七言者云：「幽居臨水稱冥栖，蓼渚沙坪咫尺迷。山雨忽來苗溜細，溪雲欲墮竹梢低。簷前故壘雌雄燕，籬腳秋蟲子母雞。此處風光小韋杜，可能無我一青藜。」此詩情景皆到，而律調亦清新。

衡山嘗對余言：「我少年學詩，從陸放翁入門，故格調卑弱，不若諸君皆唐聲也。」

徐髯仙，豪爽迭宕人也。數遊狹斜，其所填南北詞皆入律，衡山題一畫寄之，後曰：「樂府新傳桃葉渡，彩毫遍寫薛濤箋。老我別來忘不得，令人常想秣陵烟。」蓋亦有所取之也。

唐六如嘗作〈悵悵詞〉，……此詩才情富麗，亦何必減六朝人耶？

王雅宜之詩，清警絕倫，無一點塵俗氣，真所謂天上謫仙人也，所欠者沈著耳。中道而夭，未見其止，惜哉！

黃五嶽、皇甫百泉之詩，格調既正，辭復俊拔。黃摹寫精深，皇甫思致淵永，余以為徐迪功之後，當共推此二人。

四、記李東陽事

李東陽以內閣重臣為詩壇領袖，其「茶陵詩派」風靡一時，何氏雖晚生數十年，但前朝遺事，故老猶常述及，筆記中也時有記載，《叢說》文論中曾稱其文「酷類子瞻」、「可領袖一時」；對他的詩也給予「一時宗匠」的評語。

李西涯當國時，其門生滿朝；西涯又喜延納獎拔，故門生或朝罷或散衙後，即群集其家，講藝談文，通日徹夜，率歲中以為常。……蓋公於弘治、正德之間為一時宗匠，陶鑄天下之士，亦豈偶然者哉？

五、記嚴嵩事

嚴嵩為一代奸相，以居下流而眾惡歸焉，論者往往以人廢言，漠視他詩文的成就，但何氏以親身接觸的經驗，記嚴嵩為南宗伯時，親身拜訪時所受的禮遇；評論他「憐才下士亦自可愛」；並記載當年李夢陽對嚴嵩的欣賞，都有助於吾人自另一角度觀察嚴嵩。

> 嚴介老之詩，秀麗清警，近代名家鮮有能出其右者。作文亦典雅嚴重，烏可以人而廢之；且憐才下士亦自可愛。但其子黷貨無厭，而此老為其所蔽，遂及於禍，又豈可以子而廢其父哉！

> 余在都，見雙江於介老處認門生，余問之，雙江曰：「我中鄉舉時，李空同做提學，甚相愛。起身會試往別之，空同曰：『如今詞章之學，翰林諸公嚴惟中為最，汝至京須往見之。』故我到京即造見，執弟子禮，今已幾四十年矣。」

六、雜記身旁掌故

何氏雖終身仕途失意，然其詩文友卻多一時俊彥，他將親眼目睹的身旁藝文韻事記載下來，實可備一時詩壇掌故。如：

> 嘉靖中火災後，朝廷將鼎新三殿，令兩京各衙門官出銀助工。時朱射陂為主客正郎，嘗作一詩云：「……敢謂鷥鸞能割股，願同鸚鵡可消災。……。」雖則戲調之辭，然有諷有諭，切中事情，其即所謂六義無闕者耶！

> 余嘗至閶門，偶遇王鳳洲在河下，是日攜盤榼至友人家夜集，強余入坐。余袖中適帶王賽玉鞋一隻，醉中出以行酒，蓋王腳甚小，禮部諸公亦常以金蓮為戲談，鳳洲樂甚。次日即以扇書長歌來惠，中二句云：「手持此物行客酒，欲客齒頰生蓮花。」蓋不但二句之妙，而鳳洲之才情，亦可謂冠絕一時矣。

> 吾友徐長谷見詩文之佳，則曰：「此人肚內有丹。」又嘗見語云：「公肚中曾結過丹，凡有語言便與人不同。」此雖見謔，然長谷此言，自是正法藏中第一妙訣也。

此外，如記文衡山論沈石田之詩一經改削，便不能佳；朱野航得句「萬事不如杯在手，一年幾見月當頭」的盛事；摘錄佳句「匣有魚腸堪借客，世無狗監莫論才」；熊斬峯、晶雙江二人故事等，也各有其參考價值。

第七章　結　論

綜上所述，可知何良俊這位明代嘉、隆年間松江的著名學者，他的《四友齋叢說》，的確是一部具有豐富參考價值的筆記小說，可以提供學術界許多明代中期的寶貴資料。由於它的主要價值已大致歸納如前，故本章不再重複。以下僅以兩個小單元，作為本論文的結論，一為何良俊書畫、戲曲、詩文的基本主張，二為筆者綜觀《叢說》後的綜合評價。

壹、書畫、戲曲、詩文的基本主張

由《叢說》中書畫、戲曲、詩文俱備的情形，可知何良俊是一個「游於藝」的文人。綜觀這三部分文藝理論，可以發現其中貫穿著某些一致的精神，如他論文主張「體備質文，辭兼麗則」，論詩則要求「情意深至而辭句簡質」、「措詞妥貼」、「音調和暢」，這些都與曲論中的「本色論」及「格律論」有相通之處〔註1〕；又如書畫家、詩文家本身的高潔人品、隱逸個性，同樣成為書畫具有「神韻」，詩文思致悠遠的重要因素。以下即以何氏貫穿理論與實際的基本主張，分別陳述於后。

一、書畫主張

何氏論書畫標榜「正脈」，明示學者正確的學習途徑；主張作家的人品、技巧兼備，但人品的比重則遠在技巧之上。因此，唯有出於「正脈」，而具有高潔人品的作家，才能夠創作出第一流的作品。

書論方面，他以王羲之、王獻之父子作為「正脈」的源頭，此後，唯趙孟頫「始盡右軍之妙，而得晉人之正脈」，能「兼形似、神韻而得之」。明代則推重文徵明，及「其書本於大令，兼之人品高曠，故神韻超逸」的王寵。

〔註 1〕參《中國戲劇學史稿》頁 137。

　　畫論方面，他把畫家分為「正脈」與「院體」，或分為「利家」與「行家」，他們「各有傳派，不相混淆」。其中「正脈」、「利家」為文人畫家，自荊、關、董、巨，以至趙孟頫、高房山、元四大家、沈周、文徵明為其代表人物，他們以「筆力、神韻兼備」，故足為學畫者的典範。至於「院體」、「行家」，則多為畫院中人或職業畫家，自馬遠、夏珪，以至戴進、吳偉、杜堇是其代表人物，由於此類畫家不具文人身分，因此雖有純熟的繪畫技巧，可達到「亦是高手」、「人物最勝」的效果，但終究「只是院體」，比不上「正脈」畫家。

　　由於何氏要求繪畫必須具備供士大夫怡悅情性的作用〔註2〕，因此畫家「人品」的高低，成為他評斷作品的重要衡量標準；他論畫所強調的「韻」、「神韻」，也即是指畫家本身所具備的高潔人品及優雅氣質，所呈現在畫面上的特有風味；以倪雲林為例，由於他胸中有文人的「逸氣」，所以草草數筆，即可成為畫中妙品，而此種詩、書、畫合一的境界，正是僅能作畫而不擅詩、書的職業畫家所無法企及之處。

二、戲曲主張

　　何氏曲論的基本主張有二，一為聲律重於曲詞的「格律論」，一為本色重於辭藻的「本色論」，曲論中的許多實際評論，大多源於此二主張。

　　重視音律，是何氏的一貫態度，這種情形不僅見於戲曲，舉凡樂府、詩餘等韻文也都一致；而他之所以崇北曲而抑南曲的原因，正由於北曲在音律上的和諧勝於南曲。他的名言「寧聲叶而辭不工，無寧辭工而聲不叶」，片面強調「聲」重於「辭」，此一觀點成為爾後吳江格律派的前驅。

　　由於《西廂記》通篇不脫男女之情，且時有「語意皆露，殊無蘊藉」之病；《琵琶記》則多華麗辭藻，而缺乏戲曲的「風味」；因此，何氏評「《西廂》全帶脂粉，《琵琶》專弄學問」。為了要矯治以上的弊病，何氏提出「本色」、「當行」的要求。他讚美曲意有新的開拓，而不局限於情詞的《王粲登樓》，絕不是「作調脂弄粉語者可得窺其堂廡」；也欣賞《拜月亭》、《㑳梅香》、《倩女離魂》等作品，情真切、詞簡淡的「本色」戲曲語言。而由他引起的《拜月》、《琵琶》的優劣之爭，掀起了明代後期曲壇的極大論戰。

三、詩文主張

　　何氏論文，主張「體備質文、辭兼麗則」，在此標準下，何氏對於各時代的文章多能接納，他推崇「皆有意見」的古人文章，也喜愛「蘊藉有趣味」的黃山谷小文；欣賞「嚴正質直，刊去枝葉，獨存簡古」的曾南豐文，更稱讚「出典雅於藻蒨之中」

〔註2〕參《中國繪畫美學史稿》頁268。

的徐昌穀文。

何氏論詩，主張「本之性情」、「六義無關」。在此標準之下，他以《古詩十九首》中的〈行行重行行〉爲例，稱讚它「情意深至而辭句簡質」；而「情性」之外，又以「興致高遠」、「體勢穩順」、「措詞妥貼」、「音調和暢」，作爲上乘詩的必備條件。因此，他最喜「不事雕飾，直爲性情」的白太傅，推重「興象飄逸、而語亦清圓」的邊華泉；獨取「寓跡於黃冠」、「其趣溢於言句之外」的張外史，褒揚袁潛翁深富諷諭之義的〈檢田吏〉。

貳、《叢說》的綜合評價

綜觀《叢說》全書，可說是優劣互見。它一方面具有如前所述的多種參考價值，另一方面，其中也摻雜有部分不良的成分。因此，本小節即以綜觀後的心得書於篇末。

一、多著重於人事

《叢說》是一部包羅頗廣的綜合性筆記小說，與其他卷數相似的筆記小說相較，可知它不以博雜取勝。全書記載多著重於人事，不論是詩、文、書、畫，經、史、釋道，或是正俗、詞曲等，都落實於現實人生，一般習見的災異、果報等怪力亂神之說，都被摒棄於本書之外〔註3〕。

二、深刻反映時代

誠如魯迅在《華蓋集》〈忽然想到〉一文中所言，筆記小說往往較正史更易顯現歷史實況，可以補助正史的不足；《叢說》中的許多記載，即具有此種功能。例如他曾記王陽明歿後數十年內，講學者引發的種種後遺症；記倭亂前後，留都南京在政治、軍事、經濟上的窘態；記松江府風俗的侈靡；記嚴嵩的憐才下士；這些鮮活的實例，都是輔助《明史》的最佳材料。

三、抄書之處不少

《叢說》中抄錄舊文的篇幅不少，約佔全書的十之二三；如〈子一〉、〈釋道二〉、〈尊生〉、〈娛老〉諸卷、抄錄的情形最爲嚴重，均佔全卷的一半以上。以今日的眼光來看，不論是否曾標明出處，恐難逃抄襲、剽竊以炫耀博學之議；而這些部分的實際參考價值，不但遠較其他何氏自撰的部分爲低，也使《叢說》的整體評價因而

〔註3〕《叢說》中涉及「怪力亂神」之處，僅有卷二十一、二十二，釋道一、二中的數條記載。

受到影響〔註4〕。其實，這種輾轉抄襲的風氣，正是明代筆記小說的習見現象〔註5〕。考查《叢說》的抄錄對象，以白居易、蘇軾、黃庭堅三人的詩文集，楊慎的《丹鉛餘錄》、《談苑醍醐》……諸集，及黃瑜《雙槐歲鈔》，張志淳《南園漫錄》等書引用的次數最多。他引用這些資料的目的，或是爲了發表研讀後的感想，或是爲了保存文獻，或是爲了指引後學；如他抄錄黃庭堅「甚有理趣」的言論時，即說：「今盡拈出以示後人。」〔註6〕由如此坦蕩的措辭，可知他正在作一件「嘉惠後學」的工作。因此，在我們以今日的標準，評斷它們「毫無參考價值」的同時，似乎不應忽視，那正是當時的風氣。

四、偶有失實記載

何良俊一向留心「著述」，在他的諸著作中，也時常反映出記載力求翔實的態度，如他在批評祝允明《野記》記載失實時說：

> ……枝山何不考索而詭舛至此。乃知記載是一大難事，一有差誤，遂使人受千載不白之謗矣。是豈可以易之哉？〔註7〕

雖然如此，但《叢說》中記載失實或有待商榷的地方，仍在所難免；如朱國楨《湧幢小品》及朱彝尊《靜志居詩話》中的批駁，即值得我們留意。因此，學者在參考引用時，若能謹慎去取，並與同時代的筆記小說相互參照比對，當更能掌握當時的實情。

總之，經由本論文的探討，《四友齋叢說》的整體面貌已大致呈現在我們面前，雖然其間不免有抄錄舊文，記載失實的缺憾，但總體來說，畢竟是瑕不掩瑜。相信在《叢說》及其他筆記小說的共同灌漑下，明史的園地必將結出更豐碩的果實。

〔註4〕參《歷代筆記概述》頁180。
〔註5〕參《歷代筆記概述》頁160。
〔註6〕《叢說》卷三‧經三，頁4256
〔註7〕《叢說》卷三十六‧考文，頁4558。

參考及引用書目

何氏著作

1. 《四友齋叢説》,藝文印書館,《百部叢書集成》之一六・《紀錄彙編》第十函。
2. 《四友齋叢説》三十八卷十冊,明隆慶己巳（三年）華亭何氏原刊本,國家圖書館（以下簡稱「國圖」）善本書室微捲第 7410 號。
3. 《四友齋叢説》,新興書局有限公司,《筆記小説大觀》十五編之七。
4. 《四友齋叢説摘抄》,台灣商務印書館,《紀錄彙編》二一。
5. 《四友齋書論》,藝文印書館,《美術叢刊》三集第三輯。
6. 《四友齋畫論》,同上。
7. 《四友齋曲説》,台灣中華書局,新曲苑（一）。
8. 《曲論》,楊家駱編印,《重編中國文學百科全書資料彙編》第二冊下。
9. 《何翰林集》,國家圖書館,台北,六十年六月初版。
10. 《何翰林集》二十八卷八冊,明嘉靖乙丑（四十四年）華亭何氏香嚴精舍刊本,國圖善本書室微捲第 12448 號。
11. 《何翰目集》一卷,國圖善本書室微捲第 14314 號,《盛明百家詩》第 103 號。
12. 《何氏語林》三十卷六冊,明嘉靖辛亥（三十年）華亭何氏清森閣刊本,國圖善本書室微捲第 8401 號。
13. 《何氏語林》,新興書局有限公司,《筆記小説大觀》三十七編之二、三、四。

史　部

1. 《明史》,張廷玉等撰,鼎文書局,台北,民國 66 年 6 月初版。
2. 《明書》,傅維麟撰,華正書局,台北,民國 63 年 10 月台 1 版。
3. 《虔臺倭纂》,謝杰撰,正中書局,台北,民國 74 年 12 月台初版。
4. 《皇明名臣墓銘》,朱大韶編,台灣學生書局,台北,民國 58 年 12 月初版。
5. 《國朝獻徵錄》,焦竑編,台灣學生書局,台北,民國 54 年元月初版。

6. 《雲間志略》，何三畏撰，台灣學生書局，台北，民國 76 年 6 月初版。

7. 《本（明）朝分省人物考》一一五卷，過庭訓纂集，成文出版社，台北，民國 60 年。

8. 《列朝詩集小傳》，錢謙益撰，世界書局，台北，民國 50 年 2 月初版。

9. 《皇輿考》，張天復撰，正中書局，台北，民國 70 年 6 月台初版。

10. 《天下郡國利病書》，顧炎武撰，考古文化事業公司，台北，民國 70 年 8 月台初版。

11. 《讀史方輿紀要》，顧祖禹撰，新興書局，台北，民國 45 年 5 月初版。

12. 《嘉慶重修一統志》，穆彰阿撰，台灣商務印書館，台北，民國 55 年 12 月台 1 版。

13. 《青浦縣志》八卷，王圻撰，明萬曆廿五年刊本，國圖漢學中心影照佚存古籍。

14. 《上海縣志》一○卷，顏洪範等撰，明萬曆十六年刊本，同上。

15. 《松江府志》五八卷，方岳貢等撰，明崇禎四年刊本，同上。

16. 《松江府志》，宋如林修，孫星衍等纂，成文出版社，《中國方志叢書》，華中地方第 10 號。

17. 《華亭縣志》，馮鼎高等修、王顯曾等撰，同上，華中地方第 462 號。

18. 《重修華亭縣志》，楊開第修、姚光發等纂，同上，華中地方第 45 號。

19. 《上海縣志》，寶應時等修、俞樾等纂，同上，華中地方第 169 號。

20. 《奉賢縣志》，韓佩金等修、張文虎等纂，同上，華中地方第 15 號。

21. 《青浦縣志》，黎庶昌等修、熊其英等纂，同上，華中地方第 16 號。

22. 《婁縣志》，謝庭薰修、陸錫熊等撰，同上，華中地方第 137 號。

23. 《五茸志逸》，吳履震撰，同上，華中地方第 454 號。

24. 《蘇州府志》，李銘皖等修、馮桂芬等纂，同上，華中地方第 5 號。

25. 《吳縣志》，吳秀之等修、曹允源等纂，同上，華中地方第 18 號。

26. 《揚州府志》，張世浣等修、姚文田等纂，同上，華中地方第 145 號。

27. 《寶應縣志》，馮煦纂，同上，華中地方第 31 號。

28. 《海鹽縣志》，王彬重修、徐用儀等纂，同上，華中地方第 207 號。

29. 《台州府志》，喻長霖等續纂，同上，華中地方第 74 號。

30. 《南樞志》，范景文撰，同上，華中地方第 453 號。

31. 《南畿志》，聞人詮修、陳沂纂，同上，華中地方第 452 號。

32. 《金陵通傳》，陳作霖撰，同上，華中地方第 38 號。

33. 《金陵瑣事》，周暉撰，同上，華中地方第 440 號。

34. 《盩厔縣志》，龐文中修、任肇新等纂，同上，華北地方第 237 號。

35. 《江南通志》，黃之雋等撰，台灣華文書局，《中國省志彙編》之一。

36. 《四川通志》，楊芳燦等撰，同上，《中國省志彙編》之七。

37. 《舊京詞林志》，周應賓撰，正中書局，台北，影印明萬曆二十五年原刊本。

38. 《國朝列卿記》，雷禮撰，文海出版社有限公司，台北，明萬曆間刊本。

39. 《諸司職掌》，不著撰人，正中書局，台北，民國 70 年 8 月台初版。

40. 《續南雍志》，黃儒炳撰，偉文圖書出版社有限公司，台北，民國 65 年 9 月。

41. 《歷代職官表》，永瑢等撰，台灣商務印書館，台北，民國 57 年 3 月台 1 版。

42. 《明會典》，申時行等撰，台灣商務印書館，台北，民國 57 年 3 月台 1 版。

43. 《明會要》，龍文彬纂，藝文印書館，《續聚珍版叢書》十三—二十。

44. 《廿二史箚記》，趙翼撰，華世出版社，台北，民國 66 年 9 月新 1 版。

45. 《四庫全書總目提要》，紀昀等撰，台灣商務印書館，《景印文淵閣四庫全書》。

子 部

1. 《法藏碎金錄》，晁迥撰，台灣商務印書館，《四庫全書珍本》十集。

2. 《傍秋亭雜記》，顧清撰，台灣商務印書館，《涵芬樓秘笈》（六）。

3. 《升菴外集》，楊慎撰，台灣學生書局，台北，民國 60 年 5 月景印初版。

4. 《丹鉛雜錄》，楊慎撰，台灣商務印書館，台北，民國 45 年。

5. 《丹鉛餘錄（一）》，楊慎撰，台灣商務印書館，《四庫全書珍本》四集。

6. 《正楊》，陳耀文撰，台灣商務印書館，《四庫全書珍本》四集。

7. 《弇山堂別集》，王世貞撰，學生書局，台北，民國 54 年 5 月初版。

8. 《五雜俎》，謝肇淛撰，新興書局有限公司，台北，民國 60 年 5 月。

9. 《見聞雜記》，李樂撰，偉文圖書公司，台北，民國 66 年 9 月。

10. 《閱世編》，葉夢珠撰，木鐸出版社，台北，民國 71 年 4 月初版。

11. 《履園叢話》，錢泳撰，廣文書局，台北，民國 58 年 9 月初版。

12. 《意見》，陳于陛撰，新興書局有限公司，《筆記小說大觀》（下同）十三編之五。

13. 《清暑筆談》，陸樹聲撰，同上。

14. 《雙槐歲鈔》，黃瑜撰，十四之二。

15. 《菽園雜記》，陸容撰，同上。

16. 《偃曝談餘》，陳繼儒撰，十四之四。

17. 《筆記》，陳繼儒撰，同上。

18. 《萬曆野獲編》，沈德符撰，十五之六。

19. 《居易錄》，王士禎撰，十五之八、九。

20. 《白下瑣言》，甘熙撰，十五之十。

21. 《花當閣叢談》，徐復祚撰，十六之二。

22. 《今言》，鄭曉撰，十八之三。

23. 《鳳洲雜言》，王世貞撰，同上。

24. 《雲間據目鈔》，范濂撰，二十二之五。

25. 《韻石齋筆談》，姜紹書撰，同上。

26. 《湧幢小品》，朱國楨撰，二十二之七。

27. 《諛聞續筆》，明遺民撰，二十二之八。

28. 《七修類稿》，郎瑛撰，三十三之一。

29. 《玉堂叢語》，焦竑撰，三十三之二。

30. 《戒庵老人漫筆》，李詡撰，同上。

31. 《六研齋筆記》，李日華撰，三十八之八。

32. 《黃嬭餘話》，陳錫路撰，三十九之五。

33. 《識小錄》，徐樹丕撰，四十之三。

34. 《皇明世說新語》，李紹文撰，四十之八。

35. 《穀山筆麈》，于慎行撰，四十之九。

36. 《儼山纂錄》，陸深撰，新文豐出版公司，《叢書集成新編》（下同）一三。

37. 《古言類編》（一名《學古琑言》），鄭曉撰，同上。

38. 《筠軒清閟錄》，董其昌撰，五〇。

39. 《考槃餘事》，屠隆撰，同上。

40. 《書畫史》，陳繼儒撰，同上。

41. 《蘇談》，楊循吉撰，八七。

42. 《玉堂漫筆》，陸深撰，同上。

43. 《燕閒錄》，陸深撰，同上。

44. 《都公談纂》，都穆撰，同上。

45. 《琅琊漫鈔》，文林撰，同上。

46. 《縣笥瑣探摘抄》，劉昌纂，同上。

47. 《筆麈》，莫是龍撰，八八。

48. 《新知錄摘抄》，劉仕義撰，同上。

49. 《雨航雜錄》，馮時可撰，同上。

50. 《客座贅語》，顧起元撰，同上。

51. 《敝帚軒剩語》，沈德符撰，同上。

52. 《柳南續筆》，王應奎撰，同上。

53. 《續巇麈談》，胡承譜撰，同上。

54. 《雲間第宅志》，王澐纂，九五。

55. 《淞故述》，楊樞撰，同上。

56. 《雲間雜誌》，撰人不詳，同上。

57. 《松江衢歌》，陳金浩纂，同上。

58. 《淞南樂府》，楊光輔纂，同上。

59. 《震澤長語》，王鏊撰，一一九。

60. 《古穰雜錄》，李賢撰，同上。

61. 《先進遺風》，耿定向撰，新興書局有限公司，《明朝小說大觀》。

62. 《雲林遺事》，顧元慶撰，同上。

63. 《國寶新編》，顧璘撰，同上。

64. 《新倩錄》，徐禎卿撰，同上。

65. 《綠雪亭雜言》，敖英撰，同上。

66. 《明畫錄》，徐沁撰，文史哲出版社，《畫史叢書》（二）。

67. 《佩文齋書畫譜》，清聖祖敕撰，新興書局有限公司，台北，民國 58 年 9 月新 1 版。

68. 《式古堂書畫彙考》，卞永譽編，正中書局，台北，民國 47 年 4 月台初版。

69. 《稗史彙編》，王圻纂，新興書局有限公司，台北，影印萬曆丁未（三十五年）刻本

70. 《元明事類鈔》，姚之駰撰，商務印書館，《四庫全書珍本》初集。

71. 《增補事類統編》，黃葆真編著，新文豐出版公司，台北，民國 65 年 4 月初版。

72. 《古今圖書集成》，陳夢雷編，鼎文書局，台北，民國 66 年 4 月 5 日初版。

73. 《國學備纂》，吳穎炎原輯，廣學社印書館，台北，民國 67 年 10 月初版。

集 部

1. 《白居易集》，白居易撰，漢京文化事業有限公司，台北，民國 73 年 3 月 20 日。

2. 《蘇東坡全集》，蘇軾撰，河洛圖書出版社，台北，民國 64 年 9 月台景印初版。

3. 《豫章黃先生文集》，蘇庭堅撰，台灣商務印書館，台北，民國 68 年，《四部叢刊》正編第四十九冊。

4. 《息園存稿》，顧璘撰，台灣商務印書館，《四庫全書珍本》六集。

5. 《甫田集》，文徵明撰，台灣商務印書館，《景印文淵閣四庫全書》第一二七三冊。

6. 《弇州山人四部稿》，王世貞撰，台灣商務印書館，《景印文淵閣四庫全書》第一二七九冊。

7. 《雙江聶先生文集》十卷四八冊，聶豹撰，明嘉靖甲子（四十三年）永豐知縣吳鳳瑞刊，隆慶六年增補序文本，國圖善本書室微捲第 11900 號。

8. 《長谷集》十五卷四冊，徐獻忠撰，嘉靖乙丑（四十四年）袁汝是等松江刻本，同上第 12007 號。

9. 《環溪集》二十六卷十冊，沈愷撰，明隆慶間刊本，同上第 12072 號。

10. 《皇甫司勳集》六十卷六冊，皇甫汸撰，明萬曆乙亥（三年），吳郡皇甫氏原刊本，同上第 12079 號。

11. 《趙文肅公文集》二十三卷十冊，趙貞吉撰，萬曆丙戌（十四年）巴渝趙氏福建刊本，同上第 12124 號。

12. 《王允寧先生存笥稿》四十二卷、附錄一卷、年表一卷四十二冊，王維楨撰、李嗣京編，明萬曆間陝西巡按黃陛刊鈔補本　同上第 12150 號。

13. 《陸文定公集》二十六卷二十六冊，陸樹聲撰，明萬曆丙辰（四十四年）華亭陸氏家刊本，同上第 11203 號。

14. 《山帶閣集》三十三卷六冊，朱曰藩撰，明萬曆初年刊本，同上第 12220 號。

15. 《翔鴻集》一卷二冊，張之象撰，嘉靖乙卯（三十四年）朱大英刊本，同上第 12435 號。

16. 《石秀齋集》十卷十冊，莫是龍撰，明萬曆甲辰（三十二年）潘煥辰刊本　同上第 12509 號。

17. 《寶日堂初集》三十二卷四十冊，張鼐撰，明崇禎己巳（二年）刊本，同上第 12965 號。

18. 《崇蘭館集》，莫如忠撰，國圖漢學中心影照佚存古籍。

19. 《莫廷韓遺集》，莫雲卿撰，同上。

20. 《朱邦憲集》，朱察卿撰，沈嘉則校，同上。

21. 《方山薛先生全集》六十八卷六冊，薛應旂撰，明嘉靖間刊本，國立故宮博物院故宮圖書館《國立北平圖書館善本書目》第 1832 號。

22. 《何禮部集》十卷四冊，何良傅撰，明嘉靖癸亥（四十二年）華亭何氏家刊本，同上第 1850 號。

23. 《池上編》二卷，朱曰藩撰、楊慎批選，明嘉靖丙辰（三十五年）三癸亭重刊本，同上第 1859 號。

24. 《剪綵集》二卷一冊，張之象撰，明嘉靖間程衛道校刊本，同上第 1960 號。

25. 《白下集》十卷二冊，黃姬水撰，明萬曆初年吳郡黃氏家刊本，同上第 1978 號。

26. 盛明百家詩存後編一百六十八卷四十冊，俞憲編，明隆慶間刊本，國圖善本書室微捲第 14314 號。

27. 《唐雅》二十六卷十冊，張之象編，明嘉靖辛丑（二十年）清河張氏原刊本，同上第 14561 號

28. 《皇明經世文編》，徐孚遠、陳子龍、宋徵璧編，國風出版社，台北，民國 53 年 11 月。

29. 《升菴詩話》，楊慎撰，木鐸出版社，《歷代詩話續編》。

30. 《藝苑卮言》，王世貞撰，同上。

31. 《國雅品》，顧起綸撰，同上。

32. 《詩藪》，胡應麟撰，廣文書局，台北，民國 62 年 9 月初版。

33. 《藝藪談宗》，周子文撰，廣文書局，台北，民國 62 年 9 月初版。

34. 《明人選明詩》（原名「明詩選最」），華淑編，台灣大通書局，台北，民國 63 年 1 月初版。

35. 《明詩綜》，朱彝尊編，世界書局，台北，民國 59 年 8 月再版。

36. 《明詩紀事》，陳田輯，台灣中華書局，台北，民國 60 年 7 月台 1 版。

37. 《帶經堂詩話》，王士禎撰，廣文書局，台北，民國 60 年 11 月初版。

38. 《古今詩麈》，方起英撰，廣文書局，台北，民國 62 年 9 月初版。

39. 《曲藻》，王世貞撰，楊家駱編印，《重編中國文學百科全書資料彙編》第二冊下。

40. 《曲律》，王驥德撰，同上。

41. 《顧曲雜言》，沈德符撰，同上。

42. 《曲論》，徐復祚撰，同上。

43. 《譚曲雜劄》，凌濛初撰，同上。

44. 《度曲須知》，沈寵綏撰，《重編中國文學百科全書資料彙編》第三冊上。

45. 《曲品》，呂天成撰，《重編中國文學百科全書資料彙編》第三冊下。

46. 《劇說》，焦循撰，《重編中國文學百科全書資料彙編》第四冊下。

47. 《曲話》，梁廷枏撰，同上。

48. 《少室山房曲考》，胡應麟撰，台灣中華書局，新曲苑（一）。

49. 《堯山堂曲紀》，蔣一葵撰，同上。

50. 《周氏曲品》，周暉撰，同上。

51. 《梅花草堂曲談》，張元長撰，同上。

52. 《客座曲語》，顧起元撰，同上。

53. 《在園曲志》，劉廷璣撰，《新曲苑》（二）。

54. 《曲概》，劉熙載撰，同上。

55. 《太霞新奏》，香月居顧曲散人編，台灣學生書局，台北，民國 76 年 11 月景印初版。

近人著作

1. 《明代倭寇犯華史略》，吳重翰撰，商務印書館，長沙，28 年 2 月初版。

2. 《明史》，國防研究院明史編纂委員會編，國防研究院，台北，民國 51 年 12 月台初版。

3. 《明史》，黎傑撰，大新書局，台北，民國 53 年 5 月。

4. 《明代胥史》，繆全吉撰，中國人事行政月刊社，台北，民國 58 年 10 月 25 日初版。

5. 《中國歷史年表》，柏楊撰，星光出版社，台北，民國 66 年 12 月初版。

6. 《國史大綱》，錢穆撰，台灣商務印書館，台北，民國 69 年 11 月修訂 7 版。

7. 《中國通史》，傅樂成撰，大中國圖書公司，台北，民國 70 年 1 月 3 版。

8. 《明清史講義》，孟森撰，里仁書局，台北，民國 71 年 9 月 1 日。

9. 《明清江蘇文人年表》，張慧劍編著，上海，古籍出版社，1986 年 1 版。

10. 《萬曆十五年》，黃仁宇撰，食貨出版社，台北，民國 74 年 9 月再版。

11. 《中華史綱》，李定一撰，傳記文學出版社，台北，民國 75 年 8 月 15 日初版。

12. 《明督府年表》，吳廷燮撰，中華書局，北京，1983 年 6 月 1 版。

以上歷史類

1. 《明清政治制度》，陶希聖、沈任遠撰，台灣商務印書館，台北，民國 61 年 10 月 2 版。

2. 《中國文官制度史》，張金鑑撰，華岡出版有限公司，台北，民國 66 年 11 月 3 版。

3. 《明代中央政治制度》，楊樹藩撰，台灣商務印書館，台北，民國 67 年 5 月初版。

4. 《中國政治制度史》，曾繁康撰，中國文化大學出版部，台北，民國 72 年 2 月新 2 版。

以上制度類

1. 《中國畫史研究》，莊申編著，正中書局，台北，民國 53 年 10 月台 2 版。

2. 《中國畫論》，吳承燕編，台灣書店，台北，民國 54 年 11 月初版。

3. 《中國畫學全史》，鄭昶編著，台灣中華書局，台北，民國 55 年 10 月台 2 版。

4. 《畫法要錄一、二編》，余紹宋撰，台灣中華書局，台北，民國 56 年 9 月台 1 版。

5. 《書畫書錄解題》，余紹宋撰，台灣中華書局，台北，民國 57 年 4 月 1 版。

6. 《中國繪畫史》，俞崑編，華正書局，台北，民國 64 年 9 月台 1 版。

7. 《關於唐寅的研究》，江兆申撰，國立故宮博物院故宮叢刊編輯委員會，台北，民國 66 年 1 月初版。

8. 《中國畫論類編》，俞崑編，華正書局，台北，民國 66 年 10 月版。

9. 《陳淳研究》，陳葆真撰，國立故宮博物院，台北，民國 67 年 12 月初版。

10. 《趙左研究》，朱惠良撰，國立故宮博物院，台北，民國 68 年 5 月初版。

11. 《中國文字源流史》，王九儒編著，金川出版社，台北，民國 68 年 9 月初版。

12. 《藍瑛與仿古繪畫》，顏娟瑛撰，國立故宮博物院，台北，民國 69 年 12 月初版。

13. 《戴進研究》，陳芳妹撰，國立故宮博物院，民國 70 年 7 月初版。

14. 《中國書法史》，張光賓撰，台灣商務印書館，台北，民國 70 年 12 月初版。

15. 《書法叢談》，王壯爲撰，國立編譯館中華叢書編審委員會，台北，民國 71 年 1 月印行。

16. 《書法及其教學之研究》，蔡崇名撰，華正書局，台北，民國 71 年 6 月初版。

17. 《中韓南宗繪畫之研究》，崔炳植撰，文史哲出版社，台北，民國 71 年 9 月初版。

18. 《書畫論稿》，石峻撰，華正書局，台北，民國 71 年 10 月初版。

19. 《書學簡史》，祝嘉撰，華正書局，台北，民國 72 年 5 月初版。

20. 《中國美術史綱》，李浴編著，華正書局，台北，民國 72 年 5 月初版。

21. 《中國書史概述》，張龍文撰，台灣中華書局，台北，民國 72 年 9 月 2 版。

22. 《項元汴之書畫收藏與藝術》，鄭銀淑撰，文史哲出版社，台北，民國 73 年 10 月初版。

23. 《書學論集》，祝嘉撰，華正書局，台北，民國 74 年 4 月初版。

24. 《中國古代美學藝術論》，朱孟實等撰，木鐸出版社，台北，民國 74 年 9 月初版。

25. 《中國美術史》，張光福編著，華正書局，台北，民國 75 年 5 月初版。

26. 《中國美術史略》，閻麗川撰，丹青圖書有限公司，台北，民國 76 年 1 月台 1 版。

27. 《中國繪畫美學史稿》，不詳，木鐸出版社，台北，民國 75 年 6 月初版。

28. 《山水與美學》，伍蠡甫編，丹青圖書有限公司，台北，民國 76 年 1 月台 1 版。

29. 《國畫研究》，俞劍華撰，商務印書館，不詳。

30. 〈中國古代水墨山水畫畫派欣賞〉，謝稚卿撰，丹青圖書有限公司，《山水與美學》。

31. 《利家、戾家、隸家、隸體》，俞劍華撰，文馨出版社，《中國藝林叢論》。

32. 《戾家考——談繪畫史上的一個問題》，啓功撰，同上。

33. 《環繞南北宗的諸問題》，徐復觀撰，台灣學生書局，《中國藝術精神》。

以上書畫類

1. 《中國近世戲曲史》，青木正兒撰，王吉廬譯，台灣商務印書館，台北，民國 54 年 3 月台 1 版。

2. 《明雜劇概論》，曾永義撰，學海出版社，台北，民國 68 年 4 月初版。

3. 《中國散曲史》，羅錦堂撰，中國文化大學出版部，台北，民國 72 年。

4. 《中國戲曲史漫話》，吳國欽撰，木鐸出版社，台北，民國 72 年 8 月初版。

5. 《明清傳奇概說》，朱承樸、曾慶全撰，三聯書店香港分店，香港，1985 年 4 月香港 1 版。

6. 《中國古代音樂史稿》，楊蔭瀏撰，丹青圖書有限公司，台北，民國 74 年 5 月台 1 版。

7. 《中國戲曲通史》，張庚、郭漢城撰，丹青圖書有限公司，台北，民國 74 年 12 月 1 版。

8. 《中國戲劇學史稿》，葉長海撰，駱駝出版社，板橋，民國 76 年 8 月。

9. 《錄曲餘談》，王國維撰，藝文印書館，《王國維論曲》五種。

10. 《曲海揚波》，任訥撰，台灣中華書局，《新曲苑》（四）

以上戲曲類

1. 《明代文學》，錢基博撰，商務印書館，上海，23 年 7 月再版。

2. 《中國文學史》，鄭振鐸撰，藍星出版社，台北，民國 58 年 5 月 30 日初版。

3. 《中國文學史》，前野直彬主編，連秀華、何寄澎譯，長安出版社，台北，民國 68 年 9 月初版。

4. 《中國文學發展史》，劉大杰撰，華正書局，台北，民國 69 年 5 月。

5. 《中國美學史資料彙編》，明文書局編輯部編，明文書局，台北，民國 72 年 8 月初版。

6. 《中國古代藝文思想漫話》，徐壽凱撰，木鐸出版社，台北，民國 75 年元月初版。

7. 《元明詩概說》，吉川幸次郎撰，鄭清茂譯，幼獅出版社，台北，民國 75 年 6 月出版。

8. 《中國文學講話（九）明代文學》，中華文化復興運動推行委員會編印，台北，民國 76 年 5 月 1 版 1 印。

9. 〈明清詩文的發展〉，黃志民撰，中華文化復興運動推行委員會，《中國文學的發展概述》。

10. 〈論明代文學思潮中的學古與求眞〉，簡錦松撰，台灣學生書局，《古典文學》第八集。

以上文學類

1. 《中國文學批評史大綱》，朱東潤撰，台灣開明書局，台北，民國 62 年 2 月台 5 版。

2. 《中國文學批評史》，郭紹虞撰，文史哲出版社，台北，民國 68 年 2 月再版。

3. 《明清文學批評》，張健撰，國家出版社，台北，民國 72 年 1 月初版。

4. 《皎然詩式輯校新編》，許清雲撰，文史哲出版社，台北，民國 73 年 3 月初版。

5. 《中國文學批評史》，劉大杰撰，文匯堂，不詳，民國 74 年 11 月初版。

6. 《中國歷代文論選》，郭紹虞、羅根澤主編，木鐸出版社。

以上文學批評類

1. 《理學纂要》，蔣伯潛撰，正中書局，台北，民國 67 年 4 月台 4 版。

2. 《中國哲學史》（第三卷上冊），勞思光撰，友聯出版社，香港，1980 年 6 月初版。

3. 《中國哲學史》，馮友蘭撰，不詳。

以上哲學類

1. 《明代經濟》，孫媛貞等撰，台灣學生書局，台北，民國 57 年 7 月初版。

2. 《明代社會經濟史論叢》，吳緝華撰，台灣學生書局，台北，民國 59 年 9 月初版。

3. 《中國農業經濟史》，陳安仁撰，華世出版社，台北，民國 68 年 3 月影印 1 版。

4. 《明代社會經濟史料選編》，謝國楨編，福建人民出版社，福州，1980 年 3 月 1 版。

5. 《宋元明經濟史稿》，李劍農撰，華世出版社，台北，民國 70 年台初版。

6. 《中國經濟發展史研究（三)》，周金聲撰，周金聲發行，台北，民國 71 年 1 月出版。

7. 《明史研究論叢第一輯》，中國社會科學院歷史研究所明史研究室編，江蘇人民出版社，鎮江，1982 年 4 月 1 版。

8. 《中國經濟發展史導論》，吳永猛撰，中國文化大學出版部，台北，民國 71 年。

9. 《明代江南市民經濟試探》，傅衣凌撰，谷風出版社，中和，1986 年 9 月。

以上經濟類

1. 《人物與掌故叢談──南窗隨筆甲集》，蘇同炳撰，學海出版社，台北，民國 63 年 9 月台 1 版。

2. 《國史舊聞第三冊》，陳登原撰，明文書局，台北，民國 70 年 9 月初版。

3. 《歷代筆記概述》，劉葉秋撰，木鐸出版社，台北，不詳。

4. 〈明清野史筆記概述〉，謝國楨撰，仲信出版社，《明末清初的學風》。

以上筆記類

1. 《歷代人物年里碑傳綜表》，姜亮夫撰，華世出版社，台北，民國 65 年 12 月台 1 版。

2. 《明人傳記資料索引》，國家圖書館編，文史哲出版社，台北，民國 67 年元月再版。

3. 《中國歷代書畫篆刻家字號索引》，中國書畫研究資料社編著，文史哲出版社，台北，民國 62 年 12 月再版。

4. 《中國美術家人名辭典》，文史哲出版社編輯部，文史哲出版社，台北，民國 71 年 7 月初版。

5. 《明清進士題名碑錄索引》，文史哲出版社編輯部，文史哲出版社，台北，民國 71 年 7 月初版。

6. 《吳承恩年譜》，不詳，天一出版社，《吳承恩傳記資料》（一）。

　　　以上傳記、索引類

1. 《中國善本書提要》，王重民撰，明文書局，台北，民國 73 年 12 月初版。
2. 《中國近八十年明史論著目錄》中國社會科學院歷史研究所明史研究室編，江蘇人民出版社，鎮江，1981 年 2 月 1 版。
3. 《明代經世文分類目錄》，東洋文庫明代史研究委員會，財團法人東洋文庫，日本東京，1986 年 3 月。

　　　以上目錄類

博、碩士論文

1. 《沈周研究》，彭鳳翔撰，文化藝術研究所碩士論文，民國 60 年 6 月。
2. 《荊浩研究》，高明芳撰，同上，民國 62 年 6 月。
3. 《南宋馬遠山水畫》，葉思芬撰，台大歷史研究所中國藝術史組碩士論文，民國 64 年 6 月。
4. 《明代解釋文人畫的趨勢》，徐澄琪撰，同上，民國 65 年。
5. 《倪雲林之詩畫研究》，盧蓮系撰，師大國文研究所碩士論文，民國 66 年 6 月。
6. 《謝時臣研究》，葛婉華撰，台大歷史研究所中國藝術史組碩士論文，民國 67 年 7 月。
7. 《鄭光祖考述》，曹愉生撰，政大中文研究所碩士論文，民國 62 年 5 月。
8. 《沈璟與湯顯祖之比較研究》，孫小英撰，同上，民國 65 年 6 月。
9. 《諸宮調研究》，汪天成撰，同上，民國 68 年 6 月。
10. 《鳴鳳記研究》，葉永芳撰，東吳中文研究所碩士論文，民國 71 年 4 月。
11. 《明代劇學研究》，陳芳英撰，台大中文研究所博士論文，民國 72 年。
12. 《明人詩社之研究》，黃志民撰，政大中文研究所碩士論文，民國 61 年 6 月。
13. 《元白比較研究》，呂正惠撰，台大中文研究所碩士論文，民國 63 年 6 月。
14. 《王世貞研究》，黃志民撰，政大中文研究所博士論文，民國 65 年 6 月。
15. 《明七子派詩文及其論評之研究》，龔顯宗撰，文大國文研究所博士論文，民國 68 年 6 月。
16. 《李何詩論研究》，簡錦松撰，台大中文研究所碩士論文，民國 69 年 6 月。
17. 《明代內閣制度研究》，杜乃濟撰，政大政治研究所碩士論文，民國 50 年 5 月。
18. 《明代宦官禍國之研究》，巨煥武撰，同上，民國 51 年 6 月。
19. 《豐坊與姚士粦》，林慶彰撰，東吳中文研究所碩士論文，民國 67 年。
20. 《明代文官之考選與任用》，李民實撰，政大公行研究所碩士論文，民國 67 年 6 月。
21. 《明代奴僕之研究》，吳振漢撰，台大歷史研究所碩士論文，民國 71 年 6 月。

22. 《明代南直隸賦役制度的研究》，賴惠敏撰，同上。

23. 《三楊與明初之政治》，駱芬美撰，文化史學研究所碩士論文，民國 71 年 7 月。

24. 《楊一清研究》，郭淑吟撰，同上，民國 72 年 6 月。

25. 《明代中央政府刻書研究》，張璉撰，同上。

26. 《明代周忱對江南地區經濟社會的改革》，郁維明撰，同上，民國 74 年 6 月。

27. 《明代里甲制與賦役制度之關係及其演變》，金鍾博撰，文化史學研究所博士論文，民國 74 年 6 月。

期刊論文

1. 〈關於院體畫和文人畫之史的考察〉，滕固撰，《輔仁學誌》二卷 1 期。

2. 〈山水畫南北宗說考〉，啟功撰，《輔仁學誌》七卷 1 期。

3. 〈戴進與浙派〉，穆益勤撰，《故宮博物院院刊》第 14 期。

4. 〈元明時期的松江畫壇〉，周希舜撰，《藝壇》175 期。

5. 〈中國文人畫史上重大問題的初步探討〉，鄭奇撰，《朵雲》第五集。

6. 〈明雲間十一家山水卷（一）〉，朱惠良撰，《故宮文物季刊》二卷 8 期。

7. 〈董其昌的「文人之畫」〉，蘇東天撰，《朵雲》第八集。

8. 〈董其昌的繪畫與南北宗論〉，林樹中撰，同上。

9. 〈文人畫定義試析——表現一個時代裡一群人的思想模式〉，高木森撰，《故宮文物季刊》四卷 10 期。

10. 〈綜合型文人畫的形成與發展〉，高木森撰，《故宮文物季刊》四卷 3 期。

11. 〈文人畫大綜合主義的形成及其理論〉，高木森撰，《故宮文物季刊》四卷 4 期。

12. 〈談中國文人畫〉，江兆申撰，同上。

13. 〈中國書法理論的體系〉，秉明撰，《書畫家》十二卷 2 期等。

14. 〈明代傳奇尚律崇辭兩派比較研究（上）、（下）〉，呂凱撰，《中華學苑》第 13、14 期。

15. 〈歸有光與明代文壇〉，龔道明撰，《國立編譯館館刊》八卷 2 期。

16. 〈上海學藝概要（一）〉，胡懷琛撰，《上海市通志館期刊》一卷 1 期。

17. 〈上海在元明時代〉，蔣慎吾撰，《上海市通志館期刊》二卷 1 期。

18. 〈明代諸帝之崇尚方術及其影響〉，楊啟樵撰，《明史研究論叢》第一輯。

19. 〈明代江南五府北差白糧〉，吳智和撰，《明史研究專刊》第 1 期。

20. 〈明嘉靖朝五次兵變初探〉，方弘仁撰，《明史研究專刊》第 5 期。

21. 〈明代江南地區水利事業之研究〉，蔡泰彬撰，同上。

22. 〈從「鳴鳳記」談到嚴嵩的評價問題〉，李焯然撰，《明史研究專刊》第 6 期。

晚明世說體著作研究

官廷森　著

作者簡介

官廷森，臺灣省臺北縣人，一九七三年生。世界新聞專科學校廣播電視科、政治大學中文系、政治大學中文系碩士班畢業。曾獲《青年日報》「愛說孝」徵文比賽散文類特優獎、臺北縣語文競賽中學教師組朗讀第一名、全國語文競賽中學教師組朗讀第三名。曾任政治大學語言中心華語教師、臺北縣師鐸獎司儀、全國教育博覽會司儀。現任板橋高中國文教師、中國文化大學華語教學師資培訓講師、臺北縣語文競賽朗讀組評審暨集訓指導老師。

提　　要

　　《世說新語》在晚明時期（嘉靖至清初）造成空前盛況，受到士人相當的重視與喜愛。就目前所知而言，單是《世說新語》原作的刻本，便至少有十八種。而《世說新語》之續作、仿作（世說體著作），更高達三十餘部之多。此外，嘗對《世說新語》原作、續作、仿作進行注釋、評點者，亦有十三家左右。至於為其撰作序、跋的文人，更是不勝枚舉、無從計數。如此盛況，乃前代所無。由此可知，《世說新語》在晚明確實扮演著相當重要的角色。

　　所謂季世，大抵均有若干類似之時代現象與特質。惟魏晉與晚明二者，實有更多相通之處。晚明文人便已自覺此點，如王宇〈清紀序〉論季世，即獨舉漢末魏晉與晚明對映。而晚明世說體著作乃至清言小品之蔚盛，更證明魏晉與晚明之關聯。因此，若以《世說新語》與魏晉時期的部分特質，觀照晚明之文學、思想、文化等現象，當不無所得；則晚明世說體著作，實頗值得吾人注意。

　　然而，現今對晚明時期的探討，不論是文學理論或士人風氣，皆鮮少觸及晚明世說體著作。晚明性靈思潮之興起，固與王守仁心學（王學泰州學派）之啟發及前、後七子擬古風氣之刺激有關，然其為何以此種面貌呈現？晚明文人為何以率真任性為處世準則？他們心中的理想人物典型又是哪些？而「清言」作品何以大盛於晚明？凡此問題，皆可自晚明世說體著作獲得啟發。

　　在研究方向上，本文著重於魏晉與晚明彼此關係之探討，透過《世說新語》與晚明世說體著作的對照、比較，呈顯出晚明世說體著作的特色，並進一步反映出晚明時期之士人風尚與文學興趣。本文第二章探討晚明世說體著作之興起背景與原因；第三章分析晚明世說體著作之形式體制；第四章則自德行、言語、政事、文學、聰慧、賢媛等向度，論述晚明思想風尚及文學現象。希冀藉由對晚明世說體著作的研究，發掘出其於晚明文學、思想、文化史中的意義與價值，進而對整個晚明學術思潮、士人風尚及文學理論，有更為深刻的了解與掌握。

目

錄

第一章　緒　言

　　《世說新語》在晚明時期（嘉靖至清初）造成空前盛況，受到士人相當的重視與喜愛。就目前所知而言，單是《世說新語》原作的刻本，便至少有十八種。而《世說新語》之續作、仿作（世說體著作），更高達三十餘部之多；其中《世說新語補》一書，又有九種以上不同的版本。此外，嘗對《世說新語》原作、續作、仿作進行注釋、評點者，亦有十三家左右。至於為其撰作序、跋的文人，更是不勝枚舉、無從計數，甚至有一人撰作兩篇者〔註1〕。如此盛況，乃前代所無。由此可知，《世說新語》在晚明確實扮演著相當重要的角色。然而，這番盛況，究竟是否為偶然呢？若非偶然，則又應如何解釋、看待呢？

　　筆者在大學就讀時，嘗旁聽張蓓蓓先生講授《世說新語》課程，對於魏晉時期之文化，稍有涉獵。之後，基於興趣，撰寫晚明文學相關文稿，故對晚明時期之風氣，亦略有概念。當時便發現這兩個時代竟有頗多相似之處，比如政治環境、社會背景、學術思想、士人風尚、文學藝術等方面，皆有明顯的共通點。但前人研究，卻鮮有論及，不知原因何在？儘管如此，筆者並未認真地思索、探討。直至念碩士班後，再次修習《世說新語》，且閱讀了更多晚明時期的相關資料，才又重新看待這個問題。這次筆者認為：魏晉與晚明非但相似，而且相關。最明顯的證據，便在於晚明世說體著作的大量勃興。

　　所謂季世，大抵均有若干類似之時代現象與特質。惟魏晉與晚明二者，實有更

〔註 1〕以上資料據王能憲《世說新語研究》第二章〈世說新語的版本箋注與批點〉、蔡麗玲《從晚明世說體著作的流行論張岱的快園道古》第二章〈晚明世說體著作的流行〉與戴佳琪《何氏語林研究》第一章〈緒論〉之整理統計。見王能憲《世說新語研究》（江蘇：江蘇古籍出版社，1991），pp.71～77；蔡麗玲《從晚明世說體著作的流行論張岱的快園道古》（清華大學中文研究所碩士論文，1993），pp.26～41；戴佳琪《何氏語林研究》（中國文化大學中文研究所碩士論文，1997），pp.22～45。

多相通之處。晚明文人便已自覺此點，如王宇〈清紀序〉論季世，即獨舉漢末魏晉與晚明對映。而晚明世說體著作乃至清言小品之蔚盛，更証明魏晉與晚明之關聯。因此，若以《世說新語》與魏晉時期的部份特質，觀照晚明之文學、思想、文化等現象，當不無所得；則晚明世說體著作，實頗值得吾人注意。

然而，現今對晚明時期的探討，不論是文學理論或士人風氣，皆鮮少觸及晚明世說體著作。晚明性靈思潮之興起，固與王守仁心學（王學泰洲學派）之啓發及前、後七子擬古風氣之刺激有關，然其爲何以此種面貌呈現？晚明文人爲何以率眞任性爲處事準則？他們心中的理想人物典型又是哪些？而「清言」作品何以大盛於晚明？凡此問題，皆可自晚明世說體著作獲得啓發。事實上，晚明時期大量世說體著作的出現，即意味著《世說新語》與魏晉名士對當日文人而言，確實有特殊之意義。魏晉對晚明的影響，不僅是在文學審美興趣方面，其士人思想風尚方面的影響，恐怕才是更爲重大的。

民國74年6月23日，清華大學曾舉辦過一場「魏晉與明清文人生活與思想之比較」座談會，當時余英時先生嘗針對魏晉與晚明兩個時期之同異處作一番講演〔註2〕。茲將其要點歸納如下：

一、政治方面：魏晉時期，「天下多故，名士少有全者」，政治環境極爲惡劣；明朝以嚴刑酷罰對待士人，致使「京官每旦入朝，必與妻子訣；及暮無事，則相慶以爲又活一日」。由此可知，魏晉與明朝皆爲政治黑暗腐敗之時代，對士人多所打壓。惟晚明士人仍想轉變頹局，而魏晉名士則多無心於此。

二、學術方面：魏晉與晚明文人均對官學心生厭棄。王弼注釋《易》、《老》，革新舊有經學；王守仁則於程朱理學之外，別立良知之學。二者均可視爲對舊有官學之反動。此外，魏晉「三玄」乃混儒、道爲一，而自佛教「格義」出，儒、釋、道三者漸有合流之趨勢；明末則以儒、釋、道三者合一，以爲其終極至高處並無區別。在此點上，魏晉與晚明亦頗爲相似。

三、思想方面：魏晉與晚明學術之解放，均促使士人紛紛開始看重「個體」、「自然」；而此「自我之發現」，正是此二時代共通之精神。惟魏晉之個人意識覺醒，僅限於上層士人，而不及尋常百姓；晚明則要求全面性的解放，連農樵、商賈亦不例外。

四、文學方面：魏晉與晚明之個人意識覺醒，深深影響著文學的發展。漢賦原爲政治而作，至建安始有描寫「自我」、「人生」等文學出現；明代前、後七子要求

〔註2〕當日講演內容，刊載於民國74年6月24、25日之《中國時報》第八版。

「文必秦漢，詩必盛唐」，而晚明公安三袁則標舉「真」、「性靈」。

由以上所述可知，魏晉與晚明確實有諸多相似處；而晚明世說體著作之研究，即在此前提下，見出意義與價值。

以晚明世說體著作為研究對象的論文，就筆者目前所見共有三部：陳永瑢《皇明世說新語》（高雄師範大學中文研究所碩士論文，1990）、蔡麗玲《從晚明世說體著作的流行論張岱的快園道古》（清華大學中文研究所碩士論文，1993）、戴佳琪《何氏語林研究》（中國文化大學中文研究所碩士論文，1997）。陳永瑢《皇明世說新語》探討「明代士風轉變的因素」、「《皇明世說新語》理想士人」、「明世士人的應世態度」等問題，對明代政治背景及士人處世態度兩方面，多所論述；惟其並未將《皇明世說新語》置諸晚明世說體著作中觀照。蔡麗玲《從晚明世說體著作的流行論張岱的快園道古》之重點可分為兩部分：一部分是就晚明世說體著作作全面性介紹，包括晚明世說體著作之義界、晚明世說體著作之提要、晚明學者對《世說新語》之論述、晚明《世說新語補》之編訂及影響、晚明世說體著作於文學、史學、哲學方面的內涵等，內容頗有可觀，甚富參考價值；另一部分則探討張岱《快園道古》之文學觀與人物品鑑。戴佳琪《何氏語林研究》首先分析《何氏語林》之選材、體例、編輯理念、文獻運用，內容極為詳盡；之後再論述《何氏語林》所反映的各代政治、社會、文學、思想等概況。本文即以上述諸作之成果為基礎，就其未及探討之部分進行研究。

在研究範圍方面，蔡麗玲嘗於《從晚明世說體著作的流行論張岱的快園道古》論文中為「晚明世說體著作」一詞下一定義：

> 所謂「晚明世說體著作」，乃指晚明時期模仿《世說》體例、輯錄歷代遺聞軼事的著作；包括小說家類、雜家類與史鈔類的著作，只要是晚明時期，採集歷代史部、說部、雜纂，甚至文集中的軼事瑣語，足以表現歷史人物或當代人物言、行之吉光片羽者，均在考慮之列，不過光是摘錄軼事、瑣語還不夠，必須分立門類，以類相從者才算。門類可以全仿《世說》三十六門或部分襲用，甚至可以自創全新的門類。

基於此一定義，蔡麗玲列出三十部晚明世說體著作：《何氏語林》、《世說新語補》、《焦氏類林》、《初潭集》、《闇然堂類纂》、《賢奕編》、《皇明世說新語》、《舌華錄》、《益智編》、《智品》、《清言》、《玉堂叢語》、《瑯嬛史唾》、《霞外麈談》、《學古適用篇》、《二十一史識餘》、《西山日記》、《古今譚概》、《南北朝新語》、《芙蓉鏡寓言》、《耳新》、《雋區》、《十可篇》、《智囊全集》、《玉劍尊聞》、《快園道古》、《庭聞州說》、《女世說》、《明語林》、《南吳舊話錄》（其中《闇然堂類纂》、《瑯嬛史唾》、《二十一

史識餘》、《庭闡州世說》、《女世說》等均未見）。本文即採用其定義，以此三十部晚明世說體著作爲研究範圍（在此三十部晚明世說體著作外，本文又另增《兒世說》一書）。然各書內容偏重不一，分量亦異，故研究時乃依實際討論之須要作取捨，而未能一一細探各書內容。基本上，本文以附有注文、小序、評語之晚明世說體著作爲優先考量；而其書於編撰理念及材料選取上有鮮明特色者，亦在討論之列。至於其餘與他書內容性質相似之作品，此處則暫略而不談。

在研究方向上，本文著重於魏晉與晚明彼此關係之探討，透過《世說新語》與晚明世說體著作的對照、比較，呈顯出晚明世說體著作的特色，並進一步反映出晚明時期之士人風尙與文學興趣。本文第二章探討晚明世說體著作之興起背景與原因；第三章分析晚明世說體著作之形式體制；第四章則自德行、言語、政事、文學、聰慧、賢媛等向度，論述晚明思想風尙及文學現象。希冀藉由對晚明世說體著作的研究，發掘出其於晚明文學、思想、文化史中的意義與價值，進而對整個晚明學術思潮、士人風尙及文學理論，有更爲深刻的了解與掌握。

第二章　晚明世說體著作之興起

　　「世說體」著作在晚明時期大量勃興，蔚爲風潮，其原因自是與晚明文人喜愛《世說新語》一書有關；由於喜愛《世說新語》，故進而仿作之。然而，爲何《世說新語》會在晚明大受歡迎呢？其原因頗爲複雜，難以確指。若從時代背景、社會風尚、文學興趣等方面分析，則吾人應可獲致若干要點。以下茲將所得略作敘述。

第一節　魏晉風流之企羨

　　魏晉與晚明之時代背景頗爲相似。在政治環境方面，魏晉與晚明皆是政治相當黑暗的時代，士人動輒得咎，毫無尊嚴與保障，故當日士人多趨於消頹避世；在學術思想方面，兩個時代均面臨儒學極度僵化的窘境，於是魏晉對漢末禮法教條起了反動，而晚明亦強力排斥程朱理學。在此情況下，士人皆紛紛由外向內，探尋自我。此種個人意識之覺醒，正是魏晉與晚明兩個時代最爲明顯的特色；此種特色，不但表現在學術思想方面，還展露於文學興趣方面。魏晉講求率眞任性，晚明也同樣看重之；魏晉崇尚自然，晚明亦然。魏晉文學在內容上開始偏好個人生命情感之發抒，形式上趨於簡鍊；晚明文學在內容上亦走向個人日常生活描寫一途，認爲周遭事物所引動之小悲小喜皆可入文，而形式上更發展出篇幅短小的小品〔註1〕。他們均認爲文學不必爲政治或學術服務，文學固自有其獨立之生命。

〔註 1〕陳萬益《晚明小品與明季文人生活》〈蘇東坡與晚明小品〉一文嘗以陳繼儒〈東坡集選序〉中「短而雋異」一語詮說「小品」二字，其云：「晚明『小品』除了短之外，必須是雋異的。雋異，是雋永不俗的意思，也就是沈守正所謂的以『眞』爲內在精神的偏與奇。篇幅短小固然是大多數『小品』的寫作傾向；雋異卻才是它們共同追求的目標。因此，短而不雋，絕非『小品』；相對的，雋異的文字，再長，都可以被接受爲『小品』。」袁宏道〈敘小修詩〉云：「（袁中道詩）大都獨抒性靈，不拘格套，

　　晚明文人在尋求安身立命之道時，注意到了與當日背景相似的魏晉。魏晉名士的風流韻度，深爲晚明文人所企羨。王晫〈今世說序〉即云：

　　　　雖臨川王之綜敍，清遠自高，亦以生當其時，崇尚清流，詞旨故可觀也。至於今，讀其書，味其片語，猶能令人穆然深思，惟恨不得身親其際，與爲酬酢。假得王、謝、桓、劉，群集一室，耳提面命，其心神之怡曠，抑何如耶？

王晫恨不得與王、謝諸人共聚一室，相與酬酢，其對魏晉名士風流之嚮慕，溢於言表。又屠隆〈竹林七賢圖歌爲龍伯貞賦〉云：

　　　　晉朝名理風流宗，竹林七子稱最雄。漆園柱下任助教，町畦脫盡游玄同。一身落拓形骸外，萬事銷沈曲蘖中。當其頹然睨雙眼，天地烏有山河空。功名竹帛俱泡沫，王侯將相眞蟻蠓。

袁宏道〈壽存齋張公七十序〉云：

　　　　江左之士，喜爲任達，而至今談名理者，必宗之。俗儒不知，叱爲放誕，而一一繩之以理。(《袁宏道集箋校》卷六)

屠隆盛推竹林七賢擺落功名、放浪形骸之風流，袁宏道亦對魏晉名士之任達不羈極爲欣賞。而屠、袁其人之言談行事，均頗仿傚阮、嵇諸士。又，時人常許人以「魏晉之風」，如何良俊《四友齋叢說‧詩二》云：

　　　　（王）無功能盡洗鉛華，獨存體質。且嗜酒誕放，脫落世事，故於情性最近。今觀其詩，近而不淺，質而不俗，殊有魏晉之風。(卷二十五)

袁宏道〈紀夢爲心光書冊〉云：

　　　　至其（祝枝山）一恢一笑，有晉人風。……余嘗論古人，如東方曼倩、阮步兵、白香山、蘇子瞻輩，皆實實知道。(《袁宏道集箋校》卷四十一)

是「魏晉之風」已儼然成爲當日文人賞譽之藻彙。由此即可見出晚明文人對魏晉風流之嚮慕。

非從自己胸臆流出，不肯下筆。有時情與境會，頃刻千言，如水東注，令人奪魂。」(《袁宏道集箋校》卷四) 是小品原不侷限於形式短小者。見陳萬益《晚明小品與明季文人生活》(臺北：大安出版社，1992)，pp.32～33；袁宏道著、錢伯城箋校《袁宏道集箋校》(上海：上海古籍出版社，1981)

第二節　短文小說之好尚

　　晚明文人對於魏晉名士的了解，往往是從《世說新語》中得到，而非出自於正史。王思任〈世說新語序〉云：

> 今古風流，惟有晉代。至讀其正史，板質冗木，如工作瀛洲學士圖，面面肥皙，雖略具老少，而神情意態，十八人不甚分別。前宋劉義慶撰《世說新語》，崇羅晉事，而暎帶漢魏間十數人。……小摘短拮，冷提忙點，每奏一語，幾欲起王、謝、桓、劉諸人之骨，一一呵活眼前而毫無追憾者。〔註2〕

毛際可〈今世說序〉云：

> 昔人謂讀《晉書》如拙工繪圖，塗飾體貌；而殷、劉、王、謝之風韻情致，皆於《世說》中呼之欲出。蓋筆墨靈雋，得其神似，所謂頰上三毛者也。

晚明文人喜讀《世說》而不好正史，其因即如王思任、毛際可所言：《晉史》敘事板質，塗飾體貌，徒具形似；《世說》筆調生動，妙得人物頰上三毛，繪盡名士風韻情致。然而，此現象更深一層的關鍵，尚在晚明文人好尚短文小說之文學興趣。

　　晚明文人多對四書五經之學心生厭棄，不好載道應世之長篇大作；而對短文、尺牘、小說、雜史等偏向遣興性質之文字大加肯定。上述王思任之語，即以正史之「冗」與《世說》之「短」對比。此種對比，除具形式上之差異外，另有精神上之區別。蓋劉義慶之作《世說》，乃供人賞歡，以資談助；此類以娛興為目的之作品，最為晚明文人所愛。袁中道〈答蔡觀察元履〉云：

> 近閱陶周望《祭酒集》，選者以文家三尺繩之，皆其莊嚴整栗之撰，而盡去其有風韻者；不知率爾無意之作，更是神情所寄。往往可傳者，托不必傳者以傳，以不必傳者易於取姿，炙人口而快人目。班、馬作史，妙得此法。今東坡之可愛者，多其小文小說；其高文大冊，人固不深愛也。使盡去之而獨存其高文大冊，豈復有坡公哉？（《珂雪齋前集》卷二十三）

袁中道認為：「率爾無意」的「小文小說」之所以可愛，便在於其富有「莊嚴整栗」的「高文大冊」所不具之風韻、神情。又王納諫〈敘蘇長公小品〉云：

> 今之文人皆譚駐世千秋之業，而非余所存問。余于文何得？對曰：寐得之醒焉，倦得之舒焉，慍得之喜焉，暇得之銷日焉，是其所得于文者，皆一餉之驩也，而非千秋之志也。古語有之：楮小者，不可以懷大；綆短

〔註2〕見王思任《王季重雜著》（臺北：偉文出版社，1977），pp.220～221。

者，不可以汲深。余讀古文辭諸春容大篇者，輒覽弗竟去之。噫嘻！此小
品之所以輯也。

是王納諫讀書，乃爲求「一餉之驩」也；而此般樂趣悉得自於短文小品，而非春容
大篇。陳繼儒〈文娛錄序〉亦云：

> 近年緣讀《禮》之暇，搜討時賢雜作小品題評之，皆芽甲一新，精彩
> 八面，有法外法、味外味、韻外韻，麗典新聲，絡繹奔會，似亦隆、萬以
> 來氣候秀擢之一會也。

陳繼儒以爲雜作小品深具「法外法」、「味外味」、「韻外韻」，堪爲當日文章之一新標
格。凡此皆可見晚明文人好尚短文小說之文學品味〔註3〕。而《世說新語》在晚明
時期大受歡迎，與此種文學品味當不無關聯。

第三節　知名文士之推動

晚明時期的《世說新語》熱潮，王世貞、李贄諸人的推動功不可沒。

何良俊《何氏語林》成於嘉靖二十九年，其書「昉自兩漢，迄於宋、元，下上
千餘年。正史所列，傳記所存，奇蹤勝踐，漁獵靡遺，凡二千七百餘事，總十餘萬
言。類列義例，一惟劉氏之舊，而凡劉所已見，則不復書〔註4〕」〔註5〕。此書甫出，
即備受稱譽〔註6〕。如陸師道〈世說新語後序〉云：

> 於是有儗之而作《唐語林》、《續世說》者矣。然或止紀一姓，或僅載
> 數朝，固未及貫綜百代，統論千祀也；其所採擷，亦終不能如劉氏之精。
> 而元朗乃獨上泝西京，下逮朔漠，悉取其精深玄遠之言，瓖詭卓絕之跡，
> 聚而陳之。而劉氏所遺，更加搜抉，翦裁屬比，嚴約整潔，不下前書，自
> 非博雅通方之士，其孰能與於斯哉！抑義慶宗王牧將，幕府多賢，當時如
> 袁淑、陸展、鮑照、何長瑜之徒，皆一世名彥，爲之佐史。雖曰筆削自己，

〔註3〕關於晚明小品之興起、流行，曹淑娟《晚明性靈小品研究》第二章〈晚明人小品觀
　　　念析論〉與陳萬益《晚明小品與明季文人生活》〈蘇東坡與晚明小品〉二文均有詳盡
　　　之論述。見曹淑娟《晚明性靈小品研究》（臺北：文津出版社，1988），pp.17～86；
　　　陳萬益《晚明小品與明季文人生活》，pp.1～35。

〔註4〕大抵而言，凡見諸《世說新語》之材料，《何氏語林》皆不予采錄。然亦偶有重覆者，
　　　戴佳琪已有舉出，茲不再述。見戴佳琪《何氏語林研究》，pp.65～67。

〔註5〕見文徵明〈何氏語林序〉。

〔註6〕《四庫全書總目》云：「（章級〈世說新語補序〉）稱雲間何元朗仿《世說新語》爲《語
　　　林》，甚爲當時所稱。」見《四庫全書總目》卷一四三，小說家類存目一，《世說新
　　　語補》提要。

而檢尋贊潤，夫豈無人？若元朗則藏器海濱，明經應舉，而不以帖括佔儔
奪所嗜好。紬繹薈萃，不仰同志。校之劉氏，難易豈啻什百哉？況《世說》
精絕，亦由校標作註，詳援確證，有不言之妙，顧事出二手，作述不同。
而元朗所註，乃一時並撰，綱目互發，詳略相成，開闔貫通，一無牴牾；
至其所引，奧篇祕典，靡不具列，視之劉氏，富贍略等。信該洽之鉅觀，
而文筆之弘致也。

陸師道此序盛贊《何氏語林》出自一手、不假他人之功，以爲其博贍嚴整，絕不下
於《世說新語》。又朱謀㙔〈清言序〉云：

> 至宋臨川王集爲《世說》，遂以不朽。千古風流文物可想見者，斯人
> 力也。嗣是有《唐語林》、有《續世說》，造語命詞，百不及一，學士大夫
> 靡稱述之。我朝何氏元朗，采史籍稗官勝事嘉話，勒爲《語林》，庶幾與
> 臨川狎主齊盟。

是朱謀㙔亦以爲《何氏語林》乃諸多世說體著作中唯一可與《世說新語》並駕者。

嘉靖三十五年，王世貞合《世說新語》與《何氏語林》爲《世說新語補》一書。
其〈世說新語補序〉云：

> （《何氏語林》）大抵規摹《世說》而稍衍之至元末，然其事詞錯出不
> 雅馴，要以影響而已。至於《世說》之所長，或造微於單辭，或微巧於隻
> 行，或因美以見風，或因刺以通贊，往往使人短詠而躍然，長思而未罄，
> 何氏蓋未知之也。……因稍爲刪定，合而見其類。蓋《世說》之所去，不
> 過十之二；而《何氏》之所采，則不過十之三耳。

又陳文燭〈世說新語補序〉云：

> 國朝何元朗博洽嗜古，上溯漢晉，下逮勝國，廣爲《語林》。王元美
> 刪其冗雜，存其雅馴者，爲《世說新語補》。

由上可知，王世貞諸人以爲《何氏語林》冗雜不盡雅馴，未能得《世說新語》之精
微雋永〔註7〕，故王世貞僅取其部分以補《世說新語》，成《世說新語補》。此書纂

〔註7〕《何氏語林》取材冗雜，陸師道〈世說新語後序〉嘗爲其辯護云：「而說者顧以其（《何
氏語林》）多取近世雜家，頗傷玄雅；而又以鞮譯之士廁之中古華夏，幾不分虎羊之
鞹爲疑。是不知元朗之志，在於法戒，則不得不兼取久近而具列焉。耶律蒙古，近
而可徵，蓋所謂商監秦喻也，惡得而舍諸？若夫其文則史，隨世汙隆者，又安能盡
汰之哉？」事實上，何良俊早已於《何氏語林・言語》小序明言其選材標準：「余撰
《語林》，頗倣劉義慶《世說》。然《世說》之詮事也，以玄虛標準；其選言也，以
簡遠爲宗，非此弗錄。余懼後世典籍漸亡，舊聞放失，苟或泥此，所遺實多，故披
覽群籍，隨事疏記，不得盡如《世說》。」故《何氏語林》之風格自與《世說新語》
有別。

畢，即廣爲流傳，「學士大夫爭佩誦焉」（凌濛初〈世說新語補序〉）。曹徵庸〈清言序〉云：

> 獨怪夫嘉、隆以前，學者知有所謂《世說》者絕少；自王元美《世說補》出，而始知有所謂《世說》，然已非晉、宋之《世說》矣。

又詹世顯〈南北朝新語序〉亦云：

> 蓋自王氏《新語補》出，而世爭賞之，皆自認爲人人王、謝語，語臨川已不知臨川。

由此即不難想見《世說新語補》在當日所造成的轟動。之後，《世說新語補》又經王世懋、李贄諸人批點，遂大爲風行，刊印無數〔註8〕。是王世貞、李贄諸人在晚明《世說新語》風潮中確實扮演著舉足輕重的角色。

除上述諸因外，晚明世說體著作之興起尚有一點值得一提：晚明文人「以述爲作」之心態。當日文壇，選詩、選文之風大盛，文人多企圖藉由古今詩文之選編，顯示一己獨到之論點；以爲其所選編，內容雖舊，然見解已新。又時人往往采錄他人文句，輯爲一冊，冠以己名，而未標明原始出處。凡此均可見時人「以述爲作」之心態。而《世說》摘茸之體，適可與此種心態相結合，則晚明世說體著作之勃興，或亦與此有關。

在魏晉風流的企羨、短文小說的好尚及知名文士的推動等因素影響下，《世說新語》於晚明時期廣爲流行、大受歡迎；而《何氏語林》與《世說新語補》的成果，亦興起晚明文人的仿作之意。故其後便有大量世說體著作出現，蔚爲風潮，至清初仍未稍歇。

〔註8〕《四庫全書總目》嘗形容《世說新語補》一書之盛況云：「幾百年來，梨棗不啻數易。」見《四庫全書總目》卷一四三，小說家類存目一，《世說新語補》提要。

第三章　晚明世說體著作之體制

　　若談論小說，「體制」之探討似非絕對必要；然研究史著，則萬不能忽略「體制」。晚明世說體著作別創許多體制，若從小說眼光目之，或有突兀之感；但由史書角度而言，則極可理解。故在進行晚明世說體著作體制討論之前，須先就晚明文人視《世說新語》為史書，及晚明文人以史書態度撰作世說體著作等問題加以說明。

　　《世說新語》一書，向來被著錄於子部小說（家）類，然而晚明文人卻以為其深具史學價值，陸師道〈何氏語林序〉云：

> 房、許諸人收《晉史》者，往往用（《世說》）以成篇，不知唐〈藝文志〉何故乃列之小說家？蓋言此書非實錄者，自劉知幾始，而不知義慶去漢、晉未遠，其所述載，要自有據。雖傳聞異詞，抑揚緣飾，不無少過；至其言世代崇尚、人士風流，百世之下，可以想見，不謂之良史不可也。
> 豈直與志怪述妖、稽神纂異、誣誕慌惚之談類哉！

陸師道以為《世說新語》所記之事雖經潤飾，然亦有所據，並無妄造，實非神異志怪等小說家言可比；再者，《世說》記事生動，足可令人想見魏晉世代崇尚、人物風流，由此即知劉義慶筆力之高。故《世說》非但深具史學價值，甚至可稱為「良史」；列之於「小說家」，至為不當。事實上，劉義慶編撰《世說》，其初衷或欲綜錄一代風尚，供人瀏覽賞歎；然絕非以撰作史書嚴謹態度從事。惟《世說》及劉孝標《注》確實保存了極多珍貴史料，其所徵引諸書，現幾已亡失，後人猶賴《世說》輯出之，而今治魏晉史者，亦皆以《世說》為主要材料之一。故若僅以「小說」眼光目之，實為可惜。

　　至於晚明「世說體」著作，亦多以保存文獻史料自許。何良俊《何氏語林》〈言語〉篇首小序便明言其「重史」之編撰態度，其云：

> 余撰《語林》，頗倣劉義慶《世說》。然《世說》之詮事也，以玄虛標

準；其選言也，以簡遠爲宗，非此弗錄。余懼後世典籍漸亡，舊聞放失，苟或泥此，所遺實多，故披覽群籍，隨事疏記，不得盡如《世說》。

由此可見，何良俊編撰《語林》，乃以典籍保存爲務。觀其旁徵博引、有見必書的工夫，便可知其非自「小說」角度爲之，而是以「史書」態度從事。

鄭仲夔〈耳新序〉亦云：

國朝王元美，良史才也，而恨不居史職。以今讀《史料》一書，既贍且覈，一代之文獻在焉。埒于司馬子長、班孟堅，居然季孟之間哉！范蔚宗遠不逮已。而顧以身非史職，退然自孫于稗官之列。夫元美之史而云料也，誰爲正史者哉！乃說者謂孟堅《漢書》，多取之劉子駿《雜記》。蓋子駿博綜西漢典故，遐收精擷，儲其實以有待。則子駿作之勞，而孟堅享之逸也。余少賤耽奇，南北東西之所經，同人法侶之所述，與夫星軺使者商販老成之錯陳，非一耳涉之而成新，殊不忍其流遯而湮沒也，隨聞而隨筆之。書成，行世且久，而茲取詳加訂焉，以是爲可以質今而準後也。庶幾竊比于子駿之義，以待夫他日之爲孟堅、元美者，豈曰「小說」云乎哉！

是鄭仲夔以爲其《耳新》之作，頗富史學價値，「可以質今而準後」，乃劉歆《西京雜記》之比，而非稗官小說所可並論者。

此外，吳肅公亦以撰史之意纂作《明語林》。其〈序〉云：

予弱冠膺世亂，耽讀明史，家貧不能置書，逢人丐貸。叔父季埜先生又嘗教以史學，謬不自揆，思有所載紀，以備一代之遺，雅不欲編蒲緝柳爲能事也。

又其〈凡例〉云：

劉氏《世說》，事取高超，言求簡遠。蓋典午之流風，清談之故習，書固宜然。至有明之世，迥異前軌；文獻攸歸，取徵後代。茲所采摭，可用效顰。亦使後人考風，不獨詞林博雅。

由此可知，吳肅公《明語林》之作，乃希冀其所載記，能備一代之遺，以供後人考風。既視《明語林》爲史書，則於材料選取上，便須以眞確爲準：

《晉書》詭瑣，半類俳諧，劉知幾氏，謂非實錄，唐〈藝文志〉，列之說家，即《新語》不無遺議。予茲所采，名集碑版，要于信能羽翼。若野史互紛，不免毀訾任臆，是非任耳；或好譽而誕，或溢美而誣。訛謬參稽，疑誤必缺。

是吳肅公之《明語林》頗措意於記載之信實。又，吳肅公以爲「明史諸書，取資治理。傳略雖詳，而節善無取；朝臣悉載，而幽士難收」（《明語林・凡例》），故《明

語林》收有不少史傳所略之人物事蹟。凡此均顯出《明語林》重史之特色。

以下，即從門類篇目、注文、小序、按語等部分，探討晚明世說體著作之體制。

第一節 門類篇目

世說體著作最明顯的特色之一，便在於門類之設立；或仿襲《世說》門類，或另創全新篇目。以下茲列表略示《世說新語》與晚明世說體著作之門類篇目以資對照。

書 名	作 者	門 數	類 目
世說新語	劉義慶	36	德行、言語、政事、文學、方正、雅量、識鑒、賞譽、品藻、規箴、捷悟、夙惠、豪爽、容止、自新、企羨、傷逝、棲逸、賢媛、術解、巧藝、寵禮、任誕、簡傲、排調、輕詆、假譎、黜免、儉嗇、汰侈、忿狷、讒險、尤悔、紕漏、惑溺、仇隙
何氏語林	何良俊	38	德行、言語、政事、文學、言志、方正、雅量、識鑒、賞譽、品藻、箴規、棲逸、捷悟、博識、豪爽、夙惠、賢媛、容止、自新、術解、巧藝、企羨、寵禮、傷逝、任誕、簡傲、排調、輕詆、假譎、黜免、儉嗇、侈汰、忿狷、讒險、尤悔、紕漏、惑溺、仇隙
世說新語補	王世貞	36	全同《世說新語》
焦氏類林	焦竑	59	編纂、君臣、父子、兄弟、夫婦、師友、方正、長厚、清介、雅量、慎密、儉約、識鑒、言語、政事、文學、幹局、賞譽、品藻、夙惠、警悟、豪爽、任達、寵禮、企羨、仕宦、棲逸、遊覽、傷逝、術解、書法、巧藝、兵策、容止、簡傲、汰侈、矜率、詆毀、排調、假譎、紕漏、惑溺、象緯、形勝、節序、宮室、冠服、食品、酒茗、器具、文具、典籍、聲樂、攝養、熏燎、草木、鳥獸、仙宗、釋部
初潭集	李贄	5大類 97小類	夫婦：合婚、幽婚、喪偶、妒婦、才識、言語、文學、賢夫、賢婦、勇夫、俗夫、苦海諸嫗、彼岸諸嫗 父子：教子、賢子、孝子、文子、慧子、貌子、官子、喪子、泛子、俗父 兄弟： 師友：儒教、道教、釋教、聚書、鈔書、讀書、著書、六經子史、為文、博物、談學、音樂、藝術、書畫、清言、嘲笑、山水、隱逸、湯社、酒人、達者、豪客、論人、知人、鄙人、智人、知己、相

			思、哀死、推賢、規正、篤義、交難、學道、道學、會說、令色、少年、標榜、詆毀、易離
			君臣：聖君、聖臣、賢君、賢臣、明君、忠臣、正臣、清臣、能文之臣、能言之臣、英君、能臣、暴君、諍臣、癡臣、昏君、哲臣、愚臣、縱君、佞臣、貌臣、譎主、奸臣、庸君、強臣、銓選諸臣、牧民諸臣、將臣、相臣、賢相、才相、廉勤相、畏慎相
闇然堂類纂	潘士藻	6	訓惇、嘉話、談箴、警喻、溢損、徵異
賢奕編	劉元卿	16	懷古、廉淡、德器、方正、證學、敘倫、家閑、官政、廣仁、幹局、達命、仙釋、觀物、警喻、應諧、志怪
皇明世說新語	李紹文	36	全同《世說新語》，惟〈政事〉、〈文學〉二篇次第互易
舌華錄	曹臣	18	慧語、名語、豪語、狂語、傲語、冷語、諧語、謔語、清語、韻語、俊語、諷語、譏語、憤語、辯語、穎語、澆語、悽語
益智編	孫能傳	12大類 74小類	帝王：全君、定策、翼儲、宗藩
			宮掖：后妃、外戚、閹寺
			政事：用人、爵賞、政術、治體、革俗、止訛、弭盜、破妖妄
			職官：宰相、臺諫、監司、守令、學職、守官、馭胥史
			財賦：理財、賦役、錢鈔、鹽筴、倉儲、漕輓、救荒、撫流移、遺棄小兒、捕蝗
			兵戎：將帥、節鎮、戎伍、籌策、料敵、設間、戰略、招撫、攻取、守禦、定亂、制叛逆、待降附、安反側、鎮人心
			刑獄：刑法、讞議、折獄、迹盜
			說詞：奉使、對來使、盟會、善說、善諫、諧諷、辯才
			人事：知人、料事、蚤慧、幹辦、博物、危疑、急難、處權倖
			邊塞：安邊、馭夷
			工作：營造、城池、河渠、舟梁、器仗
			雜組：雜事
智品	樊玉衡	7	神品、妙品、能品、雅品、具品、譎品、盜品
清言	鄭仲夔	36	全同《世說新語》
玉堂叢語	焦竑	54	行誼、文學、言語、政事、銓選、籌策、召對、講讀、寵遇、禮樂、薦舉、獻替、侃直、纂修、調護、忠節、識鑒、方正、廉介、義概、器量、長厚、退讓、慎密、

			敏悟、出處、師友、品藻、事例、科試、科目、容止、賞譽、企羨、恬適、規諷、豪爽、任達、夙惠、遊覽、術解、巧藝、傷逝、志異、簡傲、諧謔、儉嗇、汰侈、險謫、忿狷、刺毀、紕漏、惑溺、仇隙
霞外塵譚	周應治	10	霞想、鴻冥、恬尚、曠覽、幽賞、清鑒、達生、博雅、寓因、感適
西山日記	丁元薦	36	英斷、相業、延攬、才略、深心、名將、循良、法吏、節烈、忠義、清修、直節、德量、器識、神識、正學、古道、友誼、義俠、格言、正論、清議、文學、師模、庭訓、母範、孝友、篤行、方術、高隱、恬退、持正、賢媛、耆壽、家訓、日錄
古今譚概	馮夢龍	36	迂腐部、怪誕部、癡絕部、專愚部、謬誤部、無術部、苦海部、不韻部、癖嗜部、越情部、佻達部、矜嫚部、貧儉部、汰侈部、貪穢部、鷙忍部、容悅部、顏甲部、閨誡部、委蛻部、譎知部、儇弄部、機警部、酬嘲部、塞語部、雅浪部、文戲部、巧言部、談資部、微詞部、口碑部、靈蹟部、荒唐部、妖異部、非族部、雜志部
芙蓉鏡寓言	江東偉	36	全同《世說新語》
耳　新	鄭仲夔	34	令德、藹吉、經國、正氣、立言、博贍、集雅、懿好、惠濟、神應、仙蹤、梵勝、同聲、知遇、矜奇、諧艷、陳風、紀土、正繆、異述、時令、今文、志怪、說鬼、奸恣、醜媚、災變、孽召、物表、兆先、命相、藝術、寶遺、人瑞
雋　區	鄭仲夔	34	品雋、行雋、業雋、攻雋、學雋、奇雋、詩雋、文雋、神雋、兆雋、玄雋、法雋、語雋、識雋、評雋、闈雋、閨雋、地雋、事雋、叢雋、勸雋、誡雋、景雋、玩雋、藝雋、術雋、誕雋、幻雋、諧雋、艷雋、荒雋、物雋、啀雋、通雋
智　囊	馮夢龍	10 大類 28 小類	上智部：見大、遠猶、通簡、迎刃 明智部：知微、億中、剖疑、經務 察智部：得情、詰奸 膽智部：威克、識斷 術智部：委蛇、謬數、權奇 捷智部：靈變、應卒、敏悟 語智部：辯才、善言 兵智部：不戰、制勝、詭道、武案 閨智部：賢哲、雄略 雜智部：狡黠、小慧

十可篇	馬嘉松	10	可景、可味、可快、可鄙、可泯、可坦、可遠、可諧、可嘉、可冊
玉劍尊聞	梁維樞	34	全同《世說新語》，惟少〈政事〉、〈品藻〉二門
快園道古	張　岱	20	盛德部、學問部、經濟部、言語部、夙慧部、機變部、志節部、識見部、品藻部、任誕部、偶雋部、小慧部、隱佚部、戲謔部、笑談部、志怪部、鬼神部、紕漏部、詭譎部、博物部
女世說	李　清	31	淑德、仁孝、能哲、節烈、儒雅、雋才、毅勇、雅量、俊邁、高尚、識鑒、通辯、規誨、穎慧、容聲、藝巧、緣合、情深、企羨、悼感、眷惜、寵嬖、尤悔、乖妒、蠱媚、侈汰、忿狷、紕謬、狡險、徵異、幽感
明語林	吳肅公	38	全同《何氏語林》
南吳舊話錄	李言恭	24	孝友、忠義、政績、才筆、儉素、廉介、謙厚、恬退、陰德、雅量、規諷、敬禮、任誕、閒逸、夙惠、遊藝、賞譽、諧謔、曠達、感憤、寄託、豪邁、名社、閨彥
兒世說	趙　瑜	17	屬對、言語、排調、文學、疆（彊）記、至性、膽識、自新、恬裕、方正、師友、言志、賞譽、異徵、豪豪（爽）、將略、紕漏
今世說	王　晫	30	全同《世說新語》，然闕〈自新〉、〈黜免〉、〈儉嗇〉、〈讒險〉、〈紕漏〉、〈仇隙〉六篇

　　由上表所列，即不難想見各書之內容梗概。以下則據諸書門類，歸納出若干要點。

　　第一，《何氏語林》類目乍看下似與《世說》無甚差異，僅多〈言志〉、〈博物〉兩門；然若稍加比對，即會發現其尚有些許更動。在篇名上，何良俊改〈規箴〉作〈箴規〉、〈汰侈〉作〈侈汰〉；而自〈捷悟〉至〈寵禮〉十二篇之次第，則完全更易。其用意為何，未可知也。王世貞取《何氏語林》補《世說》，其門類雖仍依《世說》；然至吳肅公《明語林》，全書篇目則悉仿《何氏語林》。是《何氏語林》之門類篇目，亦非毫無代表性。此外，尚有幾部著作之類目仿襲《世說》而又稍加改易：《皇明世說新語》之〈政事〉、〈文學〉二篇次第互易；《玉劍尊聞》獨少〈政事〉、〈品藻〉二門；《今世說》則闕〈自新〉、〈黜免〉、〈儉嗇〉、〈讒險〉、〈紕漏〉、〈仇隙〉六篇。除《今世說》嘗於〈例言〉解釋其六篇之闕乃為「引長蓋短」〔註1〕外，其餘二書之

〔註1〕《今世說‧例言》云：「是集條目，俱遵《世說》原編。惟〈自新〉、〈黜免〉、〈儉嗇〉、〈讒險〉、〈紕漏〉、〈仇隙〉諸事，不敢漫列。引長蓋短，理所固然。乃若補為全目，以成完書，願俟後之君子。」

改易，作者均未明言其因。

第二，《何氏語林》之〈博識〉門，乃欲矯當日束書不觀、游談心性之風。其〈博識〉小序云：

> 孔子語子貢曰：「女以予爲多學而識之者與？非也。予一以貫之。」則孔子果不貴博識耶？及觀萍浮楚澤、隼集陳庭、異鳥舞郊、羵羊出井，苟非博識，誰爲辯之？夫孔門見道，莫過顏子；顏子之有得於孔子者，莫過於喟然之歎。今觀其所稱高堅前後，與夫卓爾末由，皆形容道體之妙。若夫孔子之善誘，與顏子之善學者，唯博、約二語而已。蓋二者互相爲用，不可廢也。不然，則其告子貢者語一足矣，其所貫者復何物耶？後世舍博而言約，此則入於釋氏頓悟之說。道之不明也，夫何尤？（卷二十一）

晚明時期，士人多「舍博言約」，鎮日清談，自謂於孔子一貫之學深有體悟。顧炎武〈與友人論學書〉嘗云：「今之君子……，聚賓客門人之學者數十百人，譬諸草木，區以別矣，而一皆與之言心言性。舍多學而識，以求一貫之方，置四海之困窮不言，而終日講危微精一之說。」（《亭林文集》卷三）又《日知錄》「夫子之言性與天道」條云：「昔之清談談老、莊，今之清談談孔、孟。未得其精而已遺其粗，未究其本而先辭其末。不習六藝之文，不考百王之典，不綜當代之務，舉夫子論學論政之大端，一切不問，而曰『一貫』，曰『無言』。以明心見性之空言，代修己治人之實學。股肱惰而萬事荒，爪牙亡而四國亂。神州蕩覆，宗廟丘墟。」（卷九）由此可知，《何氏語林》〈博識〉一門之作，確有其用意。然見其篇中所采，率多異物鬼怪。固然其旨仍在彰顯人物之「博聞多識」，但整篇內容實與「博物」、「志怪」之作無甚差異。而其後的世說體著作，亦有設「志怪」、「鬼神」之部者。蓋尚奇好異，人之性也；且此類故事，亦可資法戒。祝允明〈祝子志怪錄序〉即云：「語怪雖不若語常之爲益，然幽詭之物，固宇宙之不能無，而變異之事，亦非人尋常念慮所及。今苟得其實而記之，則卒然頃而逢其物、值其事者，固知所以趨避、所以勸懲，是已不爲無益矣。況恍語惚說，奪目警耳，又吾儕之所喜談而樂聞之者也。」侯甸《西樵野記》亦云：「幽怪之事，固孔子所不語；然而使人可驚、可異、可憂、可畏，明顯箴規，而有補風教者。此博洽君子不可不知也。……噫！余性孔魯，然每見小說，竊甚愛之，亦性之一偏也。」或謂世說體著作涉及志怪內容，意味作者實未能釐清「志人」、「志怪」二者之分界，爲其體制之一缺失。然此現象不妨解作其時尚未有嚴格之志人、志怪劃分，所謂志人、志怪，實乃材料性質之偏重耳，故在作者看來，不論是志人或志怪，均爲聞見所及，隨筆書記，無須刻意區別之。

第三，晚明世說體著作中，有不少專收特定材料的作品，如《舌華錄》惟取口

談言語;《益智編》、《智品》、《智囊》等全錄古今智事;《女世說》獨采歷代婦女言行;《兒世說》專收聰穎幼童材料。凡此均可見出晚明文人對「世說體」之興趣所在。又《初潭集》以五倫之目統攝全書;《雋區》、《十可篇》盡以「雋」、「可」名篇等,亦皆為世說體門類上之創新。

第二節 注文、小序、按語

晚明文人既視世說體著作為史書,故其體制,亦頗仿傚之。晚明世說體著作之注文、小序、按語,即史傳之常格。從這些注文、小序、按語中,頗可見出晚明文人之思想好尚與文學觀念;本文之研究即多據此。以下茲將《世說新語》以迄晚明世說體著作之注文、小序、按語體例作成簡表〔註2〕,並於其後分別說明之。

書　　名	注　　文	小　　序	按　　語
世說新語	有,並注明出處	無	無
大唐新語	無	無	無
隋唐嘉話	無	無	無
朝野僉載	無	無	無
續世說新語	無	無	無
唐語林	無	無	無
南北史續世說	無	無	無
何氏語林	有,並注明出處	有	偶有
世說新語補	有,並注明出處	無	有
焦氏類林	多有注明正文出處	無	無
初潭集	無	唯〈夫婦〉篇首有一總論	有

〔註 2〕此表乃據戴佳琪《何氏語林研究》之「歷代世說體小說體例簡表」增刪改易。其中《智品》、《十可篇》、《兒世說》等書,戴佳琪備註「未見」,今予以補入。《世說新語》注文欄,戴佳琪表作「無」,此表改為「有」;蓋《世說》注雖非與正文同時並撰,然其已儼然為《世說》形式之一,後繼世說體之注文體例,多受其影響,故論《世說》體例,不宜略其注文。又《耳新》小序欄,戴佳琪表作「偶有」,此表改為「無」;蓋其記載聞見,多用第一人稱「余」,故當此類條目置諸篇首,便易被誤認作篇前小序。此外,《智囊》評語欄,戴佳琪表作「無」,此表改為「偶有」;蓋其評語簡短,故或易忽之。戴佳琪之「歷代世說體小說體例簡表」,見其《何氏語林研究》,pp.377～381。

賢奕編	無	無	無
皇明世說新語	無	無	無
舌華錄	無	有	有
益智編	無	無	無
智　品	無	有	有（總評）
清　言	無	無	無
玉堂叢語	偶有注明正文出處	無	極少
霞外麈譚	無	有	無
西山日記	無	無	無
古今譚概	偶有注明正文出處	有	有
芙蓉鏡寓言	無	無	有
耳　新	無	無	無
雋　區	無	無	無
智　囊	偶有，時或注明正文出處	有	有
十可篇	注明正文出處	有	有
玉劍尊聞	有，多未注明出處	無	無
快園道古	無	有	無
明語林	無	無	無
南吳舊話錄	有，並注明出處	無	無
兒世說	無	無	無
今世說	有，未注明出處	無	無

一、注　文

《世說新語》之劉孝標《注》，後人多所稱譽，以為其成就、價值不下於劉義慶《世說新語》。中國四大名注，劉孝標《世說新語》注正列其一。宋高似孫《緯略》評云：

> 宋臨川王義慶采擷漢晉以來嘉事嘉話，為《世說新語》，極為精絕，而猶未為奇也。梁劉孝標注此書，引援詳確，有不言之妙。如引漢、魏、吳諸史及子傳地理之書，皆不必言。只如晉氏一朝史，及晉諸公列傳、譜錄、文章，皆出於正史之外，記載特詳，聞見未接，寔為注書之法。（卷九）

《四庫全書總目》亦云：

孝標所注，特為典贍。高似孫《緯略》亟推之。其糾正義慶之紕繆，尤為精核。所引諸書，今已佚其十之九，惟賴是注以傳。故與裴松之《三國志》注、酈道元《水經》注、李善《文選》注，同為考證家所引據焉。〔註3〕

劉孝標《注》非惟疏釋條文，且糾正紕繆，並保存了大量史料，功不可沒。

晚明世說體著作注解最善者，當屬何良俊《何氏語林》注。何良俊《何氏語林》為求體例完備，故仿劉孝標之注《世說新語》，自為疏釋。陸師道〈何氏語林後序〉云：

> 況《世說》精絕，亦由校標作註，詳援確證，有不言之妙，顧事出二手，作述不同。而元朗所註，乃一時並撰，綱目互發，詳略相成，開闔貫通，一無牴牾；至其所引，奧篇祕典，靡不具列，視之劉氏，富贍略等。信該洽之鉅觀，而文筆之弘致也。

陸師道以為：劉義慶《世說新語》之價值，尚賴劉孝標徵引史籍作注始成；何良俊自為注文，務使全書「綱目互發，詳略相成，開闔貫通，一無牴牾」，誠可謂嘔心瀝血也。由是益見其謹嚴之編撰態度。《何氏語林》旁徵博引，「奧篇祕典，靡不具列」，其詳贍絕不下於《世說新語》注。而何良俊《何氏語林》注之最大特色，正在於「詳贍」。與《世說新語》一般，《何氏語林》幾乎每則皆有注文；其注文徵引廣博，且鉅細靡遺，往往成篇載錄文學篇章及史書傳記，措意於文獻保存。如〈言語〉卷四「朱公叔年二十」條注引朱穆〈崇厚論〉；〈政事〉卷六「曲端為涇原都統日」條注引周公謹〈曲壯閔本末〉；〈文學〉卷八「魏帝集名僧於顯陽殿講說佛理」條注引《魏書》；〈文學〉卷九「蘇舜欽既放廢」條注引蘇舜欽〈報韓維書〉；〈言志〉卷十「梁伯鸞居常閉戶」條注引范曄《後漢書》；〈言志〉卷十「或勸皇甫士安修名廣交」條注引皇甫謐〈玄守論〉；〈方正〉卷十二「徐勉為吏部尚書」條注引徐勉〈戒子崧書〉等，均為千言（以上）之長篇大注。又其仿劉孝標「互見」注例〔註4〕，對於前文已注之人物，則曰「已見」，若其人注文在後，則曰「別見」。由此亦可見何良俊注

〔註3〕見《四庫全書總目》卷一百四十，小說家類一，《世說新語》提要。

〔註4〕王能憲《世說新語研究》云：「因為《世說》乃分門別類輯錄人物事迹，不僅人物眾多，而且分列于各門，前後重複，縱橫交錯，有時一則竟涉及十餘人之多，如果依次注來，則不勝其繁。劉注采用『互見法』，凡補充人物字里和事迹等材料，大體以該人物在該則處于中心地位為準，其他別處再次出現則注明『已見』或『已上見』；而某人物雖首次出現，由于不占中心地位而是連帶所及，則于後面該人物處于中心地位時注之，而此處則注『別見』，表明此後有注。這樣，整個注文也就前後照應，周詳嚴密，剪裁得當，詳略適度。」見王能憲《世說新語研究》，pp.93～94。

之用心。清周中孚《鄭堂讀書記》云：

> （《何氏語林》）又仿劉孝標原書注例，而自引書以注之，亦頗詳瞻，
> 以肩隨二劉，可無媿矣。（卷六十五）

《四庫全書總目》亦云：

> （《何氏語林》）每條之下，又仿劉孝標例自為之註，亦頗為博瞻。〔註5〕

在歷代仿《世說》著作中，有注者鮮少，且多遠不及《何氏語林》注詳瞻〔註6〕。

《焦氏類林》、《玉堂叢語》、《智囊》、《十可篇》等注文則是注明正文出處，有別於一般世說體著作注文之補充、疏釋原文。尤其是《十可篇》，於每則題目下詳細標明材料來源（其評語之體例亦然：若引錄他人評語，則加以注明），其處理材料之態度，在晚明世說體著作中，堪稱謹嚴負責。

二、小　序

篇首小序，《世說新語》本無；自《何氏語林》有此體例後，《初潭集》、《舌華錄》、《智品》、《霞外麈談》、《古今譚概》、《智囊》、《十可篇》、《快園道古》等書亦設之。篇首小序，多用以闡釋類目名義。何良俊《何氏語林》之小序，幾乎全以孔子儒家之語詮解篇旨，故其標題雖略同《世說》，然其義已新。如〈言語〉小序云：

> 余讀《韓詩外傳》，得趙倉唐對魏文侯事，歎曰：夫言何可以已哉！
> 排難解結，釋疑辯證，喻誠通志；協群情，定國是。使當時無倉唐之言，
> 太子不得立，魏國幾殆。嗚呼！夫言何可以已哉！孔子曰：「誦詩三百，
> 使於四方，不能專對；雖多，亦奚以為？」又曰：「君子居其室，出其言，
> 善則千里之外應之。」正以見言之不可已也。（卷四）

何良俊從實用觀點衡量言語之效應，即迥異於《世說新語》以才性觀點品賞言語之機巧。又〈雅量〉小序云：

> 昔鄙夫爭一簞食，聞堯讓天下而非之。仲尼厄於陳蔡，匡坐鼓琴，子
> 路慍見而弗是也。夫苟能人我皆冥，則無物不遣；知有生皆幻，則何險不
> 夷？此亦難與拘見褊心者道也。（卷十四）

因內具深厚之器識德量，故發顯於外，遂成處變自若之「雅量」。惟何良俊以「冥心遣物」、「視生如幻」之語詮解「雅量」，則非劉義慶之本意也。而由此亦可見，何良

〔註5〕見《四庫全書總目》，卷一百四十一，小說家類二，《何氏語林》提要。

〔註6〕戴佳琪《何氏語林研究》歸納《何氏語林》注之特色為五：補充史料，闡發文意；廣徵異本，條列異同；疏釋詞語，發其奧蘊；建構敘錄，申覆體式；稽覈《世說》，參照應用。見戴佳琪《何氏語林研究》，pp.150～168。

俊之小序雖以孔子之語爲說，然其多呈現爲儒、釋、道合流之思想，已非先秦儒家之眞貌。

李贄《初潭集》合劉義慶《世說新語》與焦竑《焦氏類林》爲一書，以「夫婦」、「父子」、「兄弟」、「師友」、「君臣」五倫爲目，重新編排材料。全書僅有〈夫婦〉篇首有小序，其餘諸篇皆無。蓋李贄雖以五倫爲目統攝全書，然其次第與傳統五倫順序迥異。傳統五倫向來看重「君臣」，《孟子·滕文公上》云：「使契爲司徒，教以人倫：父子有親，君臣有義，夫婦有別，長幼有序，朋友有信。」而漢代三綱，亦以「君臣」爲首，《白虎通·三綱六紀》云：「三綱者，何謂也？謂君臣、父子、夫婦也。」此三綱五常，在程朱理學之影響下，被明代士人奉爲圭臬、視作本體。即焦竑《焦氏類林》中「君臣」、「父子」、「兄弟」、「夫婦」、「師友」之目，亦未脫傳統五倫次第。然李贄卻標舉「夫婦」一倫，而將「君臣」置諸卷末；爲說明其因，故特作〈夫婦篇總論〉。其云：

> 李溫陵曰：夫婦，人之始也。有夫婦然後有父子，有父子然後有兄弟，有兄弟然後有上下。夫婦正，然後萬事萬物無不出於正矣。夫婦之爲物始也如此。極而言之，天地，一夫婦也，是故有天地然後有萬物；然則天下萬物皆生於兩，不生於一明矣。而又謂「一能生二，理能生氣，太極能生兩儀」，不亦惑歟！夫厥初生人，惟是陰、陽二氣，男、女二命耳，初無所謂「一」與「理」也，而何「太極」之有！以今觀之，所謂一者果何物？所謂理者果何在？所謂太極者果何所指也？若謂二生於一，一又安從生也？一與二爲二，理與氣爲二，陰陽與太極爲二，太極與無極爲二。反覆窮詰，無不是二，又惡睹所謂一者，而遽爾妄言之哉！故吾究物始，而但見夫婦之爲造端也。是故但言夫婦二者而已，更不言一，亦不言理，一尚不言，而況言無：無尚不言，而況言無無。何也？恐天下惑也。夫惟多言數窮，而反以滋人之惑，則不如相忘於無言，而但與天地人物共造端於夫婦之間，于焉食息，于焉言語，斯已矣。《易》曰：「大哉乾元，萬物資始！至哉坤元，萬物資生！資始資生，變化無窮，保合太和，各正性命。」夫性命之正，正於太和；太和之合，合于乾坤。乾爲夫，坤爲婦。故性命各正，自無有不正者。然則夫婦之所係爲何如，而可以如此也夫，可以如此也夫！

由此非但可知李贄推崇「夫婦」一倫之因，亦可見其對宋儒理學之不滿。

馮夢龍《智囊》一書，分爲十部二十八卷（類），「每部有總敘，每卷前復有題語」（《智囊全集》發凡），體例頗爲完整統一。其總敘皆以「馮子曰」起首，內容以

詮解部門之義爲主；類前題語亦然，惟其幾出之以四言韻語。以〈兵智部〉爲例，其〈不戰〉題語云：

> 形遯聲，策絀力。勝於廟堂，不於疆場；勝於疆場，不於矢石。庶可方行天下而無敵。

〈制勝〉題語云：

> 危事無恆，方隨病設。躁或勝寒，靜或勝熱。動於九天，入於九淵。風雨在手，百戰無前。

〈詭道〉題語云：

> 道取其平，兵不厭詭。實虛虛實，疑神疑鬼。彼暗我明，我生彼死。出奇無窮，莫知所以。

〈武案〉題語云：

> 學醫廢人，學將廢兵。匪學無獲，學之貴精。鑒彼覆車，藉其前旌。青山綠水，畫本分明。

凡此均可見馮夢龍之巧思。

三、按　語

　　世說體著作之按語（批語）體例，亦首見於何良俊《何氏語林》。《何氏語林》按語數量不多，常以「何良俊曰」、「何良俊按」、「良俊按」等形式出現，亦有獨標「按」字，甚至全無標示者〔註7〕。按語內容，或糾駁原文，或評論人事。糾駁原文者，如〈賞譽〉卷十七「劉捷卿在都」、「劉忠州每與劉捷卿談」二條按語云：

> 良俊按：宋祁《唐書》劉知幾第五子〈劉迅傳〉中有此二事。又《摭言》、李華《三賢論》，其論劉愼虛，亦載此事。不應二人同時，事都不異。然《三賢論》又謂愼虛名儒大官之家，兄弟以學著，乃述詩、書、禮、易、春秋爲五說，條貫源流，備古今之變。今考劉昫、宋祁《唐書》，及李肇《國史補》，作五說者，正劉迅也。且劉迅父知幾，史才無對，官至崇文館學士；叔知柔，以文章政事致位尚書右丞；兄貺、餗、彙、秩，弟迥，本傳中皆有述撰，則所謂名儒大官之家，與兄弟以學著者，非迅而何？且二《唐書》都不載劉愼虛事，豈《摭言》稱愼虛門閥風望如此，而正史顧遺之耶？則愼虛之爲迅無疑。迅本字捷卿，或愼虛其別字也。但正史不著迅有別字與其能詩，而詩家序論，亦不詳其所出，乃知記事者固多疎漏也。

〔註7〕如《何氏語林》卷十六〈賞譽〉「世目杜弘治清標令上」條評語即無任何標示。此乃全書唯一之特例。

—23—

又〈賢媛〉卷二十二「元相得罪後」按語云：

> 按：《通鑑》及劉昫《唐書》，（元）載妻，王忠嗣女。且王縉與載同
> 時作相，史言縉卑體附之，故縉終以載得罪。不應翁婿同時俱在政府，又
> 不應婦翁卑體於女婿，則載妻為忠嗣女無疑。而《雲溪友議》與《杜陽雜
> 編》以為輼秀縉女也。夫范攄、蘇鶚皆唐時人，其所載唐事，尚相牴牾如
> 此，乃知野史所書，固多謬妄也。

評論人事者，如〈言語〉卷四「朱公叔年二十」按語云：

> 何良俊曰：觀朱公叔之論「崇厚」，似欲含光混俗，志存悶悶者；及
> 其著〈絕交論〉、〈與劉伯宗絕交書〉，又何察察忿狷若此耶？蔡中郎以為：
> 「括二論而言之，則刺薄者博而洽，斷交者貞而孤。」及考公叔之平生，
> 刺姦疾邪，又若不肯以身而受物之汶汶者，則〈崇厚〉之作，豈亦其矯性
> 之談歟？蔡又云：「孤有羔羊之節，與其不獲已而矯時也，走將從夫孤焉。」
> 余則以為孤不可以立訓，乃錄其〈崇厚〉著之篇。

又〈政事〉卷六「孫安國為長沙太守」按語云：

> 何良俊曰：小人瀆貨，固惟其常，苟求廉潔自將，正當責之賢者。桓
> 元子當察舉之寄，實宜矯屬頹流，使屬城聽采，以彰軌物。今孫盛贓賄狼
> 籍，乃獨以名高不劾；及以放蕩致隙，始復按之。罪狀既明，又捨而不問。
> 將使小人因之有辭，而中才猶或自沮，求之舉措，俱為失據，晉於是為失
> 政刑矣。

何良俊《何氏語林》按語雖不多，卻頗可顯出其編撰態度之謹嚴。

李贄《初潭集》則有極多評語。其評語以短言居多，如：「妙！」、「妙甚！」、「妙
妙！至妙！」、「真！」、「真！真！」、「趣！」、「快活！」、「好話！」、「至言！至言！」、
「癡語也！」、「真可賞！」……等；又如「（霍）光大忠，真大忠！」、「（虞芝）此
節義之臣也，何可得！」、「真切至到，非道學好名所知。」……等。然亦有較長之
評語，其間偶有「李溫陵曰」、「卓吾曰」、「卓吾子曰」等標示，如卷七〈父子三〉
「慧子」、「貌子」、「官子」三節末評云：

> 卓吾曰：兒異日為官者，必然幼而聰慧；兒異日致富貴者，必定有致
> 富貴之容，故為人父者，無不欲其子之慧而貌美也。而道學尤甚。然道學
> 多諱言官，諱言異日致富貴，唯曰「予願我家千金終為至聖大賢」耳。

卷十九〈師友九〉「哀死」一節末評云：

> 唯其痛之，是以哀之，唯其知之，是以痛之。故曰：「哀至則哭，何
> 常之有！」非道學禮教之哀作而致其情也。

又卷二十四〈君臣四〉「愚臣」一節末評云：

> 君昏則臣必哲，不哲則愚矣。然有與君共戚者、受遺顧命者、世受國
> 恩無所逃者，則雖欲不愚，曷可得也？講道學者未可概以明哲藉口矣。

大體而言，李贄之評語多呈顯出追求眞性情、批判假道學之思想與精神。

　　曹臣《舌華錄》之批語，乃袁中道所作。其形式盡屬單言片語，極爲簡短；用詞則略同於李贄《初潭集》，如：「妙！」、「妙甚！」、「快極！」、「冷！」、「佳！」……等。惟袁中道之批語，對材料的選取與條目的分類，頗有意見。在材料選取方面，曹臣〈舌華錄凡例〉云：「所采諸書，惟取語不取事；即語涉鄙俚不甚佳者，亦棄去；此『舌華』本義。」然袁中道卻常評其所收條目「不佳」，如：〈慧語〉「黃蘗祖師曰：『不是一番寒徹骨，爭得梅花撲鼻香？』」條、〈謔語〉「顧臨子敦爲翰苑」條、〈清語〉「南安翁者」條、〈澆語〉「梁到洽」條等，袁中道均評爲「不佳」；〈諧語〉「開皇中有人姓出」條、「李東陽在京邸會試貢士」條則評爲「俚」、「俚俗市井語」；又袁中道評〈名語〉「高逞爲中書舍人九年」條爲「腐」；評〈名語〉「都維明博學多藝」條爲「大拘腐」；評〈傲語〉「卞士蔚弱冠時爲上虞令」條爲「語不俊」；評〈慧語〉「王荊公嘗問張文定」條爲「語不甚俊」；評〈澆語〉「嚴武以世舊待杜甫甚善」條爲「無味」；評〈慧語〉「陳眉公曰：『閉門即是深山，讀書隨處淨土。』」條爲「平平」；評〈謔語〉「漢武帝時，郭舍人與東方朔校射覆不勝」條爲「強解」；評〈慧語〉「龐仲達爲漢陽太守」條爲「太強解」……等。凡此均可見袁中道對曹臣所選材料，並不全然贊同。至於條目分類方面，袁中道亦有不同看法，如：

> 王右軍既去官，與東土人士營山水弋釣之娛，又與道士許邁共修服
> 食，遍采名藥，不遠千里。游東中諸郡名山，泛滄海，嘆曰：「我卒當以
> 樂死。」

> 王子猷嘗寄人空宅住，便令種竹。或問：「暫住何煩爾？」王嘯詠良
> 久，直指竹曰：「何可一日無此君？」

此二條原置於〈清語〉一門，袁中道卻評云：「當入〈韻語〉。」又〈清語〉云：

> 孔稚圭主風韻清疏，門庭之內，草萊不剪，中有鳴蛙。稚圭曰：「以
> 此當兩部鼓吹。」

袁中道評爲：「似『韻』。」而〈韻語〉云：

> 王太尉曰：「見裴令公，精明朗然，籠蓋人世，非凡識也。若死而可
> 作，當與之同歸。」

袁中道評云：「於『韻』未當。」〈澆語〉云：

> 崔趙公嘗謂徑山曰：「弟子出家得不？」徑山曰：「出家是大丈夫事，

豈將相所能爲？」

袁中道謂：「非『澆』。」此外，〈謔語〉云：

> 王鳳洲門有客著棋者，甚劣，見公至，起曰：「某棋不足觀。」公曰：「君棋甚佳，但長不落。」

袁中道以爲「入『冷』妙。」〈諧語〉云：

> 東坡嘗約劉器之同參玉版，器之每倦山行，聞玉版欣然從之。至廉泉寺，燒筍而食，器之覺筍味勝，問：「此何名？」東坡曰：「玉版。此老僧善說法，令人得禪悅之味。」器之乃悟。

袁中道以爲「入〈冷語〉妙。」而〈冷語〉云：

> 上虞江有一處，名三石頭，王弘之常垂綸于此。經過者不識之，或問：「漁師得魚賣不？」弘之曰：「亦自不得，得亦不賣。」

袁中道評作：「似『傲語』。」又比方：

> 許玄度將弟出都婚，諸人無不欽遲，既至，見其弟乃甚癡，都欲嘲棄之，玄度爲作賓主相對。劉眞長笑曰：「玄度爲弟婚，施十重鐵步障。」

> 高駢鎭成都，命酒佐薛濤爲一字令，曰：「須是一字象形，又須逐韻。」公曰：「口，有似沒量斗。」濤曰：「川，有似三條椽。」公曰：「奈何一條曲？」濤曰：「相公爲西川節度，尚使沒量斗；酒佐三條椽，內惟一條曲，何足怪？」

此二條原置於〈謔語〉一門，袁中道則評云：「似『譏』。」由此可知，雖是同樣條目，然不同讀者，便有不同領會；領會不同，分類自異。孰優孰劣，見仁見智。故曹臣〈舌華錄凡例〉云：「吳鹿長參訂後，經袁小修評點，其中分類有小出入者，袁已筆端拈出，今仍不移。一以見小修目力之高，一以不傷鹿長前意。」

馮夢龍《智囊》一書共收有千餘則材料，幾乎每則後皆附有按語（評語）。其按語常引述相關事例以發明原文，且對明季社會實況多所反映、批評。如〈明智部剖疑〉一篇，便有極多力闢訛言邪說之言論。「活佛」一則云：

> 滇俗崇釋信鬼，鶴慶玄化寺，稱有活佛。歲時士女會集，動數萬人，爭以金泥其面。林司寇俊憲副雲南，因按鶴慶，命焚之。父老爭言「犯之者，能致雹損稼」。俊命積薪舉火，果雹即止，火發無他，遂焚之。得金數百兩，悉輸之官，代民償逋。

馮夢龍評云：

> 五斗米、白蓮教之禍，皆以燒香聚眾爲端。有地方之責者，不得不防其漸，非徒醒愚救俗而已。夫佛以清淨爲宗，寂滅爲教，萬無活理。且言

犯者致雹，此山鬼伎倆。佛若有靈，肯受人誣乎？即果能致雹，亦必異物憑之，非佛所致也。況邪不勝正，異物必不能致雹乎。火舉而雹不至，大眾亦何說之辭哉？至金悉輸官，佛亦諒其無私矣。近世有佛面刮金，致惡瘡潰面以死。夫此墨吏，亦佛法所不容也。不然，苟有益生民，佛雖捨身猶可也。

「張田」一則云：

> 張田知廣州，廣舊無外郭，田始築東城。賦功五十萬，役人相驚，以白虎夜出。田跡知其偽，召邏者戒曰：「今日有白衣出入林間者，謹捕之。」如言而獲。

馮夢龍評云：

> 嘉靖中，京師有物夜出，毛身利爪，人獨行遇之，往往棄所攜物，駭而走。督捕者疑其偽，密遣健卒詐為行人，提衣囊夜行。果復出。掩之，乃盜者蒙黑羊皮，著鐵爪於手，乘夜恐嚇人以取財也。近日蘇郡城外，夜有群火出林間或水面，聚散不常。哄傳鬼兵至，愚民鳴金往逐之，亦有中刺者。旦視之，槁人也。所過米麥一空，咸謂是鬼攝去。村中先有乞食道人，傳說其事，勸人避之。或疑此道人乃為賊游說者，度鬼火來處，伏人伺而擒之，果糧舡水手所為也。搜得油紙筒，即水面物，眾囂頓息。

「陸眞山」一則云：

> 陸貞山所居前有小廟。吳俗以禮五通神謂之五聖，亦曰五王。陸病甚，卜者謂五聖為祟，家人請祀之。陸怒曰：「天下有名為正神、爵稱侯王而挈母妻就人家飲食乎？且脅詐取人財，人道所禁，何況於神？此必山魈之類耳。今與神約，如能禍人，宜加某身，某三日不死，必毀其廟。」家人咸懼。至三日，病稍間，陸乃命僕撤廟焚其像，陸竟無恙，其家至今不祀五聖。

馮夢龍評云：

> 子云：「智者不惑。」其答問智，又曰：「敬鬼神遠之。」然則易惑人者，無如鬼神，此巫家所以欺人而獲其志。今夫人鬼共此世間，鬼不見人，猶人不見鬼；陰陽異道，各不相涉。方其旺也，兩不能傷；及其氣衰，亦互為制。惟夫惑而近之，自居於衰而授之以旺，故人不靈而鬼靈耳。西門豹以下，可謂偉丈夫矣。近世巫風盛行，瘟神儀從，侈於欽差；白蓮名牒，繁於學籍，將來未知所終也，識者何以挽之？

凡此均可見馮夢龍破除迷信之用心，較諸敘神異、述鬼怪之筆記小說，其撰作目的

顯然更具積極意義。而馮夢龍之評語，大抵類此，對政治、經濟、社會等問題提出不少意見看法〔註8〕。又，馮夢龍之評語亦有評議、疏證史事者，如〈兵智部制勝〉卷二十二「王陽明」一則評云：

> 按：陳眉公《見聞錄》謂：宸濠之敗，雖結於江西，而實潰於安慶；雖收功於王陽明，而實得力於李梧山。李諱充嗣，四川內江人。正德十四年，巡撫南畿，聞宸濠請增護衛，嘆曰：「虎而翼，禍將作矣。」遂力陳反狀，廷議難之。公乃旦夕設方略、飭武備，以禦賊爲念。謂安慶畿輔，適當賊衝，非得人莫守，當諸將庭參，於眾中獨揖指揮使楊銳而進之，具眼。曰：「皖城保障，委之於子，毋負我。」十五年，賊兵陷九江，公自將萬人屯采石，以塞上游之路，飛檄皖城，諭以忠義，銳感激思奮，相機應敵，發無不捷。節發間牒火牌云：「爲緊急軍情事，該欽差太監總兵等官，統領邊官軍十萬餘，一半將到南京，一半徑趨安慶。並謂兩廣狼兵、湖廣土兵，即日水陸併進，俱赴安慶會集，刻期進攻江西叛賊，今將火牌飛報前路官司，一體同心防守，預備糧草，聽候應用等因。」宸濠舟至李陽河，遇火牌，覽之驚駭，由是散亡居半。繼又發水卒千人，盛其幖幟，乘飛艦百餘艘，鼓噪而進，聲爲安慶應援。城中望見，士氣百倍。銳即開門出敵，水陸夾攻，賊遂大潰。時宸濠營於黃石磯，聞敗宵遁。公自將兵逐北，宸濠奔入鄱陽湖，適遇巡撫王公陽明引兵至湖，遂成擒焉。後論功竟不及公。胡御史潔目擊其事，特爲論列，不報，故今人盛稱陽明而不及梧山，亦有幸有不幸歟！
>
> 又按，宸濠兵起，聲言直取南京，道經安慶。太守張文錦與守備楊銳等合謀，令軍士鼓噪，登城大罵，激怒逆濠，使頓兵挫銳於堅城之下，而陽明得成其功。雖天奪其魄，而張、楊諸公之智，亦足稱矣。

又「楊銳」一則評云：

> 安慶不守，則陽明之功不成，故以楊銳附陽明之後。

歷來論宸濠亂事之平定，多推王守仁之功；然馮夢龍卻以爲李充嗣、張文錦、楊銳諸人，亦功不可沒，無奈史傳評議皆鮮及之，故馮夢龍爲其抱屈。在《智囊》中，不論身分、地位，只要有功於家國百姓，馮夢龍均予以表彰贊揚。由此可知，馮夢龍《智囊》實有寄寓，而非苟作。

綜觀晚明世說體著作之體例，確有不少創發。他們不再滿足於《世說新語》之

〔註8〕關於馮夢龍《智囊》一書對政治、經濟方面的看法，請參本文第四章〈晚明世說體著作之內容〉第三節〈政事〉之論述。

單純形式，而紛紛別立門目，加入小序、按語等體例。其目的皆在標顯全書之獨特風格，展現自身之不凡見解。此等體制，對晚明文學、思想等風尚之研究，均有一定的價值。

第四章 晚明世說體著作之內容

　　晚明世說體著作內容包羅萬象，舉凡政治、社會、學術、文學、藝術……等，無不綜括；若欲一一細究、面面俱觀，則非筆者才學所能當。此處選定「德行」、「言語」、「政事」、「文學」四部分爲研究重點，其初原不期與孔門四科之目配合，而是依實際討論內容之須要所擬訂。

　　魏晉與晚明皆爲政治環境黑暗、學術思潮丕變之時代，在此新舊價值思想更替之際，士人究竟如何看待道德？如何面對時政？是故本章有〈德行〉、〈政事〉二節之作。〈言語〉一節分「清」、「韻」兩部分論述，蓋「清」爲晚明世說體著作乃至清言小品所共同追求之風格，「韻」則是晚明性靈文學理論中相當重要的一環，二者均有探討之必要；藉由「清」、「韻」的探討，不但可對晚明文學現象有更進一層的認識，同時亦可了解晚明士人之風尚。又，《世說新語》與晚明世說體著作之〈文學〉篇，多兼納「文學詞章」與「玄學佛理」材料，故本文亦仿其體，將二者合於〈文學〉一節討論；而晚明世說體著作〈文學〉一門又特收「博學多識」材料，因此亦將之附於此節並述。以上諸節內容，均先以《世說新語》爲開端，之後再進入晚明世說體著作之探討；一以明其承傳，一以見其差異。原欲更設「賞譽品藻」一節以觀當時之理想人物典型，然因其內容，多未脫前四節所論；所謂的理想人物典型，均可得自於〈德行〉、〈言語〉、〈政事〉、〈文學〉諸門，故此處不再贅述。此外，《智品》、《益智編》、《智囊》等書標舉「智識」，《兒世說》強調「聰慧」，在晚明世說體著作中獨樹一幟；而晚明文人之婦女觀大異於以往，《女世說》的出現，正意味時人對婦女才智的重視與肯定；凡此亦可見出當日時尚。故本章於〈德行〉、〈言語〉、〈政事〉、〈文學〉四門之外，另附〈智慧〉、〈賢媛〉二節。

　　本章所論雖涉及政治、社會、學術、文學等方面，然皆以見出士人風尚與文學興趣爲要。希冀藉由諸節之探討，能對晚明一代之風氣，有更爲深刻的了解與體會。

第一節　德　行

　　《世說新語》論述名士德性的篇目有〈德行〉、〈方正〉、〈雅量〉諸篇。從其所收一百五十六則條目來看，可大略歸納出兩個要點：一為尚德量，一為重小節。

　　首論尚德量。由於東漢對道德講究過甚，流於矯僞僵化，故引起士人普遍對道德心生厭棄。他們開始自覺個人存在之意義與價值，講究個人風格之經營與展現，追求自我實現與自我完成。因此，魏晉名士不復以「行包九德」為目標，而企圖從藝術、音樂、文學、清言等方面將一己之才作充分發揮。錢賓四先生即云：「魏晉南朝三百年學術思想，以一言蔽之，曰『個人自我之覺醒』。」（《國學概論·魏晉清談》）然此並非意味魏晉名士不重德性。在他們心中，固自有一高超標格之德性存在。他們雖不再強調具體指陳之德目，但卻欣賞深廣難測之德量。前者屬儒家，後者近道家。所謂「德量」，即器識（器量識度）。如《世說新語·德行》云：

　　　　李元禮嘗歎荀淑、鍾皓曰：「荀君清識難尚，鍾君至德可師。（第五條）

此條即以「識」、「德」並舉。又：

　　　　王朗每以識度推華歆。歆蠟日，嘗集子姪燕飲，王亦學之。有人向張華說此事，張曰：「王之學華，皆是形骸之外，去之所以更遠。」（第十二條）

此條則稱許華歆之識度。此類體量識度，發顯於外，即成「雅量」。〈雅量〉一篇，專收臨危不亂、處變不驚之事。如：

　　　　謝太傅盤桓東山時，與孫興公諸人汎海戲。風起浪涌，孫、王諸人色並遽，便唱使還。太傅神情方王，吟嘯不言。舟人以公貌閑意說，猶去不止。既風轉急，浪猛，諸人皆諠動不坐。公徐云：「如此，將無歸！」眾人即承響而回。於是審其量，足以鎮安朝野。（第二十八條）

　　　　桓公伏甲設饌，廣延朝士，因此欲誅謝安、王坦之。王甚遽，問謝曰：「當作何計？」謝神意不變，謂文度曰：「晉阼存亡，在此一行。」相與俱前。王之恐狀，轉見於色；謝之寬容，愈表於貌。望階趨席，方作洛生詠，諷「浩浩洪流」。桓憚其曠遠，乃趣解兵。王、謝舊齊名，於此始判優劣。（第二十九條）

正因內有德量，故遇事能神氣不異、顏色自若。又，魏晉時期稱述名士之德量，多用譬喻。如《世說新語·德行》云：

　　　　郭林宗至汝南造袁奉高，車不停軌，鸞不輟軛；詣黃叔度，乃彌日信宿。人問其故？林宗曰：「叔度汪汪，如萬頃之陂。澄之不清，擾之不濁，

其器深廣，難測量也。」（第三條）

此條即以「萬頃之陂」形容黃憲深廣難測之器量。又：

> 客有問陳季方：「足下家君太丘，有何功德，而荷天下重名？」季方
> 曰：「吾家君譬如桂樹生泰山之阿，上有萬仞之高，下有不測之深；上為
> 甘露所霑，下為淵泉所潤。當斯之時，桂樹焉知泰山之高，淵泉之深，不
> 知有功德與無也！」（第七條）

此條則以桂樹譬喻陳寔渾融深厚之德量。由此可知，以譬喻方式形容德量，一方面
固因譬喻富於形象美感，易於引發想像；另一方面亦是德量乃屬無可名狀之器識，
多無具體行事可指陳，故用譬喻反而較能貼切而全面地形容出德量之內涵。

次論重小節。魏晉時代對名士之德，實有所要求與期許；真正的名士，應為器
識深沉，高自標持。然觀《世說新語》之〈德行〉，多取細節小德；其所謂「方正」，
亦多屬門第之偏見。除有幾則「孝」的條目外〔註1〕，惟有羅企生殉殷皓一條可謂
「忠」〔註2〕；故《世說新語》之「德行」實已非孔門四科之「德行」矣。張蓓蓓
先生《漢晉人物品鑒》第五章〈世說新語與人物品鑒〉云：

> 《世說》前四門，依孔門四科德行、言語、政事、文學之目順序而列。
> 乍觀此諸題目，易令人誤認魏晉士人與傳統儒生並無大異；事實上當時名
> 士，早已另有面目，大不同於嚮來的儒生；劉義慶標題雖舊，而記事已新。
> 若〈德行〉門，雖收錄事迹共四十八條，頗記人物孝悌忠讓儉廉等行；但
> 如此事迹，置諸兩漢人物傳中，即將見為平常不足奇；另有多條記載，雖
> 名曰德行，而實正可見出當時人士之輕薄無行。譬如第十八條裴楷乞物行
> 惠、第卅三條謝奕犯法罰酒、第卅七條簡文為鼠惱人……〈方正〉門第五，
> 收六十六條，標目與兩漢察舉之賢良方正科同，但取捨之旨已異。當時所
> 謂方正，其實不外堅守門第壁壘，以及傲誕不肯下人而已。譬如夏侯玄寧
> 死不狎鍾會（第六條）、周嵩寧兄死不假刁協（第廿七條）、王坦之不肯居
> 尚書郎（第四六條）、羅含不肯與客語（第五六條）……。〔註3〕

〔註1〕魏晉時期雖厭棄東漢所講究之道德教條，主張率性任情、「越名教而任自然」；但卻
　　　仍對「孝」極為看重。蓋「孝」雖屬禮法，然亦自然真情之流露。加以當日門第家
　　　風維持之須要，故時人甚講求「孝」一德行。

〔註2〕《世說新語‧德行》云：「桓南郡既破殷荊州，收殷將佐十許人，咨議羅企生亦在焉。
　　　桓素待企生厚，將有所戮，先遣人語云：『若謝我，當釋罪。』企生答曰：『為殷荊
　　　州吏，今荊州奔亡，存亡未判，我何顏謝桓公？』既出市，桓又遣人問欲何言？答
　　　曰：『昔晉文王殺嵇康，而嵇紹為晉忠臣。從公乞一弟以養老母。』桓亦如言宥之。
　　　桓先曾以一羔裘與企生母胡，胡時在豫章，企生問至，即日焚裘。」（第四十三條）

〔註3〕見張蓓蓓先生《漢晉人物品鑒》（臺灣大學中文研究所博士論文，1984），pp.350～352。

由是可見魏晉之所謂「德行」，早已與孔子儒家之「德行」相去甚遠。

　　值得注意的是，華歆、陳群諸人於〈德行〉、〈方正〉等篇佔有不少條目，尤其是華歆，在當日評價頗高：

　　　　華歆、王朗俱乘船避難，有一人欲依附，歆輒難之。朗曰：「幸尚寬，何爲不可？」後賊追至，王欲舍所攜人。歆曰：「本所以疑，正爲此耳。既已納其自託，寧可以急相棄邪？」遂攜拯如初。世以此定華、王之優劣。（〈德行〉第十三條）

　　　　魏文帝受禪，陳群有慼容。帝問曰：「朕應天受命，卿何以不樂？」群曰：「臣與華歆，服膺先朝，今雖欣聖化，猶義形於色。」（〈方正〉第三條）

由《世說新語》觀之，華歆、陳群諸人均可謂器識非凡的大德君子，足以令人欣嚮。然若再參檢其他史料，便會發現：彼等固於小德無污，卻於大節有虧。余嘉錫先生《世說新語箋疏》「魏文帝受禪」條箋疏引李慈銘語云：

　　　　案陳群自比孔父，義形於色。可謂不識羞恥，顏孔厚矣！疑群爾時尚未能爲此語。與其子泰對司馬昭「但見其上」之言，皆出其子弟門生妄相附會。如華嶠《譜敍》稱其祖「歆先以形色忤時」，狗面人言，何足取信！

余嘉錫先生案語云：

　　　　華歆爲曹操勒兵入宮收伏后，壞戶發壁牽后出，躬行弒逆。是亦魏之賈充，何至「以形色忤時」！歆、群累表勸進，安得復有慼容？〔註4〕

又「華歆、王朗俱乘船避難」條箋疏余嘉錫先生案語云：

　　　　自後漢之末，以至六朝，士人往往飾容止、盛言談，小廉曲謹，以邀聲譽。逮至聞望既高，四方宗仰，雖賣國求榮，猶翕然以名德推之。華歆、王朗、陳群之徒，其作俑者也。〔註5〕

由此可知，《世說新語》之〈德行〉，凡其人有一節之善者，便予以采錄，而非就全人格之角度衡量。故華歆、陳群等二臣，均得列於〈德行〉、〈方正〉之門。

　　《世說新語》首列〈德行〉一門，晚明世說體著作承襲體例，亦多以「德性」之篇開端。然在時代背景、學術思想、纂作動機等因素差異下，此兩時代之德行內涵亦有所不同。晚明時期雖與魏晉相同，亦講求率性任情，反對禮法教條，然其所反對者乃外在僵化之道德名目，而非道德本身，故忠、孝諸節，晚明文人仍十分看重之，以爲其乃眞情至性之表露。一般而言，在晚明世說體著作「德行」一門中，

〔註4〕見余嘉錫《世說新語箋疏》，P281。
〔註5〕見余嘉錫《世說新語箋疏》，P15。

忠孝廉儉等條目皆佔有相當篇幅。因此,《世說新語》呈現出的是道家式的德量;晚明世說體著作則多標舉孔、孟儒學,措意道德教化。以下,茲從編撰理念與選材標準兩方面探討晚明世說體著作「德行」一門。

一、道德教化之編撰理念

劉義慶編撰《世說新語》,其目的原與道德教化無甚關涉;然晚明文人創作世說體著作時,卻對此頗為強調。在門類設立上,《賢奕編》於〈德器〉、〈方正〉外別有〈廉淡〉一篇;《玉堂叢語》將「德行」細分為〈行誼〉、〈忠節〉、〈方正〉、〈廉介〉、〈義概〉、〈器量〉、〈長厚〉、〈退讓〉諸門;《西山日記》設〈節烈〉、〈忠義〉、〈清修〉、〈直節〉、〈德量〉、〈器識〉、〈孝友〉等篇;《女世說》立〈淑德〉、〈仁孝〉、〈節烈〉、〈雅量〉;《南吳舊話錄》則包括〈孝友〉、〈忠義〉、〈儉素〉、〈廉介〉、〈謙厚〉、〈雅量〉、〈敬禮〉。凡此均可見晚明世說體著作對德行之標舉。

李贄合劉義慶《世說新語》與焦竑《焦氏類林》為《初潭集》,在全書架構上,捨劉義慶分門而取焦竑類目。而焦竑之五十九種類目原包括劉義慶之分門,然李贄獨取其中「夫婦」、「父子」、「兄弟」、「師友」、「君臣」五種統攝全書,由此可見其編撰旨趣所在。其〈序〉云:

> 有德行而後有言語,非德行則言語不成矣;有德行而後有政事、文學,非德行則政事、言語亦不成矣。是德行者,虛位也;言語、政事、文學者,實施也。施內則有夫婦,有父子,有昆弟;施外則有朋友,有君臣。孰能闕一而可乎?……故孔門列四科而首德行,言其該括於此也。故言德行則三者在其中,非三者則德行將何所見乎?言夫婦則五常可知,豈有舍五常而別有言語、政事、文學乎?此非臆說也,孔氏之說也。至為易知,至為簡能者也。余既自幼習孔氏之學矣,是故亦以其學纂書焉。

劉義慶雖置孔門四科於《世說新語》全書之首,然細味其中內容,實已不具孔子儒家舊義;孔門四科之目,蓋聊備一格耳。而李贄卻標舉儒學,極措意於孔門四科。四科中,李贄又以「德行」為貴,認為言「德行」則「言語」、「政事」、「文學」均寓於其中;而「德行」乃包括「夫婦」、「父子」、「兄弟」、「師友」、「君臣」五倫,闕一不可。故其《初潭集》特重德行,並以夫婦、父子、兄弟、師友、君臣五倫為全書綱目。這樣的編撰旨趣,實與劉義慶之初衷大相逕庭。

陸從平〈皇明世說新語序〉云:

> (李紹文)每于耳目所逮,凡名公鉅卿、嘉言懿行,或方外弔詭之談、荒迻瓌儻之蹟,可以觀風考德、哀思大畜者,有見必筍,有聞必書。……

> 夫古人，今人之鑑也；前事，後事之師也。尚友論世，議禮遵時，聖賢之
> 訓昭然矣。是書近之而身心性情，有益於治脩；遠之而家國天下，有資于
> 經濟。且品格定于公是公非，紀輯徵于共聞共見。非不尊而不信，亦適用
> 而可傳。不悖于孔、孟之旨矣。

陸從平指出，李紹文采錄聞見，頗以觀風考德、裒思大畜爲依歸，態度甚爲謹愼；
以爲《皇明世說新語》一書所記，事義純正，合於聖訓，深具道德美意，故其近可
供修身，遠可資治國。可見陸從平非但不以「談助」目《皇明世說新語》，且認爲其
不悖孔、孟之旨，足爲今人之鑑。

此外，吳肅公《明語林》亦以勸懲教化爲撰作目的。其〈凡例〉云：

> 劉氏、何氏，皆首四科。然徵文述事，則膾炙之助多，勸懲之義少。
> 門匯已銓，無庸更定，優者不憚廣收，劣者惟取備戒。簡牘不侔，或相什
> 伯，蓋亦善長惡短之義，如〈任誕〉、〈簡傲〉，世每不察，舉爲雅談。鄭、
> 衛不刪，觀者宜辨。

吳肅公以爲劉義慶《世說新語》與何良俊《何氏語林》雖以四科爲首，然實亦爲膾
炙之作耳；而其《明語林》一書，即企圖在《世說》既有門類框架下，賦予善惡勸
懲之義，使全書內容更爲深刻。

然而，令人好奇的是，以纂輯軼事雜史爲內容的世說體著作，向來被視爲小說、
筆記，何以至晚明時期能載負觀風考德、裒思大畜之道德教化意義？首先，本文上
章已論述，晚明文人創作世說體著作時，多不以談助小說目之，而是以撰史態度從
事，因此在材料選取上，自有別於傳統之小說、筆記。此外，在晚明性靈思潮籠罩
下，文人紛紛看重、講求「童心」、「眞情」，認爲文章只要是出自童心、眞情，即使
是小文小說，亦深具價值；反而是那些宋、明以來關乎天理性命、倫常綱紀之高文
大冊，在厭棄程朱理學的心態下，不爲晚明文人所重視。事實上，晚明文人並非不
重視道德性命等課題，而是以爲當日之程朱理學已形僵化，若一味地拘執於外在禮
法教條，只會桎梏、蒙蔽人性。他們與歷來傳統文人一般，皆重視倫理道德，皆肯
定文學有其懲惡勸善之教化意義與功能；然而不同的是，他們認爲文章只要是「自
然發於情性」，便能「自然止乎禮義」〔註6〕，無須刻意迎合外在的禮教標準，使文
學淪爲空虛之宣道工具。易言之，晚明文人所反對的是外在僵化、不合理的禮教束

〔註 6〕李贄〈讀律膚說〉云：「蓋聲色之來，發於情性，由乎自然，是可以牽合矯強而致乎？
故自然發於情性，則自然止乎禮義，非情性之外復有禮義可止也。」（《焚書》卷三）
馮夢龍〈朱葵〉亦云：「自來忠孝節烈之事，從道理上做者必勉強，從至情上出者必
眞切。⋯⋯世儒但知理爲情之範，孰知情爲理之維乎？」（《情史》卷一）

縛，而非發自內心的倫理道德觀念。所以，李贄反抗禮法教條，並無礙其以「忠、義」二字評點《水滸傳》；而馮夢龍編選傳奇小說，更可標舉「我欲立情教，教誨諸眾生」（〈情史序〉）之宗旨。在晚明文人眼中，即使是描寫日常瑣事、生活片段之言語詞藻，只要作者用眞心創作，讀者以眞心體會，便一定有益於道德性命。而世說體著作看似爲零碎片段材料之編錄，實正足以見出事理、啓迪人心。至於宋、明通篇載道、闡揚性命之說的理學論著，晚明文人則予以排斥、蔑視。文徵明〈何氏語林序〉云：

> 或者以爲（《何氏語林》）摭裂委瑣，無所取裁，骯骯偏駁，獨能發藻飾詞，於道德性命無所發明。嗚呼！事理無窮，學奚底極，理或不明，固不足以探性命之蘊，而辭有不達，道何從見？是故博學詳說，聖訓攸先，修辭立誠，蓄德之源也。宋之末季，學者牽於性命之說，深中厚默，端居無爲，謂足以涵養性眞，變化氣質，而考厥所存，多可議者。是雖師授淵源，惑於所見，亦惟簡便日趨，偷薄自畫，假美言以護所不足。甘於面墙，而不自知其墮於庸劣焉爾！

由此可知，晚明追求童心眞情、好尚小文小說之風氣，實爲對當日僵化程朱理學的反動。

二、細大不捐之選材標準

由上述可知，不少晚明世說體著作設立多門與德行相關之類目，且標舉道德教化之編撰理念。然而，其所選取之材料並不限於忠義孝廉等，細節小德亦在采收之列，且佔有相當分量。何良俊《何氏語林‧德行序》云：

> 夫孔門以四科裁士，首列德行之目，故曰：「我欲載之空言，不如見之行事也。」嗚呼！夫行胡可以爲僞！然事變遞陳，雜然泛應，士有百行，焉能以一概取哉？狂狷殊途，均能屬聖；剛柔異稟，善克則中。百慮一致，要本於德爾矣。何良俊曰：觀郭有道掃除旅舍，庾異行跪而授條，與阮長之誤著屐自列事〔註7〕，豈必皎皎偉絕殊行哉？顧人以爲易，多忽之耳。夫撥煤易簣，亦何關於大德？而孔門以爲美談。察微知著，聖人所貴。苟有心於著，則雖讓千乘之國，又何多焉？故余所列，都不

〔註7〕《何氏語林‧德行》云：「郭林宗每行宿逆旅，輒躬自灑掃，及明去後人至，見之曰：『此必郭有道昨宿處也。』」（卷一）又：「庾異行嘗與弟子樹籬，跪而授條。或云：『今在隱屛，先生何恭之過？』異行曰：『幽顯易操，非君子意也。衰不忍爲。』」（卷一）又：「阮長之爲中書郎，直省，夜往鄰省，誤著屐出閣。長之依事自列，門下以闇夜人不知，不受列狀。長之固遣送曰：『長之一生，不侮闇室。』」（卷二）

遺於細小。（卷一）

是何良俊極強調常人所易忽之細行，以爲非必皎皎大節始得稱德行。王晫則以品賞之角度，看重細行小節之「傳神寫照」，其〈今世說序〉云：

> 今朝廷右文，名賢輩出，閥閱才華，遠勝江左，其嘉言懿行，史不勝載。特未有如臨川裒聚而表著之。天下後世，亦誰知此日風流，更有度越前人者乎？予不敏，志此有年，上自廊廟縉紳，下及山澤隱逸，凡一言一行，有可採錄，率獵收而類紀之。稿凡數易，歷久乃成。或疑名賢生平大節固多，豈獨藉此一端而傳！不知就此一端，乃如頰上之毫、睛中之點，傳神正在阿堵。

是王晫之錄嘉言懿行，蓋欲標舉一代之風流；而獨取細行小節，乃因其具頰上三毛、畫龍點睛之妙，足以充分描繪出人物的精神情態〔註8〕。

以下，姑舉《何氏語林・德行》數則條目，以見其內容梗概。《何氏語林・德行》載有多則孝悌事例：

> 朱百年家素貧薄，母以冬月亡，衣並無絮。百年自此不衣綿帛。嘗寒時，就同縣孔思遠宿，衣悉裌布。飲酒醉眠，思遠以臥具覆之。百年初不知，既覺，引臥具去，謂思遠曰：「綿定奇溫。」因流涕悲慟。思遠亦爲之感泣。（卷一）

> 昭明太子至性仁孝。所生丁貴嬪亡，水漿不入口，每哭輒慟絕。高祖遣顧常侍喻旨曰：「毀不滅性，聖人之制；禮不勝喪，比於不孝。有我在，那得如此！」太子乃強進數合。自是至葬日，進麥粥一升。昭明體素壯，腰帶十圍，至是減削過半。每入朝，士庶見之，莫不下泣。（卷二）

> 陸雲駒遭母憂，哀慕毀悴，殆不勝喪，至沉篤頓昧。時第五弟摶遇疾，臨終，謂其兄弟曰：「大兄尪病如此，性至慈愛。摶死之日，不可令大兄知；哭泣之聲，亦不宜聞徹，致有感動。」家人至於祖載，方始告之。雲駒聞而悲痛，一慟便絕。（卷二）

> 溫大雅將改葬其祖父。筮者曰：「若葬此地，當害兄而福弟。」大雅曰：「若得家弟永康，我當含笑入地。」葬訖，歲餘果卒。（卷二）

〔註8〕《世說新語》重細行而略大節之選材標準，後人多所詬病，然其似已成世說體著作之一定格，後繼之世說體著作，多未能盡免之。故王晫於〈今世說例言〉特加聲明：「是集所列條目，祇據刻本，就事論事，如此事可入〈德行〉，則入〈德行〉；可入〈文學〉，則入〈文學〉，餘皆傚此。乃有拘儒，欲指一事，概以生平，至罪予論不當者，請勿讀是書。」

劉敦儒事親至孝。親心緒不理，每鞭人見血，則一日悅暢。敦儒常欲衣受杖，曾不變容。（卷二）

李道樞母盧夫人，剛嚴，性喜鞭人。時道樞名聞已光，又在班列。往往賓客至門，值公方受杖。（卷二）

廉儉之事，何良俊亦多加采錄：

王悅之少屬清操。爲吏部郎時，鄰省有會同者，遺悅之餅一甌，竟辭不受，曰：「所費誠復小小，然少來不欲當人之惠。」（卷一）

江湛爲吏部尚書，不營財利，餉饋盈門，一無所受，鮮兼衣餘食。嘗爲上所召，遇澣衣，稱疾經日，衣成，然後起。（卷一）

顧常侍清介持操，爲廷尉正。時冬服單薄。寺卿蔡子度謂人曰：「我欲解身上襦與顧郎，恐顧郎難衣食者，竟不敢遺之。」（卷二）

房彥謙雖有祿仕，務存儉素，恆致屢空，怡然自得。嘗從容獨笑，顧謂其子玄齡曰：「人皆以祿富，我獨以官貧。」所遺子孫，唯在清白耳，所著文筆，恢廓閑雅，有古人深致。時太原王劭、北海高孝基、蓨縣李綱、河東柳彧、薛孺，皆一時知名之士，彥謙並與爲友。雖冠蓋成列，而門無雜賓，體資文雅，深達政務，有識歸之。（卷二）

范氏自文正公貴顯，以清苦儉約稱于世。子孫皆守其家法。忠宣正拜後，嘗留晁美叔同匕箸。美叔退謂人曰：「丞相變家風矣！」或問之，晁答曰：「鹽豉棋子上，有肉兩簇，豈非變家風乎？」聞者大笑。（卷三）

李仲謙廉介自持，每休沐則閉戶讀書，奉祿不給，妻紡績以益薪水之費。仲謙止有一布衫，或須浣濯補紉，必俟休暇日。若賓客見訪，則使其子致謝曰：「家君治衣，不可出。」（卷三）

又《何氏語林‧德行》頗記獎賢納才事：

謝元暉好獎人才。會稽孔閩麓有文筆，未爲時人所知。孔稚圭嘗令草讓表以示元暉，元暉嗟歎良久，自折簡寫之，語稚圭曰：「是子聲名未立，應共獎成，無惜齒牙餘論。」（卷二）

任彥升好交結，獎拔士友。得其延譽，率多升擢。衣冠貴遊，莫不爭與交親。坐上賓客，恆有數十。時人慕之，號曰「任君」。（卷二）

歐陽公下士，後代罕比。作河北轉運使，過滑州，訪劉羲叟於陋巷中。羲叟時爲布衣，人未有知者。（卷三）

歐陽公爲翰林學士日，常有空頭門狀數十紙隨身。或見賢士大夫稱道人物，必問其所居，書填門狀，先往見之。果如所言，便爲延譽，未嘗以

位貌驕人。（卷三）

　　張安道與歐陽文忠素不相能。安道守成都日，文忠爲翰林。蘇明允父子，自眉州走成都，將求知於安道。安道曰：「吾何足爲重？」乃爲作書辦裝，使人送至京師，謁文忠。文忠得明允父子所著書，亦不以安道所薦爲嫌，大喜曰：「後來文章當在此！」即極力推挽。天下高此兩人。（卷三）

此外，陸象先以寬仁爲政、蘇軾還宅於嫗、楊維禎掩人之過、段秀實賣馬代償諸條，均可見其人之仁慈。

　　陸象先在蒲州日，小吏有罪，但誡遣之。大史爭白，以爲可杖。象先曰：「人情大抵不相遠。謂彼不曉吾言，必須責者，當以汝爲始。」大吏慚而退。象先嘗曰：「天下本自無事，但庸人擾之爲煩爾。第澄其源，何憂不簡？」（卷二）

　　陸象先在官務以寬仁爲政。司馬韋抱眞嘗言：「望明公稍行杖罰，以立威名；不然，恐下人怠廢。」象先曰：「爲政者，理則可矣，何必嚴刑樹威，損人益己，以傷仁恕之道？」（卷二）

　　蘇長公自儋北歸，卜居陽羨。時邵民瞻從公遊，時時相與杖策，過長橋、訪山水爲樂。邵爲公買一宅，爲緡五百，公傾囊僅能償之。卜吉將入居。夜與邵步月，偶至村落，聞婦人哭聲極哀。公徒倚聽之，與邵推扉而入，則一老嫗。公問嫗：「何爲哀傷至是？」嫗言：「吾有一居，相傳百年。吾子不肖，舉以售人。今日遷徙，百年舊居，一旦訣別，所以泣也。」坡亦爲之憯然。問其故居所在，則公以五百緡所得者。因再三慰撫，謂曰：「嫗之故居，乃吾所售，不必深悲，當以是居還嫗。」即命取屋券對嫗焚之，呼其子迎母還舊居，不索其值。公遂還毘陵，不復買地。（卷三）

　　楊鐵崖避地松江，嘗有一貴遊子既破產，流落海上，數踵先生門。一日，竟持先生所購倪雲林畫去，左右欲發之。先生曰：「吾哀其困，使往見一達官，以書畫爲介耳，非盜也。」其務掩人過如此。（卷三）

　　段秀實初爲營田官。涇原大將焦令諶強占民田，紿與農約，熟歸其半。歲旱，令諶索入，農往訴秀實，秀實署牒免之。令諶召農責曰：「我畏段秀實耶？」以牒置背上，大杖擊二十，輿致庭中。秀實泣曰：「乃我困汝。」即自裂裳裹瘡注藥，賣己馬以代償。淮西將尹少榮罵令諶曰：「段公廉仁，惟一馬，賣而市穀入汝；汝取之不恥，汝何能爲人？」令諶大愧流汗曰：「吾終不可見段公！」一夕自恨死。（卷二）

「段秀實初爲營田官」條注引劉昫《唐書》云：「秀實性至孝，沉厚有斷。朱泚謀逆，

時秀實爲司農卿。泚召秀實議事，源休、姚令言、李忠臣、李子平皆在坐。秀實戎服與泚並膝。語至僭位，秀實勃然而起，執休腕，奪其象笏，奮躍而前，唾泚面大罵曰：『狂賊！吾恨不斬汝萬段！吾豈逐汝反耶？』遂擊之。泚舉臂自捍，纔中其顙，流血匍匐而走。兇徒愕然，初不敢動。秀實曰：『我不同汝反，何不殺我？』兇黨群至，遂遇害焉。」是何良俊欲藉此以見段秀實非惟廉仁，且富忠義。

〈德行〉中載有一條戴至德與劉仁軌二人性格作風迥異之材料，殊堪玩味：

> 戴至德爲尚書右僕射，時劉仁軌爲左。人有所訴，仁軌率優容之；至德乃詰究本末，理直者密爲奏理，終不顯私恩。當時人多不知，獨稱仁軌爲解事僕射。常更日聽訟，有一嫗詣省，至德已收牒，嫗乃復取曰：「初以爲解事僕射，今乃非是。」至德笑還之，人服其長者。（卷二）

此條當是因戴至德之方直及敦厚，而見收於〈德行〉一篇；然何良俊之意，尚不止於此。其注引韋述《唐歷》云：

> 世稱劉樂城，與戴至德同爲端揆。劉則甘言接人，以收物譽；戴正色拒下，推美於君。故樂城之善，于今未弭；而戴氏之績，無聞焉。嗚呼！高名美稱，或因邀飾而致遠；深仁至行，或以韜晦而莫傳，豈唯劉、戴而然？蓋自古有之矣。故孔子曰：「眾好之必察焉，眾惡之必察焉。」非夫聖智，鮮不惑也。

由此可知，何良俊之所以錄此條，乃是對劉仁軌之邀飾致遠與戴至德之韜晦莫傳有所感慨。故其強調：觀人論事，定須謹慎，「眾好之必察焉，眾惡之必察焉」，以免便辟諂佞，四方宗仰；賢德君子，反寂寂而終。又，《何氏語林》注文原以疏釋、補充原文文意等客觀性材料爲主，主觀之批評乃置於按語處；然此條卻特意引韋述《唐歷》之議論爲注，即可見何良俊乃欲藉韋述之語以抒一己之見〔註9〕。

又《何氏語林·德行》載有管寧行事二則，頗可見其人之恬退仁厚：

> 管幼安在遼東，鄰人有牛暴幼安田，幼安爲牽牛著涼處，自與飲食。過於牛主，牛主得牛大慚，若犯嚴刑。（卷一）

> 管幼安所居屯落，會井而汲。男女錯雜，至爭汲鬪。幼安多買器，分置井傍，汲以待之，又不使知。來者得而怪之，問知是幼安，乃各相悔責，不復鬪訟。（卷一）

管寧在崇事功、尚作爲的三國時代中，似無甚表現，《世說新語》僅有管寧與華歆割席絕交一則，而史傳記載亦少；然其隱於遼東，終日講學論道，平澹居處，高尚其

〔註9〕《何氏語林》中以議論、評語爲注，不止一例，戴佳琪《何氏語林研究》論何良俊注之特色時已有舉出，故此處不再贅述。見戴佳琪《何氏語林研究》，pp.164～166。

志，在人心風俗、儒學教化之維持上，發揮了一定的作用與力量。是管寧雖身居亂世，亦有其自處之道；比於華歆等二臣之「義形於色」，優劣立見。王夫之即推尊管寧爲三國第一人，以爲「漢末三國之天下，非劉、孫、曹氏之所能持，亦非荀悅、諸葛孔明之所能持；而（管）寧持之也」（《讀通鑑論》卷九〈東漢獻帝〉）。而何良俊亦推崇管寧人品，《何氏語林·品藻》云：

> 華子魚與北海邴根矩、管幼安游學相善，時號三人爲一龍。華爲龍頭，邴爲龍腹，管爲龍尾。（卷十八）

《世說新語·德行》「華歆遇子弟甚整」條注即引《魏略》此段材料〔註10〕。劉孝標乃欲藉之應證華歆於漢末的雅望盛名；然何良俊卻頗不以爲然，其注引裴松之語云：

> 邴根矩之徽猷懿望，不必有愧華公；管幼安含德高蹈，又恐弗當爲尾。《魏略》此言，未可以定其優劣也。

其按語云：

> 何良俊曰：華子魚輸心異代，大肆戈鋋；邴根矩避難殊方，自露環頴；較之幼安，韜精戢羽，終始令德者，豈可同年而校其優劣哉？篤而論之，當以管爲龍頭，邴爲龍腹，華爲龍尾。

是何良俊以爲管寧遠高於華歆。《世說新語·德行》載有多條華歆相關材料，頗稱其識度；《何氏語林·德行》則於華歆之事全未采錄。由此可見，《何氏語林》雖兼取大、小行誼，然與《世說》所謂之德行終有不同。

雖然晚明世說體著作多設有「德行」之門，而在序言中，亦常可見道德教化之編撰理念；然整體而言，眞正措意用心於道德蘊義、貫徹實踐教化理念者，卻寥寥無幾。固然諸書均標榜德行，亦不乏忠義孝廉之條目，但在撰作意態上，晚明世說體著作者對德行仍是較爲忽略的。《世說新語》原即與道德教化無關，而晚明文人看重、喜愛《世說新語》，亦非基於此因，故其採取「世說體」創作，絕非以之爲首要目的。晚明世說體著作之有〈德行〉，多是承襲《世說新語》體例而來。正因德行非其所關注，故漸有別立全新門類、專收特定材料的世說體著作出現，如：《舌華錄》惟取口談言語；《益智編》、《智品》、《智囊》等書全錄古今智事；《古今譚概》多收歷代笑話。凡此均可見出晚明文人對「世說體」之興趣所在。

〔註10〕劉孝標注所引，與此條略有出入，其作：「歆爲龍頭，寧爲龍腹，原爲龍尾。」徐震堮《世說新語校箋》云：「《魏志·華歆傳》注引《魏略》作『原爲龍腹，寧爲龍尾』，《御覽》卷四〇七引《魏略》同。」見徐震堮《世說新語校箋》（臺北：文史哲出版社，1989），P7。

故晚明世說體著作雖多有「德行」之門，然其撰作之旨各異，未可一概以「崇德」論之。

第二節　言　語

　　晚明世說體著作之〈言語〉與《世說》之〈言語〉大抵無異，均是收錄機警聰敏之言談，足以新人耳目。惟晚明文人對〈言語〉之看法，尚不止於此。《世說新語》原即以人物言語、對話爲主，故若廣義而言，整部《世說》實可視爲一大篇〈言語〉。而晚明文人對《世說新語》一書之興趣，正泰半集中於「言語」方面。姚汝紹〈焦氏類林序〉云：

> 昔漢末暨魏晉諸公，雅善清言，謦欬間皆成珠玉。宋臨川王劉義慶輯其雋永者爲《世說新語》傳焉，由是歷代珍之，在今尤盛，不但揮塵者資其談鋒，而操觚者亦掇其菁藻，信乎其言之有味也已。

姚汝紹以爲魏晉名士素善清言，復經劉義慶揀選爲《世說新語》一書，其雋永有味，自不在話下。王思任〈世說新語序〉亦云：

> 《說》中本一俗語，經之即文；本一淺語，經之即蓄；本一嫩語，經之即辣。蓋其牙室利靈，筆顛老秀，得晉人之意於言前，而因得晉人之言於舌外，此小史中之徐夫人也。

《世說新語》言語之所以高妙，乃因其洗鍊、傳神，能化俗淺爲雅蓄。又王世貞〈世說新語補序〉云：

> 至於《世說》之所長，或造微於單辭，或徵巧於隻行，或因美以見風，或因刺以通贊，往往使人短詠而躍然，長思而未罄。

吳瑞征〈世說新語序〉亦云：

> （《世說》）名理析於單詞，雌黃寄於只語，令讀者味之而忘倦，覽者飫之而自得。

曹徵庸〈清言序〉云：

> 晉、宋之際，厥有《世說》，語殊至致，使讀者盡而有餘。

由此可知，晚明文人以爲：《世說新語》之單言片詞，便足蘊含精微妙義；寥寥數語，即可概括深遠情思。令人回味無窮、咀嚼再三。此正是《世說新語》言語之最大特色。由於晚明文人極爲看重《世說新語》之「言語」，故其創作世說體著作時，亦皆加強此一部分。文徵明〈何氏語林序〉云：

> （《何氏語林》）品目臚分，雖三十有八，而原情執要，寔惟語言爲宗。

> 單詞隻句，往往令人意消；思致淵永，足深唱歎。誠亦至理攸寓，文學行
> 義之淵也。

是文徵明認為《何氏語林》全書乃以「言語」為宗，單詞隻句，均攸寓文學行義。如此之評語，正與上述晚明文人對《世說新語》之贊美無異，由此可見晚明世說體著作確以「言語」為努力方向。又王晫〈今世說例言〉云：「是集事實，俱從刻本中，擇其言尤雅者，然後收錄。」是王晫所重，亦在「言語」。至如曹臣，直分《舌華錄》為〈慧語〉、〈名語〉、〈豪語〉、〈狂語〉、〈傲語〉、〈冷語〉、〈諧語〉、〈謔語〉、〈清語〉、〈韻語〉、〈俊語〉、〈諷語〉、〈譏語〉、〈憤語〉、〈辯語〉、〈穎語〉、〈澆語〉、〈悽語〉等十八門，擺脫傳統既有之分類標準，完全以言語風格為劃分考量，即可見出其對言語之高度興趣與重視〔註 11〕。而晚明出現大量專收雋言韻語之清言作品，亦是基於此好尚言語之理由。

　　《舌華錄》所分十八類，雖是以言語風格為區別，然若稍加歸納，則將發現其仍多脫胎自《世說》舊目，如〈諧語〉、〈謔語〉、〈譏語〉、〈辯語〉等，便類乎《世說》之〈排調〉、〈輕詆〉；〈慧語〉、〈穎語〉則與《世說》之〈言語〉相近；而〈傲語〉則略同於《世說》之〈方正〉、〈簡傲〉。此等類目，大致皆可由篇名想見其內容，惟〈清語〉、〈韻語〉二篇較為特出，有加以討論之必要。蓋「清」乃魏晉與晚明時期極為重要之審美觀念，而「韻」則是晚明公安派文學理論主張之一；這些觀念與主張，深深影響著晚明文學與士風，然卻鮮少論文深究之。故本文擬從晚明世說體著作切入，將「清」、「韻」之內涵作一全面性的探討，並進一步分析二者同異，希冀藉此能對晚明風尚有更進一步之認識。

一、清

　　「清」在魏晉及晚明均為相當重要之概念，兩個時代皆標舉「清」字；然而歷來之研究，卻鮮少就「清」字加以探討。事實上，若略加研析，便會發現：「清」字實象徵魏晉與晚明士人的價值標準與審美旨趣，它和整個時代風氣有著密不可分之關係。

　　「清」之蘊義發展至魏晉時期，已臻成熟；自此以降，「清」字的意義與用法，幾未能出此範圍。換言之，「清」之概念已於魏晉時代獲得充分的發揮。因此，魏晉之「清」極值得吾人注意。而晚明之「清」，則與魏晉息息相關，時人論「清」，往往祖述魏晉。故欲了解晚明之「清」，定須從魏晉入手。此處茲以魏晉時代為考察範

〔註11〕潘之恆〈舌華錄序〉云：「晉人尚清言。其立論則以無舌通心，識超言外。故有言，不若無言之含章；多言，不若寡言之微中。」由此可見其對魏晉名士言語之欣賞。

圍，探討「清」之內涵，其次再論述晚明世說體著作對魏晉之「清」的繼承；最後則分析晚明世說體著作與晚明「清言」之關係。

（一）清之內涵

「清」字在魏晉時代的使用頻率極高，且多以詞組型態出現；隨著搭配字彙的不同，其意義亦有所轉變。換言之，這些「清」字的內涵並不盡一致，未可一概而論。以下，本文即從「清與汙濁」、「清與雅俗」、「清與玄虛」、「清與風流」等不同角度，略探魏晉之「清」的各種面向。

1、清與汙濁

先秦儒家，常以「清」字形容人的政治態度，如《論語・公冶長》云：

子張問曰：「崔子弒齊君，陳文子有馬十乘，棄而違之。至於他邦，則曰：『猶吾大夫崔子也。』違之。之一邦，則又曰：『猶吾大夫崔子也。』違之。何如？」子曰：「清矣。」

《論語・微子》云：

子謂：「虞仲、夷逸，隱居放言，身中清，廢中權。」

人若能知所進退、潔身自愛，便可謂之「清」。《孟子・萬章下》云：

孟子曰：「伯夷，……非其君不事，非其民不使。治則進，亂則退。橫政之所出，橫民之所止，不忍居也。……伯夷，聖之清者也。」

所謂「非其君不事，非其民不使；治則進，亂則退」，可說是對先秦儒家之「清」作了最佳的詮釋。值得注意的是，「清」乃指能從「亂」世中「退」、「隱」者，含有超絕於「亂」外之意。換言之，「清」的特質須藉「亂」以突顯。惟此「清」僅為一政治態度之形容，其道德評判意味並不明顯。正如伊尹「治亦進，亂亦進」、柳下惠「不羞汙君，不辭小官」，皆可各得「任」、「和」之譽，而不必有高下之別。然若以「清」、「濁」二字對舉，則此「清」不僅和政治有關，且往往與道德相涉。《孟子・離婁上》云：

孟子曰：「有孺子歌曰：『滄浪之水清兮，可以濯吾纓；滄浪之水濁兮，可以濯吾足。』孔子曰：『小子聽之，清斯濯纓，濁斯濯足矣。自取之也。』」

在孺子歌中，「清」、「濁」原僅是對滄浪之水的客觀形容，但經過孔、孟的詮釋，此「清」、「濁」便被賦予了道德蘊義，具有更為深刻的內涵。這樣的道德內涵，自漢末以還，日形明顯。范曄《後漢書・黨錮列傳》云：

王甫詰曰：「君為人臣，不惟忠國，而共造部黨，自相褒舉，評論朝廷，虛構無端，諸所謀結，並欲何為？皆以情對，不得隱飾。」（范）滂

對曰：「臣聞仲尼之言：『見善如不及，見惡如探湯。』欲使善善同其清，惡惡同其汙。」（卷六十七）

范滂此種「激濁揚清」的心態，實爲當日多數士人之寫照。東漢末年，士人不交非類，刻意與外戚、宦官等「濁流」劃分，自許爲「清流」；而其批評時政、相互標榜之言論，便稱作「清議」。由於「清流」、「清議」之「清」原爲與「濁」、「汙」、「亂」等相對，因此，這些詞語出現時，多與「濁」、「汙」、「亂」並舉，以彰明「清」之特質。如《三國志‧魏書‧常林傳》注引沐並〈終制〉云：

吾以材質滓濁，汙於清流。昔忝國恩，歷試宰守，所在無效，代匠傷指，狼跋首尾，無以雪恥。（卷二十三）

《三國志‧吳書‧賀邵傳》云：

（孫）皓兇暴驕矜，政事日弊，（賀）邵上疏諫曰：「……自項年以來，朝列紛錯，眞僞相貿，上下空任，文武曠位。外無山嶽之鎮，內無拾遺之臣。佞諛之徒，拊翼天飛，干弄朝威，盜竊榮利；而忠良排墜，信臣被害。是以正士摧方，而庸臣苟媚，先意承旨，各希時趣，人執反理之評，士吐詭道之論，遂使清流變濁，忠臣結舌。」（卷六十五）

《晉書‧志‧樂下》云：

〈明君篇〉：闇君不自信，群下執異端。正直羅浸潤，姦臣奪其權。雖欲盡忠誠，結舌不敢言；結舌亦何憚，盡忠爲身患。清流豈不潔？飛塵濁其源。歧路令人迷，未遠勝不還。忠臣立君朝，正色不顧身。邪正不並存，譬若胡與秦；秦胡有合時，邪正各異津。（卷二十三）

《三國志‧吳書‧張溫傳》云：

（暨）豔性狷屬，好爲清議，見時郎署混濁淆雜，多非其人，欲臧否區別，賢愚異貫。彈射百僚，覈選三署，率皆貶高就下，降損數等，其守故者十未能一。（卷五十七）

《晉書‧山簡傳》云：

（山簡）上疏曰：「秦漢巳來，風雅漸喪。至於後漢，女君臨朝，尊官大位，出於阿保，斯亂之始也。是以郭泰、許劭之倫，明清議於草野；陳蕃、李固之徒，守忠節於朝廷。然後君臣名節，古今遺典，可得而言。」（卷四十三）

由此可知，漢末以至魏晉，極強調清、濁之辨。

2、清與雅俗

「清」之政治性與道德性，自魏晉以降，雖未嘗消失，但隨著道家思想之興起，

「清」的審美性亦開始發展，甚至凌駕前者而成為主流。

魏晉時代出現了大量以「清」為首之詞組，單就《世說新語》而言，便有清鑑、清識、清眞、清婉、清令、清遠、清暢、清通、清淳、清恬……等多種與「清」相關之語詞，茲舉數例言之，如〈德行〉云：

李元禮嘗歎荀淑、鍾皓曰：「荀君清識難尚，鍾君至德可師。」（第五條）

〈言語〉云：

會稽賀生，體識清遠，言行以禮。不徒東南之美，實爲海内之秀。（第三十四條）

〈雅量〉云：

（桓溫）顧看簡文，穆然清恬。（第二十五條）

〈賞譽〉云：

王戎目阮文業：「清倫有鑒識，漢元以來，未有此人。」（第十三條）

武元夏目裴（楷）、王（戎）曰：「戎尚約，楷清通。」（第十四條）

王公目太尉（王衍）：「巖巖清峙，壁立千仞。」（第三十七條）

庾公猶憶劉（疇）、裴（楷）之才雋，（溫）元甫之清中。（第三十八條）

有人目杜弘治：「標鮮清令，盛德之風，可樂詠也。」（第七十一條）

殷中軍道右軍：「清鑒貴要。」（第一百條）

世目謝尚爲令達，阮遙集云：「清暢似達。」（第一百零四條）

世稱：「苟子秀出，阿興清和。」（第一百三十七條）

司馬太傳爲二王目曰：「孝伯亭亭直上，阿大羅羅清疏。」（第一百五十四條）

〈品藻〉云：

撫軍問孫興公：「劉眞長何如？」曰：「清蔚簡令。」……「謝仁祖何如？」曰：「清易令達。」……「袁羊何如？」曰：「洮洮清便。」（第三十六條）

王子敬問謝公：「嘉賓何如道季？」答曰：「道季誠復鈔撮清悟，嘉賓故自上。」（第八十二條）

〈容止〉云：

嵇康身長七尺八寸，風姿特秀。見者歎曰：「蕭蕭肅肅，爽朗清舉。」（第五條）

〈傷逝〉云：

（羊）綏清淳簡貴。（第十四條）

〈棲逸〉云：

　　李廞是茂曾第五子，清貞有遠操。（第四條）

綜合上述諸例，可以得到兩個要點。首先，這些以「清」爲首之語詞，可有兩種詮釋：一是將這些語詞視爲兩個平行的賞譽詞，如「清令」即爲「既清且令」，「清通」即爲「既清且通」；另一則是以「清」爲賞譽詞之形容，如「清令」即爲「清」之「令」，「清通」即爲「清」之「通」，而「清識」、「清悟」等語，亦須如此解釋。然無論是何種詮釋，均顯出「清」的重要。何以「既清且令」的「清」要置於「令」之前？又「通」可以多種字詞形容，爲何獨選「清」字〔註12〕？而李膺之「荀君清識難尚，鍾君至德可師」一語中的「清」字乃與「至」字對稱，由此即可見出「清」在魏晉士人心中的地位。

　　其次，魏晉士人好以「清」字賞譽、品鑑人物，然此「清」已不具備政治、道德蘊義，而是帶有審美興味。名士所措意者不再是「清濁善惡」之辨，而是「雅俗美醜」之別。換言之，「清」字已由「德性」之形容轉爲「才性」之形容；前者屬於後天努力所成就的道德品格，後者則爲與生俱來的風流韻度。這樣的趨向實與整個時代風氣的轉變相符相映。魏晉以前，士人們標榜「清」，目的是爲了與「濁」相對；魏晉以後，士人們強調「清」，目的是爲了和「俗」劃分。魏晉士人尚「雅」忌「俗」〔註13〕，凡士俗儒之所爲，名士絕不可有；名士的一切言行，必須迥異於常人。他們講究「雅言雋語」，欣賞「神氣不變」、「顏色自若」的「雅量」，對「癖好」加以包容〔註14〕，連違禮逆俗的「脫衣裸形」、「對弄婢妾」皆得稱爲「風流」〔註15〕，更有甚者，名士還得與寒門隔絕，以保全自身之「清」〔註16〕。由

〔註12〕「清通」一詞，《世說新語》屢見，如〈文學〉云：「孫（盛）答曰：『南人學問，清通簡要。』」（第二十五條）〈識鑒〉云：「（車胤）清通於多士之世，官至選曹尚書。」（第二十七條）〈賞譽〉云：「謝幼輿曰：『友人王眉子清通簡暢。』」（第三十六條）鍾（會）曰：「裴楷清通，王戎簡要。」（第六條）正見「通」常與「清」連用。

〔註13〕魏晉「雅」、「俗」之辨的概念，實源自王充。王充《論衡》，頗多以「雅」、「俗」二字對舉之例。參張蓓蓓先生《中古學術論略》，pp.115～118。

〔註14〕《世說新語・術解》第四條注引《語林》云：「杜預道：『王武子有馬癖，和長輿有錢癖。』武帝問杜預：『卿有何癖？』對曰：『臣有《左傳》癖。』」又〈雅量〉云：「祖士少好財，阮遙集好屐，並恆自經營，同是一累，而未判其得失。」（第十五條）

〔註15〕《世說新語・德行》第二十三條注引王隱《晉書》云：「魏末阮籍，嗜酒荒放，露頭散髮，裸袒箕踞。其後貴游子弟阮瞻、王澄、謝鯤、胡母輔之之徒，皆祖述於籍，謂得大道之本。故去巾幘，脫衣服，露醜惡，同禽獸。甚者名之爲通，次者名之爲達也。」又沈約《宋書・五行志》云：「惠帝元康中，貴游子弟相與爲散髮裸身之飲，對弄婢妾。逆之者傷好，非之者負譏。希世之士，恥不與焉。」（第二十七卷）

〔註16〕張蓓蓓先生《東漢士風及其轉變》第三章〈東漢士風的轉變（一）〉云：「清流士人不

此可知，魏晉士人所謂的「雅」，並不一定符合常人眼中的「美」，但卻一定是「不俗」的。他們以「不俗」爲「美」、爲「雅」。

3、清與玄虛

前文已提及：魏晉以降，出現了許多以「清」爲首的語詞，這些語詞皆帶有審美性質，富含「雅」之興味。此種「清」的蘊義，顯然是遠於儒家而偏於道家的。以下所欲討論的「清言」之「清」，更可見出此一傾向。而未將「清言」納入前文一併分析的理由在於：「清言」之「清」除了含有「雅」的成份外，還包括了「玄虛」的況味在內。

《周易》、《老子》、《莊子》三書稱爲「三玄」，是「清言」的主要內容之一。故以「清」字概括此種名士之間的論辯活動，除了因爲它的參與份子是貴族高門外，還應與此種活動是以才性、玄學等名理爲論辯內容有關。前者屬於「雅」，後者則屬於「玄」。先秦道家向來好用「玄」、「虛」等字。而《漢書‧藝文志》即以「清虛」一詞形容道家，其云：「道家者流，……清虛以自守，卑弱以自持。……曰獨任清虛，可以爲治。」到了魏晉時代，「清」字常與「玄」、「虛」連用，如《三國志‧魏書‧荀彧傳》注引《荀氏家傳》云：

> 張璠《漢紀》稱（荀）悅清虛沈靜，善於著述。（卷十）

《三國志‧魏書‧王粲傳》注引〈先賢行狀〉云：

> （徐）幹清玄體道，六行脩備，聰識洽聞，操翰成章，輕官忽祿，不耽世榮。（卷二十一）

《三國志‧魏書‧邴原傳》注引〈原別傳〉云：

> 郡舉有道，（孔）融書喻（邴）原曰：「脩性保貞，清虛守高，危邦不入，久潛樂土。」（卷十一）

《三國志‧魏書‧杜畿傳》注引《杜氏新書》云：

> （杜恕）弟寬，字務叔。清虛玄靜，敏而好古。（卷十六）

《三國志‧魏書‧盧毓傳》注引虞預《晉書》云：

> （盧）欽少居名位，不顧財利，清虛淡泊，動脩禮典。（卷二十二）

《晉書‧阮籍傳》云：

> （阮）瞻字千里。性清虛寡欲，自得於懷。（卷四十九）

交非類，原是出於嫉惡戚宦的心理，但到了後來，士人清高自賞，即或同居士流，假使意趣好尚不合，亦不肯苟相結交，……這種慎擇友交的態度，富含風流意味。更有甚者，『清流』甚至不輕接見無名寒士，只肯與『高名善士』相交，以示清流領袖的風範。」（臺灣大學《文史叢刊》第七十一冊，1985），pp.116～117。

由上述諸例可知，「清玄」、「清虛」等詞作為一種人物特質之形容，不僅具有「雅」的蘊義，更富含幽邈超脫之況味，甚至帶有某種程度的哲理成份，是標準的道家式審美語彙。

4、清與風流

談到魏晉，便令人不禁想起「魏晉風流」、「名士風流」等語。其中「風流」一詞，正是魏晉時代始正式使用〔註17〕。《世說新語·賞譽》云：

> 范豫章謂王荊州：「卿風流儁望，真後來之秀。」（第一百五十條）

《世說新語·品藻》云：

> 有人問袁侍中曰：「殷仲堪何如韓康伯？」答曰：「理義所得，優劣乃復未辨；然門庭蕭寂，居然有名士風流，殷不及韓。」（第八十一條）

《世說新語·傷逝》云：

> 衛洗馬以永嘉六年喪，謝鯤哭之，感動路人。咸和中，丞相王公教曰：「衛洗馬當改葬。此君風流名士，海內所瞻，可脩薄祭，以敦舊好。」（第六條）

《世說新語·儉嗇》云：

> 蘇峻之亂，庾太尉南奔見陶公，陶公雅相賞重。陶性儉吝。及食，噉薤，庾因留白。陶問：「用此何為？」庾云：「故可種。」於是大歎庾非唯風流，兼有治實。（第八條）

《晉書·樂廣傳》云：

> 廣與王衍俱宅心事外，名重於時。故天下言風流者，謂王、樂為稱首焉。（卷四十三）

《晉書·王珣傳》云：

> 桓玄與會稽王道子書曰：「珣神情朗悟，經史明徹，風流之美，公私所寄。」（卷六十五）

《晉書·王獻之傳》云：

> 獻之字子敬。少有盛名，而高邁不羈，雖閒居終日，容止不怠，風流為一時之冠。（卷八十）

〔註17〕「風流」一詞，漢世已有，然其出現頻率極少，且多作「風行草偃」之義解，如《漢書·董仲舒傳》云：「伊欲風流而令行，刑輕而姦改，百姓和樂，政事宣昭。」（卷五十六）又《漢書·刑法志》云：「及孝文即位，吏安其官，民樂其業，畜積歲增，戶口寖息。風流篤厚，禁罔疏闊。」（卷二十三）可見此時「風流」二字充滿「政治教化」之意味，與漢末魏晉之用法迥異。

《晉書‧王濛傳》云：

濛少時放縱不羈，不爲鄉曲所齒，晚節始克己勵行，有風流美譽，虛

己應物，恕而後行，莫不敬愛焉。（卷九十三）

由此可知，「風流」一詞在魏晉時代已被普遍、廣泛地使用。然而，何謂「風流」？
則非寥寥數語可盡。細味上述「宅心事外」、「神情朗悟」、「高邁不羈」、「閑居終
日，容止不怠」、「虛己應物，恕而後行」等語，或可略窺一二。要之，「風流」乃
一極可欣賞之神韻；此神韻不主一格，而是兼融多種特質而成。本文此處所欲探
討之部分，並非細究「風流」所兼融的多種特質，而是指出這些特質當中極爲重
要的一種——「清」。

　　所謂「風流」，《宋書‧謝靈運傳論》云：「如風之散，似水之流。」因此，「風
流」一詞作爲一種人物特質之形容，實遠較兩漢的「行包九德」〔註18〕要生動、飄
逸許多。然而，何以合「風」、「流」二字爲一詞以形容魏晉名士？此則與時人尙「清」
有密切之關係。因爲歷來描寫自然之「風」、「流」景致時，極常使用「清」字，如
《世說新語‧言語》云：

劉尹云：「人想王荊產佳，此想長松下當有清風耳。」（第六十七條）

劉尹云：「清風朗月，輒思玄度。」（第七十三條）

袁（羊）曰：「何嘗見明鏡疲於屢照，清流憚於惠風？」（第九十條）

《世說新語‧文學》云：

謝鎮西經船行，其夜清風朗月。（第八十八條）

《世說新語‧棲逸》云：

康僧淵在豫章，去郭數十里，立精舍。旁連嶺，帶長川，芳林列於軒

庭，清流激於堂宇。（第十一條）

《晉書‧陶潛傳》云：

嘗言夏月虛閑，高臥北窗之下，清風颯至，自謂羲皇上人。（卷九十四）

《文心雕龍‧物色》云：

一葉且或迎意，蟲聲有足引心。況清風與明月同夜，白日與春林共朝哉！

阮籍〈詠懷詩〉云：

薄帷鑑明月，清風吹我衿。

嵇康〈琴賦〉云：

背長林，翳華芝。臨清流，賦新詩。

〔註18〕《後漢書‧方術列傳》云：「及（第五）倫作司徒，令班固爲文薦（謝）夷吾曰：『……
才兼四科，行包九德，仁足濟時，知周萬物。』」（卷八十二上）

傅玄〈雜詩〉云：

> 清風何飄飄，微月出西方。

張華〈情詩〉云：

> 清風動帷簾，晨月照幽房。

王羲之〈蘭亭集序〉云：

> 此地有崇山峻嶺，茂林修竹，又有清流激湍，映帶左右。

陶淵明〈歸去來辭〉云：

> 登東皋以舒嘯，臨清流而賦詩。

上述「清」字之使用，並非爲了與「濁」相對，而是爲了表現出「風」、「流」的美感，富有「雅」的成分在內。由於「清」與「風」、「流」連用的情況極爲頻繁，因此，「清」的意涵無形中已內化爲「風」、「流」之一部分。而魏晉士人正看重「風」、「流」二字所隱含的「清」之特質，加以「風散水流」所產生的動態美感亦爲他們所欣賞，故以「風流」一詞形容名士，便是極可理解的。

總結而言，魏晉之「清」融合了多種的意義，綜括了不同的面向。由「清」字蘊涵的轉化，吾人可隱約窺知整個時代風氣的遞變。魏晉時代，「清」字的用法雖傾向於道家，然其儒家之用法並未嘗消失；正如同魏晉士人雖心嚮道家，但卻絕未嘗摒棄、看輕儒家。而「清」之蘊意發展至魏晉時期，已臻成熟；自此以降，「清」字的意義與用法，幾未能出此範圍。

（二）晚明之清

晚明文人論「清」，多祖述魏晉，尤其是在言語之清上。龔立本〈清言序〉云：

> 言之清，昉自江左。清果言所尚乎？曰：固也。

言之所尚既在清，而言之清又昉自魏晉，則魏晉言語之見重，自不待言。前文已云，晚明文人極看重魏晉名士之言語；其恆謂魏晉士人雅尚「清言」、「清談」，如王世懋〈世說新語序〉云：

> 晉人雅尚清談，風流暎於後世。而臨川王生長晉末，沐浴浸漬，述爲此書。

袁褧〈刻世說新語序〉云：

> 世言江左善清言，今閱《新語》，信乎其言之也。

陳文燭〈世說新語補序〉云：

> 蓋臨川王潛居研志，耽情墳籍，爲宗室之表。所愛佳事清言，采而書之。

姚汝紹〈焦氏類林序〉云：

> 昔漢末暨魏晉諸公，雅善清言，謦欬間皆成珠玉。

潘之恆〈舌華錄序〉云：

> 晉人尚清言。其立論則以無舌通心，識超言外。故有言，不若無言之
> 含章；多言，不若寡言之微中。

朱謀㙔〈清言序〉云：

> 晉人不工涉世，而雅善清言，言輒令人絕倒。

屠隆〈清言〉云：

> 讀臨川《世說》，知晉人果善清言。

以上「清言」、「清談」之「清」字，正是用以概括魏晉「言語」之風格。而晚明文人品賞《世說新語》，亦常使用「清」字。陸師道〈何氏語林後序〉即用「清英」一詞，其云：

> 《世說》紀述漢、晉以來佳事話言，以垂法戒，而選集清英，至為精絕。

而劉應登則以為「清微簡遠」乃《世說》特出之處，其〈世說新語序〉云：

> (《世說新語》)雖典雅不如《左氏》、《國語》，馳騖不如諸《國策》；
> 而清微簡遠，居然玄勝。

王思任亦以為《世說》深具「清味」。其〈世說新語序〉云：

> 此書（《世說新語》）泥沙既盡，清味自悠，日以之佐《史》、《漢》炙
> 可也。

又吳肅公《明語林・凡例》以「清新」二字概括《世說》風格：

> 《世說》清新，詞多創獲。

至於王晫〈今世說序〉則謂《世說》詞旨「清遠」：

> 雖臨川王之綜敘，清遠自高，亦以生當其時，崇尚清流，詞旨故可觀也。

由於晚明文人以為《世說》之風格在於「清」，故其衡量晚明世說體著作之優劣，自然亦以「清」為標準。如朱謀㙔〈清言序〉云：

> 我朝何氏元朗，采史籍稗官勝事嘉話，勒為《語林》，庶幾與臨川狎
> 主齊盟。以言閎博，信有之；謂之清，則未也。

「閎博」固屬不易，然未臻於「清」，終不免有所缺憾。

　　晚明文人既好《世說》言語，且以「清」字綜括其風格，則以「清言」為名之世說體著作，便自然而生。鄭仲夔將其依《世說》體例編著之書名為《清言》，即欲以「清」統攝全書也；曹臣《舌華錄》別立〈清語〉一門，亦可見其對「清」之重視。然而，二書所標舉之「清」，其內涵究竟為何？以下茲分別論述之。

1、名士風流之清

　　鄭仲夔之書既名為「清言」，則其最措意者，當在言語之「清」。言語之「清」，除涉及行文之遣詞用字外，材料之剪裁刪削，亦是關鍵。《世說》之所長，正在精妙

簡鍊。《何氏語林》雖徵引閎博，卻以冗雜見譏，而終未得稱為「清」。鄭仲夔之《清言》，則一以「清簡」為準，其〈清言凡例〉云：

> 臨川王《世說》，極為絕唱；而劉孝標《世說》注、王元美《世說補》咸互相發明者也。茲不重案一事。

又云：

> 《續世說》等書，未為具目者所深賞，故得而節採之。然事取奇僻，語尚冷雋，外是概從刪抹，不以濫陳。

韓敬〈清言序〉亦云：

> （鄭仲夔）不重案一複事，不濫陳一噦語。

《清言》之記事，不案複事，無為濫陳，其鎔裁之精當，令人「周玩再三，不能增損一字」〔註19〕；加以言語冷雋〔註20〕，文筆蘊藉〔註21〕，則全書之「清」，自不待言。故朱謀瑋〈清言序〉歎賞云：「讀其書者，每恨卷帙易窮、芳鮮易歇，非復《語林》蕃蕪之累矣。」

除了言語冷雋、記事精簡外，內容之覈實中理，亦不可忽略。《何氏語林》重博贍而舍清簡，《清言》則欲兼括之。曹徵庸〈清言序〉云：

> 吾友鄭龍如氏，踵《世說》、《語林》諸書之後，而葺《清言》一編。雖晚出而旨微不同。大氐《世說》在因事以傅言，其言精；《清言》在因言以徵事，其事覈。《世說》之精，使人流想于片言；《清言》之覈，期示的于千古。編則耦列，理實孤行。

曹徵庸以為《清言》雖踵《世說》之後，然其偏重卻有所不同。蓋《世說》「言精」，令人流想；《清言》「事覈」，示的千古。則《清言》之記事，頗尚嚴整。又龔立本〈清言序〉云：

> 至于《清言》，其用物弘，其取裁雋，其托意深。不知者，以為小史也；其知者，以為有憂世之心也。今天下訑諄成風，夷蹠操于舌本訑言，蓋已孔將矣。試取是編覆按之，當且悚如赧如。《清言》者，不乃訑言之砥柱乎！……謝康樂云：「道以神理超，事為名教用。」編中綜覈名實，揚榷古今，殆神理名教之覈也。必如是而言始有貴于清也已。

龔立本以為當日士風浮誇，訑言充斥；《清言》卻能「綜覈名實，揚榷古今」，誠可

〔註19〕見朱謀瑋〈清言序〉。
〔註20〕除鄭仲夔〈清言凡例〉自謂其「語尚冷雋」外，董思王〈清言序〉亦云其詞「冷」。
〔註21〕朱謀瑋〈清言序〉云：「（鄭仲夔）標舉往代，爰暨近世，文筆醞藉，有通《世說》者，列以品目，命曰《清言》。」

謂訛言之砥柱也。而「清」之可貴處,正在於此。是「清言」之「清」,猶須建立於「覈實中理」之上。由此可知,《清言》非惟文清,亦且事覈,打破了常人對「清言」的印象。朱謀㙔〈清言序〉即云:

> (《清言》)華實併收,聲業俱茂,不徒晉室諸賢清譚而已。

是《清言》華實並茂,文質彬彬,兼有《世說新語》之「清」與《何氏語林》之「覈」,已非魏晉「清言」所能概括矣。

董思王則從魏晉「才」、「性」觀點論「清」,於前述之「才清」外,另標「品清」;惟才、品俱清,始能為清言。其〈清言序〉云:

> 苟其人為持籌鑽核之流,俗物來敗人意,則品不清;習為組織之語、
> 艷冶之詞,則才不清。品不清、才不清,未有能為清言者也。

「持籌鑽核之流」為俗,「組織艷冶之語」亦俗,在董思王看來,均非品清、才清之屬也;真正的清品、清才,須以「絕俗」為務。董思王所謂的「品」,乃名士風流之品;其所謂的「才」,乃庾、鮑清新之才:

> 龍如所居蘭畹,風雨一室,琴書自娛。客非幽人韻士,屣不為倒也。
> 發而為詩文,清氣逼人,雜之庾開府、鮑參軍集中,恐不能辨。龍如之品
> 之才,俱清絕一時,故其著為《清言》,詞則冷,旨則遠。斯編出,而《世
> 說》一書且得獨有千秋哉?

曹徵庸以為鄭仲夔往來交遊,盡幽人韻士;吐屬揮灑,皆冷言雋語。品清、才清,深得魏晉名士之風流。以此著書,如何不清?朱謀㙔〈清言序〉即云:

> 信州友人鄭龍如洞覽古今,特精名理,風神玉暎,藻鑑淵融,黃叔度、
> 衛叔寶之流亞也。……一欬唾間,珠璣照爛,兼裴、郭之長,紹臨川之響,
> 所謂飛天僊人,容止語笑,都無煙火氣味。

王宇春〈清言序〉亦云:

> 而信州友人鄭龍如以《清言》一編寄示矣。其標目準之《世說》,而
> 取材不厭富,搜事不厭僻,敘致不厭高,選韻不厭儁,非胸中具十斛珠璣,
> 生平不沾煙火氣者,斷不能辨隻語。

正因鄭仲夔風神玉暎,毫無煙火氣味,故為文能藻鑑淵融、珠璣照爛。是品、才俱清,始有清構。

由以上所述,可得一小結:晚明文人所謂的「清」,既包含清新簡雋之文才,亦兼括清朗絕俗之品格。總之,即魏晉名士行止吐屬之風流也。

又曹徵庸以為《清言》之清妙雋遠,可以味得,難以率賞,其〈清言序〉云:

> 至其(《清言》)清妙淹通、寄屬雋遠,可以味得,尤難以率賞。知言

之士，好風良月，鑪煙乍飄，幽琴罷韻，或風雨如晦，憂從中來，手是編，

婆娑數則，宿俗新障，一時都洗絕，勝吞刀而飲灰也。

由此可知，曹徵庸頗講究閱讀氣氛之營造與閱讀心境之配合。讀者惟有透過「清賞」，方能得風流清韻之味，收俗障滌除之效。是作者之清撰與讀者之清賞兩相映襯，全書之「清」始益發顯著、完整。以下，茲以簡表略示上述諸人所謂之「清」：

清	作者清撰	才清（才性）	言語冷雋，記事精簡（形式） 覈實中理　　　　　（內容）
		品清（德性）	風流絕俗，無煙火氣
	讀者清賞		

2、山林隱逸之清

曹臣《舌華錄》中有〈清語〉一門，其對「清」字嘗有如下詮釋：

> 吳苑曰：晉人尚清談，清談之語，除世務之外，凡風流豪爽、放達高傲之類，皆清也，是前人所取之義廣。吾既以此區分類別，則清之義，不得不隘矣。淘之汰之，則在山林之士乎？（卷五）

吳苑以為魏晉名士所謂之「清」，乃指「風流豪爽、放達高傲」之類；而吳苑所謂的「清」，則限於「山林之士」。蓋「清」之豪、狂、傲、冷、俊諸義，《舌華錄》皆已別為門目，故〈清語〉所存者，僅在山林隱逸。「名士風流」之「清」與「山林隱逸」之「清」二者，雖有範圍廣狹之別，然其遠於「凡俗事務」之意則一也。而《舌華錄》之「清」，取義雖狹，但卻頗可反映晚明文人對「清」乃至「隱」的看法。以下茲錄數則以見《舌華錄》〈清語〉一門之內容：

> 謝惠連不妄交接，門無雜賓，有時獨醉。嘗曰：「入吾室者，但有清風；對吾飲者，惟許明月。」
>
> 晉簡文入華林園，顧謂左右曰：「會心處不必在遠，翳然林木，便自有濠濮間想也，覺鳥獸禽魚自來親人。」
>
> 王子敬云：「從山陰道上行，山川自相映發，使人應接不暇。若秋冬之際，猶難為懷。」
>
> 晉明帝問謝鯤：「君自謂何如庾亮？」答曰：「端委廟堂，使百官整則，臣不如亮；一丘一壑，自謂過之。」
>
> 關文衍為散騎常侍，畫九華山圖于白綾半臂，號「九華半臂」。自云：「令吾身常自在雲泉之內。」
>
> 劉尹云：「清風朗月，輒思玄度。」

> 王司州至吳興印渚中看，嘆曰：「非爲使人情開滌，亦覺日月清朗。」
>
> 　陳眉公曰：「焚香倚枕，人事都盡，夢境未來。僕于此時，可名『臥
> 隱』，便覺鑿壞住山爲煩。」

由上可知，《舌華錄》〈清語〉一門所收條目，重點並不在其人是否眞爲山人、隱
士，而是在其濠濮間想之有無。而晚明文人之所謂「隱」，由此亦可見一斑。

　魏晉名士向來好隱，然其所謂「隱」，多是爲展現風流、廣邀聲譽之故，而非眞
欲爲隱。如《世說新語・棲逸》云：

> 康僧淵在豫章，去郭數十里，立精舍。旁連嶺，帶長川，芳林列於軒
> 庭，清流激於堂宇。乃閒居研講，希心理味，庾公諸人多往看之。觀其運
> 用吐納，風流轉佳。加處之怡然，亦有以自得，聲名乃興。後不堪，遂出。
> （第十一條）

> 　許玄度隱在永興南幽穴中，每致四方諸侯之遺。或謂許曰：「嘗聞箕山
> 人，似不爾耳！」許曰：「筐篚苞苴，故當輕於天下之寶耳！」（第十三條）

由此可知，康僧淵、許詢均非眞能隱逸者。又時人有「朝隱」之說，以爲身處廟堂、
心懷山林之境界更高。至於晚明文人，亦有類似看法，屠隆〈答李惟寅〉云：

> 足下住秦淮渡口，煙銷月出，水綠霞紅，距風沙之地萬里；而書來怔
> 忪，殊不自得，何也？大都士貴取心冥境，不貴取境冥心。此中蕭然，則
> 塵埃自寓清虛；內境煩囂，則幽居亦有龐雜。足下以爲然不？（《白榆集》
> 卷十）

所謂「取心冥境」，蓋亦「朝隱」之類也。惟其結果往往一如魏晉名士般，雖身居要
職，卻無心理事；而時人猶以「清」相互標榜品題，引以爲尚。士風之不競，由此
得以想見。

（三）晚明世說體著作與晚明清言之關係

　晚明小品中有一類作品，隱然自成一系，時人稱呼不一，而後人將之單獨標
舉出來，冠以「清言」之名〔註22〕。這類作品極多，俯拾皆是，不勝枚舉。較著
名的有：屠隆《娑羅館清言》、吳從先《小窗清紀》、陸紹珩《醉古堂劍掃》、洪應
明《菜根譚》、陳繼儒《太平清話》、徐學謨《歸有園麈談》、呂坤《呻吟語》、張
潮《幽夢影》等。它們出現的原因頗爲複雜，然而其中的關鍵，恐怕仍得追溯到

〔註22〕陳萬益《明清小品》及周志文《屠隆文學研究》均將此類作品稱爲「清言」。陳萬益
　　　以爲「清言」之名最爲恰當，因明王宇〈清紀序〉中已將晚明清言與漢末清議、魏
　　　晉清談相提並論，以強調作者身處季世之無奈心情。見陳萬益《明清小品・清言篇》
　　　說明，p259。

晚明世說體著作。

「清言」一詞，最早出現於漢晉之際，在魏晉時代使用頻率極高，乃指當日名士間的論辯活動〔註23〕。之後，「清言」一詞的出現，在數量上減少許多，在意義上也未有變化。換言之，「清言」一詞實已爲魏晉時代所專屬，提及「清言」，幾乎皆是指名士間的論辯活動。然而，到了晚明時期，「清言」一詞又大量出現，並且在意義上有相當程度的轉變。「清言」已由論辯活動轉變成一種（次）文類。「清言」之「言」指的不再是「口頭言語」，而是指「書面文字」。事實上，清言是晚明小品中的一種，然而在形式及內容上自成一類，故又與一般小品有別。在形式上，清言更爲精簡，單言片語皆可成文，猶如今日之格言、箴言；由於其形式精簡，故內容多屬片段之思想、情感或意境的捕捉。陳萬益先生《明清小品》一書略分晚明小品爲九類：書序、傳記、文論、書信、日記、遊記、笑話、寓言、清言，其中第九類「清言」在精神上或與上述八者相通，皆是性靈思潮下的產物；但在形式、內容上卻無法化歸於前八者，由此便可見出清言在分類上確有獨立之必要與意義。

雖然如此，現今對清言的研究卻極爲缺乏，以致吾人對清言的概念仍十分模糊。事實上，清言的研究可有多種切入角度，以下，本文即嘗試探討晚明「世說體著作」與晚明「清言」之關係，一以見晚明世說體著作之影響，一以明晚明清言之概廓。

1、清言名義

「清言」由原來的「口頭言語」轉變成「書面文字」，中間其實有一個過渡，此過渡便是晚明世說體著作。前文已言，晚明文人以爲魏晉名士善於「清言」，而這些「清言」被劉義慶采錄，即成《世說新語》。換言之，晚明文人所謂的「清言」不再是指玄學論辯言語，而是泛指一般的雅言雋語。如此說來，整部《世說新語》即可謂是名士清言大全。故晚明世說體著作便有逕將書名稱作「清言」者，如鄭仲夔《清言》。不過此時的「清言」仍多指口頭言語（「世說」之體，乃以采錄「言語」爲主）。

順此趨勢發展，便極可能出現自創格言佳句或編錄他人麗詞醒語的作品。而這類作品亦有直接使用「清言」爲書名者，如屠隆《婆羅館清言》（或作《清言》）、黃汝亨《寓林清言》等。這些作品之條目，多已無世說體著作之引言形式。「清言」一語至此，已是指書面之文、筆札之詞了。

〔註23〕唐翼明先生《魏晉清談》第一章〈清談名義考辨〉云：「所謂『魏晉清談』，指的是魏晉時代的貴族知識份子，以探討人生、社會、宇宙的哲理爲主要內容，以講究修辭與技巧的談說論辯爲基本方式而進行的一種學術社交活動。」見唐翼明先生《魏晉清談》（臺北：東大圖書公司，1992），p43。

2、清言形式

晚明清言的形式相當獨特，晚明文人之所以會採取此種形式創作，原因其實頗爲複雜。然而，若從晚明世說體著作之角度來看，便會發現：晚明世說體著作與晚明清言在形式上竟有許多相似之處。事實上，這樣的相似絕非偶然，單從上述「清言」名義的演變即可知，晚明清言的源流與晚明世說體著作有相當程度的關係。以下茲從條文格言、門類篇目、小序評語等方面討論世說體著作與清言之關係。

（1）條文格言

晚明清言最明顯的特色，便是條文式的格言短語句型。其初以散體短文居多，之後漸以格言短語之句型爲主，尤多對偶排比。如陳繼儒《安得長者言》云：

> 朝廷以科舉取士，使君子不得已而爲小人也；若以德行取士，使小人不得已而爲君子也。

> 「水到渠成，瓜熟蒂落。」此八字受用一生。

屠隆《娑羅館清言》云：

> 竹風一陣，飄颺茶灶疏煙；梅月半彎，掩映書窗殘雪。眞使人心骨俱冷，體氣欲仙。

> 室無長物，心本宅乎清虛；門多雜賓，性不近乎狷介。行誼雖無大損，淨業未免有妨。

陸紹珩《醉古堂劍掃》云：

> 甘人之語，多不論其是非；激人之語，多不顧其利害。（〈醒〉卷一）

> 前人云：「畫短苦夜長，何不秉燭遊？」不當草草看過。（〈靈〉卷四）

張潮《幽夢影》云：

> 雲之爲物，或崔巍如山，或激灩如水，或如人，或如獸，或如鳥龜，或如魚鱗。故天下萬物皆可畫，惟雲不能畫；世所畫雲，亦強名耳！

> 藝花可以邀蝶，纍石可以邀雲，栽松可以邀風，貯水可以邀萍，築臺可以邀月，種蕉可以邀雨，植柳可以邀蟬。

甚至單言片語皆可成文，如陳繼儒《安得長者言》云：

> 喜時之言多失信，怒時之言多失體。

> 用人宜多，擇友宜少。

屠隆《續娑羅館清言》云：

> 李青蓮仙才凤稟，白香山道骨天成。

彭汝讓《木几冗談》云：

> 行潔者入市而闔戶，行濁者闔戶而入市。

洪應明《菜根譚》云：

> 君子宜淨拭冷眼，慎勿輕動剛腸。
>
> 隱逸林中無榮辱，道義路上無炎涼。
>
> 矜名不若逃名趣，練事何如省事閒。

陸紹珩《醉古堂劍掃》云：

> 枕邊夢去心亦去，醒後夢還心不還。（〈情〉卷二）
>
> 情因年少，酒因境多。（〈韻〉卷七）
>
> 恩重難酬，名高難稱。（〈法〉卷十一）

張潮《幽夢影》云：

> 情必近于癡而始真，才必兼乎趣而始化。
>
> 古今至文，皆血淚所成。
>
> 聖賢者，天地之替身。

晚明文人之所以採取條文式格言短語句型創作清言，原因頗多，但無疑地，《世說新語》與晚明世說體著作確實扮演著重要的啟迪角色。雖然世說體著作多為散行體裁，清言則多排比對句，二者不盡相同；但在形式簡短一處上，仍可見出其關聯。蓋晚明文人喜愛《世說新語》的重要原因之一，正是其言語簡約有味。如王世貞以為《世說》之所長，「或造微於單辭，或徵巧於隻行，或因美以見風，或因刺以通贊，往往使人短詠而躍然，長思而未罄」；吳瑞征則謂《世說》「名理析於單詞，雌黃寄於只語，令讀者味之而忘倦，覽者飫之而自得」。因此晚明文人創作世說體著作時，亦皆以此為目標。文徵明即稱《何氏語林》「單詞隻句，往往令人意消；思致淵永，足深唱歎。誠亦至理攸寓，文學行義之淵也」；周敷文贊美《今世說》「言簡而味長，耐人尋繹，如入桃花源，步步俱著勝地」。由此即可明顯見出晚明文人的文學審美興趣。他們以為：單言片詞，便足蘊含精微妙義；寥寥數語，即可概括深遠情思。這樣的文學審美興趣，固非盡得自於《世說新語》與晚明世說體著作，然其影響確實不宜忽略。

（2）門類篇目

　　劉義慶將《世說》全書一千一百三十二條材料分為三十六門；而晚明文人創作世說體著作時，亦承襲此分門別類之體例：或仿照《世說》之三十六門，或依其書旨趣而另立新類。這些門類，使得全書之風格及結構更為鮮明完整。

　　晚明清言中，亦有不少分門別類者，如吳從先《小窗清紀》、陸紹珩《醉古堂劍掃》、呂坤《呻吟語》……等。以《醉古堂劍掃》為例，其分為〈醒〉、〈情〉、〈峭〉、〈靈〉、〈素〉、〈景〉、〈韻〉、〈奇〉、〈綺〉、〈豪〉、〈法〉、〈倩〉等十二篇，如此之類

目，實與《舌華錄》、《雋區》等世說體著作之分門無甚差別；又吳從先之清言小品《小窗清紀》，《四庫全書總目》云：「《清紀》摹仿《世說》，分〈清語〉、〈清事〉、〈清韻〉、〈清學〉四門。」〔註24〕由此可知，「世說體著作」與「清言」之間的界線實頗為模糊，彼此有相當程度之交集。

（3）小序評語

晚明文人視世說體著作為史書，故其有小序、評語等體例，便為合理；然清言屬短文格言小品，起初本無此等形式，其後有之，當與晚明世說體著作不無關聯。此處茲就陸紹珩《醉古堂劍掃》之小序、張潮《幽夢影》之評語作一概述。

《醉古堂劍掃》於每類之首，均有一段小序（引言），解釋此類之撰作旨趣。其〈凡例〉云：

> 今以意趣相合者，擬議分類，類各有引，引各導竅，細繹自明。

而何良俊《何氏語林》、曹臣《舌華錄》、馮夢龍《智囊》等書，於各篇篇首，亦皆冠以小序，以闡明各門寓意。此即可見出《醉古堂劍掃》與晚明世說體著作在形式上的關聯性。

《幽夢影》之形式相當奇特，乃屬評語參錯之體例。其每則正文後，幾附有當日文士之評語。這些評語，亦多為格言短語句式，然形式更為自由。在內容上，或就正文加以討論，或藉正文發抒己懷，意見不一，未可一概，而要為個人情思之展現，則其精神亦與張潮正文相通也。值得注意的是，評語意見有與正文相左者，如張潮《幽夢影》中有則云：

> 為月憂雲，為書憂蠹，為花憂風雨，為才子佳人憂命薄，真是菩薩心腸。

尤悔庵評曰：

> 杞人憂天，嫠婦憂國，無乃類是。

張潮另則云：

> 大家之文，吾愛之慕之，吾願學之；名家之文，吾愛之慕之，吾不敢學之。學大家而不得，所謂刻鵠不成尚類鶩也，學名家而不得，則是畫虎不成反類狗矣！

黃舊樵評曰：

> 我則異於是，最惡世之貌為大家者。

張潮又云：

> 才子遇才子，每有憐才之心；美人遇美人，必無惜美之意；我願來世

〔註24〕見《四庫全書總目》，卷一四四，子部小說家類存目二，《小窗自紀、豔紀、清紀、別紀》提要。

托生為絕代佳人，一反其局而後快。

鄭蕃修評曰：

俟心齋來世為佳人時再議。

《幽夢影》他則云：

天下無書則已，有則必當讀；無酒則已，有則必當飲；無名山則已，有則必當遊；無花月則已，有則必當賞玩；無才子佳人則已，有則必當愛慕憐惜。

弟木山評曰：

談何容易！即我家黃山，幾時能得一到耶？

諸如此類的例子在《幽夢影》中尚有不少。這些與張潮正文看法相左之評語，張潮並未加刪除。因此，透過這些評語，不但可看出張潮交遊的廣闊，同時亦可發現其接納異見之雅量。並且由於有了這些參錯之評語，遂使《幽夢影》全書洋溢著自由閱讀之趣味。楊復吉於〈幽夢影跋〉中云：

昔人著書，間附評語，若以評語參錯書中，則《幽夢影》創格也。清（詩）言雋旨，前吁（于）後喁，令讀者如入真長座中，與諸客周旋，聆其聲欬；不禁色舞眉飛，洵翰墨中奇觀也。

「如入真長座中，與諸客周旋，聆其聲欬」一語，正道出《幽夢影》此種評語參錯之體例與魏晉名士之清言活動，頗具相同趣味。則《幽夢影》實可謂「紙上清談」也。

自以上所論可知，晚明清言與晚明世說體著作，有著密切之關係；若再從晚明清言之內容上來看，便更加清楚。晚明清言與晚明世說體著作在材料上有不少重複。以《醉古堂劍掃》所附之〈採用書目〉而言，其採用了大量的世說體著作，如《唐語林》、《唐世說》、《世說新語補》、《明世說》、《初潭集》、《何氏語林》、《舌華錄》等；而其餘書目，亦與晚明世說體著作所用者大抵相同。由此亦可證明晚明清言與晚明世說體著作彼此之關聯。又，清言作品采錄條文，一如世說體著作般，多未標明出處。此又可見二者處理材料之方式與態度的雷同。當然，晚明世說體著作僅是晚明清言養分的來源之一，並非全部；但是，這個來源卻相當重要，不宜等閑視之。

綜合上述以觀，吾人可知晚明之清乃承續魏晉之清而來，尤重在風流、雅雋一義上。晚明時期出現大量標舉「清」的作品，一方面意味著時人對「清」之文學審美觀念的好尚，另一方面則顯示出作者期望藉此反映、彰顯自身品格之「清」的企圖。觀晚明文人之行事言談，多務為清高、措意風流，即可知其對自我形象之「清」

的要求與重視；而晚明文人標舉「清」的著作，或亦可視爲其用以展顯自身之清高風流的媒介之一。

二、韻

自來論晚明文學者，多以「韻」爲其重要理論主張之一；而「韻」與「趣」在內容性質上略同，故又常被並舉而言〔註25〕。以下，即錄出幾段袁宏道論「韻」、「趣」之文字。〈壽存齋張公七十序〉釋「韻」云：

> 山有色，嵐是也；水有文，波是也；學道有致，韻是也。山無嵐，則枯；水無波，則腐；學道無韻，則老學究而已。昔夫子之賢回也，以樂；而其與曾點也，以童冠詠歌。夫樂與詠歌，固學道人之波瀾色澤也。江左之士，喜爲任達，而至今談名理者，必宗之。俗儒不知，叱爲放誕，而一一繩之以理。於是高明玄曠、清虛澹遠者，一切皆歸之二氏；而所謂腐濫纖嗇、卑滯局局者，盡取爲吾儒之受用。吾不知諸儒何所師承，而冒焉以爲孔氏之學脈也。且夫任達不足以持世，是安石之談笑，不足以靜江表也；曠逸不足以出世，是白、蘇之風流，不足以談物外也。大都士之有韻者，理必入微，而理又不可以得韻。故叫跳反擲者，稚子之韻也；嬉笑怒罵者，醉人之韻也。醉者無心，稚子亦無心；無心故理無所托，而自然之韻出焉。由斯以觀，理者，是非之窟宅；而韻者，大解脫之場也。……公之心殆醜夫腐濫纖嗇之儒，故欲去而遠之，而不知孔門之儒非也。顏之樂、點之歌，聖門之所謂眞儒也。使公早知高明玄曠之眞儒，亦何必去而遠之爲快？然世之所謂儒固若此，公雖欲不去，何可得也！公今年七十，當吾夫子從心之年。從者，縱也；縱心則理絕而韻始全。公若不信，則呼稚子醉人而問之。（《袁宏道集箋校》卷六）

〈敍陳正甫會心集〉釋「趣」云：

> 世人所難得者唯趣。趣如山上之色，水中之味，花中之光，女中之態，雖善說者不能下一語，唯會心者知之。今之人慕趣之名，求趣之似。……此等皆趣之皮毛，何關神情！夫趣，得之自然者深，得之學問者淺。當其

〔註25〕如郭紹虞《中國文學批評史》、陳萬益《晚明性靈文學思想研究》、田素蘭《袁中郎文學研究》、黃保眞、成復旺、蔡鍾翔《中國文學理論史：明代時期》等書，皆「韻」、「趣」並舉，以其爲公安派文學理論的重要主張之一。見郭紹虞《中國文學批評史》（臺北：盤庚出版社，1978），pp.278～283；陳萬益《晚明性靈文學思想研究》（國立臺灣大學中文研究所博士論文，1988），pp.109～112；田素蘭《袁中郎文學研究》（臺北：文史哲出版社，1982），pp.141～145，黃保眞、成復旺、蔡鍾翔《中國文學理論史：明代時期》（臺北：洪葉文化，1994），pp.296～298。

爲童子也，不知有趣，然無往而非趣也。……孟子所謂「不失赤子」，老
子所謂「能嬰兒」，蓋指此也。……迨夫年漸長，官漸高，品漸大，有身
如桔，有心如棘，毛孔骨節，俱爲聞見知識所縛，入理愈深，然其去趣愈
遠矣。余友陳正甫，深於趣者也。故所述《會心集》若干卷，趣居其多；
不然，雖介若伯夷，高若嚴光，不錄也。噫！孰謂有品如君，官如君，年
之壯如君，而能知趣如此者哉！（《袁宏道集箋校》卷六）

由上述可知，袁宏道所謂的「韻」或「趣」，皆是出自無心，得乎自然，故其與後天
之「學」、「理」無涉，甚至相對。「無心故理無所托，而自然之韻出」、「縱心則理絕
而韻始全」、「理不可以得韻」、「入理愈深，去趣愈遠」等語，即此意也。惟有率性
而行、純任其情之「眞人」〔註26〕，才能不被道理聞見所縛，而可得韻知趣。袁宏
道此種見解，乃是針對當日士人一味講究道德學問、拘泥定法教條，而不知抒發一
己之見、表露自我眞情而發的。

　　至於「韻」所呈顯出來的風采神情爲何？袁宏道並未明白確指。然而《舌華錄》
卻提供了絕佳的資料。《舌華錄》設有〈韻語〉一門，專收各代韻事韻語。若吾人從
其所收條目觀察，則可對「韻」的內涵掌握得更爲清晰深入。

（一）以疵為美

　　首先，《舌華錄·韻語序》對「韻」字作了番詮解，其云：

> 　　吳苑曰：風流之士有韻，如玉之有瑕，犀之有暈，美處即其病處耳。
> 然病、美無定名，溺之者爲美，指之者爲病。吾輩正墮此情韻海中，不能
> 有所振脫，安肯以未定之名，而恬作己病乎？是必以韻爲美矣。（卷五）

由此段文字可知，人之「韻」，乃如玉之「瑕」、犀之「暈」一般，均爲一種「病」、

〔註26〕袁宏道〈識張幼于箴銘後〉云：「兩者（放達人、愼密人）不相肖也，亦不相笑也，
　　各任其情耳。性之所安，殆不可強。率性而行，是謂眞人。今若強放達者而爲愼密，
　　強愼密者而爲放達，續鳧項、斷鶴頸，不亦大可嘆哉？」（《袁宏道集箋校》卷四）「放
　　達」與「愼密」之所以無須相肖、相笑，乃因二者各具特色，皆可欣賞，並無高下
　　之別。袁宏道以爲：只要是「任情」、「率性」，便可謂爲「眞人」。故「眞人」絕不
　　拘於一格，而「獨抒性靈」所呈現出來的詩文風格，亦必定是多樣的。李贄〈讀律
　　膚說〉云：「性格清澈者音調自然宣暢，性格舒徐者音調自然疏緩，曠達者自然浩蕩，
　　雄邁者自然壯烈，沉鬱者自然悲酸，古怪者自然奇絕；有是格，便有是調，皆情性
　　自然之謂也。莫不有情，莫不有性，而可以一律求之哉？然則所謂自然者，非有意
　　爲自然而遂以爲自然也；若有意爲自然，則與矯強何異？故自然之道，未易言也。」
　　（《焚書》卷三）是李贄以爲個人之情性皆出於自然，各具姿態風貌，無法刻意爲之，
　　亦無須一律求之。故或認定僅有「放達」才屬「眞」、「自然」，其實非也。惟李贄、
　　袁宏道雖肯定各種情性，然自身以「放達」自居，而其所欣賞之情性亦多偏於「任
　　誕」一類。

「疵」；然此「病」、「疵」正顯出其自然、眞實，故晚明文人非但不加以掩飾排斥，反而特意強調突顯，以「美」視之。此種「以疵爲美」的心態，尚可從時人好「癖」一事見出。張岱〈五異人傳〉云：

> 人無癖不可與交，以其無深情也；人無癖不可與交，以其無眞氣也。
> （《瑯嬛文集》卷十一）

以世俗眼光看來，「癖」、「疵」皆是一「病」，無甚可取；但張岱卻以爲人之「癖」、「疵」正反映出其深情、眞氣的一面。若矯飾「癖」、「疵」以求完美，反倒顯得不美。張潮《幽夢影》亦云：

> 花不可以無蝶，山不可以無泉，石不可以無苔，水不可以無藻，喬木不可以無藤蘿，人不可以無癖。

癖之於人，正如同蝶之於花、泉之於山、苔之於石、藻之於水、藤蘿之於喬木般，均是一種絕美且必要的搭配。又袁宏道《瓶史》「好事」條云：

> 嵇康之鍛也，武子之馬也，陸羽之茶也，朱顚之石也，倪雲林之潔也，皆以僻而寄其磊傀儁逸之氣者也。余觀世上語言無味、面目可憎之人，皆無癖之人耳。（《袁宏道集箋校》卷二十四）

袁宏道以爲：嵇康之鍛、武子之馬、陸羽之茶、朱顚之石、倪雲林之潔等，皆已然成爲其人之精神象徵，充溢著磊傀儁逸之氣，令人神往不已。由此可知，「癖」乃是成就其人風流韻度之重要元素。

　　事實上，晚明文人「以疵（癖）爲美」的心態，若置諸晚明性靈思潮背景來看，便極易理解。晚明性靈文學思潮之核心，若以一字蔽之，便是一「我」字。性靈論者於「我」之基礎上，強調個人價值之尊重，鼓勵自我性靈之發抒。然有一前提，即此「我」須爲「眞我」。「我」之可貴，便在於其「眞」；除卻此「眞」，便不復有「我」〔註27〕。因此，「求眞」之精神遂成爲性靈思潮的一大特色。而每人既爲獨特無二之「我」，即須以展現出迥異於他人之「眞我」爲目標〔註28〕。言談舉止愈是新奇脫俗，愈能顯出自我。所以，「尚奇」之精神便充斥於晚明性靈思潮。而「疵」與「癖」，一方面是己身眞情之呈顯，另一方面則是自我風格之樹立，無怪乎晚明文人紛紛以「疵」、「癖」自矜。

〔註27〕李贄〈童心說〉云：「龍洞山農敘西廂末語云：『知者勿謂我尚有童心可也。』夫童心者，眞心也；若以童心爲不可，是以眞心爲不可也。夫童心者，絕假純眞，最初一念之本心也。若失卻童心，便失卻眞心；失卻眞心，便失卻眞人。人而非眞，全不復有初矣。」（《焚書》卷三）

〔註28〕袁宏道在給丘坦（長孺）的信中說道：「大抵物眞則貴，眞則我面不能同君面。」（《袁宏道集箋校》卷六）

此種「以疵爲美」的觀念，不但表現在爲人行事上，還反映於文學批評理論中。袁宏道〈敍小修詩〉嘗評其弟袁中道詩云：

> （袁中道詩）其間有佳處，亦有疵處。佳處自不必言，即疵處亦多本色獨造語。然余則極喜其疵處。而所謂佳者，尚不能不以粉飾蹈襲爲恨，以爲未能盡脫近代文人氣習故也。……大概情至之語，自能感人，是謂其詩可傳也。而或者猶以太過病之，曾不知情隨境變，字逐情生，但恐不達，何露之有？（《袁宏道集箋校》卷四）

常人所謂袁中道詩之佳處，袁宏道以爲尚有「粉飾蹈襲」之恨。既爲「粉飾」，便不眞、不自然；從事「蹈襲」，則摹擬他人而無新奇創發。因此，「粉飾蹈襲」之詩絕無法顯出自我之情性〔註29〕，此亦即前、後七子理論之流弊所在。至於常人以爲袁中道詩之疵處，反多「本色獨造語」，故袁宏道特許之。所謂「本色」，即自我本眞之面目；「獨造」則是能「發人所不能發」〔註30〕。在內容上，既可「獨抒性靈」，展現眞情；在形式上，亦能「不拘格套」〔註31〕，講求新奇。此即是公安三袁文學理論中最重要的主張〔註32〕。

（二）多情率眞

理解晚明「以疵（癖）爲美」之觀念後，便不難想見〈韻語〉一門條目之性質。〈韻語〉所收材料，有極多是出自《世說新語·任誕》一篇。以下即就其條目略加分析。

「韻」最明顯的特質，即在「多情率眞」。《舌華錄·韻語》云：

> 王長史登茅山，大慟哭曰：「琅邪王伯輿，終當爲情死！」

王廞登山臨遠，頓興悲感，大爲慟哭。其亦知感情當有節度，不應過分；無奈情自

〔註29〕惟有看重「眞情」、講究「新奇」，才得見出本我。袁中道〈中郎先生全集序〉云：「至於今，天下之慧人才士，始知心靈無涯，搜之愈出，相與各呈其奇，而互窮其變，然後人人有一段眞面目溢露於楮墨之間。」（《珂雪齋集》卷十一）

〔註30〕袁宏道〈答李元善〉云：「文章新奇，無定格式，只要發人所不能發，句法、字法、調法，一一從自己胸中流出，此眞新奇也。」（《袁宏道集箋校》卷二十二）

〔註31〕袁宏道〈敍小修詩〉云「（小修詩）大都獨抒性靈，不拘格套，非從自己胸臆流出，不肯下筆。有時情與境會，頃刻千言，如水東注，令人奪魂。」（《袁宏道集箋校》卷四）

〔註32〕晚明公安派之文學理論，大致可化約爲如下圖示：

我	眞情	獨抒性靈	內容
	新奇	不拘格套	形式

衷來，滔滔不絕，天性使然，實難遏抑。故云「終當爲情死」〔註33〕。又：

> 桓子野每聞清歌，輒喚：「奈何！」謝公聞之曰：「子野可謂一往有深情。」

桓伊每聞喪歌，便會內心激動，引發感傷之情，故謝安謂其「一往有深情」。所謂「一往」，即傾瀉而出、一去無回也。此種「任情」之表現，正是魏晉人所欣賞，而晚明人以爲深具韻致者。除桓伊外，任瞻亦有類似情事：

> 任育長嘗從棺邸下度，流涕悲哀。王丞相曰：「此是有情癡。」

可因素未相識之逝者悲慟流涕，自是情感過人，因此王導以「有情癡」稱之。所謂「癡」，乃是一種「死生以之」的眞摯情懷。張潮《幽夢影》云：「情必近于癡而始眞。」、「多情者不以生死易心。」此種「死生以之」的「癡情」，湯顯祖說之最切，其〈牡丹亭記題詞〉云：

> 天下女子有情，寧有如杜麗娘者乎？夢其人即病，病即彌連，至手畫
> 形容，傳於世而後死。死三年矣，復能溟莫中求得其所夢者而生。如麗娘
> 者，乃可謂之有情人耳。情不知所起，一往而深，生者可以死，死可以生。
> 生而不可與死，死而不可復生者，皆非情之至也。夢中之情，何必非眞。
> 天下豈少夢中之人耶？必因薦枕而成親，待掛冠而爲密者，皆形骸之論
> 也。（《湯顯祖集・詩文集》卷三十三）

「情不知所起，一往而深，生者可以死，死可以生」一語，正爲「癡」字作了最佳的詮釋〔註34〕。而「率性任情」，實乃晚明性靈思想的一大主軸，一切率性任情的表現皆因「我」而獲得包容，只要其出自於「我」，即被視爲「眞」，人人皆以將率性任情的精神「淋漓盡致」地表達自許。非但在行事上如此，在爲文上亦以之爲準則。袁宏道〈敘小修詩〉云：

> 大概情至之語，自能感人，是謂其詩可傳也。而或者猶以太露病之，
> 曾不知情隨境變，字逐情生，但恐不達，何露之有？（《袁宏道集箋校》
> 卷四）

詩文情感過露，便乏含蓄之美，此原是文章之一病；然袁宏道卻推崇「情至」之詩，以爲只須「直書胸臆」，將一己之情充分發揮，便是可傳之作。故詩文僅有「不達」之虞，絕無「太露」之病。

〔註33〕《舌華錄》另錄有一則與王廞此事類似之材料：「王右軍既去官，與東土人士營山水弋釣之娛，又與道士許邁共修服食，遍采名藥，不遠千里。游東中諸郡名山，泛滄海，嘆曰：『我卒當以樂死。』」王羲之此條原置諸〈清語〉，袁中道則評爲「當入〈韻語〉」。可見「韻」之特質正在「多情」。

〔註34〕晚明文人所謂的「癖」，亦即此種「死生以之」的情感。袁宏道《瓶史》「好事」條云：「若眞有癖，將沉湎酖溺，性命死生以之。」（《袁宏道集箋校》卷二十四）

　　或謂魏晉時代有「聖人無情」、「聖人忘情」之說，則時人豈不應以「無情」、「忘情」自勉？何故反以「率性任情」爲尚？蓋「無情」、「忘情」固佳，然「多情」、「深情」亦見欣賞。聖人之狀似「無情」，實仍由「多情」、「深情」中超脫而來，「應物而無累於物」〔註35〕；換言之，聖人「無情」乃其「忘情」之結果，而非其眞無情。事實上，若較之聖人「無情」、「忘情」，魏晉名士恐怕更喜以「有情人」自居、自許。《世說新語・傷逝》云：

　　　　王戎喪兒萬子，山簡往省之，王悲不自勝。簡曰：「孩抱中物，何至於此？」王曰：「聖人忘情，最下不及情；情之所鍾，正在我輩。」簡服其言，更爲之慟。（第四條）

王戎寧可眞情流露，亦不肯掩飾悲慟以爲「聖人忘情」之狀；固是無法掩飾，亦是無須掩飾。魏晉名士或可爲全「雅量」之名，而刻意抑制內心之恐懼、慌亂、憎怨等，以顯出處變不驚、臨危不亂之態；然絕少爲邀「忘情」之譽，而隱藏自身對人、事、物的眞摯情感。相反地，他們更欣賞「多情」、「深情」。所謂「聖人忘情」云云，僅爲託辭耳。在他們看來，人的可貴處正在於「有情」。向秀〈難養生論〉即云：「有生則有情，稱情則自然，若絕而外之，則與無生同。」（《嵇康集校注》卷四）這也就是爲何魏晉士人欲認定「聖人有情而忘之」較「聖人無情」來得高妙的原因。

　　〈韻語〉一門有不少深具奇情逸趣之條目：

　　　　張卿子同鄧林宗、閔子善、鍾瑞先、劉叔任諸子，夜半步佑聖觀，缺月當眉際，涼楚逼人。諸子欲歸，張曰：「落花殘月，惟苦有情。吾儕正屬其人，不得以硬腸恣性。」復步玩，將曉而散。

　　　　許謹選放曠，不拘小節。與親友結宴花圃中，未嘗張幄設坐，只使僮僕聚落花鋪坐下，曰：「吾自有花茵。」

　　　　玄墓山寺，門有巨松甚郁茂。堪輿家言當門不利，勸去之。天全翁至山中，僧以是請。公視松愛之，不忍舍，徐謂僧曰：「木在門，成『閑』字，不愛耶？」

　　支道林常養數匹馬，或言道人畜馬「不韻」，支曰：「貧道愛其神駿。」

　　　　庾太尉在武昌，秋夜氣佳景清，使吏殷浩、王胡之之徒，登南樓理詠。音調始道，聞函道中有屐聲甚屬，定是庾公。俄而率左右十許人步來，諸

────────────

〔註35〕《三國志・魏書・鍾會傳》裴松之注引何劭〈王弼傳〉云：「何晏以爲聖人無喜怒哀樂，其論甚精，鍾會等述之。弼與不同，以爲聖人茂於人者，神明也；同於人者，五情也。神明茂，故能體沖和以通無；五情同，故不能無哀樂以應物。然則聖人之情，應於物而無累於物者也。今以其無累，便謂不復應物，失之多矣。」（卷二十八）

賢欲起避之，公徐云：「諸君少住，老子于此，興復不淺。」因便據胡床，
與諸人詠謔。

此等條目，大抵均是因其人率性任情所致，深具風流韻度，故《舌華錄》收之於
〈韻語〉。

（三）任達放誕

《舌華錄‧韻語》錄有兩條蘇軾材料：

蘇子瞻去黃州，及嶺外，每旦起，不招客與語，必出訪客。所與游亦
不盡擇，各隨其人高下，詼諧放蕩，不復爲畦畛。有不能談者，則強之使
說鬼。或辭無有，則曰：「汝妄言之，吾妄聽之。」

大通禪師操律高潔，人非齋沐不敢登堂。東波挾妓調之，大通慍形于
色。坡乃作〈南柯子〉一首，令妓齊歌之，大通亦爲解頤。公曰：「今日
參破老禪矣！」其詞云：「師唱誰家曲？宗風嗣阿誰？借君拍板與門槌。
我也逢場作戲，莫相疑。　溪女方偷眼，山僧莫睖眉。卻愁彌勒下生遲，
不見老婆三五少年時。」

此二條將蘇軾「無所往而不樂」〔註36〕的放達自適性情勾劃得頗爲生動。《舌華錄》
一書收有不少與蘇軾相關的材料，其詼諧放蕩、不拘俗禮的形象深爲晚明文人企羨。
在晚明時代，蘇軾儼然成爲「風流名士」之典型。袁宏道〈壽存齋張公七十序〉即
稱「白、蘇風流」；李鼎《偶談》亦云：「蘇子瞻……放誕風流。」不過，此間蘇軾
之形象，實已應晚明文人之理想而經過一番改造。無論如何，由上例可知：率眞任
性，故不拘小節，時或與俗情相違，此等均可謂之爲「韻」。晚明文人尚雅忌俗，倘
能「不俗」，韻致自出。如：

陳眉公曰：「名妓翻經，老僧釀酒，將軍翔文章之府，書生踐戎馬之
場，雖乏本色，亦是有致。」

妓之與經、僧之與酒、將軍之與文章、書生之與戎馬，彼此原屬無涉，甚至有所衝
突；然正因其「不俗」、「違常」，故反倒別具奇情，自成格調。而「脫俗」、「尚奇」
即魏晉名士與晚明文人所嚮往、追求者。又：

阮仲容、步兵居道南，諸阮居道北。北阮皆富，南阮貧。七月七日，
北阮盛曬衣，皆紗羅錦綺。仲容以竿挂大布犢鼻褌於中庭。人或怪之，答
曰：「未能免俗，聊復爾耳！」

〔註36〕蘇軾〈超然臺記〉云：「余之無所往而不樂者，蓋遊於物之外也。」所謂「遊於物之
外」，即是一種超脫於俗世之外的自適心境。

阮咸掛大布犢鼻褌之舉雖云「未能免俗」，然實則爲「矯俗」，欲藉此以顯出自身之「不俗」。又：

> 劉伶嘗乘鹿車，攜一壺酒，使人荷鍤隨之，曰：「死便埋我！」
>
> 　裴晉公性弘達，不好服食，每語人曰：「雞豬魚蒜，逢著則吃；生老病死，時至則行。」

此類放誕言行，魏晉視之爲「達」〔註37〕，晚明則名其爲「韻」。再看一條材料：

> 　王子猷、子敬兄弟，共賞《高士傳》人及《贊》，子敬賞井丹高潔，
>
> 子猷曰：「未若長卿慢世。」

此條原出自《世說新語‧品藻》，今入《舌華錄‧韻語》一門，足見「韻」與「慢世」頗有相通之處。袁中道評此條云：「不易與人語。」言下之意，亦以爲「慢世」之品格較「高潔」更值得欣賞。《世說新語》劉孝標注引嵇康《高士傳》云：「井丹高潔，不慕榮貴。抗節五王，不交非類。」又云：「長卿慢世，越禮自放。」是井丹與司馬相如乃兩種截然不同之處世典型〔註38〕。所謂「越禮自放」，在魏晉人眼中，實亦爲率眞任情、保全本性之表現。蓋人性以從欲爲歡，禮法以抑引爲主，則全性之本，原不須犯情之禮法，故宜越之。嵇康〈難自然好學論〉云：

> 　推其原也，六經以抑引爲主，人性以從欲爲歡，抑引則違其願，從欲
>
> 則得自然；然則自然之得，不由抑引之六經，全性之本，不須犯情之禮律。
>
> （《嵇康集校注》卷七）

外在禮法教條，違逆內心眞情本性，自非崇尚自然之名士所當循。所謂「禮豈爲我輩設」〔註39〕一語，正道盡當日多數士人之心態。順此而下，士人紛紛以毀禮犯法爲貴，風氣自是頹靡。各類脫略禮法、荒誕無恥之行止，盡可以「自然」之名飾之。《世說新語‧任誕》劉孝標注引《中興書》云：「徽之卓犖不羈，欲爲傲達，放肆聲色頗過度。時人欽其才，穢其行也。」王徽之因賞司馬相如之慢世，故宜其放誕不羈。而袁宏道亦有盡性享樂之思想，其給舅父龔仲慶的信中提到五種「眞樂」：

> 　眞樂有五，不可不知。目極世間之色，耳極世間之聲，身極世間之鮮，
>
> 口極世間之譚，一快活也。堂前列鼎，堂後度曲，賓客滿席，男女交舄，

〔註37〕張蓓蓓先生《中古學術論略》〈世說新語任誕篇別解〉云：「凡爲人通脫不拘俗情俗禮皆可云『達』。任誕亦是『達』。但『達』不即是任誕。」見張蓓蓓先生《中古學術論略》，p196。

〔註38〕屠隆《娑羅館清言》嘗云：「高人品格，既有媿井丹潔身；名士風流，亦不至相如慢世。」則「慢世」實爲「名士風流」之展顯，而與「潔身」之「高人品格」相對。

〔註39〕《世說新語‧任誕》云：「阮籍嫂嘗還家，籍相見與別。或譏之。籍曰：『禮豈爲我輩設耶？』」（第七條）《舌華錄‧韻語》亦收有此條材料。

燭氣薰天，珠翠委地，金錢不足，繼以田土，二快活也。篋中藏萬卷書，書皆珍異。宅畔置一館，館中約眞正同心友十餘人，人中立一識見極高，如司馬遷、羅貫中、關漢卿者爲主，分曹部署，各成一書，遠文唐、宋酸儒之陋，近完一代未竟之篇，三快活也。千金買一舟，舟中置鼓吹一部，妓妾數人，遊閒數人，泛家浮宅，不知老之將至，四快活也。然人生受用至此，不及十年，家資田地蕩盡矣。然後一身狼狽，朝不謀夕，托缽歌妓之院，分餐孤老之盤，往來鄉親，恬不知恥，五快活也。士有此一者，生可無愧，死可不朽矣。若只幽閒無事，挨排度日，此最世間不緊要人，不可爲訓。（《袁宏道集箋校》卷五）

此五「快活」，實以窮聲極色居多，殊爲放誕；然袁宏道卻以爲士倘得其一，便可生而無愧，死而不朽。晚明士風，蓋多類此。

（四）嗜酒耽色

《舌華錄・韻語》收有頗多與「酒」相關之材料：

王光祿云：「酒，正使人自遠。」

劉公榮與人飲酒，雜穢非類，人或譏之。答曰：「勝公榮者，不可不與飲；不如公榮者，亦不可不與飲；是公榮輩者，又不可不與飲。」故終日共飲而醉。

劉伶好酒，渴甚，求酒于妻。妻藏酒棄器，諫曰：「非養生之道，宜斷之！」伶曰：「善！當祀鬼神自誓，便可具酒肉。」妻從之。伶跪祝曰：「天生劉伶，以酒爲名，一飲一石，五斗解醒。婦人之言，必不可聽。」於是飲酒銜肉，塊然復醉。

孟萬年好飲，愈多不亂。桓宣武嘗問：「酒有何好而卿嗜之？」孟答曰：「公但未知酒中趣耳。」

張季鷹縱任不拘，時人號爲「江東步兵」。或謂之曰：「卿乃可縱適一時，獨不爲身後名邪？」答曰：「使我有身後名，不如即時一杯酒！」

畢茂世云：「一手持蟹螯，一手持酒杯，拍浮酒池中，便足了一生。」

漢清平恩侯許伯入第，丞相御史將軍中二千石皆賀。蓋寬饒後至，許伯自酌曰：「蓋君後至。」寬饒曰：「無多酌我，我乃酒狂。」丞相魏侯笑曰：「此公醒而狂，何必酒也！」

《世說新語・任誕》有不少士人嗜酒之記載，上引諸條即多出自其中。而「韻」既有「任誕」之意，故宜《舌華錄・韻語》有此等條目。任誕須藉酒以助，吾人可想而知；然身處亂世，士人確有以酒澆愁之必要。所謂「一酌百情遠」。酒，能令人忘

憂、遠俗，魏晉士人多有此論，如上引王蘊之言云：「酒，正使人自遠。」〔註40〕
又陶潛〈飲酒〉詩之七云：「汎此忘憂物，遠我遺世情。」故士人之嗜酒，或不盡爲
耽樂放蕩故也。惟《舌華錄・韻語》之收諸條，似無著眼於此；狂放率性，當是其
見錄之因。

文人飲酒賦詩、淺斟低唱，向來見爲風流；即使嗜酒，亦多有格調。如袁宏道
並不善飲，其〈觴政〉之作純出於淡品清賞之趣〔註41〕；何良俊雖好飲〔註42〕，但
卻講究品味，對於劉昶之無擇與飲者，不敢恭維〔註43〕。凡此之類，稱之爲「雅」
可也；然於「韻」卻未當。蓋晚明所謂「韻」，乃任眞率性、狂誕不羈。如《舌華錄・
清語》云：

> 王右軍既去官，與東土人士營山水弋釣之娛，又與道士許邁共修服
> 食，遍采名藥，不遠千里。游東中諸郡名山，泛滄海，嘆曰：「我卒當以
> 樂死。」

> 王子猷嘗寄人空宅住，便令種竹。或問：「暫住何煩爾？」王嘯詠良
> 久，直指竹曰：「何可一日無此君？」

袁中道評此二條云：「當入〈韻語〉。」王羲之所謂「我卒當以樂死」頗類似王廞「終
當爲情死」之語，均顯現爲情感之過分、違常；王廞事錄於〈韻語〉，王羲之此條亦
當入〈韻語〉。而王徽之「何可一日無此君」，亦是深情逸趣之流露，《世說新語》原
置諸〈任誕〉，則此亦當入〈韻語〉。由此可知，「韻」之與「雅」（清），實有別矣。

除與「酒」相關之材料外，《舌華錄・韻語》另有數則「耽美好色」之條目：

> 王子敬語王孝伯曰：「羊叔子自復佳耳，然何與人事？故不如銅雀臺
> 上妓。」

> 謝耳伯、宋獻孺在潘景升坐，有三妓佐酒。謝奉佛，不飲酒近色，在
> 坐不無少自檢持。宋語之曰：「打過艷冶，即是圓通，成佛成仙，正在吾

〔註40〕《舌華錄・韻語》此條「酒，正使人自遠」句，《世說新語・任誕》原作「酒，正使
人人自遠」。

〔註41〕錢伯城《袁宏道集箋校》〈觴政〉箋云：「案宏道不能飲，然雅習酒道，〈與吳敦之書〉
自謂：『袁中郎趣高而不飲酒。』〈行狀〉亦稱其『不飲酒，最愛人飲酒』。是〈觴政〉
乃趣高之作，非酗酒之作也。」（卷四十八），p1422。

〔註42〕何良俊每對酒輒曰：「何可一日無比君？」又嘗云：「余每一日無酒，即覺皮中肉外焦
渴煩悶。」（《四友齋叢說》卷三十三〈娛老〉）

〔註43〕何良俊《四友齋叢說・娛老》云：「劉公榮云：『今年田得八百斛秫，尚不了麴糵事。』
又自言：『勝公榮者，不可不與飲；不如公榮者，不可不與飲；如公榮者，又不可不
與飲。故終日飲而不休。』余曰：『此人大駭！有美酒，何不留之以澆阮嗣宗胸中壘
塊？乃與此頑鈍人沃渾腸濁肺耶！』」（卷三十三）

輩。」

　　蒲傳正知杭州，有術士請謁，蓋年逾九十，而猶有嬰兒之色。傳正接
之甚歡，因訪以長年之術，答曰：「其術甚簡而易行，他無所忌，惟當絕
色耳！」傅正俯思良久，曰：「若然，則壽雖千歲，何益？」

　　有人譏周僕射：「與親友戲言，雜穢無節度。」周曰：「萬里長江，何
能不千里一屈？」

所謂「萬里長江，何能不千里一屈」，乃自解之語，然說得巧妙，頗富風流，故入
〈韻語〉。不過，「雜穢無節度」〔註 44〕實非泛泛之譏，此句劉孝標注引鄧粲《晉
紀》云：

　　王導與周顗及朝士詣尚書紀瞻觀伎。瞻有愛妾，能爲新聲。顗於眾中
欲通其妾，露其醜穢，顏無怍色。有司奏免顗官，詔特原之。

於眾中欲通人妾，露己醜穢，且顏無怍色，眞可謂放蕩無檢，故宜其有此譏評。惟
周顗「風德雅重」，亦不免有此等任誕行事，則魏晉風氣可見一斑也。而《舌華錄·
韻語》收錄此條固是著眼於「千里一曲」之風流巧妙，然對其「通妾露穢」亦定覺
無妨大雅，不足多怪。自明中葉以降，「世俗以縱欲爲尚，人情以放蕩爲快」（張翰
《松窗夢語》），風氣之淫靡，令人咋舌。魯迅《中國小說史略》第十九篇〈明之人
情小說（上）〉云：

　　成化時，方士李孜、僧繼曉已以獻房中術驟貴，至嘉靖間而陶仲文以
進紅鉛得幸于世宗，官至特進光祿大夫柱國少師少傅少保禮部尚書恭誠
伯。于是頹風漸及士流，都御史盛端明、布政使參議顧可學皆以進士起家，
而俱藉「秋石方」致大位。瞬息顯榮，世俗所企羨，徼幸者多竭智力以求
奇方，世間乃漸不以縱談閨幃方藥之事爲恥。風氣既變，並及文林，故自
方士進用以來，方藥盛，妖心興，而小說多神魔之談，且每敘床笫之事也。

性靈思潮之蔚盛，輔以市民經濟之新興，社會既有的價值觀如頹垣殘壁般瞬間崩
潰傾倒，取而代之的是消極縱欲的思想。「聞以道德方正之事，則以爲無味而置之
不道；聞以淫縱破義之事，則投袂而起，喜談傳誦而不已」（屠隆《鴻苞節錄》卷
二）。事實上，講求自然之「性」，故從而看重「情」〔註 45〕；性發而爲情，稍有

〔註 44〕《舌華錄·韻語》此條「雜穢無節度」句，《世說新語·任誕》原作「穢雜無檢節」。

〔註 45〕徐渭、湯顯祖、馮夢龍諸人均於其戲曲、小說著作中大力提倡、標舉「情」字。徐渭
以爲人乃爲情而生，其〈選古今南北劇序〉云：「人生墮地，便爲情使。聚沙作戲，
拈葉止啼，情昉此也。」（《徐渭集·補編》）湯顯祖則講論情學，程允昌〈南九宮十
三調曲譜序〉云：「張洪陽謂湯若士曰：『君有此妙才，何不講學？』若士答曰：『此
正是講學。公所講者是性，我所講者是情。蓋離情而言性，一家之私言也；合情而

不慎，便易流於「欲」。情與欲雖非毫無關係，但卻絕不等同。而晚明文人卻往往混談情、欲，以為「情」中有「理」；欲出於情，自止乎理。錢謙益即以為：聰慧之人，正當縱欲嗜色。其〈李緇仲詩序〉云：

> 緇仲故多風人之致，青樓紅粉未免作有情癡。孟陽每呵余：「緇仲以父兄事兄，而兄不以子弟畜緇仲，狹邪冶游不少沮止，顧津津有喜色者何也？」余曰：「不然，伶玄不云乎？淫於色，非慧男子不至也。慧則通，通則流，流而後返，則所謂發乎情而止乎理義者也。佛言一切眾生皆以淫慾而正性命，積劫因緣，現行習氣，愛慾鉤牽，誰能解免？而慧男子尤甚。向令阿難不入摩登之席，無垢光不食淫女之咒，則佛與文殊提獎破除亦無從發欲。緇仲慧男子也，極其慧之通，通而流，流而上，則其返而入道也不遠矣。不如是，而以危言督責，以道理諷諭，聽而止也，猶為隔日之瘧，而況其不止乎！」（《有學集》卷二十）

在錢兼益看來，聲色之欲，既無法禁止，亦無須禁止。而晚明文人對情欲之見解，大抵類此。李贄便嘗云：「一日受千金不為貪，一夜御十女不為淫。」（周應賓《識小篇》）楊復所亦謂：「日受千金不為濫，月奸百女不為淫。一了此心，萬跡不論。」（《萬曆邸抄》）在晚明追求自我真情解放之思潮下，各類描繪情色之文字，皆可假「自然本性」之名而順理成章。其稍雅者，或尚可以「才子佳人」視之〔註46〕；然有不少作品，充斥淫亂性愛內容，實與色情肉欲無異。固然此類作品亦是當日風氣之反映，或寓有警世意味；但其勸百諷一的筆法，不僅難以收效，且其創作動機亦不禁令人質疑。

　　綜合上述諸端以觀，晚明時代「韻」字之意涵與今日略有不同。晚明時代所謂的「韻」，乃指率真任情而呈顯出來的風流蘊藉，饒富美感；惟率真任情一經引申發揮，則往往導致盡性享樂之消極思想，淪為欲的追求與滿足。無論是率真任情或是盡性享樂，皆是一種「違常」、「過分」，晚明文人均一以「疵」、「病」視之；然因其「真」且「不俗」，故反顯得「美」。則其與《世說新語》之「任誕」在精神上頗為相近。

　　至於「清」與「韻」二者之關係，亦堪玩味。前文已云，晚明文人對「清」、「韻」之詮釋多有明顯區隔，不混為一談。「清」、「韻」二者，雖同為晚明文人所

言性，天下之公言也。』」馮夢龍亦以情為教，其〈情史序〉云：「我欲立情教，教誨諸眾生。」又〈山歌序〉云：「借男女之真情，發名教之偽藥。」

〔註46〕清章學誠《文史通義‧詩話》云：「小說歌曲傳奇演義之流，其敘男女也，男必纖佻輕薄，而美其名曰『才子風流』；女必冶蕩多情，而美其名曰『佳人絕世』。」（卷五）

標舉，然其意義內涵卻恰好相對。蓋晚明之「清」與「韻」，固皆爲名士風流之展顯；但前者尙「雅」，後者主「眞」。求「眞」過度，便易流於「俗」，與「雅」適反也。則「清」與「韻」，從「雅」、「俗」角度觀之，確有其相對性。儘管如此，「清」、「韻」二者俱爲晚明文人所欣賞，並無高下之別。惟時人盡皆標榜清高、自命風流，故或予人矯僞之感；而率恣妄爲、粗鄙放蕩，猶以爲深得韻字三昧者，亦令人生厭。故吳苑云：

> 清雅之士非不佳，嫌其太矯；粗狂之士非不惡，喜其露眞。若使清而不矯，眞而不粗，非惟越俗名流，實是世間能士。〔註47〕

「清而不矯」、「韻而不俗」，堪爲「清」、「韻」之註腳也。

第三節　政　事

魏晉名士，頗以疏略政事爲尙。《梁書・何敬容傳》云：

> 敬容久處臺閣，詳悉舊事，且聰明識治，勤於簿領，詰朝理事，日旰不休。自晉、宋以來，宰相皆文義自逸，敬容獨勤庶務，爲世所嗤鄙。……陳吏部尙書姚察曰：魏正始及晉之中朝，時俗尙於玄虛，貴爲放誕，尙書丞郎以上，簿領文案，不復經懷，皆成於令史。逮乎江左，此道彌扇，惟卞壼以臺閣之務，頗欲綜理，阮孚謂之曰：「卿常無閒暇，不乃勞乎？」宋世王敬弘身居端右，未嘗省牒，風流相尙，其流遂遠。望白署空，是稱清貴；恪勤匪懈，終滯鄙俗。是使朝經廢於上，職事墮於下。小人道長，抑此之由。嗚呼！傷風敗俗，曾莫之悟，永嘉不競，戎馬生郊，宜其然矣。
> 何國禮之識治，見譏薄俗，惜哉！（卷三十七）

未嘗省牒，見稱風流；望白署空，是爲清貴。政事之敗壞，可想而知。而《世說新語》〈政事〉一篇，共二十六條；其所記事，大抵不脫此類。如王導即爲「憒憒」之政，謝安亦「以厚德化物，去其煩細」〔註48〕。當日名相尙且以無爲治事，何況是其他官吏？

至於明中葉以後，政治亦極腐敗黑暗，污吏貪官比比皆是，如嚴嵩父子、魏忠賢等人弄權納賄，其跋扈囂張，令人咋舌。在當時，「清修之士反蒙嗤笑，廉潔之士

〔註47〕見曹臣《舌華錄・名語》。
〔註48〕《世說新語・政事》云：「丞相末年，略不復省事，正封錄諾之。自歎曰：『人言我憒憒，後人當思此憒憒。』」（第十五條）又同篇第二十三條注引《續晉陽秋》云：「（謝）安每以厚德化物，去其煩細。」

多見擯逐」（袁褧《世緯》卷下〈懲墨〉）。世宗嘉靖年間，王廷相嘗上疏云：「在先朝（正德）豈無賄者？饋及百兩，人已駭其多矣；今也，動稱數千，或及萬數矣。豈無賄者？暮夜而行，潛滅其跡，猶恐人知；今也，納賄、受賄，公行無忌。」明中後期官僚體系之貪黷，由此可見一斑。

何良俊為矯當日政治風氣，故於《何氏語林》之〈政事〉篇標舉為政勤勉、廉儉者：

> 傅翽居官有名。為吳令時，往別建康令孫康廉，廉因問曰：「聞丈人發姦摘伏，惠化如神，何以至此？」傅答曰：「惟勤而能清。清，則憲綱自行；勤，則事無不理。憲綱自行，則吏不能欺；事自理，則物不凝滯。」廉深服其言。

> 顧憲之為建康令，剖斷明決，人稱神宰。權要請托，長吏貪殘，據法直繩，無所阿縱。性又清儉強力，為政甚得民和。故都下飲酒得旨者，輒呼為「顧建康」，言其清醇也。

> 孔光祿除晉陵太守，清白自守，妻子並不之官，唯以單船臨郡。所得秩棒，隨即分贍孤寡。郡中號曰「神君」。曲阿富人殷綺，見光祿居處儉素，乃餉以衣氈一具。光祿曰：「太守身居美祿，何為不能辦此？但百姓未周，不容獨享溫飽。勞卿厚意，幸勿為煩。」

> 裴耀卿勤於政事，夜閱案牘，晝決獄訟。常養一雀，每夕自更初有聲，至漏盡則急鳴。裴呼為「知更雀」。

所謂「勤而能清」、「清儉強力」、「清白自守」、「勤於政事」等，均是針對晚明官僚貪污黷職之弊而發。至於有關其他政事方面更進一步的批評與主張，則可見於馮夢龍《智囊》一書。

《智囊》一書，《四庫全書總目》云：

> 是編取古人智術計謀之事，分為十部。亦閒係以評語，佻薄殊甚。（卷一三二）

《智囊》「佻薄殊甚」之由何在，《四庫提要》並未明言。平心而論，《智囊》雖亦是纂集雜瑣故事之作，然其實寓有政治之寄託。蓋馮夢龍欲藉此喚起朝廷力挽政局、革除時弊之決心。馮夢龍以為：當此不堪之世，惟賴大智大識之士，始能擔負拯救家國將滅命運之重責。故其專收古今智慧故事，以成《智囊》一書。當中並有不少針對政治、社會、經濟等層面而發之評語議論。所以相較之下，《智囊》實比其他世說體著作顯露出更多的現實關懷。吾人頗可經此略窺明季風氣。

綜括而言，馮夢龍《智囊》一書與政事相關之見解主張，約有下列數端：一、

廣任才智之士；二、措意民生經濟；三、加強國防邊政。以下茲分別論述之。

一、廣任才智之士

明朝對士人之高壓，乃他代罕有。「錦衣衛」、「廷杖」、「文字獄」等嚴刑酷罰，使朝臣莫不戒愼恐懼。而自明太祖廢相後，閣權漸重。憲宗之後，皇帝深居內殿，不復與朝臣交接；世宗、神宗則並二十餘年不視朝。權臣宦官遂應運而起。在此情況下，不獨上位者無從得賢良方正，下位者亦無由獻忠盡力。故馮夢龍以爲，惟有上下親接，廣開門路，始能得才。〈上智部見大〉「胡世寧」一則云：

> 少保胡世寧，爲左都御史掌院事。時當考察，執政請禁私謁。公言：「臣官以察爲名，人非接其貌、聽其言，無以察其心之邪正、才之短長。今日正犯此病。若屏絕士夫，徒按考語，則毀譽失眞，而求激揚之當難矣。」上是其言，不禁。

馮夢龍評云：

> 公孫弘曲學阿世，然猶能開東閣以招賢人。今世密於防奸，而疏於求賢，故臨事遂有乏才之嘆。

又〈上智部迎刃〉「韓琦」一則評云：

> 宋盛時，賢相得以盡力者，皆以動得面對故。夫面對便，則畏忌消，而情誼洽，此肺腑所以得罄，而雖官闈微密之嫌，亦可以潛用其調度也，此豈章奏之可收功者耶？雖然，面對全在因事納忠，若徒唯唯諾諾一番，不免辜負盛典。此果聖王不能霽威而虛受耶？抑亦實未有奇謀碩畫，足以聳九重之聽乎？請思之！（卷四）

凡此均可見馮夢龍以上下親接爲求才納賢之良方。

明中葉以後，由於政治汙濁黑暗，權臣宦官當朝，故貪污賄賂、諂媚結附之風大盛。《明史・張狲傳》云：「自嵩輔政，文武將吏率由賄進。其始不核名實，但通關節，即與除授；其後不論功次，但勤問遺，即被超遷。」（卷二一〇）是故「縉紳門下，不以利投，即以勢合」〔註49〕，朝野官吏腐敗至極。馮夢龍〈察智部詰奸〉「向敏中」一則評語即云：「前代明察之官，其成事往往得吏力，吏出自公舉，故多可用之才；今出錢納吏，以吏爲市耳，今訪獄便鬻獄矣，況官之心猶吏也，民安得不冤？」（卷十）

明代以八股取士，然其所取者，鮮有良才。何良俊《四友齋叢說・經》云：

> 自程朱之說出，將聖人之言死死說定。學者但據此略加敷演，湊成八

〔註49〕見《智囊》卷十五〈術智部權奇〉「程嬰」一則評語。

股，便取科第，而不知孔、孟之書爲何物矣！以此取士，而欲得天下之眞
才，其可得乎？嗚呼！

又云：

> 但今讀舊文字之人，一用，則躁競之徒一切苟且以就功名之會；而體
> 認經傳之人，終無可進之階。（卷三）

顧炎武《日知錄》「經義策論」條云：

> 若今之所謂時文，既非經傳，復非子史，展轉相承，皆杜撰無根之語。
> 以是科名所得十人之中，其八、九皆爲白徒，而一舉於鄉，即以營求關說
> 爲治生之計。（卷十九）

「擬題」條云：

> 昔人所須十年而成者，以一年畢之；昔人所待一年而習者，以一月畢
> 之。成於勦襲，得於假倩。卒而問其所未讀之經，有茫然不知爲何書者。
> 故愚以爲八股之害，等於焚書；而敗壞人材，有甚於咸陽之郊！（卷十九）

故馮夢龍以爲朝廷用人當不拘資格，唯才是用。眞正的人才，並非定須出自科考。
馮夢龍於〈明智部經務〉「劉本道」一則按語云：

> 按：本道常州江陰人，由掾吏受知於靖遠伯王驥，引置幕下，奏授刑
> 部照磨。從征雲南，多用其策。正統中，從金尚書濂征閩賊，活脅從者萬
> 餘，升户部員外郎。景泰初，西北多事，民不聊生。本道請給價買牛二千
> 頭，并易穀種與之。貴州邊倉糧侵盜事覺，轉輾連坐，推本道往治，不逾
> 月而積弊洞然。上嘉其廉能，賜五雲彩緞。天順初，進户部右侍郎，總督
> 京畿及通圳、淮安糧儲。本道固以才進，而先輩引賢不拘資格。祖宗用人
> 才不偏科目，皆今日所當法也。（卷八）

若其人有才而犯過，則應略此細故，因事起用之，〈上智部見大〉「范文正」一則云：

> 范文正公用士，多取氣節而略細故。有氣節才人，決不庸庸拘鄙，文正公所
> 以具眼。如孫威敏、滕達道，皆所素重。其爲帥日，辟置幕客，多取謫籍
> 未牽復人。或疑之，公曰：「人有才能而無過，廷朝自應用之。若其實有
> 可用之材，不幸陷於吏議，不因事起之，遂爲廢人矣。」故公所舉多得士。
> （卷一）

馮夢龍評云：

> 天下無廢人，所以朝廷無廢事。非大識見人，不及此。

惟馮夢龍所謂的「不拘資格」，尚不僅於此。舉凡奴隸僕役，只要有才，均當重用，
不應因其身分低微，而略其才智；若以資格束人，則將無從得眞才而用。〈上智部通

簡〉「御史臺老隸」一則云：

> 宋御史臺有老隸，素以剛正名。每御史有過失，即直其梃。臺中以梃
> 爲賢否之驗。范諷一日召客親諭庖人以造食，指揮數四。既去，又呼之，
> 叮嚀告戒。顧老隸梃直，怪而問之。答曰：「大凡役人者，授以法者責其
> 成。苟不如法，自有常刑，何事喋喋？使中丞宰天下，安得人人而詔之？」
> 諷甚愧服。（卷二）

馮夢龍評云：

> 此眞宰相才，惜乎以老隸淹也。絳縣老人，僅知甲子，猶動趙宣之惜；
> 如此老隸，而不獲薦剡，資格束人，國家安得眞才之用乎？若立賢無方，
> 則蕭穎士之僕，穎士御僕甚虐，或諷僕使去。僕曰：「非不欲去，愛其才耳。」可爲
> 吏部郎；甄琛之奴、琛好弈，通宵令奴持燭，睡則加撻，奴曰：「郎君辭父母至京邸，
> 若爲讀書，不辭杖罰；今以弈故橫加，不亦太非理乎？」琛慚，爲之改節。韓魏公之老
> 兵，公宴客，觀一營妓插杏花，戲曰：「譬上杏花眞有幸。」妓應聲曰：「枝頭梅子豈無
> 媒？」席散，公命老兵喚妓。已而悔之，呼老兵，尚在。公問曰：「汝未去邪？」答曰：「吾
> 度相公必悔，是以未去。」可爲師傅祭酒。其他一才一技，又不可枚舉矣。

即常人視爲毫無他長者，若能運用得宜，亦自有其發揮之空間。〈上智部見大〉「韓
滉、錢鏐」一則云：

> 韓滉節制三吳，所辟賓左，隨其才器，用之悉當。有故人子投之，更
> 無他長。嘗召之與宴，畢席端坐，不與比坐交言。公署以隨軍，令監庫門。
> 此人每早入帷，端坐至夕，吏卒無敢濫出入者。
>
> 吳越王常遊府園，見園卒陸仁章樹藝有智而志之。有心人。及淮南圍
> 蘇州，使仁章通言入城，果得報而還，鏐以諸孫畜之。（卷一）

是韓滉、錢鏐均能有心求賢、知人善任，故馮夢龍評云：「用人如韓滉、錢鏐，天下
無棄才、無廢事矣。」

事實上，馮夢龍極看重平民百姓，以爲其往往有縉紳之士所未具的才能；然限
於資格、束於文法，遂不得見用。〈上智部見大〉「使馬圉」一則云：

> 孔子行遊，馬逸食稼。野人怒，繫其馬。子貢往說之，卑詞而不得。
> 孔子曰：「夫以人之所不能聽說人，譬以太牢享野獸，以九韶樂飛鳥也。」
> 乃使馬圉往。謂野人曰：「子不耕於東海，予不遊西海也，吾馬安得不犯
> 子之稼？」野人大喜，解馬而予之。（卷一）

馮夢龍評云：

> 人各以類相通，述詩書於野人之前，此腐儒之所以誤國也。馬圉之說

誠善，假使出子貢之口，野人仍不從。何則？文質貌殊，其人固已離矣。
然則孔子曷不即遣馬圉，而聽子貢之往耶？先遣馬圉，則子貢之心不服。
既屈子貢，而馬圉之神始至。聖人達人之情，故能盡人之用。然世以文法
束人，以資格限人，又以兼長望人，天下事豈有濟乎？

在馮夢龍看來，平日滿口仁義道德、遇事則相互推委之腐儒鄙士，遠及不上目不識
丁、素樸純心之平民百姓。〈術智部權奇〉「楊倭漆」一則云：

　　天順間，錦衣指揮門達用事，同時有袁彬指揮者，隨英宗北狩，有護
蹕功。達惡其逼，令邏卒摭其陰私，欲致於死。時有藝人楊暄者，善倭漆
畫器，號楊矮漆，憤甚。方奏達違法二十餘事，且極稱彬枉。疏入，上令
達逮問。暄至，神色不變，佯若無所與者。達歷詢其事，皆曰：「不知。」
且曰：「暄賤工，不識書字，且與君侯無怨，安得有此？望去左右，暄以
實告。」因告曰：「此內閣李賢授暄，使暄投進，暄實不知所言何事，君
侯若會眾官廷詰我，我必對眾言之，李當無辭。」達聞甚喜，勞以酒肉，
早朝以情奏。上命押諸大臣，公問於午門外，方引暄至。達謂賢曰：「此
皆先生所命，暄已吐矣。」賢正驚訝，暄即大言曰：「死則我死，何敢妄
指？我一市井小人，如何見得閣老？鬼神昭鑒，此實達教我指也。」因剖
析所奏二十餘條，略無餘蘊。達氣沮，詞聞於上，由是疏達，彬得分司南
都，居一載，驛召還職。後達坐怨望，謫戍廣西以死。（卷十五）

馮夢龍評云：

　　楊暄一介小人，未嘗讀書通古，而能出一時之奇，抗天威而塞奸吻。
不唯全袁彬，並全李賢；不唯全二忠臣，且能去一大奸惡。……一時縉
紳之流，依阿達事者不少，睹此事有不吐舌，聞此事有不愧汗者乎？豈
非衣冠牽於富貴之累，而匹夫迫於是非之公哉！洪武時，上嘗怒宋濂，
使人即其家誅之。馬太后是日茹素，上問故，后曰：「聞今日誅宋先生，
妾不能救，聊為持齋，以資冥福耳。」上悟，即馳驛使人赦之。薛文清
既忤王振，詔縛詣市殺之。振有老僕，是日大哭廚下，振問何哭，僕對
曰：「聞今日薛夫子將刑故也。」振聞而怒解，適王偉申救，遂得免。夫
老僕之一哭，其功幾符聖母，斯其事亦奇矣。語曰：「是非之心，智也。」
智豈以人而限哉？

故《智囊》一書，所收非惟縉紳士族，尋常百姓亦佔相當篇幅。馮夢龍以為，即如
草竊盜賊，亦有可取之處。〈上智部見大〉「魏元忠」一則云：

　　唐高宗幸東都時，關中饑饉。上慮道路多草竊，令監察御史魏元忠檢

校車駕前後。元忠受詔，即閱視赤縣獄，得盜一人，神采語言異於眾。具眼。命釋桎梏，襲冠帶，乘驛以從，與之共食宿。託以詰盜，其人笑而許之。比及東都，士馬萬數，不亡一錢。（卷一）

馮夢龍評云：

> 因材任能，盜皆作使。俗儒以雞鳴狗盜之雄笑田文，不知爾時舍雞鳴狗盜都用不著也。

〈明智部經務〉「張全義」一則云：

> 東都薦經寇亂，其民不滿百戶。張全義為河南尹，選麾下十八人材器可任者，人給一旗一榜，謂之屯將。使詣十八縣故墟落中，植旗張榜，招懷流散，勸之樹藝，蠲其租稅，唯殺人者死，餘俱笞杖而已。由是民歸如市，數年之後，漸復舊視。
>
> 全義每見田疇美者，輒下馬與僚佐共觀之，召田主勞以酒食。有蠶、麥善收者，或親至其家，悉呼出老幼，賜以茶彩衣物。民間曰：「張公不喜聲妓，獨見佳麥良蠶乃笑耳。」由是民競耕蠶，遂成富庶。（卷八）

馮夢龍評云：

> 全義起於群盜，乃其為政，雖良吏不及。彼吏而盜者，不愧死耶？全義一笑而民勸，今則百怒而民不威，何也？

又〈術智部權奇〉「徐道覆」一則云：

> 徐道覆，盧循姊夫也。始與循密謀舉事，欲置舟艦，使人伐材南康山，偽云將下都貨之。後稱力少，不能得致，即於郡減價發賣。居人貪賤，爭取市，各儲之家，如是數四，故船板大積。及道覆舉兵，按賣券而取，無敢隱者，乃併力裝船，旬日而辦。（卷十五）

馮夢龍評云：

> 道覆雖草竊，其才略有過人者。倘盧循能終用其計，何必遂為「水仙」？其臨死嘆曰：「吾為盧循所誤，使吾得事英雄，天下不足定也。」嗚呼！奇才策士，鬱鬱不得志，而狼藉以死者，比比矣。天后覽駱賓王檄，嘆曰：「使此人沉於下僚，宰相之過也！」知言哉！

在馮夢龍眼中，草竊盜賊亦有其智，倘遇伯樂知音，則定有番作為。馮夢龍嘗云：「小人無過人之才，則不足以亂國；然使小人有才，而肯受君子之駕馭，則又未嘗無濟於國，而君子亦必不概擯之矣。」〔註50〕又云：「（王）晉溪之才，信有大

〔註50〕見《智囊》卷一〈上智部見大〉「太公、孔子」一則評語。

過人者，雖人品未醇，何可廢也！」〔註51〕爲免朝廷有乏才之嘆、志士懷不遇之感，廣開門路、任用才士，乃絕對必要之舉措。

何良俊《何氏語林‧寵禮》小序嘗云：

> 何良俊曰：今郡縣不請士，宰相不俛眉之日久矣。昔孔子當春秋間，齊、魯、陳、衛之君聘問接轍，其道雖不得大行，然不可謂不知之也，世猶悲其不遇；使生於今之世，苟非守章句、擢甲科，曾不得與士之最下者齒，安望其若此哉？三代之風，邈哉邈矣！東漢猶有徒見二千石，不如一逢掖之言。或者東漢去古未遠。夫以秦檜之當國，猶能優一陸士規，時宋室雖季，非無多聞懿實之士；奈何其所禮者，特文華浮競之徒，卒之挾勢黷賄，而後之不欲下士者，遂爲口實。夫天道下濟而光明，上不下交，世漸否塞，徒使有志之士，憤慨盈襟。嗚呼！斯豈特在上者之過哉！（卷二十四）

何良俊屢試不第，宦途失意，故對朝廷之無心攬士，深有感慨；其於懷才不遇之士，亦多寄予同情。古時見用者，多爲博聞懿實之士；今日受寵者，盡皆浮競黷賄之輩，曾不教有志之士憤慨盈襟？此雖爲何良俊有感而發之語，然亦頗反映出當日實況。

二、措意民生經濟

晚明時期賦役極爲紊亂，用以掌握人口與土地的「黃冊」及「魚鱗圖冊」，在官吏與地主的貪污舞弊下，早已與實況相距甚遠。其內容往往謄抄十年、甚或數十年前之舊本，乃至有杜撰妄造者。又掌管黃冊編製的里長，與負責謄寫黃冊、核算稅糧的書手、算手，常受地主賄路，將其田地假托於他人名下，甚至轉嫁到農民小戶上。因此「富戶操其贏以市於吏，有富之實，無富之名；貧者無資以求於吏，有貧之實，無貧之名」（顧炎武《天下郡國利病書》卷四十一〈山東七‧戶役科〉）所謂「黃冊」，名存實亡，形同廢紙。

明中葉後，土地兼併之風日熾，宗室、官僚、地主、豪紳均大肆掠奪田產。成化十六年，六科都給事中王垣等言：「戶部郎中張禎叔等奉命往河間府靜海縣按視皇親、錦衣衛指揮王源侵占民田及其家奴怙勢害民諸事，具得其狀。竊惟永樂、宣德年間，許順天等八府之民于拋荒田地盡力開墾，永不起科。此誠祖宗重國本而厚畿民之心，子孫萬世遵守而不可違者也。且王源受賜之地，其初止是二十七頃，四至分明，版冊可考。今其家奴別立四至，吞占民產乃有千二百二十頃有奇，可耕者三百六十六頃，中多貧民開墾成熟之地，朝廷因其乞請，幷以賜之。及因貧民訴告，

〔註51〕見《智囊》卷十五〈術智部權奇〉「王瓊」一則評語。

下御史劉喬覆按；喬復顧望徇情，朦朧覆奏。遂使源無所忌憚，家奴益以橫恣。」
（《明實錄‧憲宗實錄》卷二〇四）弘治二年，戶部尚書李敏等以災異上疏言：「臣
惟災異之來，率由民心積怨所至。竊見畿內之地，皇莊有五，共地一萬二千八百餘
頃；勛戚、太監等官莊田三百三十有二，共地三萬三千一百餘頃。比來管莊官校人
等，往往招集無賴群小，稱爲莊頭、伴當、佃戶、家人名目，占民地土、斂民財物、
奪民孳畜，甚者污人婦女，戕人性命，民心傷痛入骨。少與分辨，輒被誣奏，至差
官校拘拏，舉家驚憾，怨聲交作。災異之興，皆由于此。」（《明實錄‧孝宗實錄》
卷二八）嘉靖六年，大學士楊一清等言：「臣等竊見近畿八府土田，多爲各監局及戚
畹勢豪之家乞討，或作草場，或作皇莊。民既失其常產，非納之死地，則驅而爲盜
耳。」（《明實錄‧世宗實錄》卷八二）官僚之貪殘、農民之悲怨，由此可見一斑。
而在官僚、地主的隱漏、轉嫁下，所有的賦稅幾乎都由農民負擔，致使「富者田連
阡陌，坐享無苗之利；貧者地無置錐，反多數外之賠。富益富，貧益貧」（顧炎武《天
下郡國利病書》卷九十二〈福建二‧清查糧田〉）。嘉靖十六年，禮部尚書顧鼎臣即
云：「蘇、松、常、鎮、嘉、湖、杭七府，財賦甲天下，而里書、豪強欺隱、洒派之
弊，在今日爲尤多。以致小民稅存而產去，大戶有田而無糧，害及生民，大虧國計。」
（《明實錄‧世宗實錄》卷二〇四）

　　此外，負責催收、解運田賦的「糧長」，往往倚仗權勢，侵漁百姓。嘉靖九年，
翰林院學士顧鼎臣條上錢糧積弊四事云：「成化、弘治以前，里甲催徵，糧戶上納，
糧長收解，州縣官監收。糧長不敢多收斛面，糧戶不敢插和水、谷、糠秕，兌糧官
軍不敢刁難多索，公私兩便。近年有司不行比較經催里甲欠糧人戶，乃將糧長立限
杖井，顧令下鄉催徵，豪強者則大斗倍收，多方索取，所至雞犬爲空。寡弱者被勢
家拖延，刁頑欺賴，未免變產賠納。或舊役侵欠，責償新僉；一人逋負，株連親屬；
每年無辜死于監禁箠楚者幾百人矣。且往時每區糧長，不過正、副二名，近年多至
十名以上。其實收管官糧之數少，而科斂、打點、使用、年例之數多。州縣一年之
間，輒破中人百家之產。地方之害，莫大于此。」（《明實錄‧世宗實錄》卷一一八）
農民負荷不了日益加劇的賦稅，加以災荒不斷〔註52〕，故紛紛逃移四方。

〔註52〕成化七年，戶科給事中李森等奏：「山東七府并浙江嘉、湖、杭、紹四府，自夏苦雨
　　　　驟降，海潮大發，淹沒禾稼，損壞房舍，漂溺人畜不可數計。」（《明實錄‧憲宗實
　　　　錄》卷九四）立德九年，「永平等府，旱潦相仍，民茹草根樹皮且盡，至有闔室飢死
　　　　者。」（《明實錄‧武宗實錄》卷一〇九）嘉靖三十八年，巡撫遼東都御史侯汝諒奏：
　　　　「遼左地方，濱海臨夷，水陸艱阻。往時雖罹災害，或止數城，或僅數月；未有全
　　　　鎮被災，三歲不登，如今日者也。臣春初被命入境，見其巷無炊，野多暴骨，蕭條
　　　　慘楚，目不忍視。問之則云：『去年凶饉，斗米至銀八錢。母棄生兒，父食死子。父

　　馮夢龍《智囊》一書，即對體恤百姓疾苦之官吏，予以大力贊揚表彰。〈上智部遠猶〉「高明」一則云：

　　　　黃河南徙，民耕淤地，有收。議者欲履畝坐稅，高御史明不可，曰：「河徙無常，稅額不改，平陸忽復巨浸，常稅猶按舊籍，民何以堪？」遂報罷。（卷二）

馮夢龍評云：

　　　　每見沿江之色，以攤江田賠糧致困。蓋沙漲成田，有司喜以升科見功，而不知異日減科之難也。川中之鹽井亦然。陳於陛《意見》云：「有井方有課，因舊井塌壞，而上司不肯除其課，百姓受累之極，即新井亦不敢開。宜立為法：凡廢井課悉與除之，新井許其開鑿。開成日免課三年，後方徵收，則民困可蘇，而利亦興矣。若山課多，一時不能盡蠲，宜查出另為一籍，有恩典先及之，或緩徵，或對支，徐查新漲田，即漸補扣，數年之後，其庶幾乎。」查洪武二十八年，戶部節奉太祖聖旨：「山東河南民人，除已入額田地照舊徵外，新開荒的田地，不問多少，永遠不要起科，有氣力的盡他種。」按此可為各邊屯田之法。

明代有司，往往不論災荒、收成之有無，一律科課〔註53〕。而見有新田、新井，即予加徵；至田浸井廢，稅猶不除。故高明之禁收淤地，實惠民良多。又〈上智部遠猶〉「張詠」一則云：

　　　　張忠定知崇陽縣，民以茶為業。公曰：「茶利厚，官將榷之，不若早自異也。」命拔茶而植桑，民以為苦。其後榷茶，他縣皆失業，而崇陽之桑皆已成，為絹歲百萬匹。民思公之惠，立廟報之。

馮夢龍評云：

<hr>

老相傳，咸謂百年未有之災。』」（《明實錄‧世宗實錄》卷四七五）

〔註53〕成化十九年，巡撫監察御史陳英云：「山西連年荒旱，夏麥無收。今以米、豆抵納夏稅，所以便民也。奈何有司不體朝廷寬恤之意，既加收數多，而又勒收餘價，厲民甚矣。」（《明實錄‧憲宗實錄》卷二四二）弘治十八年，總督南京糧儲右副都御史葉贄云：「湖廣地方災傷，京糧未完，先帝下所司議處，石折銀六錢，所以寬民之力也，今南京戶部復令加納火耗，重困貧民。」（《明實錄‧武宗實錄》卷七）萬曆十五年，戶部上言：「國家因地制賦，皆古什一遺意，總計以十分為率，有司升降，各以分數多寡，立為定規。然災傷年份，不肖有司，每借口參罰常格；間或時值考滿升取，慮任內錢糧未及分數，有違明旨，每每嚴比取盈。」（《明實錄‧神宗實錄》卷一八二）又言：「今查十二、十三兩年，六府原未報災，無故將十二、十三兩年帶徵錢糧，不分緩急，不論有災無災，一概混免，是使畏法小民，歲歲竭輸公之誼，而法令不加之巨猾，年年得遂遷延觀望之私，將來逋負日甚矣。」（《明實錄‧神宗實錄》卷一八三）

又：溫州林官，永嘉時，其地產美梨，有持獻中官者，中官令民納以充貢。公曰：「梨利民幾何，使歲為例，其害大矣。」俾悉伐其樹。中官怒而譖之，會薦卓異得免。近年虎丘茶亦為官所害，亦伐樹以絕之。嗚呼！中官不足道，為人牧而至使民伐樹以避害，此情可不念歟！《泉南雜志》云：「泉地出甘蔗為糖，利厚，往往有改稻田種蔗者，故稻米益乏，皆仰給於浙直海販。蒞茲土者，當設法禁之。驟似不情，惠後甚溥。」

官吏見梨、茶有利可圖，便趁機壓榨，致使百姓伐之以避禍，真可謂荒謬至極。又〈明智部經務〉「周忱」一則云：

周文襄公巡撫江南時，蘇州逋稅七百九十萬石。公閱牒大異，詢父老，皆言吳中豪富有力者不出耗，并賦之貧民。貧民不能支，盡流徙〔註54〕。公創為平米，官田、民田并加耗。蘇稅額二百九十餘萬石，公與知府況鍾好幫手。曲算，疏減八十餘萬。舊例不得團局收糧，公令縣立便民倉。水次，每鄉圖里推富有力一人，名「糧長」，收本鄉圖里夏、秋兩稅，加耗不過什一。又於糧長中差力產厚薄為押運，視遠近勞逸為上下，酌量支撥，京通正米一石支三，臨清、淮安、南京等倉，以次定支，為舟檣剝轉諸費。填出銷入，支撥羨餘，各存積縣倉，號「餘米」。米有餘減耗，次年十六徵，又次年十五，更有羨。正統初，淮揚災，鹽課虧。公巡視，奏令蘇州等府撥剩餘米，縣撥一二萬石，運貯揚州鹽場，准為縣明年田租，聽灶戶上私鹽給米。時米貴鹽賤，官得積鹽，民得食米，公私大濟。公在江南二十二年，每遇凶荒，輒便宜從事，補以餘米，賦外更無科率。凡百上供，及廨舍、學校、賢祠、古墓、橋梁、河道修葺浚治，一切取給餘米。（卷八）

馮夢龍評云：

〔註54〕蘇州之重賦，其來有自。《明史‧食貨志》云：「初，太祖定天下官、民田賦，凡官田畝稅五升三合五勺，民田減二升，重租田八升五合五勺，沒官田一斗二升。惟蘇、松、嘉、湖，怒其為張士誠守，乃籍諸豪族及富民田以為官田，按私租簿為稅額。而司農卿楊憲又以浙西地膏腴，增其賦，畝加二倍。故浙西官、民田視他方倍蓰，畝稅有二三石者。」（卷七十八）是故江南一帶，民不聊生，逃者甚眾。宣宗時，廣西布政使周幹嘗言：「（蘇、常、嘉、湖）諸府民多逃亡，詢之耆老，皆云重賦所致。如吳江、崑山民田租，舊畝五升，小民佃種富民田，畝輸私租一石。後因事故入官，輒如私租例盡取之。十分取八，民猶不堪，況盡取乎。盡取，則民必凍餒，欲不逃亡，不可得也。仁和、海寧、崑山海水陷官、民田千九百餘頃，逮今十有餘年，猶徵其租。田沒於海，租從何出？」（《明史‧食貨志》卷七十八）有司之貪怠、百姓之困頓，可想而知。

其後戶部言濟農餘米，失於稽考。奏遣曹屬，盡括餘米歸之於官。於是徵需雜然，而逋負日多。夫餘米備用，本以寬濟，一歸於官，官不益多，而民遂無所恃矣。試思今日兩稅耗，果止十一乎？徵收祇十五、十六乎？昔何以薄徵而有餘，今何以加派而不足？江南百姓，安得不屍祝公而用思不置也？〔註55〕

何良俊曰：「周文襄巡撫江南一十八年，常操一小舟，沿村逐巷，隨處詢訪。過一村樸老農，則攜之與俱，臥於榻下，咨以地方之事，民情土俗，無不週知。故定為論糧加耗之制，而後金花銀、粗細布輕賚等項，裨補重額之田，斟酌損益，盡善盡美。顧文僖謂『循之則治，紊之則亂』，非虛語也！自歐石岡一變為論田加耗之法，遂虧損國課，遺禍無窮。有地方之責者，可無加意哉？」

《明史‧食貨志》云：「江南巡撫周忱與蘇州知府況鍾，曲計減蘇糧七十餘萬，他府以為差，而東南民力少紓矣。……蓋宣德末，蘇州逋糧至七百九十萬石，民困極矣。至是，乃獲少甦。」（卷七十八）又云：「周忱撫南畿，別立濟農倉。他人不能也。」（卷七十九）是周忱之減賦稅、設糧倉，對江南而言，實為莫大善政。故百姓感念其恩，立廟祀之〔註56〕。以上諸人，均能體恤百姓疾苦，故馮夢龍於《智囊》中特加稱述。由此亦可見馮夢龍對賦稅問題之重視。

晚明時期另一個嚴重的社會問題，便是流民的驟增。明中葉後，隨著土地兼併與賦稅繁重等情況的日益惡化，人民漸漸流亡四方。正統十年，敕諭鎮守陝西右都御史陳鎰、巡撫河南、山西左少卿于謙云：「近得監察御史馬恭奏：『陝西遠近飢民，求食者日有二千餘人，餓死數多。高陵、渭南、富平等縣居民，俱閉門塞戶，逃竄

〔註55〕對於濟民糧倉，馮夢龍提出不少意見。〈明智部經務〉「社倉」一則評云：「陸象山曰：『社倉固為農之利，然年常豐、回常熟，則其制可久；苟非常熟之田，一遇歲歉，則有散而無斂，來歲秋時缺本，乃無以賑之。莫如兼制平糴一食，豐時糴之，使無價賤傷農之患；缺時糶之，以摧富民封廩騰價之計。析所糴為二，每存其一，以備歉歲，代社倉之匱，實為長便也。』聽民之便，則為社倉法；強民之從，即為青苗法矣。此主利民，彼主利國故也。今有司積穀之法，亦社倉遺訓。然所積祇紙上空言，半為有司乾沒，半充上官無礙錢糧之用。一遇荒歉，輒仰屋竊嘆，不知留穀於民間之為愈矣。噫！何良俊《四友齋叢說》云：『今之撫按有第一美政所急當舉行者，要將各項下贓罰銀，督令各府縣盡數糴穀。其有罪犯自徒流以下，許其以穀贖罪。大率上縣每年要穀一萬，下縣五千，南直隸巡撫下，有縣凡一百，則是每年有穀七十餘萬。積至三年，即有二百餘萬矣。若遇一縣有水旱之災，則聽於無災縣分通融借貸，來年豐熟捕還。則東南百姓，可免流亡，而朝廷於財賦之地，永無南顧之憂矣。善政之大，無過於此。』」（卷八）

〔註56〕《明史‧吉禮志》云：「蘇州祀夏原吉、周忱……。」（卷五十）

趁食。』……今歲未爲荒歉，而民流移如此。蓋由府、州、縣官尸位素餐，苟且度
日。稍有科差，則放富差貧；徵收稅糧，則橫加科斂。或徇勢要所囑，督迫私債，
甚于公賦；或爲豪猾所餌，通同侵漁，無所不至，以致小民不能存活，棄家業、攜
老幼，流移外境。」（《明實錄・英宗實錄》卷一二七）正德、成化、正統年間，皆
有激烈的流民暴動。然朝廷所採取的措施，多爲武裝鎮壓；流民死者甚夥，枕藉山
谷。對此，馮夢龍深不以爲然，〈明智部經務〉「撫流民」一則述成化年間劉通、李
原諸人之反抗云：

> 成化初，陝西至荊襄、唐、鄧一路，皆長山大谷，綿亙千里。所至流
> 逋，藏聚爲梗，劉千斤因之作亂，至李胡子復亂，流民無慮數萬。都御史
> 項忠，下令有司逐之。道死者不可勝計。祭酒周洪謨憫之，乃著〈流民説〉。
> 略曰：「東晉時，廬、松、滋之民，流至荊州，乃僑置滋縣於荊江之南。
> 陝西、雍州之民，流聚襄陽，乃僑置南雍州於襄水之側。其後松、滋遂隸
> 於荊州，南雍遂并於襄陽，迄今千載，寧謐如故，此前代處置得宜之效。
> 今若聽其近諸縣者附籍，遠諸縣者設州縣以撫之，置官吏，編里甲，寬徭
> 役，使民安生理，則流民皆齊民矣，何以逐爲？」李賢深然其説。成化十
> 一年，流民復集如前，賢乃援洪謨説上之。賢相自能用言。上命副都原傑往
> 莅其事。傑乃遍歷諸郡縣，深山窮谷，宣上得意，延問流民。父老皆欣然
> 願附籍爲良民，於是大會湖、陝、河南三省撫按，合謀僉議，籍流民得十
> 二萬三千餘戶，皆給與閑曠田畝，令開墾以供賦役，建設州縣以統治之。
> 遂割竹山之地，置竹溪縣；割鄖津之地，置鄖西縣；割漢中洵陽之地，置
> 白河縣。又升西安之商縣爲商州，而析其地爲商南、山陽二縣；又析唐縣、
> 南陽、汝州之地，爲桐柏、南臺、伊陽三縣，使流寓土著，參錯而居。又
> 即鄖陽城置鄖陽府，以統鄖及竹山、竹溪、鄖西、房、上津六縣之地；又
> 置湖廣行都司及鄖陽衛於鄖陽，以爲保障之際。因妙選賢能，要著。薦爲
> 守令，流民遂安。（卷八）

是馮夢龍以爲解決流民問題，當以招撫，而非攻剿。所謂招撫，亦非徒具形式條文，
而是要用心安頓流民。正如周洪謨〈流民説〉所言：「置官吏，編里甲，寬徭役，使
民安生理。」故馮夢龍「撫流民」一則評云：

> 今日招撫流移，皆虛文也。即有地，無室廬；即有田，無牛種，民何
> 以歸？無怪乎其化爲流賊矣。倘以討賊之費之半，擇一實心任事者，專管
> 招撫，經理生計，民且慶更生矣，何樂於爲賊耶？

由此可知，馮夢龍認爲倘能從流民生計問題入手，定可收事半功倍之效。

三、加強國防邊政

倭寇之禍，明初即有，至嘉靖年間尤為猖獗。倭寇往往與海盜竊賊、奸商富豪相通勾結，焚戮虜掠，無所不作，「所破城十餘，掠子女財物數百萬，官軍吏民戰及俘死者不下十餘萬」（谷應泰《明史紀事本末・沿海倭亂》卷五十五），對東南沿岸造成莫大災難。

馮夢龍對於倭寇問題，亦提出意見。〈明智部經務〉「徐階」一則云：

> 世廟時，倭蹂東南，撫按亟告急請兵。職方郎謂：「兵發而倭已去，誰任其咎？」尚書惑之，相階持不可，則以羸卒三千往。階爭之曰：「江南腹心地，捐以共賊久矣。部臣於千里外，何以遙度賊之必去，又度其去而必不來，而阻援兵不發也？夫發兵者，但計當與不當耳。不當發，則毋論精弱皆不發，以省費；當發，則必發精者，以取勝。而奈何慮文塗耳目，置此三千羸卒與數萬金之費，以餒賊耶！」尚書懼，乃發精兵六千，俾偏將軍許國、李逢時將焉。國已老，逢時敢深入而疏。驟擊倭勝之，前遇伏潰。當事者以發兵為階咎，階復疏云：「法當責將士戰而守令守。今將士一不利，輒坐死，而守令偃然自如；及城潰矣，將校復坐死，而守令僅左降，此何以勸懲也？夫能使民者，守令也。今為兵者一，而為民者百，奈何以戰守并責將校也？夫守令勤，則糧餉必不乏；守令果，則探哨必不誤；守令警，則奸細必不容；守令仁，則鄉兵必為用。臣以為重責守令可也。」
> （卷八）

馮夢龍評云：

> 漢法之善，民即兵，守令即將，故郡國自能制寇。唐之府兵，猶有井田之遺法。自張說變為彍騎，而兵農始分。流為藩鎮，有將校而無守令矣。迨宋以來，無事則專責守令，而將校不講韜鈐之術；有事則專責將校，而守令不參帷幄之籌。是戰與守，兩俱虛也。徐文貞此議，深究季世塌冗之弊。

晚明時期軍屯制度已然破壞，東南衛所軍卒素質參差，缺乏紀律與訓練，且往往騷擾、侵漁百姓。整個東南沿岸，幾乎毫無防衛能力。故馮夢龍以為：惟有軍卒、人民同心，將校、守令齊力，始能抵禦倭寇。

又馮夢龍認為，朝廷應收攏安撫與倭寇相互結納之盜賊，使其為己效力，而不為倭寇所用。〈明智部經務〉「虞詡」一則，馮夢龍評云：

> 嘉靖東南倭警，漕臺鄭曉奏：「倭寇類多中國人，亦間盡有勇智可用者，每苦資身無策，遂心從賊，為之向導。乞命各巡撫官於軍民白衣中，

每歲查舉勇力智謀者數十人，與以義勇名色，月給米一石。令其無事則率
人捕盜，有事則領兵殺賊，有功則官之。如此，不惟中國人不爲賊用，且
有將材出於其間。其從賊者，諭令歸降，如才力可用，一體立功敘邊。不
然數年後，或有如盧循、孫恩、黃巢、王仙芝者，益至滋蔓，難撥滅矣。」
愚謂端簡公此策，今日正宜採用。（卷八）

盜賊之中實不乏智勇者，若善任之，則定有所發揮。由此亦可見出馮夢龍廣任才士
之主張。

　　綜括而言，馮夢龍以爲明朝當務之急，正在廣用才士、知人善任。如此，則在
上者可以得賢，而免乏才之嘆；在下者得以盡力，而無不遇之怨。既爲良才賢士，
則其政令之制定與施行，自能處處以家國百姓爲重，而政治、經濟、軍事等問題，
均得以改善。《智囊》一書，特收歷代智識才士之主張見解，希冀以古鑒今，從中汲
取經驗教訓，則其作於明季衰頹之世，實具有一定的積極意義。

第四節　文　學

　　劉義慶《世說新語·文學》，共收有一百零四條材料。大體而言，前六十五條
屬於玄學，後三十九條屬於文學。故此「文學」之篇名，宜作別解。余嘉錫先生
《世說新語箋疏》引李慈銘語云：「案臨川之意分此以上爲學，此以下爲文。」所
謂的「文」，即指文學；「學」，則指學術。如此，文學與玄學合於「文學」一篇，
便爲合理。不過，魏晉學術並不僅止於玄學。魏晉時代經學雖然衰微，但對禮學
卻頗爲措意留心；史書傳記一類作品亦相當蔚盛，不論是質或量均有可觀。然而，
《世說新語·文學》並未能反映出此一現象，全篇所收材料，除前四條漢末鄭玄、
服虔之材料屬經學外，其餘盡是三玄清言，故李慈銘接著說道：「然其（臨川）所
謂學者，清言、釋、老而已。」〔註57〕

　　值得一提的是，「玄學清談」與「文學詞章」合於一篇，還引發出一個耐人思索
之問題。眾所周知，玄學與文學於魏晉時期均相當發達。然一爲哲學思辨，一爲情
志發抒，二者原無必然之關涉，何以皆能於魏晉時期大盛？張蓓蓓先生《中古學術
論略》嘗多方舉證，說明玄學清談與文學詞章能夠同時並興之原因，在於魏晉時期

〔註57〕《世說新語·文學》尚收有史學材料，然僅止兩條：習鑿齒病中作《漢晉春秋》（第
　　　　八十條）及袁宏作〈名士傳〉（第九十四條）。由此觀之，《世說新語》確有其侷限。
　　　　名士所措意者多在清言、文學方面；至於窮經讀史之士，則往往非名士之流，故未
　　　　能見收於以記錄名士言行爲主的《世說新語》中。

重視「天才」。由於文學、玄學恰能充分展顯出名士之才，故名士多專注於此二事上，窮盡畢生精力經營之。孫楚、陸機、殷仲文等人以文學詞章稱「天才」；王弼、潘京、諸葛宏等人則以清言談辯稱「天才」。可見「天才之表現，主要在文學與清談上。而文學與清談確須天才」〔註58〕。張蓓蓓先生更進一步說明：

> 要之，整個魏晉時代，論學術，成績最突出的正是文學與玄學，而此二者，正復需要許多天才的靈光交照；若非時人看重天才，文學玄學或不能如此蓬勃發展；若非時人看重文學玄學，天才的波蕩奔涌或也不會如此積極。一代有一代的特性與風氣，因以成就一代的學術，信然。〔註59〕

所以〈文學〉篇並收文學與玄學二類材料，實具特殊意義。

基本上，晚明世說體著作「文學」一門，亦承繼《世說新語》之體例，兼收「學」、「文」二類材料。以《何氏語林‧文學》而言，除采集詩歌文章等文學性內容外，還蒐錄談玄論佛等學術性條目。至於經、史部分，則僅零星數條而已。此外，在〈文學〉中，還記載了極多有關「博學強記」的故事。以下，茲以《何氏語林》為對象，就上述三類不同性質之材料作一粗略分析。

一、文學詞章

從《何氏語林‧文學》篇首小序與其所收之文學材料來看，可大致歸納出若干要點：「詞義兼備、文質彬彬」；「文發於意見、詩本乎性情」；「嚮慕魏晉詩文風韻」；「推尊白居易、蘇軾」。這些見解，頗可反映出當日文學觀念及好尚。以下即依序論述之。

（一）詞義兼備、文質彬彬

何良俊《何氏語林‧文學》小序云：

> 仲尼之徒，身通六藝者七十二，而以文學顯者二人，可不謂難哉？……夫文與義，皆天地之蹟也。苟非得其精華者，曷足以與此？後世言有枝葉，若與古少異矣；然覽其豎義綴文，理幹辭條，蔚然並茂，非有義根，曷從生哉？枝葉雖繁，又烏可少也？（卷七）

從「豎『義』綴『文』，『理』幹『辭』條，蔚然並茂」之語，便可見出何良俊對「義」（理）與「文」（辭）的並重。惟有內容與形式兼備之文章，始得稱為佳構，二者缺一不可，故何良俊云：「非有義根，曷從生哉？枝葉雖繁，又烏可少也？」然若必擇其一，則內容仍勝於形式。何良俊《四友齋叢說‧文》小序云：

〔註58〕參張蓓蓓先生《中古學術論略》〈魏晉學風窺豹〉，pp.93～104。
〔註59〕見張蓓蓓先生《中古學術論略》〈魏晉學風窺豹〉，p103。

夫子又曰：「質勝文則野，文勝質則史。文質彬彬，然後君子。」今
之爲文者，其質離矣。夫去質而徒事於文，其即太史公所謂「務華絕根」
者耶！善乎皇甫百泉之言曰：寄興非遠而鑿悅其辭，持論不洪而枝葉其
說。以此言詩與文，失之千里矣！其今世學文者之鍼砭耶！（卷二十三）

由此可知，何良俊反對「去質事文」、「務華絕根」之文；然而以下一段文字，則又
見出其亦排斥「事質去文」、「絕華務根」之文。《四友齋叢說・文》引楊升庵之語云：

楊升庵曰：孔子云：「辭達而已矣。」恐人之溺於修詞而忘躬行也。
今世淺陋者，往往借此以爲說。如《易傳》、《春秋》，孔子之特筆。其言
玩之若近，尋之益遠，陳之若肆，研之益深，天下之至文也，豈止達而已
哉？譬之老子云：「美言不信。」而五千言豈不美耶？其言美言不信者，
正恐人專美言而不信也。佛氏自言「不立文字」，以綺語爲罪障。如《心
經》、〈六如偈〉之類，後世談空寂者，無復有能過之矣。予嘗謂漢以上，
其文盛，三教之文皆盛；唐宋以下，其文衰，三教之文皆衰。宋人語錄去
《荀》、《孟》何如？猶《悟眞篇》比于《參同契》，《傳燈錄》比于《般若
經》也。（卷二十三）

是何良俊以爲《易傳》、《春秋》等著作不但兼有「達」、「信」，還富於「雅」、「美」。
換言之，成就其爲至文者，除「質」的因素外，「文」的配合亦不可忽略；否則，即
使是通篇載道之宋人語錄等，其價值亦不高。

據此，吾人可得知：無論是「質勝文」或「文勝質」，在何良俊看來，皆是有所
偏廢的；眞正的「至文」，應是「詞義兼備」、「文質彬彬」的文章。

（二）文發於意見、詩本乎性情

由上述可知，何良俊極重視文章之「義」（質）。然此「義」（質）之內涵究竟爲
何？依何良俊之意，所謂「義」（質）者，即自身之意見、本我之情性也。其云：

古人文章皆有意見，不如後人專事蹈襲模彷。余於古人文章中，如沐
並〈終制〉、袁粲〈妙德先生傳〉、徐勉〈與子書〉、王僧虔〈戒子書〉、蘇
滄浪〈與京師親舊書〉諸篇，集文者既不當入選，然有意見非漫然而作者，
余皆編入《語林》註中，讀者當細求之。（《四友齋叢說・文》卷二十三）

今人之詩與古人之詩異矣，雖其工拙不同，要之六義斷不可闕者也。
苟於六義有合，則今之詩猶古之詩也；六義苟闕，即古人之詩何取焉？……
（今之作者）不知其（六義）要則在於本之性情而已。不本之性情，則其
所謂托興引喻與直陳其事者，又將安從生哉？今世人皆稱盛唐風骨，然所
謂風骨者，正是物也。學者苟以是求之，則可以得古人之用心，而其作亦

庶幾乎必傳：若舍此而但求工於言句之間，吾見其愈工而愈遠矣。(《四友齋叢說・詩一》小序，卷二十四)

詩以性情爲主。三百篇亦只是性情。今詩家所宗，莫過于十九首。其首篇〈行行重行行〉，何等情意深至！而辭句簡質。其後或有托諷者，其辭不得不曲而婉，然終始只一事，而首尾照應，血脈相屬，何等妥貼！今人但模倣古人詞句，餖飣成篇，血脈不相接續，復不辨有首尾，讀之終篇，不知其安身立命在於何處？縱學得句句似曹劉，終是未善。(《四友齋叢說・詩一》卷二十四)

詩苟發於情性，更得興致高遠，體勢穩順，措詞妥貼，音調和暢，斯可謂詩之最上乘矣。(《四友齋叢說・詩一》卷二十四)

唐人詩，如王無功〈山中言志〉云：「孟光尚未嫁，梁鴻正須婦。」王維〈贈房琯〉云：「或可累安邑，茅齋君試營。」是皆直言其情，何等眞率！若後人便有許多緣飾。(《四友齋叢說・詩一》卷二十四)

余最喜白太傅詩，正以其不事雕飾，直寫性情。夫三百篇何嘗以雕繪爲工耶？(《四友齋叢說・詩二》卷二十五)

會合上舉資料以觀，何良俊以爲當日文壇之弊在於「專事蹈襲模仿」、「模仿古人詞句，餖飣成篇」、「緣飾雕繪」、「但求工於言句」等，故其標舉「直陳己見，發抒情性」之詩文。若文章發於意見，詩歌本乎性情，則今之詩文猶古之詩文也。蓋弘治、正德以迄嘉靖年間，前、後七子理論大盛，文壇瀰漫著一股擬古之風。後學者推波助瀾，遂至「牽率模擬剽賊於聲句之間」(錢謙益《列朝詩集・丙集》)。故當日有不少文人對此大加批評，而何良俊便是其一。事實上，何良俊並不眞否定李夢陽、何景明之詩文。何良俊嘗評李夢陽「於弘治、正德之間爲一時宗匠」、何景明「俊節亮語，出於天性，亦自難到」〔註60〕；然對其「文必秦漢、詩必盛唐」之主張，則持反對的立場。之後，公安三袁興起，其意見與何良俊如出一轍，惟更明白透切。袁宗道〈論文下〉云：

(李攀龍、王世貞)病源則不在模擬，而在無識。若使胸中的有所見，芭塞於中，將墨不暇研，筆不暇揮，兔起鶻落，猶恐或逸，況有閒力暇晷引用古人詞句耶？故學者誠能從學生理，從理生文，雖驅之使模，不可得矣。(《白蘇齋類集》卷二十)

袁宏道〈敘小修詩〉云：

〔註60〕見何良俊《四友齋叢說・詩三》卷二十六。

（袁中道詩）大都獨抒性靈，不拘格套，非從自己胸臆流出，不肯下
筆。……唯夫代有升降，而法不相沿，各極其變，各窮其趣，所以可貴，
原不可以優劣論也。（《袁宏道集箋校》卷四）

由此可知，三袁亦主張「的有所見」、「獨抒性靈」之文學，且以爲各代詩文自有其
可貴處，無須以優劣論之。此等看法，皆與何良俊相合相通〔註61〕。

（三）嚮慕魏晉詩文風韻

　　《何氏語林》之〈文學〉篇共三卷。約略而言，首卷著重於魏晉清言；次卷
是魏晉文學；末卷則以唐宋詩文、佛學爲主。由此可見魏晉材料之比重。而何良
俊《四友齋叢說》之〈文〉、〈詩〉二篇，收有不少的文學批評，其中關於魏晉者，
亦佔有相當之篇幅。值得注意的是：何良俊論及魏晉文學時，往往帶有欣賞、嚮
慕之意味，如：

唐時隱逸詩人，當推王無功、陸魯望爲第一。蓋當武德之初，猶有陳、
隋之遺習；而無功能盡洗鉛華，獨存體質。且嗜酒誕放，脫落世事，故於
情性最近。今觀其詩，近而不淺，質而不俗，殊有魏晉之風。（《四友齋
說‧詩二》卷二十五）

此段評語，從兩方面品論王績——「體質」與「情性」。「盡洗鉛華，獨存體質」，意
即不事雕飾，以質爲本；又「嗜酒誕放，脫落世事」，故能率性任情，直抒胸臆。然
雖直抒胸臆，卻「近而不淺」；以質爲本，卻「質而不俗」。此種詩歌風格，何良俊
以爲深具「魏晉之風」；而此種魏晉之風，正與何良俊「文發於意見、詩本乎性情」
的文學觀相符相合，故何良俊特賞之。王績被推爲唐代第一隱逸詩人，其因正在於
此。何良俊又云：

山谷云：嵇叔夜詩，豪壯清麗，無一點塵俗氣。凡學作詩者，不可不
成誦在心。想見其人，雖沉於世故者，暫得攬其餘芳，便可撲去面上三斗
俗塵矣！何況深其義味者乎！（《四友齋叢說‧詩一》卷二十四）

黃庭堅與何良俊咸認爲嵇康詩絕塵脫俗。「凡學作詩者，不可不成誦在心」之語，可
謂對嵇康詩的高度推崇。又何良俊云：

蘇東坡才氣浩瀚，固百代文人之雄；然黃山谷之文，蘊藉有趣味，時

〔註61〕關於公安派之反對前、後七子，時人已多所誤解。蓋公安三袁與何良俊一般，均未一
概否定前、後七子之詩文。公安派所批評的是模擬之風，而非前、後七子本身。孫
錫蕃〈袁宏道傳〉云：「竟陵鍾子曰：『當天下步趨于鱗時，而中郎力排之。非惡于
鱗也，惡其人人而爲于鱗也。人人而爲于鱗，反使于鱗精神面目不顯於天下。李氏
功臣誰有如中郎者哉！』是可以解語中郎之好爲難首者。」（《袁宏道集箋校》附錄
二）

出魏晉人語，便可與坡老並駕。(《四友齋叢說‧文》卷二十三)

何良俊以為黃庭堅文章之可貴處，正在其「時出魏晉人語」，散發出名士般的風流蘊藉，極可欣賞，甚至可與蘇軾媲美。由此即可見出何良俊對魏晉名士韻度及詩文風格的嚮慕。其又云：

> 韋左司性情閒遠，最近風雅。其恬淡之趣，亦不減陶靖節。唐人中五言古詩有陶、謝遺韻者，獨左司一人。(《四友齋叢說‧詩二》卷二十五)

> 唐六如嘗作〈悵悵詞〉。……此詩才情富麗，亦何必減六朝人耶？(《四友齋叢說‧詩三》卷二十六)

以上兩條，雖未明白褒贊魏晉詩文，然「不減陶靖節」、「何必減六朝人」等語，乃以魏晉詩文為一種評價依歸，故仍是對魏晉詩文之欣賞、推崇。

(四)推尊白居易、蘇軾

除上述三點之外，尚有一、二特殊處頗可一說。《何氏語林‧文學》於唐代詩歌部分收有孟浩然、李白、韋應物、李端、劉長卿、劉禹錫、楊汝士、元稹、白居易等人；然而，諸人資料皆各僅一條，惟獨元、白二人共有六條之多，其中又以白居易為主。又，其所錄宋代三十條左右材料，真正屬於文學的條目約佔一半，而其中蘇軾、王安石二人便有七條之多。足見諸人於何良俊心中之地位。前文已述，何良俊嘗云：「余最喜白太傅詩，正以其不事雕飾，直寫性情。」、「蘇東坡才氣浩瀚，固百代文人之雄。」然其對白居易、蘇軾之喜愛與欣賞，實非一偶然特例。錢謙益〈陶仲璞邐園集序〉嘗云：「萬曆之季，海內皆詆訾王、李，以樂天、子瞻為宗。」(《初學集》卷三十一)可見晚明文人推崇白居易、蘇軾，已儼然成為一股風潮。袁宗道即以「白蘇」二字名齋；而江進之為其《白蘇齋冊子》作〈引〉，以為白居易、蘇軾二人之「元神」活潑，故其文章得「出之以無意、造之以無心」，其云：

> 吾嘗睹夫人之身所為流注天下，觸景成象，惟是一段元神。元神活潑，則抒為文章，激為氣節，洩為名理，豎為勛猷，無之非是。要以無意出之，無心造之。譬諸水焉：升為雲，降為雨，流為川，止為淵，總一活潑之妙，隨觸各足，而水無心。彼白、蘇兩君子，所謂元神活潑者也。(《雪濤閣集》卷八)

袁中道〈東游記十三〉亦大力標舉白居易，以之與李白、杜甫相比。其云：

> 近日學詩者，纔把筆，即絕口不言長慶。如〈琵琶行〉，使李、杜為之，未必能過。大都元、白之警策處，亦自有李、杜；李、杜之流暢處，亦自有元、白，未可輕議也。(《珂雪齋前集》卷十二)

而「蘇軾選集」在晚明時期蔚為風潮，徐長孺、王世貞、焦竑、陳繼儒、李贄、袁

宏道〔註62〕、陶望齡、鍾惺……等人均嘗評選蘇文〔註63〕。袁宏道嘗盛稱蘇軾之詩能虛能實，才力、學識比於李白、杜甫，有過之而無不及。其〈答梅客生開府〉云：

> 蘇公詩無一字不佳者。青蓮能虛，工部能實。青蓮唯一於虛，故目前每有遺景；工部唯一於實，故其詩能人而不能天，能大能化而不能神。蘇公之詩，出世入世，粗言細語，總歸玄奧，怳惚變怪，無非情實。蓋其才力既高，而學問識見，又迥出二公之上，故宜卓絕千古。至其道不如杜，逸不如李，此自氣運使然，非才之過也。（《袁宏道集箋校》卷二十一）

故《何氏語林‧文學》一方面反映出何良俊自身之好尚，一方面亦呈顯出當日文學之興趣。

　　此外，《何氏語林‧文學》所收錄之宋、元文學資料，幾乎皆集中於「詩」上，之外有部分的「文」；而於其他文類如詞、曲等，則絲毫未有觸及。以何良俊「搜覽群籍，隨事疏記」之撰作態度，似不應有此忽略。蓋有明一代之文學主流，乃詩與文；而當日之文學理論，亦多針對此二文類而發。相形之下，其他文類則屬弱勢文學。若再檢閱何良俊另一著作《四友齋叢說》，則會發現：這本「隨所聞見，書之於牘」〔註64〕的讀書筆記內容依序約可分為經、史、子、集、雜論五類，其中「集」類僅收有〈文〉一卷、〈詩〉三卷。故可推想：在何良俊看來，詞、曲似仍為未足登大雅之堂的小道。固然《四友齋叢說》亦有〈詞曲〉一卷，收錄雜劇戲曲等相關材料；但觀何良俊編撰此篇之綠，乃基於「解其音調，知其節拍」之興趣耳。故論其性質，僅可謂一「藝」，而未得以「文學」視之。

　　雖然《何氏語林‧文學》所錄之條目並非全面性、概括性的資料，致使吾人無法從中窺知各代文學真貌；但卻也因此得以見出何良俊乃至晚明文人之文學興趣，而可與文學史相互參佐發明。

二、玄學佛理

　　《何氏語林‧文學》收有大量談玄論佛資料，一方面固是承繼《世說新語》既

〔註62〕袁宏道非但欣賞蘇軾，甚至自比於蘇軾，而時人亦頗以為然。孫錫蕃〈袁宏道傳〉云：「公（袁宏道）少負才敏，每以長蘇自命，創意為文，援筆立就，縱送恣宕，致趣天嫺，一洗詰曲餖飣之習。……曹長石云：『中郎為子瞻後身。迺子瞻不能作三國史，而中郎為一邑志，豈隔世精靈有增，益其所未備耶？艾千子謂：『以文為戲，坡公不免作俑，而中郎為甚。』語雖有間，而中郎之為子瞻無疑矣。獨異其寄趣聲色，冥心宗典，豈彼法中所謂慧業文人應生天上耶？』」（《袁宏道集箋校》附錄二）

〔註63〕關於蘇軾在晚明時期大受歡迎之情形，陳萬益〈蘇東坡與晚明小品〉一文論述頗詳，可資參考。見陳萬益《晚明小品與明季文人生活》，pp.1～35。

〔註64〕語出何良俊〈四友齋叢說序〉。

有之體例；然另一方面則應是緣於何良俊自身之喜好。

基本上，何良俊乃以儒者自居，觀其《何氏語林》諸篇小序以孔、孟之語為說，便可窺知一二。又其嘗云：

> 夫楊氏為我，拔一毛而利天下不為，即老氏之教；墨子兼愛，摩頂放踵利天下為之，即釋氏之教也。……吾聖人之教，其即所謂執中而能權者耶！（《四友齋叢說・釋道》卷二十一）

儒家不似道家過分為己，亦不如佛家極端利他，而是介乎二者之間的中庸之道。故在何良俊心中，儒應是高於佛、道的。然何良俊並不排斥佛、道，以為其亦有可取之處：

> 夫歷千二百年以至今日，而其教卒不能滅者。是豈欲滅之而不能？將無能之而其道自不可滅耶！黃山谷言：「王者之刑賞，以治其外；佛者之禍福，以治其內。」蓋必有所取焉耳。孔子曰：「人能弘道，非道弘人。」然釋教之所以大明於世者，亦賴吾儒有以弘之耳。梁時有僧佑者，作《弘明集》二十卷，大率所載皆吾儒文字中之闡揚釋教者。宋張商英亦有〈護法論〉。唐、宋人文章妙麗而深明內典者，莫過於白太傅、蘇端明、黃太史，其言亦足以弘明大教。故取其文數首著之篇。（《四友齋叢說・釋道》小序，卷二十一）

何良俊以為佛教之所以歷千年而不滅，蓋因其禍福因果之論，足以安定、約束人心，此即佛教可取之處。而何良俊所推尊的白居易、蘇軾、黃庭堅諸人，在何良俊眼中，均深諳禪理〔註65〕，故可想見何良俊非但不排斥佛教，反而還頗為喜好。事實上，何良俊常於著作中徵引、討論佛學，如《何氏語林》之〈文學〉、《四友齋叢說》之〈釋道〉等篇，皆收有不少釋家材料。

何良俊常以儒、佛並舉、互詮，以為二者頗可相通。如《何氏語林・捷悟》小序云：

> 漢世稱見事敏速者曰「一日千里」，蓋言捷也。夫有觸即悟，其孔子所云「耳順」非耶？然孔子必俟知命之後。而後世小生率能及此，余竊怪之。嘗觀釋氏菩薩垂六度五者，皆以慧為導師。然定復生慧，其與吾儒明則可以至於誠，誠則自無不明一道也。故初地之慧，謂之世諦；既定之慧，謂之真諦。真諦則與理為一，即耳順是也。然初地之慧，本於賦畀；既定

〔註65〕何良俊《四友齋叢說・釋道》云：「唐、宋諸公，如李文正、黃山谷於教中極有精詣處，白太傅、蘇端明只是簡脫洒；然脫洒卻是教中第一妙用。」又云：「黃山谷談禪極有透徹處，一時諸人皆不能及。」（卷二十一）

之慧，假於脩習。賦畀必由天降，脩習可以力強；此其難易之辯也。奈何後世初地之慧，與古不異；而既定之慧，尟焉無聞。豈人之易其所難，顧難其所易耶？孔子曰：「十室之邑，必有忠信如丘者焉，不如丘之好學。」嗚呼！惜哉！（卷二十一）

此即以孔子之「學」與佛家之「慧」相比附。〈雅量〉小序云：

> 昔鄙夫爭一簞食，聞堯讓天下而非之。仲尼厄於陳蔡，匡坐鼓琴，子路慍見而弗是也。夫苟能人我皆冥，則無物不遣；知有生皆幻，則何險不夷？此亦難與拘見褊心者道也。（卷十四）

此則以釋氏詮孔子。而《四友齋叢說·經》云：

> 今之講學者，皆以孔子言「有教無類」，又以為佛家言「下下人有上上智」，故云：人人皆可入道講學，不當擇人。是不然。蓋孔子亦嘗言之矣：「民可使由之，不可使知之。」故記曰：「道非明民，將以愚之。」夫所謂「無類」云者，蓋指專心求道者而言也。然今世豈有專心求道之人？夫求道者，惟愚魯之人，其心最專，故最易入道。若曾子竟以魯得之者是也。今之所當辨者，正懼其智巧過人耳。佛氏謂「下下人」者，亦指混沌未鑿者而言。六祖蓋混沌未鑿者。今之初地人，其能道「菩提本無樹，明鏡亦非臺；本來無一物，何處惹塵埃」之語耶？正以今世無不鑿之人故也。是惡可以不擇哉！（卷四）

此乃以為孔子「有教無類」之「無類」，與佛家「下下人有上上智」之「下下人」，同指愚魯未鑿之人。《四友齋叢說·經》又云：

> 孔子答群弟子問仁，皆因病而藥；獨顏淵問為仁，則真有切實力行之意。故孔子亦以切實力行告之曰：「克己復禮為仁。」繼之曰：「非禮不視，非禮不聽，非禮不言，非禮不動。」此是為仁最切要的功夫。《心經》言：「無眼、耳、鼻、舌、身、意，無色、聲、香、味、觸、法。」其原蓋出於此。雖佛家亦以為第一義諦。然謂之曰「無」，便覺有著。（卷四）

此則以為佛家「無眼、耳、鼻、舌、身、意，無色、聲、香、味、觸、法」出於儒家「非禮不視，非禮不聽，非禮不言，非禮不動」。凡此均可見其援佛入儒，以釋詮孔之思想。

事實上，晚明文人多篤信佛教，認為學禪有助於「悟」儒。焦竑即云：「釋氏之典一通，孔子之言立悟。」（《焦氏筆乘續集》卷二〈支談上〉）袁宗道亦云：「所謂學禪而後知儒，非虛語也。」（《白蘇齋類集》卷十七）在晚明時期，儒、釋、道三者合流之思想相當普遍，時人以為儒、釋、道三者在精神與本質上是相通相融的。

李贄《初潭集》卷十一〈師友一〉「釋教」一節末評云：

> 李溫陵曰：儒、釋、道之學一也，以其初皆期於聞道也。必聞道然後
> 可以死，故曰：「朝聞道，夕死可矣。」非聞道則未可以死，故又曰：「吾
> 以汝爲死矣！」唯志在聞道，故其視富貴若浮雲，棄天下如敝屣然也；然
> 曰浮雲，直輕之耳，曰敝屣，直賤之耳，未以爲害也。若夫道人，則視富
> 貴如糞穢，視有天下若枷鎖，唯恐其去之不速矣；然糞穢，臭也，枷鎖，
> 累也，猶未甚害也。乃釋子則又甚矣。彼其視富貴若虎豹之在陷阱，魚鳥
> 之入網羅，活人之赴湯火然，求死不得，求生不得，一如是甚也。此儒、
> 釋、道之所異也，然其期於聞道以出世一也。蓋必出世，然後可以免富貴
> 之苦也。

李贄以爲儒、釋、道三者僅是程度上的差異，其「期於聞道以出世」之目的是一樣
的。而袁宏道〈德山塵談〉云：

> 問：「儒與老、莊同異？」答：「儒家之學順人情，老、莊之學逆人情；
> 然逆人情，正是順處，故老、莊嘗曰因，曰自然。……儒者順人情，然有
> 是非，有進退，卻似革；夫革者，革其不同，以歸大同也，是亦因也。……」
> 曰：「儒者亦尚自然乎？」曰：「然。孔子所言絜矩，正是因，正是自然。」
> （《袁宏道集箋校》卷四十四）

袁宏道以爲儒與老、莊二家之學，皆本之於內在人情，同爲「因」，爲「自然」，故
儒與老、莊，其義一也。凡此均是儒、釋、道三者合流之思想〔註66〕。

雖然晚明文人多崇尙、熱衷釋老，但他們並不因此否定、貶抑儒家。李贄仍以
儒者自居，其〈初潭集序〉云：

> 「初潭」者何？言初落髮龍潭時即纂此，故曰「初潭」也。夫卓吾子
> 之落髮也有故，故雖落髮爲僧，而實儒也。是以首纂儒書焉，首纂儒書而
> 復以「德行」冠其首。然則善讀儒書，而善言德行者，實莫過於卓吾子

〔註66〕嘉靖、萬曆年間，尚有林兆恩「三一教」（「三教」、「夏教」）的創立。其主張儒、釋、
　　　　道三教截長補短，合而爲一。其云：「孔子之學，心性也；黃帝老子之學，心性也；
　　　　釋迦之學，心性也。心性，本體也。」（《中和位育經》）又云：「釋家曰『明心了性』，
　　　　儒者亦曰『盡心盡性』；道家曰『性命雙修』，儒者亦曰『盡性至命』。曰『心』、曰
　　　　『性』、曰『命』之既同，則天下之道原於一矣。」（《林子三教正宗統論》）謝肇淛
　　　　《五雜組·人部四》云：「而吾閩中又有三教之術，蓋起於莆中林兆恩者。以艮背之
　　　　法，教人療病，因稍有驗，其徒從者雲集，轉相傳授，而吾郡人信之者甚眾。……
　　　　兆恩本名家子，其人重意氣，能文章，博極群書。倭奴陷莆後，骸骨如麻，兆恩捐
　　　　千金，葬無主屍以萬計，名遂大噪。其後著《三教會編》，授徒講學，頗流入邪說，
　　　　而不自知。既老病，得心疾，水火不顧，顛狂逾年乃死。」（卷八）

也。……余旣自幼習孔氏之學矣，是故亦以其學纂書焉。

袁宏道則推崇儒學，以爲諸子百家，「皆不出吾儒之固有」。其〈公安縣儒學梁公生祠記〉云：

> 且夫諸子百家，固未有能出吾範者也。棼而爲名、法，比而爲楊、墨，遁而爲老、釋，唯其竊吾似而甚焉，則指之曰異學，而實不出吾之所有。夫聽所言，觀所行，譽所試，是聖人未嘗不名家也。《春秋》之斧鉞，雖隱必誅，是聖人未嘗不法家也。吾蔬食而愉快，其樂我；席不溫，轍不解，其愛兼，是聖人未嘗廢楊、墨也。寢有經，食有戒，是聖人未嘗廢攝生也。幾研於未發，道竟於無聲臭，是聖人未嘗廢虛無也。唯其無所不有，而出之以平淡，故其大至於不可名。異學者竊其一，以求專其譽，故迹詭而言放，以爲不如是，不足以自崇其道；而不知千變萬化，皆不出吾儒之固有。（《袁宏道集箋校》卷三十八）

由此可知，晚明文人絕非崇佛、道而抑儒家，而晚明思想亦無法斷然劃分爲儒、佛、道三者，率謂其非孔學即釋老。正如魏晉名士雖多心嚮道家，然仍尊孔子爲「聖人」，置孔子於老子之上[註67]。正見他們並不絕棄孔子而專就莊、老。在魏晉名士心中，儒、道仍於天秤之兩端往復升降擺盪，而他們正企圖尋出二者之間的平衡點。阮瞻以「老莊與聖教將無同」一語而見辟爲掾[註68]，即是最佳證明。

三、博學多識

《何氏語林・文學》所收條目，除文學、玄學材料外，另有不少「博學多識」之記載：

> 朱公叔耽學專精，銳意講誦。或時思至，不自知亡失衣冠，顛墜阬岸。其父以爲專愚，幾不知馬之幾足！（卷七）

> 皇甫士安耽翫典墳，忘寢與食。詩人謂爲「書淫」。或有箴其過篤，將損耗精神。士安曰：「朝聞道，夕死可矣！況命有脩短，分定懸天乎？」（卷七）

> 張茂先強記默識，四海之內，若指諸掌。晉武帝嘗問漢代宮室制度，

[註67]《世說新語・文學》云：「王輔嗣弱冠詣裴徽，徽問曰：『夫無者，誠萬物之所資，聖人莫肯致言，而老子申之無已，何邪？』弼曰：『聖人體無，無又不可以訓，故言必及有；老、莊未免於有，恆訓其所不足。』」（第八條）

[註68]《世說新語・文學》云：「阮宣子有令聞，太尉王夷甫見而問曰：『老、莊與聖教同異？』對曰：『將無同？』太尉善其言，辟之爲掾。世謂『三語掾』。」（第十八條）《世說》此條記作阮脩、王衍事，然當爲阮瞻、王戎事，詳見余嘉錫《世說新語箋疏》，p209。

及建章千門萬戶。茂先應對如流，聽者忘倦；畫地成圖，左右屬目。時人比之子產。（卷七）

傅茂遠蒞官清靜，朝無請謁，終日端居，以書記爲樂。博極古今，尤善人物。魏晉以來，官宦簿閥、姻通內外，舉而論之，無所遺失。世稱「學府」。（卷八）

劉孝標少未開悟，晚更屬精。嘗苦所見不博，聞有異書，必往祈借。清河崔慰祖謂爲「書淫」。（卷八）

李北海小時見特進李嶠，自言讀書未徧，願一見秘書。嶠曰：「秘閣萬卷書，豈時日能習耶？」北海固請，乃假直秘書省，未幾辭去。嶠驚，試問奧篇隱帙，了辯如響。嶠歎曰：「子且名家！」（卷八）

倪若水藏書甚多，列架不足，疊窗安置，不見天日。子弟直日看書。凡親友祈借者，先投束修羊。（卷八）

杜君卿資性嗜學，雖名位通顯，猶夜分讀書。（卷八）

宋次道家書皆校讎三、五遍，世之藏書，以次道家爲善本。住在春明坊。昭陵時，士大夫喜讀書，多僦居其側，以便於借置故也。當時春明宅子僦直，比他處常高一倍。陳叔易常歎此事曰：「此風豈可復見耶？」（卷九）

王舒王性酷嗜書，雖寢食間，手不釋卷。或宴居默坐，研究經旨。知常州日，對客未嘗笑。一日大會賓佐，倡優在庭，公忽大笑，人頗怪之。有客乘間啓公，公曰：「疇日席上，偶思咸、恆二卦，豁悟微旨，自喜有得，故不覺發笑耳！」（卷九）

袁伯長學士，博聞洽識，江左絕倫，嘗語張伯雨曰：「宋東都典故，能以歲記之；度江後事，能月記之。」（卷九）

陳治中嘗與呂徵之相遇于道。治中時猶布衣，策蹇驢行，見徵之風神高遠，問曰：「君得非呂徵之乎？」曰：「然。」徵之亦問：「君非陳剛中乎？」遂握手若平生歡。因共疏驢事。徵之言一事，治中答一事，互至四十餘事。治中已竭，徵之曰：「我尚記得某出某書、某出某書！」復三十餘事。治中深歎，以爲不能及。（卷九）

以上所舉條目，乍看似與「文學」無關，何以何良俊置之於〈文學〉中？

魏晉時期重天才、尚聰明，以爲文學及清言皆須「才」始得成就。既強調先天之才智，便相對疏略後天之學問。故《文心雕龍·事類》云：「屬文立意，心與筆謀，才爲盟主，學爲輔佐。」而《顏氏家訓·文章》更明言：「必乏天才，勿強操筆。」

至於晚明時期，雖未如魏晉般標舉「天才」、「聰明」，然不學之風卻瀰漫整個學界、文壇。在思想方面，由於對程朱理學心生厭棄，輔以王守仁心學大盛，導致學者「束書不觀，妄談心性」；在文學方面，因為對前、後七子學古模擬之法的排斥，加上李贄、三袁童心、性靈之說的興起，遂使文人不復措意讀書學問。而早於風氣轉變之初，何良俊便已力倡「博學多識」之重要。何良俊特於《何氏語林·文學》收錄「博學多識」之材料，其意或在強調：無論學術或文章，皆須勤學苦讀之工夫，始得臻於佳境。

《何氏語林》雖亦有〈捷悟〉、〈夙慧〉二篇收錄聰慧一類故事，然其對「慧」字卻有不同的看法。〈捷悟〉小序云：

> 漢世稱見事敏速者曰「一日千里」，蓋言捷也。夫有觸即悟，其孔子所云「耳順」非耶？然孔子必俟知命之後。而後世小生率能及此，余竊怪之。嘗觀釋氏菩薩垂六度五者，皆以慧為導師。然定復生慧，其與吾儒明則可以至於誠，誠則自無不明一道也。故初地之慧，謂之世諦；既定之慧，謂之真諦。真諦則與理為一，即耳順是也。然初地之慧，本於賦畀；既定之慧，假於脩習。賦畀必由天降，脩習可以力強；此其難易之辯也。奈何後世初地之慧，與古不異；而既定之慧，尠焉無聞。豈人之易其所難，顧難其所易耶？孔子曰：「十室之邑，必有忠信如丘者焉，不如丘之好學。」鳴呼！惜哉！（卷二十一）

首先，何良俊以為「觸事即悟」之境界，連聖人孔子尚須待知命之後始能臻至，何況是凡夫俗子？足見此境界猶賴後天「好學」，絕非僅恃先天聰明即可躐及。之後，何良俊又引佛家為說，指出釋氏之「慧」，並非全然本於天生賦畀；亦有假於力強脩習的「既定之慧」，其與「理」為一，即孔子所謂「耳順」。故此「既定之慧」，顯然較本於天生賦畀的「初地之慧」更為重要。在此，姑不論何良俊對儒、釋之詮解是否真確，然其肯定後天之學重於先天之智的觀點，對於當日不學之風，實具有一定的鍼砭意義與作用。

若再細心翻檢〈捷悟〉、〈夙慧〉二篇內容，便會發現：其中多數條目注文，皆有「博學多識」之類的記載。如〈捷悟〉「梁時有沙門訟田」條注引《梁書》曰：

> （劉）顯幼聰敏，當世號曰「神童」，好學博涉多通。

「朱梁張策年十二」條注引《五代史記》云：

> 策少通悟好學。

「湖南馬希範唐同光中入貢」條注引《五代史》云：

> 馬希範……好學善詩。

〈夙慧〉「桓玄年十二」條注引張騭〈文士傳〉云：

> 桓玄……精鑒好學。

「張純、張儼、朱異俱童少知名」條注引《吳錄》云：

> （張）純少厲操行，學博才秀。……張儼……弱冠知名，以博聞多識
> 拜大鴻臚。

「王養年數歲時」條注引《梁書》曰：

> 王泰……幼敏悟好學，手所抄寫二千許卷。

「王僧孺五歲便機警」條注引《梁書》曰：

> （王）僧孺六歲能屬文，既長好學。

「陸從典八歲時」條注引《南史》曰：

> 從典篤好學業，博涉群書。

「虞荔年九歲」條注引《南史》曰：

> （虞）寄……少聰敏，及長好學。

〈捷悟〉、〈夙慧〉之篇旨原應在舉陳聰慧事蹟，以突顯先天才智之可貴；然何良俊卻於注文中補入博識記載，以強調後天學問之重要。故由此可推知：〈捷悟〉、〈夙慧〉所收之材料，乃經何良俊有意地選取。何良俊實欲藉此等條目傳達——在聰慧表現的背後，定須勤學工夫支持。

　　儘管何良俊在〈文學〉、〈捷悟〉、〈夙慧〉諸篇中已加入不少「博學多識」之材料，然其猶嫌不足，故於〈捷悟〉後更設〈博識〉一門，專收此類故事。由此益見其對「博學多識」之重視。

第五節　智　慧

　　「智」、「慧」二字，吾人今恆連用以為成詞，然於最初，「智」、「慧」二字非但意義不同，且絕少連用。魏晉時代看重天才聰明，故《世說新語》有〈夙惠〉之作；晚明世說體著作雖多有〈夙惠〉一門，然其中又另有部分作品獨標舉「智」字。以下，即就「智」、「慧」之內涵作一分析。

一、智

　　晚明時期專收歷代智人智事的世說體著作有：孫能傳《益智編》、樊玉衡《智品》、馮夢龍《智囊》等書。其中以馮夢龍《智囊》一書蒐羅材料最多、分門體例較全，故本文茲以此書為分析依據。從馮夢龍《智囊》所載條目、自序、總敘、評語觀之，

其所謂「智」，大抵有下列諸端特色。

其一，人皆有智。馮夢龍以為不論男女、貴賤、貧富，人人皆有其智。馮夢龍《智囊・自序》云：「人有智，猶地有水；地無水為焦土，人無智為行屍。」觀《智囊》所收人物，上自帝王公卿，下至市井小民；又別立〈閨智部〉專收婦女用智之事。由此可見，「智」絕非特定階層或性別所獨有。

其二，智有小大。《智囊》全書分為十部：上智部、明智部、察智部、膽智部、術智部、捷智部、語智部、兵智部、閨智部、雜智部。馮夢龍雖未明言各部之高低優劣，而各部間似亦未有嚴格之等級區別；然觀「上智部」與「雜智部」所收材料性質確有不同。馮夢龍〈上智部總敘〉云：

> 上智無心而合，非千慮所臻也。人取小，我取大；人視近，我視遠；人動而愈紛，我靜而自正；人束手無策，我遊刃有餘。夫是故，難事遇之而皆易，巨事遇之而皆細。其幹旋入於無聲無臭之微，而其舉動出入意想思索之外。或先忤而後合，或似逆而實順。方其閒閒，豪傑所疑；迄乎斷斷，聖人不易。嗚呼！智若此豈非上哉！（卷一）

由此可知，「上智」乃善「見大」、具「遠猶」、尚「通簡」、能「迎刃」者；而其〈上智部〉即分為此四目。至於〈雜智部〉，則包括「狡黠」、「小慧」兩類。所謂「狡黠」，則似《世說新語》之「假譎」，如〈雜智部狡黠〉「曹操」一則之曹操陽眠斫人、人欲危己輒心動及其與袁紹少時劫新婦諸條，便出自《世說新語・假譎》。而「小慧」與「上智」之別，簡言之，小慧之用多止乎其身，上智之行則關乎家國。如〈雜智部小慧〉「術制繼母」一則云：

> 王陽明年十二，繼母待之不慈。父官京師，公度不能免。以母信佛，乃夜潛起，列五托子於室門。母晨興，見而心悸，他日復如之，母愈駭，然猶不悛也。公乃於郊外訪射鳥者，得一異形鳥，生置母衾內。母整衾，見怪鳥飛去，大懼，招巫嫗問之，公懷金賂嫗，詐言：「王狀元前室責母虐其遺嬰，今訴於天，遣陰兵收汝魂魄，衾中之鳥是也。」後母大慟，叩頭謝不敢，公亦泣拜。良久，巫故作恨恨，乃蹶然蘇，自是母性驟改。（卷二十八）

〈上智部遠猶〉「王守仁」一則云：

> 陽明公既擒逆濠，江彬等始至，遂流言誣公。公絕不為意。初謁見，彬輩皆設席於傍，令公坐。公佯為不知，竟坐上席，而轉傍席於下。彬輩遽出惡語，公以常行交際事體平氣論之，復有為公解者，乃止。公非爭一坐也，恐一受節制，則事機皆將聽彼而不可為矣。高見。（卷二）

同爲王守仁事，然其智慧小、大，終有區別。

「智」既有小、大之別，則顯之於人，便有愚人、智者。故雖云「人皆有智」，然其智分卻不盡相同。不過馮夢龍強調：愚人與智者之劃定，並非取決於階層、性別，而是以其行事言談爲準則。且「智無常局，以恰肖其局者爲上；故愚夫或現其一得，而曉人反失諸千慮」（《智囊・上智部總敘》）。

其三，智德分論。馮夢龍《智囊》一書，惟「智」是論，故雖劣德敗行，然若可看出才智，則亦見收於其書。於是，秦檜、王振者流得列〈上智部〉、〈術智部〉，其記載甚至不止一條。關於此點，馮夢龍《智囊・自序》已明言：

> 馮子曰：「吾品智，非品人也。不惟其人惟其事，不惟其事惟其智。雖奸猾盜賊，誰非吾藥籠中硝硝？吾一以爲蛛網而推之可漁，一以爲蠶繭而推之可寶。譬之谷王，眾水同歸，豈其擇流而受？」

秦檜得與孔子同列〈上智部〉，原因便在《智囊》「不惟其人惟其智」之編撰理念。事實上，在馮夢龍眼中，秦檜之輩仍屬小人。〈上智部見大〉「假書」一則云：

> 秦檜當國，有士人假其書謁揚州守。守覺其僞，繳原書管押其回。檜見之，即假其官資。或問其故。曰：「有膽敢假檜書，此必非常人。若不以一官束之，則北走胡、南走越矣！」（卷一）

馮夢龍評云：

> 西夏用兵時，有張、李二生，欲以策干韓、范二公，恥於自媒，乃刻詩於碑，使人曳之而過。韓、范疑而不用，久之，乃走西夏，詭名張元、李昊，到處題詩。元昊聞而怪之，招致與語。元昊識人。大悅，奉爲謀主，大爲邊患。奸檜此舉，卻勝韓、范遠甚，所謂「下下人有上上智」！

又〈術智部謬數〉「王振」一則云：

> 北京功德寺後宮像極工麗。僧云：正統時，張太后常幸此，三宿乃返，英廟尚幼，從之遊，宮殿別寢皆具。太監王振以爲：后妃遊幸佛宇，非盛典也，乃密造此佛。既成，請英廟進言於太后曰：「母后大德，子無以報，已令裝佛一堂，請致功德寺後宮，以酬厚德。」太后大喜，許之，命中書舍人寫金字藏經，置東西房。自是太后以佛經在，不可就寢，不復出幸。（卷十四）

馮夢龍評云：

> 君子之智，亦有一短；小人之智，亦有一長。小人每拾君子之短，所以爲小人；君子不棄小人之長，所以爲君子。

由以上評語可知，君子與小人、德與智，馮夢龍仍嚴明劃分，並不混爲一談。

其四，智待學習。馮夢龍之述《智囊》，與他書編撰〈夙惠〉以資談助之目的略有不同。蓋馮夢龍以爲：人雖有智，然猶待「學」之開鑿。故《智囊》之作，正盼讀者從中學智以應世。其《智囊‧自序》云：

> 或又曰：「子之述《智囊》，將令人學智也。智由性生也，由紙上乎？」
>
> 馮子曰：「吾向者固言之，智猶水，然藏於地中者，性；鑿而出之者，學。井澗之用與江湖參。吾憂夫人性之錮於土石，而以紙上言爲之畚鍤，庶於應世有瘳爾。」

是先天之「智」尚須輔以後天之「學」，始得充分發揮。

其五，智兼乎識。《世說新語》一書收有不少聰慧故事，尤其是〈夙惠〉、〈捷悟〉、〈言語〉諸篇，更專錄此類材料。而晚明《智品》、《益智編》、《智囊》等作品，蓋脫胎自此。然《世說》所看重之「惠」（慧）〔註69〕，與《智品》、《益智編》、《智囊》所標舉的「智」，在內涵上略有不同。

「慧」乃指天生之聰明，許愼《說文解字》即云：「慧，儇也。」（十篇下）由於漢末過度講究道德、專事訓詁，遂使道德、學問淪爲虛名、形式。不論在政治、社會或學術上，皆瀰漫著浮誇、矯僞之習氣。《抱朴子‧外篇‧審舉》云：

> 時人語曰：「舉秀才，不知書；察孝廉，父別居。寒素清白濁如泥，高第良將怯如雞。」

正因風氣如此不堪，故引起士人之不滿、反感，進而對道德、學問心生厭棄。他們的興趣漸由「德性」轉爲「才性」，由「積學」轉爲「聰明」；前者乃須後天努力始得成就，後者則爲先天既有、與生俱來。「才」既屬「天生」，則「天才」一詞便自然產生。在魏晉時人眼中，「孩童」是最能證明「天生之才」的一群，因孩童習染未深，故其所展現，皆出於自然，不假外求。於是魏晉以降，出現大量描寫神童的故事。而這些故事，最常使用「惠」字。如《世說新語‧言語》云：

> 梁國楊氏子，九歲，甚聰惠。（第四十三條）
>
> 張玄之、顧敷，是顧和中、外孫，皆少而聰惠。（第五十一條）

《世說新語‧夙惠》云：

> 何晏七歲，明惠若神，魏武奇愛之。（第二條）

《三國志‧魏書‧夏侯淵傳》引《世語》云：

> 淵第三子稱、第五子榮，從孫湛爲其序曰：「……弟榮，字幼權。幼聰惠，七歲能屬文，誦書日千言，經目輒識之。」（卷九）

〔註69〕段玉裁《說文解字注》云：「慧，古多假惠爲之。」（十篇下）

《三國志・魏書・鍾會傳》云：

> 錢會字士季，潁川長社人，太傅繇小子也。少敏惠夙成。（卷二十八）

《晉書・褚陶傳》云：

> 褚陶字季雅，吳郡錢塘人也。弱不好弄，少而聰慧，清淡閑默，以墳典自娛。（卷九十二）

《南史・王僧孺傳》云：

> 僧孺幼聰慧，年五歲便機警。（卷五十九）

《北史・張吾貴傳》云：

> 張吾貴字吳子，中山人也。少聰慧口辯。（卷八十一）

《北史・和士開傳》云：

> 士開幼而聰慧，選爲國子學生，解悟捷疾，爲同業所尚。（卷九十二）

以上「惠」字常與「聰」、「敏」諸字連用，且多用以形容幼童，足見「惠」乃指天生之聰明。

至於「智」，雖亦爲聰明，然其並不盡屬天生。事實上，「智」得自後天鍛鍊學習的成分恐怕更多。許慎《說文解字》即云：「智，識詞也。」（四篇上）此處且以《明史》爲例，《明史・宣宗紀》云：

> 宣宗憲天崇道英明神聖欽文昭武寬仁純孝章皇帝，……比長，嗜書，智識傑出。（卷九）

《明史・郭子興傳》云：

> （彭）大有智數，（郭）子興與相厚而薄（趙）均用。（卷一百二十二）

《明史・胡深傳》云：

> 胡深字仲淵，處州龍泉人。穎異有智略，通經史百家之學。（卷一百三十三）

《明史・王守仁傳》云：

> 贊曰：王守仁……當危疑之際，神明愈定，智慮無遺，雖由天資高，其亦有得於中者歟。（卷一百九十五）

《明史・張居正傳》云：

> 居正喜建豎，能以智數馭下，人多樂爲之盡。（卷二百十三）

《明史・徐階傳》云：

> 贊曰：徐階以恭勤結主知，器量深沉。雖任智數，要爲不失其正。（卷二百十三）

《明史・魏大中傳》云：

（汪）文言者，歙人。初爲縣吏，智巧任術，負俠氣。（卷二百四十四）

由上述諸例可知，「智」有識見思慮、謀略權術之意，故往往與「識」、「慮」、「謀」、「數」等字連用。「智」字鮮少用以形容孩童，正因其須有相當之閱歷聞見，並非僅恃天生聰明。而《智囊》所收條目及評語，則往往盛贊其人之「識度」，姑以《智囊‧上智篇》而言，「范文正」一則評云：

天下無廢人，所以朝廷無廢事。非大識見人，不及此。（卷一）

「蕭何、任氏」一則評云：

其（蜀卓氏）識亦有過人者。（卷一）

「李沆」一則云：

（王旦）乃知沆先識之遠。（卷二）

「韓琦」一則云：

（石）守道服其精識。（卷二）

「陳瓘」一則云：

人皆服公遠識。（其三）

於是眾人始服公遠識。（其四）（卷二）

「辭饋」一則云：

人服公（劉忠宣）先識云。（卷二）

「曹參、李及」一則云：

（韓）億益嘆服公（王旦）之識度。（卷三）

「文彥博」一則評云：

遇事須有此鎮定力量，然識不到則力不足。（卷三）

「裴晉公」一則評云：

不是矯情鎮物，眞是透頂光明，故曰「智量」。智不足，量不大，不能如此。（卷三）

「范希陽」一則評云：

嗟乎！事雖小也，吾固知其人爲強毅有識者哉！（卷三）

是「智」固爲聰慧，然其又兼乎「識」，故論其性質，實近於《世說新語》之「識鑒」、「雅量」。

二、慧

《世說新語》之〈夙惠〉、〈捷悟〉各僅收七條材料，較諸其他門類，顯然偏少許多，似無須單獨別立之；然魏晉時代確實看重天才聰明，翻檢當日史傳，早慧之

例指不勝屈，故劉義慶設〈夙惠〉、〈捷悟〉，實有感於時代風氣，絕非苟作。而二篇條目不多，乃因其皆分散至〈言語〉等類之故。至於晚明世說體著作，亦多有〈夙惠〉一門，專收幼兒蚤惠言行；甚至有《兒世說》之作，分〈屬對〉、〈言語〉、〈排調〉、〈文學〉、〈彊記〉……等十七門，全記古今聰穎神童故事。觀其內容，雖無多創發，然卻可見出晚明文人對世說體著作之興趣所在。

《舌華錄》次「慧語」為第一，居十八類之冠〔註70〕，頗可見出對「慧」的推崇、重視。其〈慧語序〉以佛家為說，闡釋「慧」字意義：

> 吳苑曰：佛氏戒、定、慧三等結習，慧為了語，慧之義不大乎？慧之在舌，機也，有狂、智之別焉。狂之不別有智，如智之不識有狂也。是智者智，狂者亦智，兩而別之，則金粟如來氏矣。如來氏取法，一芥可以言須彌，剎那可以稱萬劫，其中倒拈順舉，無不中道。即智者不自知，而狂者能耶？乃次慧語第一。（卷一）

觀〈慧語〉所收條目，亦有與禪佛相涉者，如：

> 陸氏兄弟遊龍潭寺，見一暗室，弟曰：「是黑暗地獄。」兄曰：「是彼極樂世界。」

> 庾公常入佛圖，見臥佛，曰：「此子疲于津梁。」

> 江夏馮京，知并州，謂王平甫曰：「并州歌舞妙麗，閉目不窺，日以談禪為上。」王答曰：「若如所論，未達禪理。閉目不窺，已是一重公案。」

然〈慧語〉多數條目仍是描述「聰明神童」，且其中有不少是出自《世說新語》〈夙惠〉、〈言語〉諸篇：

> 王元澤數歲時，客有一獐一鹿同籠以獻。客問元澤：「何者是獐？何者是鹿？」元澤實未識，良久對曰：「獐邊者是鹿，鹿邊者是獐。」客大奇之。

> 張玄之、顧敷，是顧和中、外孫，皆少而聰惠。一日，與至寺中，見泥洹佛像，弟子有泣者、不泣者。和以問二孫。玄之謂：「彼親，故泣；彼不親，故不泣。」敷曰：「不然。由忘情故不泣，不能忘情故泣。」

> 徐孺子年九歲，嘗月下嬉。人語之曰：「若令月中無物，當更明耶？」

〔註70〕《舌華錄》十八類中，惟前五類有優劣先後之別；其餘諸類，僅為風格之不同。《舌華錄・諧語序》云：「吳苑曰：語之次序，自慧、名、豪、狂、傲五種之下，不能細有標辨，以定安排。如『冷』之一義，有何關說而居眾語上耶？直以語之有致無致，順手拈錄之耳。若此之『諧』與『謔』，與後之『諷』與『譏』，此二種乃大同而小異，不得不有先後。」（卷三）

徐曰：「不然，譬如眼中有瞳子，無此必不明。」

　　黃子琰少即辯慧，建和中嘗日食，京師不見。子琰祖太尉，以狀聞太后。詔問所食多少。太尉思其對，未知所況。子琰年七歲，時在側，曰：「何不言『日食之餘，如月之初』？」

　　孔融被收，中外惶怖。時融兒大者九歲，小者八歲。二兒故琢釘戲，了無遽容。融謂使者曰：「冀罪止于一身，二兒可得全不？」兒徐進曰：「大人豈見覆巢之下，復有完卵乎？」尋亦收至。

　　中朝小兒父病，行乞藥。主人問病，曰：「患瘧也。」主人曰：「尊侯明德君子，何以病瘧？」答曰：「來病君子，所以為瘧。」

　　簡文崩，孝武年十餘歲，立，至暝不臨。左右啟：「依常應臨。」帝曰：「哀至則哭，何常之有！」

　　王戎七歲，嘗與諸小兒遊。看道邊李樹多子折枝。諸兒競走取之，唯戎不動。答曰：「樹在道邊而多子，此必苦李。」取之，果然。

　　晉明帝數歲，坐元帝膝上。因問：「長安何如日遠？」答曰：「日遠。不聞人從日邊來，居然可知。」元帝異之。明日集群臣宴會，告以此意，更重問之。答曰：「日近。」元帝失色，曰：「爾何故異昨日之言耶？」答曰：「舉目見日，不見長安。」

　　韓康伯年數歲，家酷貧，至大寒，止得襦。母殷夫人自成之，令康伯捉熨斗，謂康伯曰：「且著襦，尋復作褌。」兒曰：「已足，不須作褌也。」母問其故。答曰：「火在熨斗中而柄熱。」

　　管輅年七歲，與鄰里小兒戲，畫地為日月星辰之狀，語言不常。父母禁之，答曰：「家雞野鵠，尚知天時，況人乎？」

是其所謂「慧語」，亦只是「聰慧言語」，並無多深義。又，袁中道於〈慧語〉「龐安聾而穎悟」一則評云：「慧口道諧語。」、「吳給事女敏慧」一則評云：「諧慧。」；〈諧語〉「杜邠飲食洪博」一則評云：「慧語。」、「袁中郎偶中熱減衣」一則評云：「慧語。」、「潘方凱性風流不恆」一則評云：「慧音。」、「石動筩嘗于國學中看博士論云」一則評云：「慧甚。」）則「慧」與「諧」二者，似亦頗有可通之處。

　　值得一提的是，〈慧語〉尚收有幾條特別材料，其既與禪佛無關，亦非屬聰慧言語。如：

　　王子猷居山陰，夜大雪，眠覺空室，命酌酒。四望皎然，因起仿偟，詠左思〈招隱詩〉。忽憶戴安道，時戴在剡，即便夜乘小船就之。經宿方至，造門不前。人問其故，王曰：「吾本乘興而來，興盡而返，何必見戴？」

> 鍾士季粗（精）有才理，先不識嵇康。鍾要于時賢俊之士，俱往尋康。
> 康方大樹下鍛，向子期爲佐鼓排。康揚槌不輟，傍若無人，移時不交一言。
> 鍾起去，康曰：「何所聞而來？何所見而去？」鍾曰：「聞所聞而來，見所
> 見而去。」

此二條原分屬《世說新語》之〈任誕〉、〈簡傲〉，《舌華錄》則未以之入〈狂語〉、〈傲
語〉、〈韻語〉、〈俊語〉諸類，而置於第一〈慧語〉一門，由此可見其對此二事之欣
慕。或謂劉義慶以《世說新語》之〈任誕〉、〈簡傲〉等篇爲負面材料，恐非是也。
張蓓蓓先生《中古學術論略》〈世說新語任誕篇別解〉一文云：

> 大體而言，五十四條中，多脫略禮法、矯世干俗之舉，阮籍所謂「禮
> 豈爲我輩設」正其寫照。……唯臨川王所謂「任誕」，意義尚不止於此。
> 自然眞率，因有情不自禁之舉動，深具奇致逸趣者，亦可稱「任誕」。如
> 王徽之雪夜訪戴逵興盡而歸，又借宅種竹不可一日無此君，桓伊每聞清
> 歌輒喚奈何，謝尚應聲而起爲客作異舞，張翰賞賀循彈琴竟追蹤入洛，
> 孫統玩山水竟回至半路卻返等等；皆不循俗軌，而毫無毀禮弛縱之弊，
> 風致殊絕，趣味宛然。吾人欲認識魏晉名士之「任誕」，固絕不可忽略此
> 一面相。〔註71〕

由此可知，《世說新語・任誕》並非盡爲脫略禮法、矯世干俗之舉，其中亦有頗多
極可欣賞之風流韻事；即使是脫禮放蕩，時人尚且以「達」目之，何況是此等奇
致逸趣？而晚明文人尤其嚮往魏晉名士風韻，上述〈慧語〉之例即爲一證。對於
魏晉名士之任誕行事，晚明文人非但鮮有批評，反而群起仿效，以爲風雅。吳肅
公《明世說・凡例》云：「如〈任誕〉、〈簡傲〉，世每不察，舉爲雅談。」正道出
晚明此一風氣。

綜括本節分析可知，「慧」所強調的是天生聰明，故有「夙惠」、「蚤慧」諸詞出
現；而「智」除包含「慧」義外，另兼具謀畫、識見、經驗等，故人之有「智」，尚
賴後天培養、鍛鍊以成。

第六節　賢　媛

《世說新語》有〈賢媛〉一門，論列婦女行誼；後繼之世說體著作，亦有類似
篇目，稱述婦女事蹟。尤其是晚明世說體著作，對婦女頗加推崇。蓋中國自古便對

〔註71〕見張蓓蓓先生《中古學術論略》，pp.193～194。

婦女有極多規範與限制，如「貞」、「節」、「烈」、「三從四德」等，甚至還有「七出」之類極不合理的觀念。而晚明時期，在性靈思潮的衝擊下，文人們紛紛重新審視舊有道德觀念。他們開始表彰「人性」、肯定「情欲」，並從而對加諸婦女身上的道德桎梏提出批評與抗議。呂坤《呻吟語・治道》云：

> 夫禮也，嚴於婦人之守貞，而疏於男子之縱慾，亦聖人之偏也。今興隸僕僮，皆有婢妾娼女小童，莫不淫狎，以為丈夫之小節而莫之問。凌嫡失所，逼妾殞身者紛紛。恐非聖王之世所宜也。此不可不嚴為之禁也。（卷五）

又凌濛初《二刻拍案驚奇》卷十一〈滿少卿饑附飽颺，焦文姬生讎死報〉云：

> 天下事有好些不平的所在。假如男子死了，女子再嫁，便道是失了節，玷了名，污了身子，是個行不得的事，萬口訾議；及至男子家喪了妻子，卻又憑他續弦再娶，置妾買婢，做出若干的勾當，把死的丟在腦後，不提起了，並沒有人道他薄倖負心，做一場說話。就是生前房室之中，女人少有外情，便是老大的醜事，人世羞言；及至男人家撇了妻子，貪淫好色，宿娼養妓，無所不為，總有議論不是的，不為十分大害。所以女子愈加可憐，男子愈加放肆。這些也是伏不得女娘們心裡的所在。

呂坤、凌濛初以為：禮法教條，往往「嚴於婦人之守貞」，卻頗「疏於男子之縱慾」，對男、女之道德要求，標準懸殊，荒謬無理，故當禁之。而李贄《初潭集・夫婦一》「喪偶」一節載：

> 庾亮兒遭蘇峻難，遇害。諸葛道明女為庾兒婦，既寡，將改適，與亮書及之。亮答曰：「賢女尚少，故其宜也。感念亡兒，若在初沒。」

> 王戎子綏，欲取裴遁女。綏既早亡，戎過傷慟，不許人求之，遂至老無敢取者。

對於庾亮同意媳婦改適，李贄大加稱贊，評為「好！」；而王戎不許人求裴遁女，李贄則痛批：「王戎不成人！王戎大不成人！」謝肇淛《五雜組・人部四》更直言：

> 「父一而已，人盡夫也。」此語雖得罪於名教，亦格言也。父子之恩，有生以來不可移易者也；委禽從人，原無定主，不但夫擇婦，婦亦擇夫矣，謂之人盡夫，亦可也。（卷八）

是夫既可擇婦，婦亦得擇夫；夫婦彼此，原無定主。凡此均可見諸人對傳統婦女貞節觀念的質疑與不滿。而在晚明世說體著作中，即出現了不同的婦女觀。

晚明世說體著作摒棄以「貞」、「節」等觀念評論婦女之作法，而從「才」、「識」等角度品賞婦女。如李贄《初潭集・夫婦二》從「才識」、「言語」、「文學」三方面

肯定婦女才智。其「才識」一節總評云：

> 此二十五位夫人，才智過人，識見絕甚，中間信有可爲干城腹心之託
> 者，其政事何如也！若趙娥以一孤弱無援女兒，報父之仇，影響不見，尤
> 爲超卓。李溫陵長者歎曰：「是眞男子！是眞男子！」已而又歎曰：「男子
> 不如也！」（卷二）

李贄以爲女子之才智識見非但不遜於男子，且時或過之。此種言論，可謂對婦女的
高度肯定。

馮夢龍《智囊》有〈閨智部賢哲〉、〈閨智部雄略〉兩卷，專收女子智慧故事。
觀此「賢哲」、「雄略」之目，便可知其對女子才智的重視與推崇。以下，茲舉幾則
故事、評語以見其概略。〈閨智部雄略〉「崔簡妻」一則記崔簡妻鄭氏之膽識、機智：

> 唐滕王極淫，諸官美妻無得白者，詐言妃喚，即行無禮。時典籤崔簡
> 妻鄭氏初到，王遣喚，欲不去，則懼王之威；去，則被王之辱。鄭曰：「無
> 害。」遂入王中門外小閣，王在其中，鄭入，欲逼之。鄭大叫左右曰：「大
> 王豈作如是？必家奴耳！」取隻履擊王頭破，抓面流血。妃聞而出，鄭氏
> 乃得還。王慚，旬日不視事。簡每日參候，不敢離門。後王坐，簡向前謝。
> 王慚，乃出諸官之妻，曾被喚入者，莫不羞之。（卷二十六）

馮夢龍評云：

> 不唯自全，又能全人，此婦有膽有識。

又〈閨智部賢哲〉「陳子仲妻、王霸妻」一則云：

> 楚王聘陳子仲爲相，仲謂妻曰：「今日爲相，明日結駟連騎，食方於
> 前矣。」妻曰：「結駟連騎，所安不過容膝，食方於前，所甘不過一肉。
> 今以容膝之安，一肉之味，而懷楚國之憂，亂世多害，恐先生之不保命也。」
> 於是夫妻遁去，爲人灌園。
> 王霸與同郡令狐子伯爲友，子伯爲楚相，子爲郡功曹。子伯遣子奉
> 書於霸，客去久臥不起，妻怪問之，霸曰：「向見令狐子容服甚光，舉措
> 自適，而我兒蓬髮歷齒，未知禮則，見客而有慚色。父子恩深，不覺自
> 失耳。」妻曰：「君少修清節，不顧榮祿，今子伯之貴，孰與君之高？奈
> 何忘夙志而慚兒女子！」霸決起而笑曰：「有是哉。」遂共終身隱遁。（卷
> 二十五）

馮夢龍評云：

> 孟光梁鴻妻、桓少君桓宣妻，得同心爲匹，皆能刪華就素，遂夫之高。
> 而子仲、王霸之妻，乃能廣其夫志，使炎心頓冷，優遊無患，丈夫遠不

逮矣。

〈閨智部雄略〉「楊敞妻」一則云：

> 霍光與張安世謀廢立，議既定，使大司農田延年報楊敞。敞驚懼，不
> 知所言，汗出浹背。延年起更衣，敞夫人遽從東廂謂敞曰：「此國家大事，
> 今大將軍議已定，使九卿來報君，君不疾應，與大將軍同心，猶豫無決，
> 先事誅矣。」延年更衣還，夫人與延年參語許諾。（卷二十六）

馮夢龍評云：

> 此何等事，而婦人乃瞭然於胸中，不唯敞不如，即大將軍亦不如。

〈閨智部賢哲〉「婁妃」一則云：

> 寧藩將反，妻妃嘗泣諫之，不聽。既就擒，檻車北上，與監押官言往
> 事，既痛哭，且曰：「昔紂用婦言而亡天下，吾不用婦言而亡家國，悔恨
> 何及！」（卷二十五）

馮夢龍評云：

> 僕固懷恩之母，勸其子勿反。謝綜等赴東市，綜母獨不出視。皆能識
> 大義者，與妃而三耳。

以上三則故事，均顯出婦女之深識遠慮；馮夢龍於評語中極力贊揚，以為男子遠不
逮矣。而以下三則故事中的婦女，則皆憑其過人膽識，為夫報仇：

> 孫翊為丹陽守，嬀覽時為都督督兵，戴員為部丞，與左右親近邊洪等
> 數患苦翊，會翊送客，洪從後斫殺翊，迸走入山。翊妻徐氏，購募追捕得
> 洪，殺之。覽遂入軍府，悉取翊嬪妾及左右侍御，欲復取徐。徐恐見害，
> 乃紿之曰：「乞須晦日設祭除服乃可。」覽聽之。徐潛使人語翊舊將孫高、
> 傅嬰等，高、嬰相與涕泣，共誓合謀。至晦日，徐氏設祭訖，乃除服，薰
> 香沐浴，更於他室安施幃帳，言笑歡悅。覽密覘，無復疑意，徐先呼高、
> 嬰與諸婢羅列戶內，覽入。徐出戶拜覽，即大呼，高、嬰俱出，共殺覽，
> 餘人就外殺員。徐乃還縗絰，奉覽、員首以祭翊，舉兵震駭。（〈閨智部雄
> 略〉「孫翊妻」）

> 申屠氏，長樂人，慕孟光之為人，自名希光，有詩才。既適侯官秀才
> 董昌，絕不復吟，食貧作苦，晏如也。郡中大豪方六一聞希光美，心悅之，
> 乃使人誣昌，陰重罪，罪至族。六一復陽為居間，得輕比，獨昌報殺，妻、
> 子俱免。因使侍者通殷勤，強委禽焉。希光具知其謀，謬許之，密寄其孤
> 於昌之友人，乃求利匕首挾以往，好言謝六一，因請葬夫，而後成禮。六
> 一大喜，使人以禮葬昌。希光則偽為色喜，艷妝入室，六一既至，即以七

首刺之帳中，六一立死，因復殺其侍者二人。至夜中，詐謂六一暴病，以次呼其家人，至則皆殺之，盡滅其宗。因斬六一頭，置囊中，至昌葬所祭之。明日，悉召村民告以故，且曰：「吾將從夫地下。」遂縊而死，時靖康二年事。（〈閨智部雄略〉「申屠希光」）

梁末，襄州都軍務周景溫移職於徐，亦管都軍之務。有勁僕自恃拳勇，獨與妻策驢而行。至芒碭澤間，大聲曰：「聞此素多豪客，豈無一人與吾曹決勝負乎！」言畢，有五、六盜自叢薄間躍出，一夫自後雙手交抱，搏而仆之，抽短刀以斷其喉，蓋掩其不備也。唯妻在側，殊無惶駭，但矯而大呼曰：「快哉！今日方雪吾之恥也！吾為良家之子，遇其俘掠，以致於此，孰謂無神明哉？」賊謂其誠而不殺，與行李并二驢，驅以南邁。近五、六十里，至亳之北界，達孤莊南而息。莊之門有器甲，蓋近戌巡警之卒也。此婦遂徑入村人之中堂，盜亦謂其謀食不疑。乃泣拜其總首，且告其夫遭屠之狀，總首潛召其徒，一時執縛，唯一盜得逸。械送亳城，咸棄市。婦返襄陽，為尼終焉。（〈閨智部雄略〉「鄔僕妻」）

馮夢龍總評云：

徐氏、申屠氏、鄔僕之妻，皆能為夫報仇於身後者也。徐，貴人之婦，而又宿將合謀於外，諸婢協力於內，以制一粗疏不備之嫣覽，如擊病鼠耳。申屠氏則難矣，然仇跡未露，猶可從容而圖之。鄔僕妻則又難矣，變起倉卒，親見群凶攢刃於其夫，即秦舞陽旁觀，不能不動色，而意中遂作復仇之算，甘言誑賊，不逾日而以計擒滅，可不謂大智大勇者乎！生於下賤，何曾讀書知禮義，而臨變不亂，處分綽如。世之自命讀書知理義者，吾不知有此手段乎否也？

由上可知，馮夢龍之所以稱述此三婦女，並非因其不再改嫁（節）或為夫殉身（烈），而是在於其「臨變不亂，處分綽如」之大智大勇。換言之，馮夢龍用以品評女子之標準，實與品評男子者無異。其〈閨智部賢哲〉卷末總評即云：

諺云：「智婦勝男。」即不勝，亦無不及。吾於趙威后諸人得「見大」焉；於崔敬女、絡秀諸人得「遠猷」焉；於柳氏婢得「通簡」焉；於侯敏、許允、辛憲英婦得「遊刃」焉；於叔向母、伯宗妻得「知微」焉；於李新聲、潘炎妻等得「億中」焉；於王陵、趙括、柴克宏諸母得「識斷」焉；於屈原姊、婁江妓得「委蛇」焉；於王佐妾得「繆數」焉；於李文姬得「權奇」焉；於陶侃母得「靈變」焉；於張說女得「敏悟」焉。所以經國胙家，相夫勖子，其效亦可睹矣。（卷二十五）

所謂「見大」、「遠猷」、「通簡」、「遊刃」、「知微」、「億中」、「識斷」、「委蛇」、「繆
數」、「權奇」、「靈變」、「敏悟」等，正是《智囊》之篇名，乃馮夢龍對男子智慧之
特質所作的分類；而這些特質，亦可於女子身上一一見出。馮夢龍此段評語，正是
要強調：男子之才智不必高於女子；女子之才智無須下於男子。謝肇淛《五雜俎‧
人部四》亦云：

> 范蔚宗傳列女而及文姬，宋儒極力詆之，此不通之論也。夫列女者，
> 亦猶士之列傳云爾。士有百行，史兼收之，或以德，或以功，或以言，至
> 於方技緇流，一事足取，悉附紀載，未聞必德行純全而後傳也。今史乘所
> 載列女，皆必早寡守志，及臨難捐軀者，其他一切不錄，則士亦必皆龍逄、
> 比干而後可耳，何其薄責縉紳而厚望荊布也！故吾以為傳列女者，節烈之
> 外，或以才智，或以文章，稍足膾炙人口者，咸著於編，既魚玄機、薛濤
> 之徒亦可傳也，而況文姬乎！（卷八）

是婦女之列傳，不當僅限於早寡守志、臨難捐軀者，而應如士人之列傳般，凡其節
烈、才智、文章等有足稱者，均可予以載記。明末李清《女世說》專收古今婦女掌
故，其門類即略同《世說》；而鄒之麟仿游俠豪士列傳作《女俠傳》，全書分為〈豪
俠〉、〈義俠〉、〈節俠〉、〈任俠〉、〈游俠〉、〈劍俠〉六目，論次歷代女俠事略。凡此
均可視作對婦女才智之肯定。

　　李贄、馮夢龍諸人之婦女觀，在當日是極富開創性的。李贄《初潭集》以「夫
婦」一倫為首，謂「性命之正，正於太和；太和之合，合于乾坤。乾為夫，坤為
婦」。馮夢龍《智囊‧閨智部總序》云：「譬之日、月，男日也，女月也。日光而
月借，妻所以齊也；日沒而月代，婦所以輔也，此亦日、月之智，日、月之才也。
令日必赫赫，月必曀曀，曜一而已，何必二？」（卷二十五）不論是以乾、坤為喻，
或取日、月作譬，皆是強調男女平等之思想，對於婦女地位的提升，實具有相當
之意義與作用。

第五章　結　語

　　踵繼劉義慶《世說新語》之世說體著作，多有效顰之譏。晚明文人即以爲宋代
《唐語林》、《續世說》等作，比諸《世說新語》，「造語命詞，百不及一」，故「學士
大夫靡稱述之」〔註1〕；清朝《四庫全書總目》則批評晚明世說體著作「隨意鈔撮，
頗乏持擇」〔註2〕，又「刻劃摹擬，頗嫌太似」〔註3〕，「學晉人放誕而失之」〔註4〕；
民初魯迅《中國小說史略》總論《世說新語》仿作，謂其「纂舊聞則別無穎異，述
時事則傷於矯揉」〔註5〕。由此可知，歷來對世說體著作之評價多屬負面。這些評
價雖未必完全中肯，但卻不無幾分真實。今觀晚明世說體著作，其成績確實不甚理
想。不少著作乃率意抄撮，漫無宗主；其分門別類，亦似無標準；又往往改易舊文，
卻未更見高明〔註6〕。然晚明世說體著作當中，亦不乏用心之作，如《何氏語林》

〔註1〕見朱謀瑋〈清言序〉。
〔註2〕見《四庫全書總目》，卷一百四十三，小說家類存目一，《玉劍尊聞》提要。
〔註3〕見《四庫全書總目》，卷一百四十三，小說家類存目一，《今世說》提要。
〔註4〕見《四庫全書總目》，卷一百四十三，小說家類存目一，《玉劍尊聞》提要。
〔註5〕見魯迅《中國小說史略》第七篇〈世說新語與其前後〉。
〔註6〕以《舌華錄》爲例，其惟取言不取事，故諸多人物論談之本末因果、先後反應，均
　　　概從刪削；此已失興味。繼又改易文句，卻往往不若原作精彩。如《世說・任誕》
　　　第三條云：「劉伶病酒，渴甚，從婦求酒。婦捐酒毀器，涕泣諫曰：『君飲太過，非
　　　攝生之道，必宜斷之！』伶曰：『甚善。我不能自禁，唯當祝鬼神，自誓斷之耳！便
　　　可具酒肉。』婦曰：『敬聞命。』供酒肉於神前，請伶祝誓。伶跪而祝曰：『天生劉
　　　伶，以酒爲名，一飲一斛，五斗解酲。婦人之言，慎不可聽。』便引酒進肉，隗然
　　　已醉矣。」《舌華錄・韻語》則作：「劉伶好酒，渴甚，求酒于妻。妻藏酒棄器，諫
　　　曰：『非養生之道，宜斷之！』伶曰：『善！當祀鬼神自誓，便可具酒肉。』妻從之。
　　　伶跪祝曰：『天生劉伶，以酒爲名，一飲一石，五斗解酲。婦人之言，必不可聽。』
　　　於是飲酒銜肉，塊然復醉。」二者文意雖無大異，然風味已有差別。張岱《陶庵夢
　　　憶》亦云：「山人張東谷，酒徒也，每悒悒不自得。一日起謂家君曰：『爾兄弟奇矣！
　　　肉只是吃，不管好吃不好吃；酒只是不吃，不知會吃不會吃。』」二語頗韻，有晉人

一書，《四庫全書總目》即給予頗高評價：

　　　　（《何氏語林》）是編因晉裴啓《語林》之名，其義例門目則全以劉義
　　慶《世說新語》爲藍本，而雜採宋、齊以後事蹟續之，併義慶原書，共得
　　二千七百餘條，其簡汰頗爲精審。其採掇舊文，翦裁鎔鑄，具有簡澹雋雅
　　之致。視僞本李垕《續世說》剽掇南、北二史，冗沓擁腫、徒盈卷帙者，
　　乃轉勝之。每條之下，又仿劉孝標例自爲之註，亦頗爲博贍。其閒摭拾既
　　富，閒有牴牾，如王世懋《讀史訂疑》所謂以王莽時之陳咸爲漢成帝時之
　　陳咸者，固所不免；然於諸書牴互，實多訂正，如第二十二卷紀元載妻王
　　韞秀事，援引考證，亦未嘗不極確核。雖未能抗駕臨川，並驅千古；要其
　　語有根柢，終非明人小說所可比也。〔註7〕

由上可知，《何氏語林》簡汰精審、考証確核，絕不同於一般雜鈔之作。故吾人批評
晚明世說體著作時，應個別而論，不當以偏概全。

　　平心而論，晚明世說體著作之整體成就並不能算高，然其絕非毫無價值可言。
從晚明文學、思想、文化史之角度而觀，《世說新語》與晚明世說體著作所引領的百
年風潮，殊具意義；若略此風潮不論，則將不易眞切掌握、理解晚明時代之精神與
特色。故吾人實不當因歷來之負面評價，而輕忽晚明世說體著作存在的意義與價值。
而本文之作，即企圖藉由對晚明世說體著作的探討，發掘此意義與價值。以下，茲
將所得作一略述。

　　晚明文人處於亂世，在尋求安身立命之道時，注意到了與當日背景相似的魏晉。
魏晉名士的風流韻度，深爲晚明文人所企羨。而晚明文人之言談行事，亦頗仿傚之。
其對魏晉名士的了解，往往是從《世說新語》得到，而非出自於正史。在他們眼中，
《晉史》敘事板質，徒具形似；《世說》筆調生動，妙得人物頰上三毛。此種看法，
實與晚明文人好尚短文小說之文學興趣有關。他們以爲：「率爾無意」的「小文小說」
富有「莊嚴整栗」的「高文大册」所不具之風韻、神情。而《世說新語》此類以談
助娛興爲目的之作品，最爲晚明文人所愛。由於喜愛《世說新語》，故進而仿作之。
嘉靖二十九年，何良俊纂成《何氏語林》；此書甫出，即備受稱譽。其後，王世貞取
之補《世說新語》，爲《世說新語補》，在當日受到熱烈迴響，學士大夫無不爭相傳
誦，加上王世懋、李贄諸人批點，遂大爲風行，刊印無數。自此以下，便有大量世

　　　　風味。而近有儋父載之《舌華錄》曰：『張氏兄弟賦性奇哉！肉不論美惡，只是吃；
　　　　酒不論美惡，只是不吃。』字字板實，一去千里。世上眞不少點金成鐵手也！」（卷
　　　　八）
〔註7〕見《四庫全書總目》，卷一百四十一，小說家類二，《何氏語林》提要。

說體著作出現，蔚爲風潮，至清初仍未稍歇。

　　晚明世說體著作在體制方面，有不少創發。許多世說體著作打破《世說新語》三十六門類而另立新目，甚至有《女世說》、《兒世說》的出現。又小序、評語等體例，亦爲《世說》本無者。蓋晚明文人多視《世說新語》爲史書，故於撰作世說體著作時，亦頗仿傚史書體例，加入自己對人物、事件的批評與見解。值得一提的是，晚明世說體著作中有不少「志怪」、「鬼神」之目。或謂世說體著作涉及志怪內容，意味作者實未能釐清志人、志怪二者分界，爲其體制之一缺失。然此現象不妨解作其時尚未有嚴格之志人、志怪劃分，所謂志人、志怪，實乃材料性質之偏重耳，故在作者看來，不論是志人或志怪，均爲聞見所及，隨筆書記，無須刻意區別之。又，史書之體，向來不注明材料出處，晚明文人既視《世說新語》爲史書，自無須加注，而《世說新語》亦原無此例；但晚明世說體著作中卻有部分作品標明條文來源。蓋晚明文士爲人所詬病的習氣之一，便在抄撮前人之語，以爲一己著述，頗有掠美之嫌。而疑爾時之世說體著作亦或有此譏評，故漸有作者特加標注材料出處，以示負責。

　　《世說新語》之目，以孔門四科爲首；然其內容，實已不具儒家舊義。晚明世說體著作，亦多有此標題；惟其記事，又有別於前者。首論「德行」一門。劉義慶編撰《世說新語》，其目的原與道德教化無甚關涉，然晚明文人創作世說體著作時，卻對此頗爲強調。在晚明文人眼中，只要是出自童心、眞情創作，即使是小文小說，亦深具價值，有裨道德。如李贄以「忠義」二字評點《水滸傳》、馮夢龍藉傳奇小說宣倡「情教」等，均是看重小文小說之道德教化蘊義。而世說體著作看似爲零碎片段材料之編錄，實正足以見出事理、啓迪人心。反而是宋、明以來宣揚天理性命、倫常綱紀之理學論著，往往被視作刻板、矯僞。至於在「德行」內涵上，魏晉崇尚道家式無可名狀之「德量」，晚明則多標舉儒家具體可陳之行誼。以《何氏語林》而言，其所收材料並不限於忠義孝廉等，細節小德亦在采錄之列，且佔有相當分量。然其所選擇，亦自有標準。如《世說新語‧德行》頗記華歆行事，劉孝標注且引《魏略》「華（歆）爲龍頭，邴（原）爲龍腹，管（寧）爲龍尾」之語；但何良俊卻以爲華歆「輸心異代，大肆戈鋋」，遠及不上管寧「韜精戢羽，終始令德」，故《何氏語林‧德行》於華歆之事全未采錄。由此可見，《何氏語林》雖兼取大、小行誼，然與《世說》所謂之德行終有不同。不過整體而論，在撰作意態上，晚明世說體著作作者對德行仍是較爲忽略的。《世說新語》原即與道德教化無關，而晚明文人看重、喜愛《世說新語》，亦非基於此因，故其採取「世說體」創作，絕非以之爲首要目的，晚明世說體著作之有〈德行〉，多是承襲《世說新語》體例而來。正因德行非其所關

注，故漸有別立全新門類、專收特定材料的世說體出現，如：《舌華錄》惟取口談言語；《益智編》、《智品》、《智囊》等書全錄古今智事；《古今譚概》多收歷代笑話。凡此均可見出晚明文人對「世說體」之興趣所在。故晚明世說體著作雖多有「德行」之門，然其撰作之旨各異，未可一概以「崇德」論之。

次論「言語」一門。晚明文人對《世說新語》一書之興趣，泰半集中於「言語」方面，故其創作世說體著作時，亦皆以此為努力方向。曹臣《舌華錄》，完全以言語風格劃分門類，即可見出其對言語之高度興趣與重視。其中〈清語〉、〈韻語〉二篇最值得吾人注意。蓋「清」乃魏晉與晚明時期極為重要之審美觀念，而「韻」則是晚明公安派文學理論主張之一；這些觀念與主張，深深影響著晚明文學與士風。先言「清」字。「清」字在先秦兩漢，常與「濁」、「汙」、「亂」並舉，具有強烈的政治性與道德性。如「清流」、「清議」之「清」，均含有「激濁揚清」意味，極強調清、濁之辨。自魏晉以降，「清」之政治性與道德性，雖未嘗消失，但隨著道家思想的興起，「清」之審美性亦開始發展，甚至凌駕前者而成為主流。魏晉時代出現了大量以「清」為首之詞組，單就《世說新語》而言，便有清鑑、清識、清真、清遠、清暢、清通……等多種與「清」相關之語詞。凡此「清」字，已不具備政治、道德蘊義，而是帶有審美興味；名士所措意者不再是「清濁善惡」之辨，而是「雅俗美醜」之別。換言之，「清」字已由「德性」之形容轉而為「才性」之形容；前者屬於後天努力所成就的道德品格，後者則為與生俱來的風流韻度。這樣的趨向實與整個時代風氣的轉變相符相映。魏晉以前，士人們標榜「清」，目的是為了與「濁」相對；魏晉以後，士人們強調「清」，目的是為了和「俗」劃分。而所謂的「名士風流」，正與此「清」之審美意涵極為相關。「風流」即「如風之散，如水之流」，乃一極可欣賞之神韻；此神韻不主一格，而是兼融多種特質而成。然而，這些特質當中極為重要的一種其實便是「清」。由於歷來描寫自然之「風」、「流」景致時，往往使用「清」字，「清」與「風」、「流」連用的情況極為頻繁，故「清」的意涵無形中已內化為「風」、「流」之一部分。而魏晉士人正看重「風」、「流」二字所隱含的「清」之特質，加以「風散水流」所產生的動態美感亦為他們所欣賞，故以「風流」一詞形容名士，便極可理解。至於晚明之「清」，則承續魏晉而來；文人論「清」，往往祖述魏晉，尤其是在「言語」之清上。其恆謂魏晉士人雅尚「清言」、「清談」，又常以「清」字品賞《世說新語》。故其衡量晚明世說體著作之優劣，亦以「清」為標準。順此而下，便出現以「清言」為名之世說體著作。鄭仲夔將其依《世說》體例編著之書名為《清言》，即欲以「清」統攝全書也；曹臣《舌華錄》別立〈清語〉一門，亦可見其對「清」之重視。《清

言》之「清」,既包含清新簡雋之文才,亦兼括清朗絕俗之品格;即魏晉名士行止吐屬之風流也。而《舌華錄‧清語》之「清」,則限於「山林隱逸」,惟其所措意者並不在山人、隱士身分之眞僞,而是在濠濮間想之有無。二者之「清」,雖有範圍廣狹之別,然其遠於「凡俗事務」之意則一也。是晚明之「清」,與魏晉之「清」一般,皆重在風流雋雅、清新絕俗之審美意義上,與政治、道德較無關涉。又,晚明世說體著作與晚明「清言」頗有關係。「清言」之名義、形式、內容等,均與晚明世說體著作有相當程度之雷同。故吾人探討晚明清言,實不宜忽略晚明世說體著作之影響。

再言「韻」字。《舌華錄》設有〈韻語〉一門,專收各代韻事韻語,其中有極多條目是出自《世說新語‧任誕》。其謂人之「韻」,乃如玉之「瑕」、犀之「暈」般,均爲一種「病」、「疵」;然此「病」、「疵」正顯出「我」之自然、眞實,故晚明文人非但不加掩飾排斥,反而特意強調突顯,以「美」視之。而時人好「癖」,亦是出自此種「以疵爲美」的心態。觀《舌華錄‧韻語》所收材料,多不脫此類。「韻」常表現爲一往而深、死生以之的情感。此種「率性任情」,實乃晚明性靈思想的一大主軸。一切率性任情之表現,皆因「我」而獲得包容;只要其出自於「我」,即被視爲「眞」。人人皆以將率性任情之精神「淋漓盡致」地表達自許。非但在行事上如此,在爲文上亦以之爲準則。袁宏道即推崇「情至」之詩,以爲只須「直書胸臆」,將一己之情充分發揮,便是可傳之作。故詩文僅有「不達」之慮,絕無「太露」之病。由於率性任情,故不拘常節,乃至任達放誕,甚或脫略禮法、嗜酒耽色,凡此均可謂之爲「韻」。是知晚明所謂「韻」,原指率眞任情而呈顯出來的風流蘊藉,饒富美感;惟此率眞任情一經引申發揮,則往往導致盡性享樂之消極思想,淪爲欲的追求與滿足。無論是率眞任情或是盡性享樂,皆是一種「違常」、「過分」,晚明文人均一以「疵」、「病」視之;然因其「眞」,故反顯得「美」。則其與《世說新語》之「任誕」在精神上頗爲相近。又,「清」與「韻」二者之關係,殊堪玩味。蓋晚明之「清」與「韻」,固皆爲名士風流之展顯;然前者尚「雅」,後者主「眞」。求「眞」過度,便流於「俗」,與「雅」適反也;則「清」與「韻」,從「雅」、「俗」角度觀之,實有其相對性。儘管如此,「清」、「韻」二者俱爲晚明文人所欣賞,並無高下之別。

繼論「政事」一門。魏晉名士,對政事頗爲疏略:未嘗省牒,見稱風流;望白署空,是爲清貴。政治之敗壞,可想而知。至於明中葉後,污吏貪官,比比皆是;「清修之士反蒙嗤笑,廉潔之士多見擯逐」。官僚之腐化,可見一斑。何良俊爲矯當日貪污黷職之弊,故於《何氏語林》〈政事〉篇標舉爲政勤勉、廉儉者;馮夢龍《智囊》一書,更進一步提出政治之批評與主張。明朝設有「錦衣衛」、「廷杖」、「文字獄」等

嚴刑酷罰,對士人採取高壓手段,使朝臣莫不戒慎恐懼。而自明太祖廢相後,閣權漸重;憲宗之後,皇帝深居內殿,不復與朝臣交接;世宗、神宗則並二十餘年不視朝。權臣宦官遂應運而起。在此情況下,不獨上位者無從得賢良方正,下位者亦無由獻忠盡力。故馮夢龍以為,惟有上下親接,廣開門路,始能得才。而朝廷用人當不拘資格,唯才是用。真正的人才,並非定須出自科考。舉凡奴隸僕役、草竊盜賊,只要有才,均可舉用。又晚明時期賦役極為紊亂,土地兼併之風日熾,在官僚、地主的隱漏、轉嫁下,所有的賦稅幾乎都由農民負擔。而明代有司,多倚仗權勢,侵漁百姓,往往不論災荒、收成之有無,一律科課,故民不聊生,紛紛逃移。馮夢龍《智囊》一書,即對體恤百姓疾苦之官吏,予以大力讚揚表彰。並具陳其減賦稅、設糧倉等善政,以資當日之用。而隨著土地兼併與賦稅繁重等情況的日益惡化,人民漸漸流亡四方;正德、成化、正統年間,皆有激烈的流民暴動。然朝廷所採取的措施,多為武裝鎮壓;流民死者甚夥,枕藉山谷。對此,馮夢龍深不以為然。其認為解決流民問題,當以招撫,而非攻剿。所謂招撫,亦非徒具形式條文,而是要用心安頓流民;倘能從解決流民生計問題入手,定可收事半功倍之效。此外,在倭寇問題方面,馮夢龍亦提出意見。蓋倭寇之禍,明初即有,至嘉靖年間尤為猖獗。倭寇往往與海盜竊賊、奸商富豪相通勾結,焚戮虜掠,無所不作,對東南沿岸造成莫大災難。馮夢龍認為,朝廷應收攏、安撫與倭寇相互結納之盜賊,使其為己效力,而不為倭寇所用。又軍卒、人民應同心,將校、守令須齊力,加強東南沿岸之防衛能力,方能抵禦倭寇。總之,《智囊》一書,特收歷代智識才士之主張見解,希冀以古鑑今,從中汲取經驗教訓;則其作於明季衰頹之世,實具有一定的積極意義。較之其他多數世說體著作,《智囊》顯露出更多的現實關懷。吾人頗可藉此略窺明季風氣。

再論「文學」一門。劉義慶《世說新語・文學》,共收有一百零四條材料。大體而言,前六十五條屬於玄學,後三十九條屬於文學。晚明世說體著作之「文學」一門,亦承繼《世說新語》之體例,兼收「學」、「文」二類材料。以《何氏語林・文學》而言,除了采集詩歌文章等文學性內容外,還蒐錄了談玄論佛等學術性條目。此外,又有極多博學強記故事之記載。在「文學詞章」方面,何良俊主張形式、內容俱重,講究「詞義兼備、文質彬彬」。所謂「義」(質),即自身之意見、本我之情性。在何良俊心中,魏晉詩文正符合此種標準;其所散發出來的名士韻度,深為何良俊所嚮慕。此外,何良俊亦頗推尊白居易、蘇軾二人,《何氏語林・文學》載有不少二人材料。凡此見解,均與多數晚明文人看法相通。在「玄學佛理」方面,何良俊雖以儒者自居,且嘗批評佛家,然其所推尊的白居易、蘇軾、黃庭堅諸人,在何良俊眼中,均深諳禪理,故可想見何良俊非但不排斥佛教,反

而還頗喜好之。事實上，何良俊常於著作中徵引、討論佛學，並常以儒、佛並舉、互詮，以為二者頗可相通。此正反映出當日儒、釋、道三者思想合流之現象。雖然晚明文人多崇尚、熱衷釋老，但他們並不因此否定、貶抑儒家。在他們眼裡，儒家仍具有崇高之地位。正如魏晉名士雖多心嚮道家，然仍尊孔子為「聖人」，置孔子於老子之上。正見他們並不絕棄孔子而專就莊、老。至於「博學多識」，乃何良俊為矯當日風氣而特加提出。晚明時期，不學之風瀰漫整個學界、文壇。在思想上，由於對程朱理學心生厭棄，輔以王守仁心學大盛，導致學者「束書不觀，妄談心性」；在文學上，因為對前、後七子學古模擬之法的排斥，加上李贄、三袁童心、性靈之說的興起，遂使文人不復措意讀書學問。而早於風氣轉變之初，何良俊便已力倡「博學多識」之重要。其特於《何氏語林・文學》收錄「博學多識」之材料，意在強調：無論是學術或文章，皆須勤學苦讀之工夫，始得臻於佳境。若再細心翻檢〈捷悟〉、〈夙慧〉二篇內容，便會發現：其中多數條目注文，皆有「博學多識」之類的記載。〈捷悟〉、〈夙慧〉之篇旨原應在舉陳聰慧事蹟，以突顯先天才智之可貴；然何良俊卻於注文中補入博識記載，以強調後天學問之重要。故由此可推知：〈捷悟〉、〈夙慧〉所收之材料，乃經何良俊有意地選取。何良俊實欲藉此等條目傳達——在聰慧表現的背後，定須勤學工夫支持。而其於〈捷悟〉後更設〈博識〉一門，專收此類故事。由此益見其對「博學多識」之重視。

　　除上述四門外，「智慧」、「賢媛」二門亦頗可一提。《世說新語》一書收有不少聰慧故事，尤其是〈夙惠〉、〈捷悟〉、〈言語〉諸篇，更專錄此類材料。至於晚明世說體著作，亦多有〈夙惠〉一門，收錄幼兒蚤惠言行；甚至有《兒世說》之作，全記古今聰穎神童故事。又另有部分作品特標「智」字，如《智品》、《益智編》、《智囊》等。惟諸書所標之「智」與《世說》所重之「惠」（慧），在內涵上略有不同。「慧」乃指天生之聰明，許慎《說文解字》即云：「慧，儇也。」由於漢末過度講究道德、專事訓詁，遂引起士人之不滿、反感，進而對道德、學問心生厭棄。他們的興趣漸由「德性」轉為「才性」，由「積學」轉為「聰明」；前者須藉後天努力始得成就，後者則為先天既有、與生俱來。「才」既屬「天生」，則「天才」一詞便自然產生。在魏晉時人眼中，「孩童」是最能證明「天生之才」的一群，因孩童習染未深，故其所展現，皆出於自然，不假外求。於是魏晉以降，出現了大量描寫神童的故事。這些故事，最常使用「惠」字。而「惠」字又往往與「聰」、「敏」諸字連用，且多用以形容幼童，足見「惠」乃指天生之聰明。至於「智」，雖亦為聰明，然其並不盡屬天生。事實上，「智」得自後天鍛鍊學習的成分恐怕更多。許慎《說文解字》即云：「智，識詞也。」「智」有識見思慮、謀略權術之意，故往往與「識」、「慮」、「謀」、

「數」等字連用。「智」字鮮少用以形容孩童，正因其須有相當之閱歷聞見，並非僅恃天生聰明。《智囊》所收條目及評語，往往盛贊人物之「識度」，故論「智」之性質，實近於《世說新語》之「識鑒」、「雅量」。

　　至於「賢媛」一門，晚明世說體著作摒棄以「貞」、「節」等觀念評論婦女之作法，而從「才」、「識」等角度品賞婦女。如李贄《初潭集・夫婦二》從「才識」、「言語」、「文學」三方面肯定婦女之才智。馮夢龍《智囊》有〈閨智部賢哲〉、〈閨智部雄略〉兩卷，專收女子智慧故事。其以為男子之才智不必高於女子；女子之才智無須下於男子。而明末李清《女世說》獨蒐古今婦女掌故，其門類即略同《世說》；鄒之麟仿游俠豪士列傳作《女俠傳》，全書分為〈豪俠〉、〈義俠〉、〈節俠〉、〈任俠〉、〈游俠〉、〈劍俠〉六目，論次歷代女俠事略。凡此均可視作對婦女才智之肯定。

參考書目

一、古　籍

1. 《論語》，何晏集解，邢昺疏，《十三經注疏》本（臺北：藝文印書館，1989）。

2. 《孟子》，趙岐注，孫奭疏，《十三經注疏》本（臺北：藝文印書館，1989）。

3. 《說文解字注》，許慎著，段玉裁注（臺北：黎明文化公司，1993）。

4. 《漢書》，班固（臺北：鼎文書局，1975）。

5. 《後漢書》，范曄（臺北：鼎文書局，1975）。

6. 《三國志》，陳壽（臺北：鼎文書局，1975）。

7. 《晉書》，房玄齡等（臺北：鼎文書局，1975）。

8. 《梁書》，姚思廉（臺北：鼎文書局，1975）。

9. 《明史稿》，王鴻緒（永和：文海出版社，1985）。

10. 《明史》，張廷玉等（臺北：鼎文書局，1975）。

11. 《明史紀事本末》，谷應泰（臺北：三民書局，1969）。

12. 《明實錄類纂》，李國祥、楊昶主編（武漢：武漢出版社，1993）。

13. 《陶庵夢憶》，張岱（臺北：臺灣開明書店，1974）。

14. 《天下郡國利病書》，顧炎武（臺北：世界書局，1979）。

15. 《鄭堂讀書記》，周中孚（臺北：世界書局，1960）。

16. 《四庫全書總目》，紀昀等（北京：中華書局，1995）。

17. 《中國叢書綜錄》，上海圖書館編（上海：上海古籍出版社，1986）。

18. 《文史通義校注》，章學誠著，葉瑛校注（臺北：里仁書局，1984）。

19. 《讀通鑑論》，王夫之（臺北：世界書局，1973）。

20. 《莊子集釋》，莊周著，郭慶藩集釋（臺北：華正書局，1991）。

21. 《呻吟語》，呂坤（新店：志一出版社，1994）。

22. 《人物志》，劉劭，《四部備要》本（臺北：中華書局，1966）。

23. 《原抄本日知錄》，顧炎武（臺北：文史哲出版社，1979）。

24. 《安得長者言》，陳繼儒，《寶顏堂秘笈》本（臺北：藝文印書館，1971）。

25. 《四友齋叢說》，何良俊（北京：中華書局，1997）。

26. 《娑羅館清言》，屠隆，《寶顏堂秘笈》本（臺北：藝文印書館，1971）。

27. 《續娑羅館清言》，屠隆，《寶顏堂秘笈》本（臺北：藝文印書館，1971）。

28. 《木几冗談》，彭汝讓，《寶顏堂秘笈》本（臺北：藝文印書館，1971）。

29. 《醉古堂劍掃》，陸紹珩（臺北：老古文化出版社，1995）。

30. 《五雜俎》，謝肇淛（臺北：偉文出版社，1977）。

31. 《菜根譚》，洪應明（臺北：漢藝色研文化公司，1991）。

32. 《幽夢影》，張潮（臺北：西南圖書，1980）。

33. 《初潭集》，李贄（臺北：漢京文化事業公司，1982）。

34. 《霞外麈談》，周應治，《筆記小說大觀》本（臺北：新興書局，1984）。

35. 《焦氏類林》，焦竑，明萬曆間秣陵王元貞刊本（國家圖書館藏）。

36. 《焦氏類林》，焦竑，《粵雅堂叢書》本（臺北：藝文印書館，1971）。

37. 《智品》，樊玉衡，明萬曆甲寅（四十二年）刊本（國家圖書館藏）。

38. 《智囊全集》，馮夢龍（江蘇：江蘇古籍出版社，1993）。

39. 《古今譚概》，馮夢龍（江蘇：江蘇古籍出版社，1993）。

40. 《學古適用篇》，呂純如，明崇禎間刊本（國家圖書館藏）。

41. 《舌華錄》，曹臣，《舌華錄》、《明語林》合訂本（合肥：黃山書社，1996）。

42. 《十可篇》，馬嘉松，明崇禎間刊本（國家圖書館藏）。

43. 《益智編》，孫能傳，據清光緒刻本影印（江蘇：廣陵古籍出版社，1990）。

44. 《世說新語箋疏》，余嘉錫（臺北：華正書局，1989）。

45. 《朝野僉載》，張鷟，《寶顏堂秘笈》本（臺北：藝文印書館，1971）。

46. 《大唐新語》，劉肅，明萬曆三十七年俞安期刊本（國家圖書館藏）。

47. 《續世說》，孔平仲，《筆記小說大觀》本（臺北：新興書局，1977）。

48. 《南北史續世說》，李垕，明萬曆三十七年俞安期刊本（國家圖書館藏）。

49. 《何氏語林》，何良俊，《筆記小說大觀》影印《四庫全書》本（臺北：新興書局，1984）。

50. 《李卓吾批點世說新語補》，王世貞，日本元祿七年（康熙三年）刊本（臺北：廣文書局，1980）。

51. 《西山日記》，丁元薦，《涵芬樓秘笈》本（上海：商務印書館，1926）。

52. 《玉堂叢語》，焦竑（北京：中華書局，1981）。

53. 《賢奕編》，劉元卿，《寶顏堂秘笈》本（臺北：藝文印書館，1971）。

54. 《皇明世說新語》，李紹文，《明代傳記叢刊》本（臺北：明文書局，1991）。

55. 《太平清話》，陳繼儒，《寶顏堂秘笈》本（臺北：藝文印書館，1971）。

56. 《歸有園麈談》，徐學謨，《寶顏堂秘笈》本（臺北：藝文印書館，1971）。

57. 《清言》，鄭仲夔，《經世捷錄》明崇禎間原刊本（國家圖書館藏）。

58. 《玉劍尊聞》，梁維樞（上海：古籍出版社，1986）。

59. 《明語林》，吳肅公，《舌華錄》、《明語林》合訂本（合肥：黃山書社，1996）。

60. 《今世說》，王晫，《清代傳記叢刊》本（臺北：明文書局，1985）。

61. 《耳新》，鄭仲夔，《經世捷錄》明崇禎間原刊本（國家圖書館藏）。

62. 《雋區》，鄭仲夔，《經世捷錄》明崇禎間原刊本（國家圖書館藏）。

63. 《芙蓉鏡寓言》，江東偉（杭州：浙江古籍出版社，1986）。

64. 《快園道古》，張岱（杭州：浙江古籍出版社，1985）。

65. 《南吳舊話錄》，李延昰，據清光緒刻本影印（北京：中華書店，1915）。

66. 《兒世說》，趙瑜，《續說郛》本（臺北：新興書局，1964）。

67. 《情史》，馮夢龍（江蘇：江蘇古籍出版社，1993）。

68. 《二刻拍案驚奇》，凌濛初（臺北：桂冠圖書公司，1984）。

69. 《女俠傳》，鄒之麟，《續說郛》本（臺北：新興書局，1964）。

70. 《嵇康集校注》，嵇康著，戴明揚校注（臺北：河洛圖書出版社，1978）。

71. 《湯顯祖集》，湯顯祖（臺北：洪氏出版社，1975）。

72. 《焚書》，李贄（臺北：河洛圖書出版社，1974）。

73. 《白榆集》，屠隆（臺北：偉文出版社，1977）。

74. 《王季重雜著》，王思任（臺北：偉文出版社，1977）。

75. 《白蘇齋類集》，袁宗道（臺北：偉文出版社，1976）。

76. 《袁中郎全集》，袁宏道（臺北：偉文出版社，1976）。

77. 《袁宏道集箋校》，袁宏道著，錢伯城箋校（上海：上海古籍出版社，1981）。

78. 《珂雪齋前集》，袁中道（臺北：偉文出版社，1976）。

79. 《文選》，蕭統編，李善注（臺北：華正書局，1984）。

80. 《文心雕龍注》，劉勰著，范文瀾注（臺北：臺灣開明書店，1993）。

二、近人著作

書　籍

1. 《中國文學批評史》，郭紹虞（臺北：盤庚出版社，1978）。

2. 《才性與玄理》，牟宗三（臺北：臺灣學生書局，1983）。

3. 《東漢士風及其轉變》，張蓓蓓先生（臺灣大學《文史叢刊》第七十一冊，1985）。

4. 《公安派的文學批評及其發展》，周質平（臺北：臺灣商務印書館，1986）。

5. 《明清小品》，陳萬益（臺北：時報文化出版社，1987）。

6. 《晚明性靈小品研究》，曹淑娟（臺北：文津出版社，1988）。

7. 《魏晉思想與談風》，何啓民（臺北：臺灣學生書局，1990）。

8. 《中古學術論略》，張蓓蓓先生（臺北：大安出版社，1991）。

9. 《世說新語研究》，王能憲（江蘇：江蘇古籍出版社，1991）。

10. 《中國文學批評史》，王運熙、顧易生（臺北：五南出版社，1991）。

11. 《明代傳記叢刊》，周駿富輯（臺北：明文書局，1991）。

12. 《晚明小品與明季文人生活》，陳萬益（臺北：大安出版社，1992）。

13. 《魏晉清談》，唐翼明先生（臺北：東大圖書公司，1992）。

14. 《魯迅小說史論文集——中國小說史略及其他》，魯迅（臺北：里仁書局，1992）。

15. 《國立中央圖書館善本序跋集錄》，國家圖書館編（臺北：國家圖書館，1993）。

16. 《晚明士風與文學》，夏咸淳（北京：中國社會科學出版社，1994）。

17. 《晚明文學新探》，馬美信（中壢：聖環圖書公司，1994）。

18. 《中國文學理論史——明代時期》，黃保眞、成復旺、蔡鍾翔（臺北：洪業文化公司，1994）。

19. 《中國性靈文學思想研究》，吳兆路（臺北：文津出版社，1995）。

20. 《中國筆記小說史》，陳文新（新店：志一書局，1995）。

21. 《國史大綱》，錢穆（臺北：臺灣商務印書館，1995）。

22. 《雅風美俗之魏晉清玄》，李春青（臺北：雲龍出版社，1995）。

23. 《中國筆記小說史》，吳禮權（臺北：臺灣商務印書館，1995）。

24. 《明史新編》，楊國楨、陳支平（臺北：雲龍出版社，1995）。

25. 《明清啓蒙學術流變》，蕭萐父、許蘇民（遼寧：遼寧教育出版社，1995）。

26. 《雅風美俗之明人奇情》，郭英德、過常寶（臺北：雲龍出版社，1996）。

27. 《明代中後期社會變遷研究》，牛建強（臺北：文津出版社，1997）。

論 文

1. 《泰州學派對晚明文學風氣的影響》，周志文（臺灣大學中文研究所碩士論文，1977）。

2. 《漢晉人物品鑑研究》，張蓓蓓先生（臺灣大學中文研究所博士論文，1984）。

3. 《晚明性靈文學思想研究》，陳萬益（臺灣大學中文研究所博士論文，1988）。

4. 《皇明世說新語》，陳永瑢（高雄師範大學中文研究所碩士論文，1990）。

5. 《世說新語的語言藝術》，梅家玲（臺灣大學中文研究所博士論文，1991）。

6. 《從晚明世說體著作的流行論張岱的快園道古》，蔡麗玲（清華大學中文研究所碩士論文，1993）。

7. 《中華學苑──晚明小品專輯》，耿湘沅等（政治大學中文系，1996）。

8. 《何氏語林研究》，戴佳琪（中國文化大學中文研究所碩士論文，1997）。

9. 〈魏晉與明清文人生活與思想之比較〉，余英時講，吳齊仁整理（《中國時報》第八版，1985.6.24～25）。